中国区域
创新能力评价报告
2023

中 国 科 技 发 展 战 略 研 究 小 组
中国科学院大学中国创新创业管理研究中心 著

科学技术文献出版社
SCIENTIFIC AND TECHNICAL DOCUMENTATION PRESS
·北京·

图书在版编目（CIP）数据

中国区域创新能力评价报告. 2023 / 中国科技发展战略研究小组，中国科学院大学中国创新创业管理研究中心著. —北京：科学技术文献出版社，2023. 10
ISBN 978-7-5235-0838-1

Ⅰ. ①中…　Ⅱ. ①中…　②中…　Ⅲ. ①区域经济发展—研究报告—中国—2023
Ⅳ. ① F127

中国国家版本馆 CIP 数据核字（2023）第 192972 号

中国区域创新能力评价报告2023

策划编辑：李 蕊 刘文文　责任编辑：李晓晨 侯依林　责任校对：王瑞瑞　责任出版：张志平

出 版 者　科学技术文献出版社
地　　址　北京市复兴路15号　邮编 100038
编 务 部　(010) 58882938，58882087（传真）
发 行 部　(010) 58882868，58882870（传真）
邮 购 部　(010) 58882873
官方网址　www.stdp.com.cn
发 行 者　科学技术文献出版社发行　全国各地新华书店经销
印 刷 者　北京厚诚则铭印刷科技有限公司
版　　次　2023 年 10 月第 1 版　2023 年 10 月第 1 次印刷
开　　本　889 × 1194　1/16
字　　数　456千
印　　张　16.75
书　　号　ISBN 978-7-5235-0838-1
定　　价　118.00元

《中国区域创新能力评价报告 2023》

编辑委员会

中国科技发展战略研究小组成员简介

方　新　中国科学院大学公共政策与管理学院 原院长 教授

柳卸林　中国科学院大学中国创新创业管理研究中心 主任 教授

薛　澜　清华大学苏世民书院 院长 教授

王春法　中国国家博物馆 馆长

胡志坚　中国科学学与科技政策研究会 副理事长 研究员

穆荣平　中国科学院科技战略咨询研究院 研究员

王昌林　中国社会科学院 副院长 研究员

游光荣　军事科学院 研究员

高世楫　国务院发展研究中心资源与环境政策研究所 所长 研究员

苏　竣　清华大学公共管理学院 教授

肖广岭　清华大学科技与社会研究所 教授

高太山　国务院发展研究中心企业研究所 研究员

前　言

根据科技部《建立国家创新调查制度工作方案》，《中国区域创新能力评价报告》是国家创新调查制度的重要产出之一，是对各省（自治区、直辖市）创新能力进行分析比较的评价报告。报告的研究出版得到了科技部领导、科技部战略规划司、科技部政策法规与创新体系建设司的大力支持。

中国科技发展战略研究小组是一个团结、目标一致、工作认真、富有责任感的开放性研究团队，其主要成员来自科技部、中国科学院、中国社会科学院、国务院发展研究中心、清华大学、军事科学院等单位。从 1999 年起，中国科技发展战略研究小组每年推出一本《中国区域创新能力评价报告》。《中国区域创新能力评价报告 2023》是以中国区域创新体系建设为主题的综合性、连续性的年度研究报告。本报告以区域创新体系理论为指导，借助中国科技发展战略研究小组多年形成的评价方法，利用大量的统计数据，综合、客观及动态地给出各省（自治区、直辖市）创新能力的排名与分析，为地方政府了解本地区创新能力提供参考。

为更好地展示各区域创新能力的动态演化过程，报告自 2021 年起增加了对各地区域创新能力 2001 年至今的排名变化的分析。按照数据来源可比的要求，《中国区域创新能力评价报告 2023》使用滞后两年的统计数据，即 2023 年的评价结果是基于 2021 年的数据完成的。

在综合评价与系统分析的基础上，本年度报告分为三篇：第一篇是 2023 年中国区域创新能力分析，重点反映当年区域创新能力排名的总体情况；第二篇是区域创新能力分省（自治区、直辖市）报告，本年度报告强化了优劣势指标的分维度分析；第三篇是附录。

2023 年 2 月，中共中央、国务院印发了《党和国家机构改革方案》，对我国科技创新管理工作进行重新部署，通过组建中央科技委员会和重新组建科技部，加强党中央对科技工作的集中统一领导，推动健全新型举国体制，促进科技和经济社会发展相结合等。在此背景下，我国区域创新发展也将开启新的篇章。结合本年度区域创新能力评价结果，当年我国区域创新格局呈现以下特征：

一是新型举国体制不断健全，科技自立自强步伐加快。2022 年 9 月，中央全面深化改革委员会第二十七次会议审议通过《关于健全社会主义市场经济条件下关键核心技术攻关新型举国体制的意见》，指出要推动有效市场和有为政府更好结合，强化企业技术创新主体地位。《2023 年国务院政府工作报告》指出，完善新型举国体制，发挥好政府在关键核心技术攻关中的组织作用，支持和突出企业科技创新主体地位。新型举国体制的关键在于有为政府和有效市场的充分结合，重点任务是突破关键核心技术，实现高水平科技自立自强。为实现对新型举国体制的有力支撑，新一轮《党和国家机构改革方案》对我国科技工作进行了重新谋划和布局，如“组建中央科技委员会。加强党中央对科技工作的集中统一领导……研究确定国家战略科技任务和重大科研项目，统筹布局国家实验室等战略科技力量”“重新组建科学技术部。加强科学技术部推动健全新型举国体制”等。

二是科技创新中心建设不断加速，支撑区域重大战略落实。党的二十大报告提出，“统筹推进国际科技创新中心、区域科技创新中心建设”，为科技创新中心的发展指明了方向。科技创新中心承担着带动区域发展、落实区域重大战略的重要使命，我国加快布局建设各级科技创新中心，便于在地理空间上统筹各类创新资源，更好地服务国家和地方发展需求，也为新形势下建设世界科技强国提供了有效支撑。北京、上海、粤港澳大湾区三大国际科技创新中心及成渝、武汉两个全国科技创新中心的建设正在稳步推进，“3+2”科技创新中心的总体布局已经基本形成。从地理区位看，科技创新中心布局遍布东西南北中各个区域。其中，北京作为京津冀地区的核心城市，在引领京津冀高质量发展、促进京津冀协同发展中发挥重要作用。上海位于长三角，承担带动长三角区域、长江经济带创新发展的使命。粤港澳大湾区则通过集聚国际资源，以泛珠三角区域为广阔腹地，成为“一带一路”建设重要支撑。成渝打造成渝双城经济圈，积极带动西部地区发展。武汉致力于推动长江经济带发展，力争打造成为内陆开放融合创新高地和绿色高质量发展的中国样板。

三是数字中国建设进程不断加快，人工智能成为区域创新新引擎。随着新一轮科技革命的纵深演进，数字化进展持续加速，《中国数字经济发展研究报告（2023）》显示，2022年我国数字经济规模超过50万亿元，占GDP比重达41.5%。2023年2月，中共中央、国务院印发了《数字中国建设整体布局规划》，提出数字中国建设的“2522”整体框架，提出以数据中心、算力中心等基础设施建设为抓手，促进东西部联动和区域重大战略实施。新一代信息技术不断更新迭代，人工智能技术持续创新应用，逐渐成为促进区域创新的新引擎。2022年7月，科技部等六部门印发《关于加快场景创新以人工智能高水平应用促进经济高质量发展的指导意见》指出，“鼓励开展跨区域场景合作，鼓励京津冀、长三角、粤港澳大湾区等城市群探索建立人工智能场景创新共同体，发挥中心城市科技辐射带动作用，开展城市间场景创新合作。”2023年7月，中央网信办等七部门联合发布《生成式人工智能服务管理暂行办法》，为规范人工智能发展提出新要求。从地方实践看，部分地区强调人工智能对区域创新赋能作用，如北京发布了《北京市加快建设具有全球影响力的人工智能创新策源地实施方案（2023—2025年）》，深圳市发布了《深圳市加快推动人工智能高质量发展高水平应用行动方案（2023—2024年）》。

四是创新格局基本稳定，区域不平衡问题有所收窄。创新是引领发展的第一动力。自我国实施创新驱动发展战略以来，各地区区域创新能力快速提升，整体创新格局趋稳向好。从全国范围来看，排名首位和末位省份得分的绝对差距由2022年的45.51下降到2023年的42.21；得分标准差由2022年的10.93下降到2023年的10.39。从领先地区来看，广东领先优势依然显著，但与江苏、浙江的差距开始减小。排名前十的地区中，除上海外，其他地区的相对得分均有所提升。南北方差距进一步拉大。2023年，在排名前十的地区中，北方只有北京和山东2个省份。追赶地区排名波动较大，东三省扭转排名下降趋势，3个省份排名均有所提升。山西、青海和云南等西部省份排名则出现下降。其中，云南下降6位，青海和山西均下降3位。此外，陕西下降2位，跌出全国前十；天津依然未扭转下降趋势，降至全国第17位。不同省份创新的实力、效率和潜力差异较大，大省大市在创新实力方面依然占据优势，长三角、珠三角及北京市的创新效率遥遥领先，中西部地区创新潜力巨大。

由于资料的限制，本报告没有涉及台湾地区、香港和澳门特别行政区的创新发展情况。

本报告对各地区创新能力的分析进行了较大的调整，更加突出一个地区的创新能力优势和劣势，有利于各地区加快了解本地区区域创新情况。但由于篇幅有限，分析没有全面展开。

由于本报告是集体完成的，加之时间紧迫、经验有限，虽数易其稿，但难免存在纰漏，敬请广大读者批评指正。

《中国区域创新能力评价报告》课题组

2023 年 8 月 22 日

目 录

Contents

第一篇　2023年中国区域创新能力分析

第二篇　区域创新能力分省（自治区、直辖市）报告

第一篇

2023 年中国区域创新能力分析

第一章

全国区域创新能力排名

1.1 总体概述

自 1999 年以来，中国科技发展战略研究小组已经连续 24 年对全国 31 个省（自治区、直辖市）[简称“省（区、市）”] 创新能力进行评价分析，这些评价对促进我国区域创新能力的提升做出了重要的贡献。

2023年我国区域创新能力是基于2021年的统计数据的分析，其分布呈现以下新的特点：

一是整体创新格局趋于稳定，部分追赶省份进步明显。2023 年广东区域创新能力排名第 1 位，北京、江苏分别排名第 2 位和第 3 位，浙江、上海分别排名第 4 位和第 5 位，前 5 位排名与上年保持一致。从排名变化情况看，2023 年排名上升的地区有 10 个，其中东三省排名均有上升，吉林和黑龙江分别上升 6 位和 5 位，东北创新转型效果明显；排名下降的地区有 12 个，其中云南下降 6 位，创新转型依然面临困难。

二是领先格局基本稳定，2023 年广东、北京、江苏、浙江和上海区域创新能力综合得分在 35 分以上，属于创新领先地区。从创新能力相对得分的动态变化来看，广东在经历高速发展后，领先优势开始减少，除上海外，排名前10位的其他地区的相对得分均有所提升。

三是追赶地区排名波动较大，地区差异性和排名波动依然较大。东三省扭转排名下降趋势，3 个省份排名均有所提升，山西、青海和云南等西部省份排名则出现下降，其中云南下降 6 位，青海和山西均下降 3 位。此外，陕西下降 2 位，跌出全国前十；天津依然未扭转下降趋势，下降到全国第 17 位。

四是不同省份创新实力、创新潜力和创新效率差异较大。大省大市在创新实力方面依然占据优势，2023 年广东、江苏、北京、浙江和山东排名前 5 位，与上年保持一致；上海排名第 6 位，天津排名第 17 位，重庆排名第 15 位。在综合效率指标排名中，北京、上海和广东位居三甲，与上年保持一致；江苏、浙江和天津分别排名第 4 位、第 5 位和第 6 位，排名较上年没有发生变化；海南下降 5 位，全国排名第 12 位。在综合潜力指标排名中，海南排名第 1 位，较上年提高 8 位；江西和广西排名第 2 位和第 3 位，其中，江西上升 1 位，广西上升 9 位，中西部省份潜力巨大。

五是科技指标增长明显，创新驱动发展的基础不断增强。2021 年[①]政府研发活动经费投入总量为 5299.9 亿元，较上年增长 9.83%，有 24 个地区政府研发活动经费投入较上年有所增加，其中河北投入增速最高，达到 41.68%，天津、江西、四川、浙江和山西 5 个省份增速也超过 20%。全国规模以上工业企业研发经费投入达到 17 514.3 亿元，较上年增长 14.69%，其中有 6 个省份增幅超过 20%。从研发经费投入结构看，2021 年各地区研发经费使用仍然以试验发展为主。除海南、北京、黑龙江外，其他 28 个地区试验发展经费占比超过 60%。2021 年，全国专利申请数为 5 040 445 件，较上年增长 0.9%，从增速来看，2021 年专利申请数增速最高的依然是海南，提升了 23.11%，宁夏和新疆紧随其后，增长速度均超过 15%。2021 年全国规模以上工业企业新产品销售收入总和为 295 566.8 亿元，较上年增长 24.15%，增速继续提升；全国有 28 个地区新产品销售收入增加，6 个地区增速超过 50%。

总体上看，各地区创新能力稳步提升，一些关键性基础指标增长明显，但也有一些地区创新投入及产出有所下滑，区域之间指标变动差异较大，发展不充分不协调问题较为突出。

1.2 综合指标排名

2023 年广东区域创新能力综合排名依然保持第 1 位，连续 7 年居全国首位；北京、江苏分别排名第 2 位和第 3 位，浙江和上海分别排名第 4 位和第 5 位，前 5 位排名与上年保持一致。进入前 10 名的地区还有山东、安徽、湖北、湖南和四川（图 1−1）。

① 2023 年报告的基础数据是 2021 年。

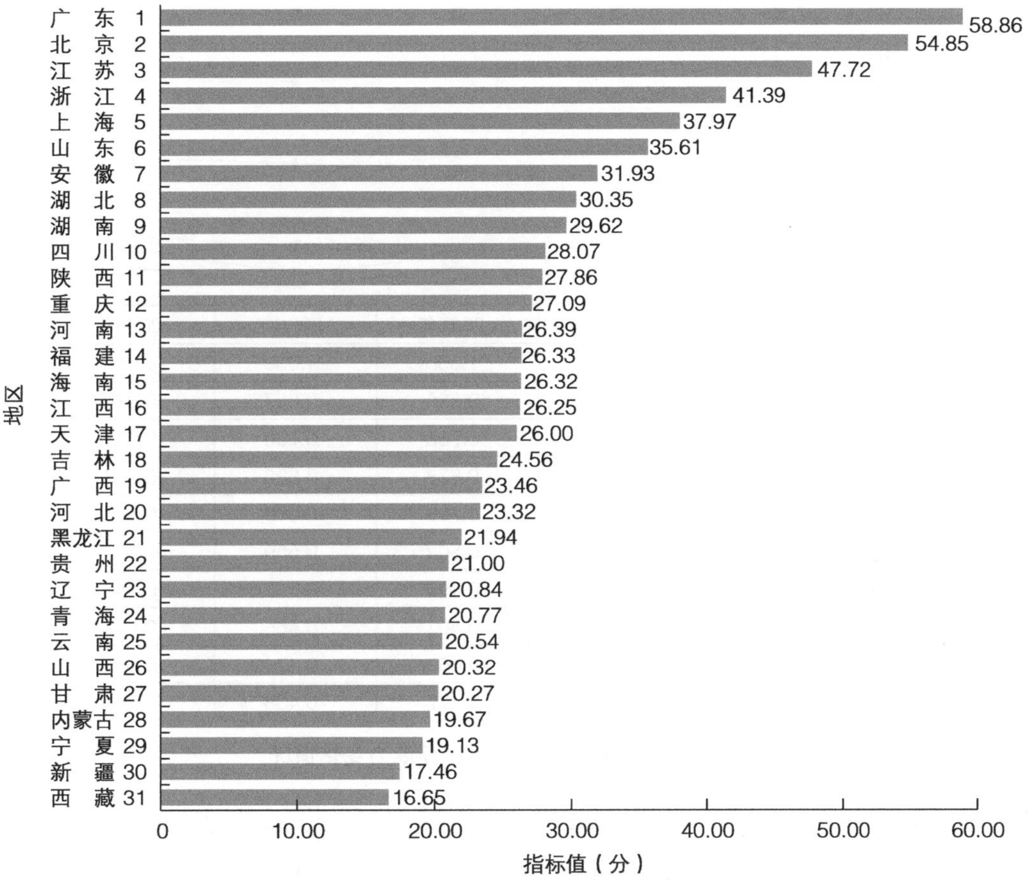

图1–1　2023年中国区域创新能力综合排名

从排名前10位的地区来看，2023年广东、北京、江苏、浙江和上海区域创新能力综合得分在35分以上，属于创新领先地区。从创新能力相对得分的动态变化来看，广东在经历高速发展后，领先优势开始放缓，除上海外，排名前10位的其他省市的相对得分均有所提升（图1–2）。

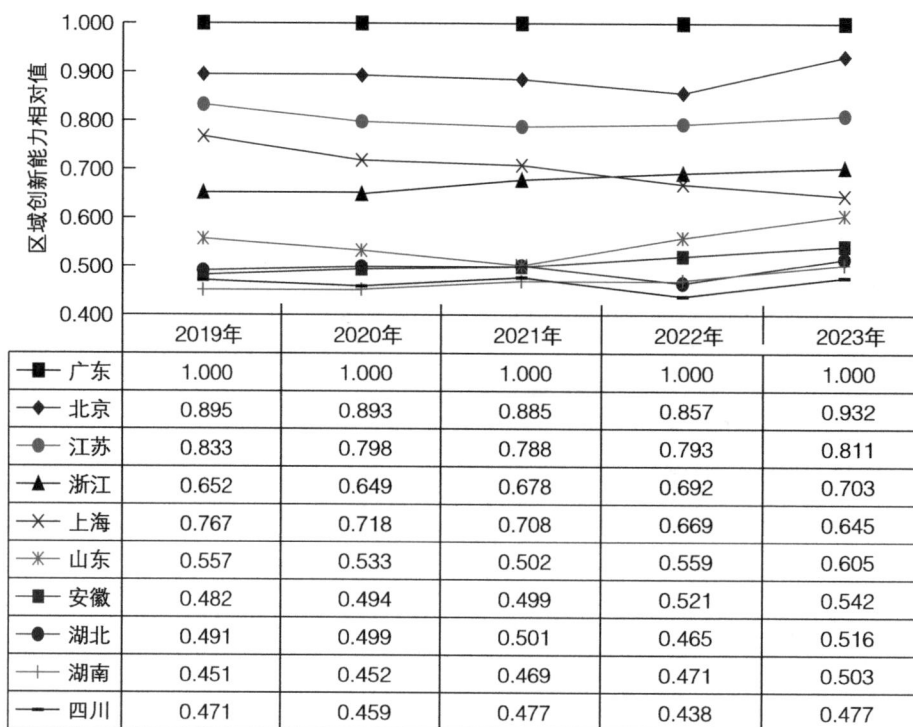

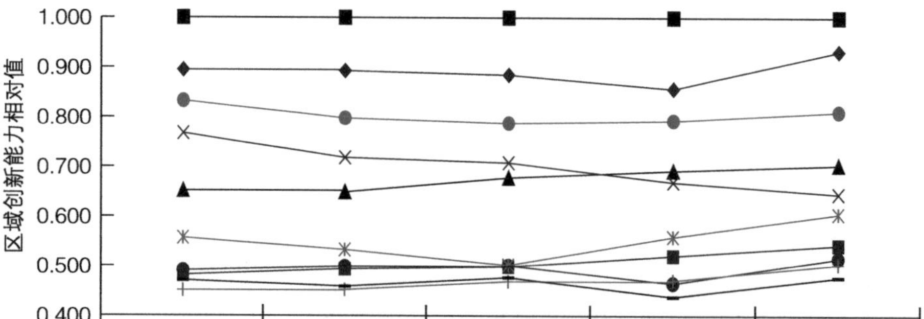

	2019年	2020年	2021年	2022年	2023年
■ 广东	1.000	1.000	1.000	1.000	1.000
◆ 北京	0.895	0.893	0.885	0.857	0.932
● 江苏	0.833	0.798	0.788	0.793	0.811
▲ 浙江	0.652	0.649	0.678	0.692	0.703
✕ 上海	0.767	0.718	0.708	0.669	0.645
✱ 山东	0.557	0.533	0.502	0.559	0.605
■ 安徽	0.482	0.494	0.499	0.521	0.542
● 湖北	0.491	0.499	0.501	0.465	0.516
+ 湖南	0.451	0.452	0.469	0.471	0.503
— 四川	0.471	0.459	0.477	0.438	0.477

图1-2 2019—2023年区域创新能力变化情况

从排名变化情况看，2023 年排名上升的地区有 10 个，分别是吉林、黑龙江、福建、广西、湖北、四川、辽宁、甘肃、内蒙古和海南。其中，东三省排名均有上升，且吉林和黑龙江分别上升 6 位和 5 位，东北创新转型效果明显；广西和福建上升 3 位，创新驱动发展效果显著；湖北上升 2 位，有效克服疫情影响。2023 年排名下降的地区有 12 个，包括云南、天津、青海、山西、陕西、河北、贵州、宁夏、新疆、湖南、重庆和江西。其中，云南下降 6 位，创新转型依然面临困难，天津、青海和山西均下降 3 位，天津创新能力近年来一直面临转型困难，青海和山西作为中西部省份，需要进一步实现突破（表 1-1）。

表1-1 2022—2023年各地区创新能力排名与变化

地区	2023 年	2022 年	排名变化	地区	2023 年	2022 年	排名变化
广东	1	1	0	天津	17	14	−3
北京	2	2	0	吉林	18	24	6
江苏	3	3	0	广西	19	22	3
浙江	4	4	0	河北	20	18	−2
上海	5	5	0	黑龙江	21	26	5
山东	6	6	0	贵州	22	20	−2
安徽	7	7	0	辽宁	23	25	2

续表

地区	2023年	2022年	排名变化	地区	2023年	2022年	排名变化
湖北	8	10	2	青海	24	21	−3
湖南	9	8	−1	云南	25	19	−6
四川	10	12	2	山西	26	23	−3
陕西	11	9	−2	甘肃	27	29	2
重庆	12	11	−1	内蒙古	28	30	2
河南	13	13	0	宁夏	29	27	−2
福建	14	17	3	新疆	30	28	−2
海南	15	16	1	西藏	31	31	0
江西	16	15	−1				

注：表中排名变化中正数为排名上升，负数为排名下降。

从一级指标看，在知识创造综合指标方面，北京依然排名全国第1位，效用值为77.91，领先优势明显，较去年略有下降；广东紧随其后，排名第2位，效用值为51.50，与北京差距较大；上海上升2位，排名第3位；江苏排名第4位，与去年持平；浙江下降2位，排名第5位；陕西和四川分别排名第6位和第7位。在知识获取综合指标方面，广东排名第1位，效用值为37.61，北京排名第2位，效用值为33.78，排名前5位的省份还包括上海、山东和江苏；海南排名第7位，比去年下降6位。在企业创新综合指标方面，广东继续保持第1位，效用值为71.68，连续7年居全国首位；江苏、浙江、北京紧随其后，排名未发生变化；山东上升2位，全国排名第5位；上海下降3位，排名第9位。在创新环境综合指标方面，北京超越广东，排名第1位，效用值为61.08；广东和江苏分别排名第2位和第3位，浙江、上海紧随其后；山东上升2位，排名第6位。在创新绩效综合指标方面，表现最好的省份是广东，效用值为62.58；北京超过江苏，重新回到第2位，江苏排名第3位；浙江和上海依旧排在第4位和第5位（表1−2）。

从排名靠后的省（区、市）来看，西藏的综合得分、内蒙古的知识创造、宁夏的知识获取、西藏的企业创新、黑龙江的创新环境和新疆的创新绩效综合指标排名全国末位。从各维度得分来看，知识获取综合指标的相对差距最小，知识创造的相对差距最高；知识获取、创新环境和创新绩效方面的差距要小于在知识创造和企业创新方面的差距。

表1–2　2023年各地区创新能力一级指标排名情况

地区	综合		知识创造		知识获取		企业创新		创新环境		创新绩效	
	效用值	排名	效用值	排名	效用值	排名	效用值	排名	效用值	排名	效用值	排名
权重	1.00		0.15		0.15		0.25		0.25		0.20	
广东	58.86	1	51.50	2	37.61	1	71.68	1	60.22	2	62.58	1
北京	54.85	2	77.91	1	33.78	2	43.40	4	61.08	1	59.86	2
江苏	47.72	3	43.60	4	24.49	5	55.57	2	49.42	3	56.27	3
浙江	41.39	4	38.21	5	17.04	16	49.76	3	45.44	4	46.51	4
上海	37.97	5	44.60	3	30.64	3	32.61	9	40.27	5	42.32	5
山东	35.61	6	30.95	9	29.43	4	43.27	5	32.46	6	38.08	13
安徽	31.93	7	27.46	11	20.21	9	40.99	6	25.71	16	40.51	8
湖北	30.35	8	27.38	12	17.61	13	37.22	7	25.31	17	39.83	9
湖南	29.62	9	26.66	14	17.24	15	33.46	8	27.69	10	38.72	11
四川	28.07	10	33.92	7	18.41	12	24.47	16	29.67	8	33.42	15
陕西	27.86	11	35.71	6	19.53	11	23.21	18	30.89	7	30.23	18
重庆	27.09	12	20.49	20	15.96	19	29.29	10	26.51	14	38.35	12
河南	26.39	13	22.14	17	14.61	23	24.97	15	27.16	12	39.20	10
福建	26.33	14	18.58	23	11.79	30	26.20	14	27.70	9	41.51	6
海南	26.32	15	26.97	13	21.58	7	26.62	12	23.85	19	32.11	16
江西	26.25	16	22.97	16	14.21	24	28.91	11	26.33	15	34.29	14
天津	26.00	17	21.00	19	16.04	18	22.17	20	27.17	11	40.53	7
吉林	24.56	18	32.07	8	22.30	6	24.12	17	19.78	29	27.16	23
广西	23.46	19	16.65	27	20.43	8	23.13	19	24.07	18	30.51	17
河北	23.32	20	17.89	24	19.66	10	26.50	13	23.23	21	26.28	26
黑龙江	21.94	21	30.65	10	11.93	29	20.44	23	17.95	31	29.76	19
贵州	21.00	22	15.63	29	16.06	17	21.26	21	22.57	22	26.42	25
辽宁	20.84	23	22.01	18	15.20	21	20.54	22	23.82	20	20.85	30
青海	20.77	24	19.75	21	12.86	26	13.52	30	26.90	13	28.88	21
云南	20.54	25	16.39	28	17.59	14	18.85	25	21.26	26	27.06	24
山西	20.32	26	17.04	25	12.61	27	18.30	27	21.77	24	29.26	20
甘肃	20.27	27	23.00	15	12.42	28	19.75	24	19.47	30	25.74	27

续表

地区	综合		知识创造		知识获取		企业创新		创新环境		创新绩效	
	效用值	排名	效用值	排名	效用值	排名	效用值	排名	效用值	排名	效用值	排名
内蒙古	19.67	28	13.94	31	15.59	20	17.18	28	21.40	25	28.00	22
宁夏	19.13	29	19.62	22	9.74	31	18.68	26	20.84	27	24.23	28
新疆	17.46	30	15.16	30	13.09	25	13.82	29	22.57	22	20.64	31
西藏	16.65	31	16.68	26	15.20	21	7.47	31	20.70	28	24.14	29

1.3 实力指标排名

本报告将区域创新能力分解为创新的实力、效率和潜力，指标体系相应地分为实力指标、效率指标和潜力指标。所谓创新实力是指一个地区拥有和投入的创新资源，包括科技投入水平、科研人员规模、专利数量和新产品数量等；创新效率是指一个地区单位投入所产生的效益，如单位科技人员和研究开发经费投入产生的论文或专利数量；创新潜力是指一个地区创新发展的速度，也就是与过去相比的增长水平。通过对指标体系的分解，可以更清晰地看出创新能力的差异性和动态性（表1–3）。

表1–3　2023年区域创新的实力、效率和潜力指标排名

地区	综合			知识创造			知识获取			企业创新			创新环境			创新绩效		
	实力	效率	潜力	实力	效率	潜力	实力	效率	潜力	实力	效率	潜力	实力	效率	潜力	实力	效率	潜力
广东	1	3	11	2	13	6	1	8	12	1	2	21	1	3	4	1	3	21
北京	3	1	25	1	1	18	2	1	30	12	1	24	4	1	14	4	1	12
江苏	2	4	21	3	11	25	3	22	20	2	5	25	2	13	2	2	2	22
浙江	4	5	8	4	8	15	6	27	21	3	4	12	3	9	1	3	5	11
上海	6	2	28	5	3	20	4	2	25	8	6	30	6	2	18	11	4	23
山东	5	11	4	6	21	9	5	20	1	4	8	16	5	18	17	7	13	5
安徽	7	7	5	10	17	12	11	28	3	5	3	19	10	29	6	8	8	8
湖北	8	10	7	8	16	23	8	21	14	6	7	7	9	27	20	15	12	1
湖南	11	13	6	11	22	4	13	24	7	7	10	17	10	21	7	10	11	10
四川	9	15	12	7	12	7	9	17	11	11	22	15	7	10	16	13	15	7

续表

地区	综合			知识创造			知识获取			企业创新			创新环境			创新绩效		
	实力	效率	潜力	实力	效率	潜力	实力	效率	潜力	实力	效率	潜力	实力	效率	潜力	实力	效率	潜力
陕西	13	9	22	9	4	21	10	6	17	17	16	11	14	8	13	14	16	27
重庆	15	8	16	15	19	22	17	18	15	15	9	26	17	15	5	9	10	16
河南	10	17	18	12	27	8	16	26	16	10	20	20	8	28	9	6	9	24
福建	12	16	20	14	29	19	19	31	19	9	19	14	13	14	10	5	7	14
海南	25	12	1	28	7	2	7	5	13	29	13	1	28	5	26	16	18	6
江西	16	17	2	19	28	1	23	29	9	14	12	5	15	19	8	17	14	15
天津	17	6	30	16	10	30	14	11	24	18	11	29	19	6	24	12	6	17
吉林	20	14	9	20	5	5	18	3	6	23	16	4	24	20	30	22	22	25
广西	19	26	3	21	18	29	20	19	2	20	25	2	18	26	3	18	20	13
河北	14	27	13	17	30	14	15	9	8	13	18	6	12	30	21	30	19	26
黑龙江	23	20	13	18	2	27	21	14	31	25	26	3	21	31	19	25	21	2
贵州	24	23	16	25	23	24	25	25	5	22	14	18	23	11	28	26	28	4
辽宁	18	24	29	13	14	28	12	12	27	16	21	28	16	24	22	31	31	29
青海	29	19	19	30	15	11	30	10	23	30	29	22	30	4	12	21	23	8
云南	21	25	26	22	25	17	22	23	4	21	23	23	20	12	31	18	24	19
山西	22	28	23	23	24	16	24	15	26	19	28	9	21	23	23	23	17	20
甘肃	26	22	24	24	9	10	26	13	28	26	24	8	27	22	27	24	26	28
内蒙古	27	30	10	26	31	13	28	16	10	24	27	10	25	17	25	28	25	3
宁夏	30	29	15	29	26	3	29	30	18	28	15	27	29	25	11	27	27	18
新疆	28	31	27	27	20	26	27	7	29	27	30	13	26	16	15	29	30	31
西藏	31	21	31	31	6	31	31	4	22	31	31	31	31	7	29	20	29	30

2023 年广东综合实力保持全国第 1 位，江苏排名第 2 位，北京超越浙江，重新回到第 3 位；浙江排名第 4 位，山东和上海分别排名第 5 位和第 6 位。综合实力排名前 10 位的地区还包括安徽、湖北、四川和河南。天津较去年上升 1 位，排名第 17 位；重庆排名第 15 位。

在知识创造实力方面，北京、广东和江苏排名前 3 位，与去年保持一致；浙江和上海分别排名第 4 位和第 5 位，排名没有变化。排名前 10 位的地区还有山东、四川、湖北、陕西和安徽。知识创造实力指标排名高于综合实力指标排名的地区有 11 个，排名差距较大的地区有辽宁（13/18）、黑龙江（18/23）和陕西（9/13）；知识创造实力排名低于综合实力排名的地区有 14 个，排名差距较大的地区有海南（28/25）、河北（17/14）、安徽（10/7）和江西（19/16），其余地区的知识创造实力排名与其综合实力排名差距不超过 2 位。

在知识获取实力方面，广东依然保持全国首位，北京和江苏分别排名第 2 位和第 3 位；上海和山东分别排名第 4 位和第 5 位；排名前 10 位的地区还包括浙江、海南、湖北、四川和陕西，其中海南较去年下降 5 位。知识获取实力排名高于综合实力排名的地区有 10 个，排名差距较大的地区有海南（7/25）、辽宁（12/18）、陕西（10/13）和天津（14/17）；知识获取实力排名低于综合实力排名的地区有 15 个，排名差距较大的地区有安徽（11/7）、河南（16/10）、福建（19/12）和江西（23/16）；其余地区的知识获取实力排名与其综合实力排名差距均不超过 2 位。

在企业创新实力方面，广东、江苏和浙江排名前 3 位，山东和安徽紧随其后，前 5 位排名较去年没有变化；湖北、湖南、上海、福建和河南也进入前 10 位；北京排名第 12 位，与去年保持一致。企业创新实力排名高于综合实力排名的地区有 14 个，排名差距较大的地区有湖南（7/11）、福建（9/12）、山西（19/22）和内蒙古（24/27）；企业创新实力排名低于综合实力排名的地区有 10 个，排名差距较大的地区有吉林（23/20）、陕西（17/13）、海南（29/25）和北京（12/3）；其余地区的企业创新实力排名与其综合实力排名差距均不超过 2 位。

在创新环境实力方面，广东、江苏和浙江排名前 3 位，与去年保持一致；北京和山东分别排名第 4 位和第 5 位；其他排名前 10 位的地区依次是上海、四川、河南、湖北、湖南、安徽。创新环境实力排名高于综合实力排名的地区有 15 个；创新环境实力排名低于综合实力排名的地区有 11 个，排名差距较大的地区有吉林（24/20）、安徽（10/7）和海南（28/25）；其余地区的创新环境实力排名与其综合实力排名差距不超过 2 位。

在创新绩效实力方面，广东、江苏和浙江排名前 3 位，北京排名第 4 位；福建较去年上升 2 位，排名第 5 位，河南排名第 6 位；其他排名前 10 位的地区依次是山东、安徽、重庆和湖南，其中安徽较去年上升 1 位。创新绩效实力排名高于综合实力排名的地区有 13 个，排名差距较大的地区有西藏（20/31）、海南（16/25）、青海（21/29）、福建（5/12）、重庆（9/15）、天津（12/17）、河南（6/10）、云南（18/21）和宁夏（27/30）；创新绩效实力排名低于综合实力排名的地区有 16 个，排名差距较大的地区有四川（13/9）、上海（11/6）、湖北（15/8）、辽宁（31/18）和河北（30/14）；其余地区的创新绩效实力排名与其综合实力排名差距不超过 2 位。

1.4 效率指标排名

在综合效率指标排名中，北京、上海和广东依然位居三甲，江苏和浙江紧随其后，前 5 位排名没有变化。进入前 10 名的地区还有天津、安徽、重庆、陕西和湖北，其中重庆较去年上升 2 位，安徽和湖北均上升 1 位。综合来看，直辖市在人均投入和人均产出方面依然保持优势。综合效率指标排名后 5 位的地区分别是河北、山西、宁夏、内蒙古和新疆。

在知识创造效率方面，北京依然排名第 1 位，黑龙江和上海分别排名第 2 位和第 3 位，陕西、吉林分别排名第 4 位和第 5 位；其他排名前 10 位的地区依次是西藏、海南、浙江、甘肃和天津，其中西藏较去年上升 4 位，甘肃上升 3 位。知识创造效率排名高于综合效率排名的地区有黑龙江（2/20）、西藏（6/21）、甘肃（9/22）、新疆（20/31）、辽宁（14/24）、吉林（5/14）、广西（18/26）、陕西（4/9）、海南（7/12）、青海（15/19）、山西（24/28）、四川（12/15）和宁夏（26/29）；知识创造效率排名低于综合效率排名的地区有浙江（8/5）、河北（30/27）、天津（10/6）、湖北（16/10）、江苏（11/4）、湖南（22/13）、广东（13/3）、安徽（17/7）、山东（21/11）、河南（27/17）、重庆（19/8）、江西（28/17）和福建（29/16），其余地区的知识创造效率排名与其综合效率排名差距不超过 2 位。

在知识获取效率方面，北京、上海和吉林排名前 3 位，其中北京较去年上升 4 位，上海上升 1 位，吉林下降 1 位；西藏和海南分别排名第 4 位和第 5 位，其中海南较去年下降 3 位，西藏上升 8 位；进入前 10 名的其他地区分别是陕西、新疆、广东、河北和青海。知识获取效率排名高于综合效率排名的地区有 14 个，排名差距较大的地区包括新疆（7/31）、河北（9/27）、西藏（4/21）、内蒙古（16/30）、山西（15/28）、辽宁（12/24）、吉林（3/14）、青海（10/19）、甘肃（13/22）、海南（5/12）、广西（19/26）、黑龙江（14/20）和陕西（6/9）；知识获取效率排名低于综合效率排名的地区有 15 个，排名差距较大的地区包括广东（8/3）、天津（11/6）、山东（20/11）、河南（26/17）、重庆（18/8）、湖北（21/10）、湖南（24/13）、江西（29/17）、福建（31/16）、江苏（22/4）、安徽（28/7）和浙江（27/5）；其余地区的知识获取效率排名与其综合效率排名差距不超过 2 位。

在企业创新效率方面，北京、广东和安徽排名前 3 位，其中安徽再次提升 1 位；浙江和江苏分别排名第 4 位和第 5 位，其中浙江较去年上升 2 位，江苏下降 1 位；进入前 10 名的其他地区依次是上海、湖北、山东、重庆和湖南。企业创新效率排名高于综合效率排名的地区有 15 个，排名差距较大的地区包括宁夏（15/29）、贵州（14/23）、河北（18/27）、江西（12/17）、安徽（3/7）、湖北（7/10）、山东（8/11）、湖南（10/13）、辽宁（21/24）和内蒙古（27/30）；企业创新效率排名低于综合效率排名的地区有 14 个，排名差距较大的地区包括福建（19/16）、河南（20/17）、上海（6/2）、天津（11/6）、黑龙江（26/20）、陕西（16/9）、四川（22/15）、青海（29/19）和西藏（31/21）；其余地区的企业创新效率排名与其综合效率排名差距不超过 2 位。

在创新环境效率方面，北京、上海和广东排名前 3 位，其中广东较去年上升 1 位；青海和海南分别排名第 4 位和第 5 位，其中青海较去年下降 1 位，海南上升 3 位；进入前 10 名的其他地区依次为天津、西藏、陕西、浙江和四川。创新环境效率排名高于综合效率排名的地区有 12 个，排名差距较大的地区包括青海（4/19）、新疆（16/31）、西藏（7/21）、云南（12/25）、内蒙古（17/30）、贵州（11/23）、海南（5/12）、四川（10/15）、山西（23/28）和宁夏（25/29）；创新环境效率排名低于综合效率排名的地区有 12 个，排名差距较大的有河北（30/27）、浙江（9/5）、吉林（20/14）、重庆（15/8）、山东（18/11）、湖南（21/13）、江苏（13/4）、河南（28/17）、黑龙江（31/20）、湖北（27/10）和安徽（29/7）；其余地区的创新环境效率排名与综合效率排名差距均不超过 2 位。

在创新绩效效率方面，北京排名第 1 位，江苏超过广东，排名第 2 位，广东排名第 3 位；上海排名第 4 位，与去年保持一致；浙江排名第 5 位，较去年上升 1 位；排名前 10 位的其他地区依次为，天津、福建、安徽、河南和重庆。创新绩效效率排名高于综合效率排名的地区有 12 个，排名差距较大的地区包括山西（17/28）、福建（7/16）、河南（9/17）、河北（19/27）、广西（20/26）、内蒙古（25/30）和江西（14/17）；创新绩效效率排名低于综合效率排名的地区有 14 个，青海（23/19）、甘肃（26/22）、贵州（28/23）、海南（18/12）、陕西（16/9）、辽宁（31/24）、吉林（22/14）和西藏（29/21），其余地区创新绩效效率排名与综合效率排名差距不超过 3 位。

1.5 潜力指标排名

在综合潜力指标排名中，海南、江西和广西依次排名前 3 位，其中海南较去年上升 7 位，江西上升 1 位，广西上升 9 位，中西部省份潜力巨大；山东和安徽分别排名第 4 位和第 5 位，其中山东较去年上升 4 位，安徽下降 1 位；进入前 10 名的其他地区依次为湖南、湖北、浙江、吉林和内蒙古。

在知识创造潜力方面，江西排名第 1 位，比去年上升 3 位；海南排名第 2 位，比去年上升 7 位；宁夏排名第 3 位，比去年上升 16 位，知识创造潜力较大；湖南排名第 4 位，比去年上升 2 位；吉林排名第 5 位，比去年上升 25 位，创新转型效果明显；进入前 10 名的其他地区依次是广东、四川、河南、山东和甘肃；整体来看，中西部省份保持一定增长潜力。知识创造潜力排名高于综合潜力排名的地区有 17 个，排名差距较大的地区是甘肃（10/24）、宁夏（3/15）、河南（8/18）、云南（17/26）、青海（11/19）、上海（20/28）、山西（16/23）、北京（18/25）、广东（6/11）、四川（7/12）和吉林（5/9）；知识创造潜力排名低于综合潜力排名的省份有 12 个，相差较大的地区是内蒙古（13/10）、江苏（25/21）、山东（9/4）、重庆（22/16）、安徽（12/5）、浙江（15/8）、贵州（24/16）、黑龙江（27/13）、湖北（23/7）和广西（29/3），其他地区排名相差不超过 2 位。

在知识获取潜力方面，山东排名第 1 位，与去年保持一致；广西排名第 2 位，比去年上升 1 位；安徽排名第 3 位，比去年上升 3 位；云南和贵州依次排名第 4 位和第 5 位，其中云南比去年上升 7 位，贵州上升 2 位；其他进入前 10 名的地区依次为吉林、湖南、河北、江西和内蒙古。知识获取潜力排名高于综合潜力排名的地区有 17 个，相差较大的地区是云南（4/26）、贵州（5/16）、西藏（22/31）、天津（24/30）、河北（8/13）、陕西（17/22）、山东（1/4）、吉林（6/9）和上海（25/28）；知识获取潜力排名低于综合潜力排名的地区有 13 个，相差较大的地区是宁夏（18/15）、山西（26/23）、青海（23/19）、甘肃（28/24）、北京（30/25）、江西（9/2）、湖北（14/7）、海南（13/1）、浙江（21/8）和黑龙江（31/13），其他地区排名相差不超过 2 位。

在企业创新潜力方面，海南排名第 1 位，比去年上升 8 位；广西排名第 2 位，比去年上升 21 位；黑龙江排名第 3 位，比去年上升 18 位；吉林和江西分别排名第 4 位和第 5 位，其中吉林比去年上升 14 位，江西下降 3 位；排名前 10 位的其他地区依次为河北、湖北、甘肃、山西和内蒙古。企业创新潜力排名高于综合潜力排名的地区有 13 个，其中差距较大的地区是甘肃（8/24）、山西（9/23）、新疆（13/27）、陕西（11/22）、黑龙江（3/13）、河北（6/13）、福建（14/20）、吉林（4/9）和云南（23/26）；企业创新潜力排名低于综合潜力排名的地区有 14 个，其中差距较大的地区有江西（5/2）、四川（15/12）、青海（22/19）、浙江（12/8）、江苏（25/21）、广东（21/11）、重庆（26/16）、湖南（17/6）、山东（16/4）、宁夏（27/15）、安徽（19/5）；其他地区排名相差不超过 2 位。

在创新环境潜力方面，浙江排名第 1 位，比去年上升 5 位；江苏排名第 2 位，比去年上升 19 位；广西排名第 3 位，比去年上升 4 位；广东和重庆分别排名第 4 位和第 5 位，其中，广东上升 4 位，重庆上升 9 位；与去年不同，排名前五的省份大多为东部省份，西部省份只有广西。其他排名前十的省份依次为，安徽、湖南、江西、河南和福建。企业创新潜力指标排名高于综合潜力排名的地区有 15 个，差距较大的地区包括江苏（2/21）、新疆（15/27）、重庆（5/16）、北京（14/25）、福建（10/20）、上海（18/28）、河南（9/18）、陕西（13/22）、浙江（1/8）、广东（4/11）、青海（12/19）、辽宁（22/29）、天津（24/30）和宁夏（11/15）。企业创新潜力指标排名低于综合潜力排名的地区有 14 个，差距较大的地区有甘肃（27/24）、四川（16/12）、云南（31/26）、江西（8/2）、黑龙江（19/13）、河北（21/13）、贵州（28/16）、山东（17/4）、湖北（20/7）、内蒙古（25/10）、吉林（30/9）和海南（26/1），其他省市排名差距不超过 2 位。

在创新绩效潜力方面，湖北排名第 1 位，比去年上升 30 位，疫情过后上升潜力巨大；黑龙江排名第 2 位，比去年上升 24 位；内蒙古排名第 3 位，比去年上升 15 位；贵州和山东分别排名第 4 位和第 5 位，其中，贵州上升 15 位，下降 2 位；其他进入前十的省份依次为，海南、四川、青海、安徽和湖南。创新绩效潜力指标排名高于综合潜力排名的省份有13个，排名差距较大的是北京（12/25）、天津（17/30）、贵州（4/16）、黑龙江（2/13）、青海（8/19）、内蒙古（3/10）、云南（19/26）、湖北（1/7）、福建（14/20）、四川（7/12）、上海（23/28）和山西（20/23）；创新绩效潜力指标排名低于综合潜力排名的地区有16个，排名差距较大的是安徽（8/5）、浙江（11/8）、宁夏（18/15）、湖南（10/6）、甘肃（28/24）、新疆（31/27）、海南（6/1）、陕西（27/22）、河南（24/18）、广西（13/3）、广东（21/11）、江西（15/2）、河北（26/13）和吉林（25/9），其他省市排名差距不超过2位。

1.6 其他重要指标排名

一个地区创新能力的强弱，往往取决于一些基础指标间的差异，为进一步揭示排名变化背后的原因，本报告对一些重要的基础指标进行深入分析。

（1）各地区政府研发投入排名

2021年政府研发投入排名前10位的地区依次是北京、上海、四川、广东、陕西、江苏、浙江、湖北、山东和安徽，其中四川、陕西、浙江和安徽较2020年均提升1位，广东、江苏和湖北均下降1位。

从排名变化情况看，2020—2021年排名变化较大：河北从第18位上升到第14位；黑龙江从第17位下降到第20位；其他省份排名变化均不超过2位。从投入增速看，2021年全国有24个地区政府研发投入较上年有所增加，其中河北、天津、江西、四川山西和浙江6个地区投入增长超过20%；有7个地区政府研发投入较上年有所下降，其中湖北下降幅度超过10%（表1–4）。

表1–4 2020—2021年各地区政府研发投入

地区	政府研发投入（亿元）		排名		排名变化	地区	政府研发投入（亿元）		排名		排名变化
	2021年	2020年	2021年	2020年			2021年	2020年	2021年	2020年	
北京	1186.50	1084.33	1	1	0	河南	88.13	79.48	17	15	−2
上海	570.63	526.54	2	2	0	吉林	76.26	65.88	18	19	1
四川	513.17	420.20	3	4	1	江西	73.88	59.19	19	20	1
广东	474.26	440.57	4	3	−1	黑龙江	68.37	72.49	20	17	−3
陕西	298.75	271.72	5	6	1	云南	58.41	56.75	21	21	0
江苏	263.18	280.87	6	5	−1	甘肃	47.00	39.82	22	23	1

续表

地区	政府研发投入（亿元）		排名		排名变化	地区	政府研发投入（亿元）		排名		排名变化
	2021 年	2020 年	2021 年	2020 年			2021 年	2020 年	2021 年	2020 年	
浙江	201.35	164.95	7	8	1	贵州	41.77	43.46	23	22	−1
湖北	188.25	213.65	8	7	−1	广西	35.73	38.79	24	24	0
山东	173.23	145.30	9	9	0	山西	32.95	27.04	25	25	0
安徽	146.48	134.83	10	11	1	内蒙古	27.70	23.28	26	26	0
辽宁	136.07	144.07	11	10	−1	海南	24.31	21.22	27	27	0
湖南	131.46	118.58	12	12	0	新疆	18.26	17.95	28	28	0
天津	110.58	80.43	13	14	1	宁夏	15.72	13.17	29	29	0
河北	101.38	71.57	14	18	4	青海	8.84	7.49	30	30	0
福建	95.78	81.49	15	13	−2	西藏	2.99	3.23	31	31	0
重庆	88.29	77.24	16	16	0						

（2）各地区发明专利授权数排名

发明专利代表了一个地区的发明与创新能力。2021 年发明专利授权数排名前 10 位的地区依次是广东、北京、江苏、浙江、山东、上海、安徽、湖北、四川和湖南，其中江苏超越浙江重新回到第 3 位，浙江排名第 4 位，其他地区排名保持不变。从排名变化幅度看，所有地区排名变化不超过 1 位。

从授权数总量看，全国 31 个地区发明专利授权数均有所增加，其中西藏、宁夏、甘肃和江西 4 个地区增速超过 50%；除浙江和安徽外，其他地区增速均超过 20%（表 1−5）。

表1−5　2020—2021年各地区发明专利授权数

地区	发明专利授权数（件）		排名		排名变化	地区	发明专利授权数（件）		排名		排名变化
	2021 年	2020 年	2021 年	2020 年			2021 年	2020 年	2021 年	2020 年	
广东	102 850	70 695	1	1	0	天津	7376	5262	17	17	0
北京	79 210	63 266	2	2	0	江西	6741	4407	18	19	1
江苏	68 813	45 975	3	4	1	黑龙江	6337	4598	19	18	−1
浙江	56 796	49 888	4	3	−1	吉林	5730	3969	20	20	0
山东	36 345	26 745	5	5	0	广西	4573	3521	21	21	0

续表

地区	发明专利授权数（件）		排名		排名变化	地区	发明专利授权数（件）		排名		排名变化
	2021 年	2020 年	2021 年	2020 年			2021 年	2020 年	2021 年	2020 年	
上海	32 860	24 208	6	6	0	山西	3915	2987	22	22	0
安徽	23 624	21 432	7	7	0	云南	3643	2458	23	23	0
湖北	22 376	17 555	8	8	0	贵州	2824	2268	24	24	0
四川	19 337	14 187	9	9	0	甘肃	2253	1446	25	25	0
湖南	16 564	11 537	10	11	1	内蒙古	1651	1162	26	26	0
陕西	15 516	12 122	11	10	−1	新疆	1153	859	27	27	0
河南	13 536	9183	12	13	1	宁夏	1103	703	28	29	1
福建	12 561	10 250	13	12	−1	海南	954	721	29	28	−1
辽宁	10 480	7936	14	14	0	青海	454	333	30	30	0
重庆	9413	7637	15	15	0	西藏	184	96	31	31	0
河北	8621	6365	16	16	0						

（3）各地区国际论文数排名

国际论文数是反映一个地区科学水平的重要指标。2021 年国际论文数排名前 10 位的地区依次是北京、江苏、上海、广东、陕西、山东、湖北、浙江、四川和辽宁，其中山东较 2020 年上升 1 位，湖北下降 1 位，其他地区排名保持不变。

2021 年，除西藏外，其他地区发表的国际论文较上年均有所增加，其中青海和宁夏增加幅度超过 30%，全国共发表国际论文 876 183 篇，较上年增加 13.40%（表 1–6）。

表1–6　2020—2021年各地区国际论文数

地区	国际论文数（篇）		排名		排名变化	地区	国际论文数（篇）		排名		排名变化
	2021 年	2020 年	2021 年	2020 年			2021 年	2020 年	2021 年	2020 年	
北京	133 339	124 941	1	1	0	重庆	19 608	17 162	17	17	0
江苏	89 470	81 187	2	2	0	福建	18 753	15 191	18	18	0
上海	65 294	60 314	3	3	0	河北	12 014	10 658	19	19	0
广东	60 430	50 150	4	4	0	江西	11 166	9404	20	21	1
陕西	50 391	46 092	5	5	0	甘肃	11 076	9469	21	20	−1

续表

地区	国际论文数（篇）		排名		排名变化	地区	国际论文数（篇）		排名		排名变化
	2021 年	2020 年	2021 年	2020 年			2021 年	2020 年	2021 年	2020 年	
山东	47 411	37 983	6	7	1	山西	9901	8718	22	22	0
湖北	47 297	42 215	7	6	−1	云南	8165	6981	23	23	0
浙江	44 165	37 493	8	8	0	广西	7944	6345	24	24	0
四川	40 755	35 342	9	9	0	贵州	4735	3884	25	25	0
辽宁	33 247	28 808	10	10	0	新疆	4078	3379	26	26	0
湖南	32 066	28 205	11	11	0	内蒙古	3695	2914	27	27	0
天津	27 378	22 745	12	12	0	海南	2085	1832	28	28	0
黑龙江	23 936	22 229	13	13	0	宁夏	1482	1112	29	29	0
安徽	23 444	21 020	14	14	0	青海	1255	750	30	30	0
河南	21 333	18 108	15	15	0	西藏	103	107	31	31	0
吉林	20 167	17 924	16	16	0						

（4）各地区规模以上工业企业R&D经费内部支出总额排名

企业 R&D 经费支出是表征企业对创新重视程度的重要指标。2021 年全国各地区规模以上工业企业 R&D 经费内部支出额总和为 17 514.3 亿元，较上年增长 14.69%。2021 年排名前 10 位的地区依次是广东、江苏、浙江、山东、福建、湖南、河南、安徽、湖北和上海，其中福建和湖南较去年均上升 1 位，河南下降 2 位。

从增长情况来看，所有地区的投入均有增长，其中西藏增长幅度最大，增长达到 178.65%，新疆和青海增速也超过 30%，整体来看，由于西部地区投入基数较小，增速较快（表 1–7）。

表1–7　2020—2021年规模以上工业企业R&D经费内部支出总额

地区	规模以上工业企业 R&D 经费（亿元）		排名		排名变化	地区	规模以上工业企业 R&D 经费（亿元）		排名		排名变化
	2021 年	2020 年	2021 年	2020 年			2021 年	2020 年	2021 年	2020 年	
广东	2902.18	2499.95	1	1	0	北京	313.51	297.42	17	16	−1
江苏	2716.63	2381.69	2	2	0	天津	251.26	228.77	18	18	0
浙江	1591.66	1395.90	3	3	0	山西	186.24	156.18	19	19	0
山东	1565.34	1365.62	4	4	0	云南	176.5	145.15	20	20	0

续表

地区	规模以上工业企业R&D 经费（亿元）		排名		排名变化	地区	规模以上工业企业R&D 经费（亿元）		排名		排名变化
	2021 年	2020 年	2021 年	2020 年			2021 年	2020 年	2021 年	2020 年	
福建	771.65	666.91	5	6	1	内蒙古	154.77	129.37	21	21	0
湖南	766.11	664.53	6	7	1	广西	137.02	113.33	22	22	0
河南	764.01	685.58	7	5	−2	贵州	121.06	105.36	23	23	0
安徽	739.12	639.42	8	8	0	黑龙江	88.77	77.46	24	25	1
湖北	723.59	610.96	9	10	1	吉林	85.84	77.64	25	24	−1
上海	698.33	635.01	10	9	−1	甘肃	64.29	52.13	26	26	0
河北	570.39	485.45	11	11	0	新疆	54.18	39.19	27	28	1
四川	480.17	427.64	12	12	0	宁夏	51.76	45.35	28	27	−1
重庆	424.53	372.56	13	13	0	海南	14.15	11.70	29	29	0
江西	397.85	346.02	14	14	0	青海	13.85	10.37	30	30	0
辽宁	367.28	335.32	15	15	0	西藏	2.48	0.89	31	31	0
陕西	319.69	268.40	16	17	1						

（5）各地区规模以上工业企业新产品销售收入排名

新产品销售收入反映企业的创新绩效。2021 年全国规模以上工业企业新产品销售收入总和为 295 566.8 亿元，较上年增长 24.15%，增速继续提升。2021 年排名前 10 位的地区依次是广东、江苏、浙江、山东、安徽、湖北、湖南、上海、河北和江西，其中湖北和湖南较去年均上升 1 位，上海下降 2 位。总体排名比较稳定，地区排名变化不超过 2 位。

分地区看，全国有 28 个地区新产品销售收入增加，海南、山东、西藏、北京、陕西和黑龙江等 6 个地区增速超过 50%，海南增长最多，增幅达到 81.47%；3 个地区出现负增长（表 1−8）。

表1−8　2020—2021年各地区规模以上工业企业新产品销售收入

地区	新产品销售收入（亿元）		排名		排名变化	地区	新产品销售收入（亿元）		排名		排名变化
	2021 年	2020 年	2021 年	2020 年			2021 年	2020 年	2021 年	2020 年	
广东	49 684.90	44 313.05	1	1	0	天津	4814.09	3891.99	17	17	0
江苏	42 622.37	39 442.84	2	2	0	陕西	3811.37	2494.19	18	19	1

续表

地区	新产品销售收入（亿元）		排名		排名变化	地区	新产品销售收入（亿元）		排名		排名变化
	2021 年	2020 年	2021 年	2020 年			2021 年	2020 年	2021 年	2020 年	
浙江	36 890.12	28 302.50	3	3	0	广西	3033.50	2571.30	19	18	−1
山东	27 540.30	17 081.08	4	4	0	吉林	2955.14	2240.03	20	21	1
安徽	15 101.73	12 054.38	5	5	0	山西	2940.60	2311.12	21	20	−1
湖北	13 695.56	9596.88	6	7	1	内蒙古	1655.49	1242.46	22	22	0
湖南	12 169.23	8387.90	7	8	1	黑龙江	1252.24	820.75	23	25	2
上海	10 574.88	10 159.22	8	6	−2	云南	1205.58	1216.10	24	23	−1
河北	9668.26	7190.98	9	11	2	贵州	1020.77	876.09	25	24	−1
江西	9575.04	7221.34	10	10	0	甘肃	766.27	578.03	26	27	1
河南	8825.81	7907.50	11	9	−2	新疆	582.09	633.09	27	26	−1
北京	8252.96	5344.94	12	14	2	宁夏	540.05	459.20	28	28	0
福建	7822.14	6097.55	13	12	−1	海南	244.50	134.73	29	30	1
重庆	6995.18	5880.67	14	13	−1	青海	171.46	209.46	30	29	−1
四川	6138.75	4969.91	15	15	0	西藏	5.43	3.45	31	31	0
辽宁	5010.87	4440.94	16	16	0						

（6）各地区教育经费支出排名

教育经费支出是反映地方政府重视创新的基础指标。2021 年教育经费支出排名前 10 位的地区依次是广东、江苏、山东、浙江、河南、四川、河北、湖南、安徽和湖北，排名与去年一致。

从投入绝对值看，2021 年全国教育经费支出总量为 48 966.46 亿元，比去年增长 6.42%；除天津外，其他地区教育经费支出均上升，其中云南和宁夏 2 个省市增速超过 10%（表 1–9）。

表1–9　2020—2021年各地区教育经费支出

地区	教育经费支出（亿元）		排名		排名变化	地区	教育经费支出（亿元）		排名		排名变化
	2021 年	2020 年	2021 年	2020 年			2021 年	2020 年	2021 年	2020 年	
广东	5386.96	4918.76	1	1	0	福建	1416.10	1342.91	17	17	0
江苏	3371.73	3109.33	2	2	0	陕西	1316.98	1249.04	18	18	0

续表

地区	教育经费支出（亿元）		排名		排名变化	地区	教育经费支出（亿元）		排名		排名变化
	2021 年	2020 年	2021 年	2020 年			2021 年	2020 年	2021 年	2020 年	
山东	3102.26	2900.18	3	3	0	重庆	1182.39	1144.30	19	19	0
浙江	2884.61	2734.38	4	4	0	新疆	1102.95	1021.49	20	21	1
河南	2802.23	2668.52	5	5	0	辽宁	1098.86	1059.40	21	20	−1
四川	2466.00	2254.71	6	6	0	山西	1007.16	985.80	22	22	0
河北	2128.28	1992.12	7	7	0	内蒙古	851.05	810.57	23	24	1
湖南	1885.26	1775.37	8	8	0	甘肃	844.06	799.87	24	25	1
安徽	1747.86	1637.58	9	9	0	黑龙江	842.27	811.59	25	23	−2
湖北	1678.31	1606.71	10	10	0	吉林	720.48	677.74	26	26	0
云南	1657.13	1483.36	11	11	0	天津	603.18	627.08	27	27	0
江西	1577.29	1453.55	12	13	1	海南	463.21	424.39	28	28	0
广西	1541.83	1436.77	13	14	1	西藏	316.49	288.12	29	30	1
北京	1508.50	1479.48	14	12	−2	青海	293.14	289.49	30	29	−1
贵州	1447.94	1362.29	15	16	1	宁夏	279.19	253.28	31	31	0
上海	1442.76	1412.54	16	15	−1						

（7）各地区高技术企业数排名

高技术企业数代表了一个地区企业创新的水平和活力。2021 年高技术企业数排名前 10 位的地区依次是广东、江苏、浙江、江西、安徽、山东、湖南、四川、湖北和河南，其中安徽超越山东，排名上升 1 位，河南排名上升 1 位。从总量上看，截至 2021 年全国共有高技术企业 45 646 家，较上年增加 5452 家（表 1–10）。

表1–10　2020—2021年各地区高技术企业数

地区	高技术企业数（家）		排名		排名变化	地区	高技术企业数（家）		排名		排名变化
	2021 年	2020 年	2021 年	2020 年			2021 年	2020 年	2021 年	2020 年	
广东	12 372	10 670	1	1	0	天津	585	549	17	17	0
江苏	6893	5973	2	2	0	辽宁	549	508	18	18	0
浙江	4230	3622	3	3	0	广西	501	448	19	19	0
江西	2111	1779	4	4	0	贵州	387	399	20	20	0

续表

地区	高技术企业数（家）		排名		排名变化	地区	高技术企业数（家）		排名		排名变化
	2021 年	2020 年	2021 年	2020 年			2021 年	2020 年	2021 年	2020 年	
安徽	1931	1702	5	6	1	吉林	350	321	21	21	0
山东	1922	1718	6	5	−1	云南	286	279	22	22	0
湖南	1838	1651	7	7	0	山西	255	206	23	23	0
四川	1766	1576	8	8	0	黑龙江	227	188	24	24	0
湖北	1489	1339	9	9	0	甘肃	140	119	25	25	0
河南	1369	1198	10	11	1	内蒙古	111	105	26	26	0
上海	1323	1195	11	12	1	新疆	82	74	27	27	0
福建	1314	1227	12	10	−2	海南	69	63	28	28	0
北京	937	884	13	13	0	宁夏	57	46	29	29	0
重庆	866	813	14	14	0	青海	42	37	30	30	0
河北	840	745	15	16	1	西藏	17	11	31	31	0
陕西	787	749	16	15	−1						

（8）各地区第三产业增加值占GDP的比例排名

第三产业增加值占 GDP 的比例反映了一个地区的产业结构，比重的变化代表了该地区产业结构升级的水平。2021 年 31 个省（区、市）第三产业增加值占 GDP 的比例排名前 10 位的地区依次是北京、上海、海南、天津、西藏、广东、浙江、重庆、甘肃和山东。其中，西藏较去年上升 20 位，产业升级效果显著；重庆上升 2 位；甘肃和山东下降 2 位。其他排名变化较大的地区包括陕西（下降 9 位）、青海（下降 8 位）、西藏（下降 7 位）、辽宁（下降 6 位）、湖北（上升 7 位）、山西（上升 5 位）。

从绝对值看，北京依然是全国唯一第三产业占比超过 80% 的地区；有 24 个地区低于全国平均水平（52.87%），有 10 个地区第三产业占比不足 50%，产业转型升级情况较去年有所下滑（表 1−11）。

表1−11　2020−2021各地区第三产业增加值占GDP的比例

地区	第三产业增加值占 GDP 的比例		排名		排名变化	地区	第三产业增加值占 GDP 的比例		排名		排名变化
	2021 年	2020 年	2021 年	2020 年			2021 年	2020 年	2021 年	2020 年	
北京	81.67%	83.87%	1	1	0	安徽	51.18%	51.25%	17	18	1

续表

地区	第三产业增加值占GDP的比例		排名		排名变化	地区	第三产业增加值占GDP的比例		排名		排名变化
	2021年	2020年	2021年	2020年			2021年	2020年	2021年	2020年	
上海	73.27%	73.15%	2	2	0	安徽	50.68%	51.87%	18	14	−4
海南	61.50%	60.39%	3	4	1	湖北	50.42%	51.53%	19	17	−2
天津	61.26%	64.40%	4	3	−1	新疆	50.40%	50.91%	20	22	2
西藏	55.71%	50.13%	5	25	20	山西	50.01%	49.47%	21	26	5
广东	55.60%	56.46%	6	5	−1	贵州	49.64%	50.84%	22	23	1
浙江	54.57%	55.76%	7	6	−1	青海	49.51%	51.71%	23	15	−8
重庆	53.01%	52.82%	8	10	2	宁夏	49.14%	48.67%	24	28	4
甘肃	52.83%	55.08%	9	7	−2	西藏	47.93%	51.25%	25	18	−7
山东	52.81%	53.54%	10	8	−2	黑龙江	47.61%	48.13%	26	29	3
湖北	52.78%	51.30%	11	18	7	内蒙古	47.24%	50.34%	27	24	−3
四川	52.53%	52.41%	12	12	0	河南	47.22%	47.47%	28	31	3
吉林	52.23%	52.25%	13	13	0	江西	45.60%	47.94%	29	30	1
辽宁	51.65%	53.47%	14	8	−6	陕西	44.67%	51.15%	30	21	−9
江苏	51.45%	52.53%	15	11	−4	福建	43.46%	48.77%	31	27	−4
湖南	51.26%	51.73%	16	15	−1						

第二章

决定创新能力强弱的因素分析

2.1 领先地区

一般来讲，创新能力领先的地区普遍具有相对落后地区所不具备的创新要素，如经济和科技基础较好、教育资源丰富且高等教育发达、市场经济相对成熟、对外开放程度较高、企业创新动力足、研发投入水平较高、创新基础设施完善等。这些要素通过适合当地特点的学习和创新机制，相互促进和加强，共同造就了较强的创新能力。

（1）广东省

2023 年广东省创新能力排名全国第 1 位。从指标层次看，广东省实力综合指标全国排名第 1 位，效率综合指标排名第 3 位，与去年保持一致；潜力综合指标排名第 11 位，较去年有所下降。从指标维度看，知识获取、企业创新和创新绩效全国排名均为第 1 位；知识创造和创新环境全国排名均为第 2 位，各维度均具有较好的表现。

广东省聚力推进高水平科技自立自强，全力打造具有全球影响力的科技和产业创新高地，高质量发展迈出新步伐。实施制造业高质量发展“六大工程”，高起点培育 20 个战略性产业集群，形成新一代电子信息、绿色石化、智能家电、先进材料、现代轻工纺织、软件与信息服务、现代农业与食品、汽车等 8 个万亿元级产业集群。规模以上工业企业达 6.7 万家，五年增加 2 万家；高新技术企业达 6.9 万家，五年翻了 2 倍多。基础研究重大项目和重点领域研发计划取得一批突破性成果，鹏城实验室、广州实验室两大“国之重器”挂牌运作，去年全省研发经费支出约 4200 亿元，占地区生产总值比重达 3.26%，研发人员数量、发明专利有效量、PCT 国际专利申请量均居全国首位，区域创新综合能力连续 7 年全国第一。

在基础指标上，2021 年广东省研究与试验发展全时人员当量 885 247.7 人，全国排名第 1 位；发明专利授权数 102 850 件，全国排名第 1 位，较去年增长 45.48%；高校和科研院所研发经费内部支出额中来自企业的资金为 2 910 427 万元，全国排名第 1 位，同时该指标对应的效率和潜力也居全国首位；规模以上企业有研发机构的企业数达到 30 261 家，占比

45.64%，均排名全国第1位。此外，有电子商务交易活动的企业数、规模以上工业企业新产品销售收入、移动电话普及率、移动互联网接入流量、科技企业孵化器数量、按目的地和货源地划分进出口总额、教育经费支出、教育经费支出增长率等诸多指标均排名全国第1位。这为广东具有创新优势奠定了基础，作为创新领先省份，广东坚持创新驱动发展，在引导企业创新投入、促进创新融合发展等方面取得显著成效。

（2）北京市

2023年北京市创新能力排名全国第2位。从指标层次看，北京市实力综合指标全国排名第3位，效率综合指标排名第1位，潜力综合指标排名第25位，在效率方面依然全国领先。从指标维度看，知识创造全国排名第1位，与去年持平；知识获取排名第2位，比去年上升2位；企业创新排名第4位，与去年持平；创新环境排名第1位，比去年上升1位；创新绩效排名第2位，上升了1位。

北京市深入实施创新驱动发展战略，经济高质量发展迈上新台阶。高标准建设中关村、昌平、怀柔3个国家实验室，北京怀柔综合性国家科学中心展现雏形，培育了一批新型研发机构，突破了一批“卡脖子”技术，涌现一批世界领先原创科技成果。制定实施《关于支持中关村国家自主创新示范区开展高水平科技自立自强先试先行改革的若干措施》，推动出台科技成果转化条例，全社会研发投入强度保持在6%左右，专利授权量年均增长13%左右，中关村示范区企业总收入年均增长10%以上，北京市跻身世界知识产权组织发布的全球百强科技集群前3名。聚焦高精尖，培育形成了新一代信息技术、科技服务业2个万亿级产业集群，医药健康、智能装备、人工智能、节能环保、集成电路5个千亿级产业集群，金融等现代服务业发展优势突出，国家级高新技术企业、专精特新“小巨人”企业和独角兽企业数量均居全国各城市首位。

从基础指标来看，北京市政府研发投入达到1186.50亿元，全国排名第1位，较去年增长9.38%，绝对投入量和占GDP比重均全国排名第1位。国际论文数发表133 339篇，较去年增长16.95%，全国排名第1位。每万人平均研究与试验发展全时人员当量为154.5人年，全国排名第1位。合作申请发明专利数、每万名研发人员合作申请发明专利数、每万家规模以上工业企业平均有效发明专利数、有电子商务交易活动的企业数占总企业数的比例、移动电话普及率、规模以上工业企业平均研发经费外部支出等诸多效率指标也均居全国首位。

（3）江苏省

2023年江苏省区域创新能力综合排名全国第3位。从指标层次看，江苏省实力综合指标全国排名第2位，效率综合指标排名第4位，潜力综合指标排名第21位，比去年下降3位。从指标维度看，知识获取全国排名第5位，比去年上升1位；创新绩效排名第3位，比去年下降1位；知识创造排名第4位，企业创新排名第2位，创新环境排名第3位，排名均与去年保持一致。

江苏省突出创新核心地位，加强创新链、产业链、资金链对接，全面提升产业基础高级化、产业链现代化水平。标志性创新平台建设取得重大进展，苏州实验室获批建设，紫金山实验室纳入国家战略科技力量体系，太湖实验室、钟山实验室挂牌运行，国家集成电路设计自动化技术创新中心获批在南京市建设，苏南国家自主创新示范区建设成效明显，国家创新型城市创建在全国率先实现省区市全覆盖。关键核心技术攻关成果丰硕，率先探索“揭榜挂帅”科技攻关机制，累计获国家科学技术奖通用项目 190 项，居各省、自治区之首。5 年累计培育国家制造业单项冠军企业 186 家、国家专精特新“小巨人”企业 709 家，累计新增境内上市公司 274 家。

从基础指标看，江苏省国内论文数为 76 601 篇，规模以上工业企业就业人员中研发人员比重达到 9.52%，规模以上工业企业研发活动经费内部支出总额占销售收入的比重为 1.77%，科技企业孵化器当年毕业企业数为 4898 家，均位居全国首位。江苏省在研究与试验发展全时人员当量、发明专利申请受理数（不含企业）、规模以上工业企业研发人员数、规模以上工业企业有效发明专利数、科技企业孵化器数和高技术企业数等指标方面也表现良好，均居全国第 2 位。

（4）浙江省

2023 年浙江省创新能力排名全国第 4 位，与去年保持一致。从指标层次看，实力综合指标全国排名第 4 位，效率综合指标排名第 5 位，潜力综合指标排名第 8 位。从指标维度看，知识创造全国排名第 5 位，比去年下降 2 位；知识获取排名第 16 位，比去年下降 5 位；企业创新排名第 3 位，与去年持平；创新环境与创新绩效均排名第 4 位，且均与去年保持一致。

浙江以数字化改革引领系统性变革，全力推进数字政府、数字经济、数字社会、数字文化等建设。累计上线运行 143 个省级重大应用，涌现出“浙医互认”“浙警智治”“关键小事”智能速办等一批标志性应用成果。推进科技自立自强，全社会研发投入强度达 3%。新增全国重点实验室 11 家，新挂牌成立省实验室 4 家，新建省技术创新中心 4 家。新增国产化替代成果 263 个，新增高新技术企业 7000 家、科技型中小企业 1.2 万家，集聚“鲲鹏行动”专家 35 名，新引育领军人才 1500 多名。宁波石墨烯创新中心成为浙江省首个国家制造业创新中心。

从基础指标看，浙江省规模以上工业企业新产品销售收入占营业收入的比重为 36.78%，科技企业孵化器孵化基金总额为 6 136 700.3 万元，高技术产业新产品销售收入占主营业务收入的比重达到 53.99%，上述 3 个指标均居全国首位。规模以上工业企业有研发机构的企业数达到 20 131 家，高技术企业数增长率为 14.96%，科技企业孵化器孵化基金总额增长率达到 87.91%，均排名全国第 2 位。此外，研究与试验发展全时人员当量、规模以上工业企业研发人员数、规模以上工业企业发明专利申请数、科技企业孵化器数量、教育经费支出增长率和高技术企业数等指标也居全国前列。

（5）上海市

2023 年上海市创新能力排名全国第 5 位。从指标层次看，上海市实力综合指标全国排名第 6 位，效率综合指标排名第 2 位，均与去年保持一致；潜力综合指标排名第 28 位，较去年下降 1 位。从指标维度看，知识创造全国排名第 3 位，较去年上升 2 位；知识获取排名第 3 位，与去年保持一致；企业创新排名第 9 位，较去年下降 3 位；创新环境和创新绩效均排名第 5 位，均与去年保持一致。

上海市高水平科技自立自强加快推进。战略科技力量建设取得新进展，3 家国家实验室全部高质量“入轨运行”，25 家在沪国家重点实验室进入首批全国重点实验室重组序列，上海光源二期、软 X 射线装置等新一批国家重大科技基础设施建成投运，承担国家科技创新 2030—“脑科学与类脑研究”重大项目攻关任务，累计启动实施市级科技重大专项 20 个。高水平科技供给拓展新渠道，设立国家自然科学基金区域创新发展联合基金，前瞻物质科学研究院成功设立，全年全社会研发经费支出相当于全市生产总值比例达到 4.2%，其中基础研究投入占全社会研发经费支出的比例提高到 10% 左右。

从基础指标看，上海按目的地和货源地划分进出口总额占 GDP 比重达到 94.9%，居民消费水平为 48 879.3 元，全国排名第 1 位。每万人平均研究与试验发展全时人员当量、政府研发投入、每万名研发人员发明专利授权数、规模以上工业企业国外技术引进金额、科技服务业从业人员增长率等指标排名全国第 2 位。

（6）山东省

2023 年山东省创新能力排名全国第 6 位。从指标层次看，山东省实力综合指标全国排名第 5 位，与去年保持一致；效率综合指标排名第 11 位，较去年上升 2 位；潜力综合指标排名第 4 位，较去年上升 5 位。从指标维度看，知识创造、知识获取、企业创新、创新环境和创新绩效指标全国排名分别是第 11 位、第 5 位、第 7 位、第 8 位和第 13 位；其中，知识创造较去年下降 1 位，企业创新上升 7 位，创新环境下降 2 位，创新绩效提升 4 位。

山东省高新技术企业快速增长，高新技术产业产值占比 48.3% 左右。获批国家产业创新中心、技术创新中心、制造业创新中心 6 家。获评国家科技奖项稳居全国前列，是国家科技奖励制度改革唯一试点省。高热效率柴油机、高速磁浮交通系统等突破国外垄断，国信 1 号、蓝鲸 2 号、雪蜡车等填补国内空白。开通 5G 基站 16 万个，建成千兆城市 12 个（排名全国第 2 位），国家级“双跨”工业互联网平台达到 4 家，全国首张 5600 公里确定性网络主要性能指标国际领先，齐鲁大地动能澎湃，焕发出新的蓬勃生机。

从基础指标看，山东外商投资企业年底注册资金中外资部分增长率为 74.43%，规模以上工业企业就业人员中研发人员比重为 9.41%，有电子商务交易活动的企业数占总企业数的比例为 14.8%，均排名全国第 2 位。此外，外商投资企业年底注册资金中外资部分、规模以上工业企业研发经费外部支出、规模以上工业企业技术改造经费支出、教育经费支出、高技术产品出口额增长率等指标也表现较为突出。

（7）安徽省

2023年安徽省创新能力排名全国第7位。从指标层次看，安徽省实力综合指标全国排名第7位，与去年保持一致；效率综合指标排名第7位，较去年上升1位；潜力综合指标排名第5位，较去年下降1位。从指标维度看，知识创造、知识获取、企业创新、创新环境和创新绩效指标全国排名分别是第11位、第9位、第6位、第16位和第8位；其中，知识创造较去年下降7位，知识获取上升18位，企业创新下降1位，创新环境上升2位，创新绩效下降1位。

安徽省高度重视科技创新工作，坚持创新在现代化建设全局中的核心地位，全国首创把科技创新纳入季度“赛马”考核指标体系中，大力推进全域创新。不断加大创新投入力度，促进科产深度融合。战略科技力量再添新军，深空探测实验室设立运行，合肥先进光源、空地一体量子精密测量实验设施获批建设，认知智能、高端压缩机及系统技术2家实验室入选全国重点实验室。研究与试验发展经费投入强度为2.5%左右，科技成果转化成效显著，吸纳技术合同成交额增长40%左右。

从基础指标来看，研究与试验发展全时人员当量增长率为17.02%，技术市场交易金额的增长率（按流向）为82.76%，规模以上工业企业新产品销售收入占营业收入的比重达到33.18%，均排名全国第2位。此外，规模以上工业企业就业人员中研发人员比重、高技术产品出口额占地区出口总额的比重、规模以上工业企业技术改造经费支出、规模以上工业企业有研发机构的企业数、规模以上工业企业发明专利申请数、高技术企业数等指标也具有一定优势。

2.2 创新能力与经济发展、居民消费及教育水平的关系

一个地区的创新能力与该地区的经济发展、居民消费及教育水平有着密切关系。从表2-1和图2-1可以看出，无论是反映经济发展水平的人均GDP水平和居民消费水平，还是反映教育水平的人口学历指标，创新能力领先的地区一般要高于相对落后的地区。这是地区历史积累和已有创新的结果，也是今后创新的基础和起点。未来，教育及人力资源投入对区域创新能力的影响将越来越大。

表2-1　2021年各地区经济发展、居民消费及教育水平

地区	人均GDP水平（元／人）	居民消费水平（元）	6岁及以上人口中大专以上学历所占的比例
北京	183 980	43 640.4	49.14%
上海	173 630	48 879.3	38.65%

续表

地区	人均 GDP 水平（元／人）	居民消费水平（元）	6 岁及以上人口中大专以上学历所占的比例
江苏	137 039	31 451.4	22.66%
福建	116 939	28 440.1	17.60%
天津	113 732	33 188.4	32.95%
浙江	113 032	36 668.1	20.20%
广东	98 285	31 589.3	19.94%
重庆	86 879	24 597.8	20.42%
湖北	86 416	23 846.1	18.53%
内蒙古	85 422	22 658.3	17.41%
山东	81 727	22 820.9	22.82%
陕西	75 360	19 346.5	22.01%
安徽	70 321	21 910.9	17.25%
湖南	69 440	22 798.2	16.85%
江西	65 560	20 289.9	21.27%
辽宁	65 026	23 830.8	16.49%
山西	64 821	17 191.2	14.92%
四川	64 326	21 518.0	13.97%
海南	63 707	22 241.9	15.88%
宁夏	62 549	20 023.8	20.17%
新疆	61 725	18 960.6	19.16%
河南	59 410	18 391.3	12.99%
云南	57 686	18 851.0	14.31%
西藏	56 831	15 342.5	16.72%
青海	56 398	19 020.1	20.84%
吉林	55 450	19 604.6	20.11%
河北	54 172	19 953.6	14.17%
贵州	50 808	17 957.3	14.75%
广西	49 206	18 087.9	13.39%
黑龙江	47 266	20 635.9	18.38%
甘肃	41 046	17 456.2	17.26%

数据来源：《中国统计年鉴 2022》。

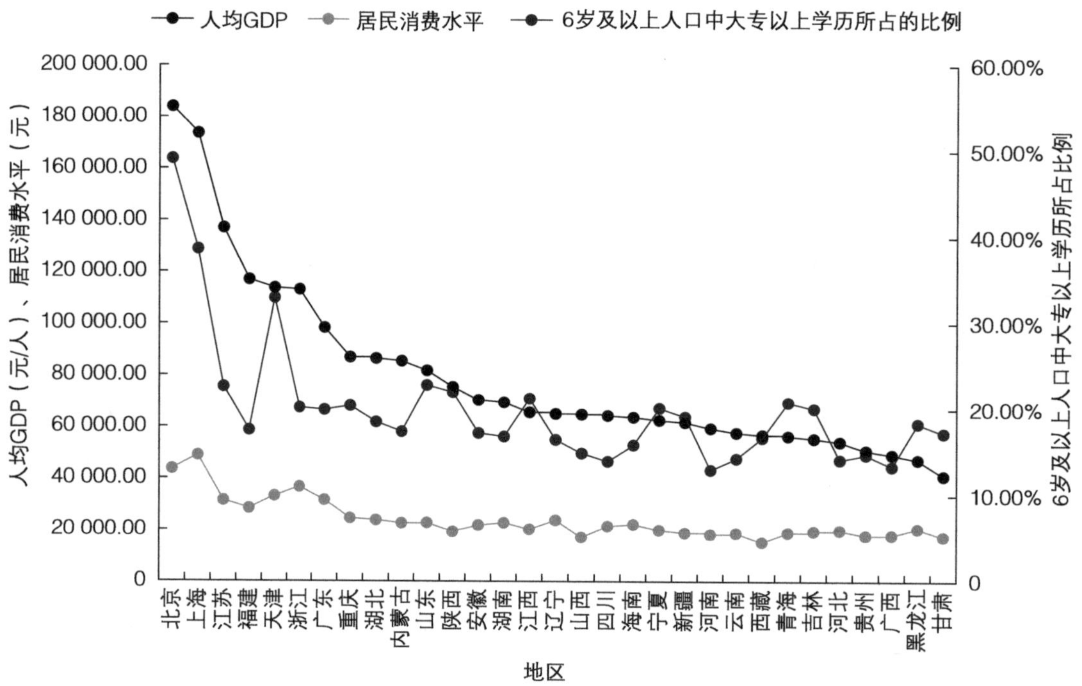

图2-1　2021年各地区经济发展、居民收入及教育水平

2.3　研发投入金额及投入强度

一个地区的研发投入水平与创新能力之间密切相关，但二者之间并非完全线性增长的关系，研发投入总量及来源结构都是重要的影响因素。

（1）研发投入水平与来源结构

2021 年政府研发经费投入总量为 5299.9 亿元，较上年增长 9.83%。分地区看，北京政府研发投入依然最高，达到 1186.50 亿元，占全国总量的 22.39%，远超其他地区，这与北京地区集中了大量的高校和科研院所有密切关系。从结构分布看，北京、上海、四川、广东和陕西排名前 5 位的地区政府研发投入总和约占全国投入总量的 56.85%，领先优势明显。

从增速看，河北投入增速最高，达到 41.68%，天津、江西、四川、浙江和山西等 5 个省份增速也超过 20%；贵州、辽宁、黑龙江、江苏、西藏、广西和湖北 7 个地区呈现下降趋势（表 2–2）。

表2-2　2020—2021年各地区政府研发投入情况

地区	政府研发投入（亿元）			政府研发投入占全国比重		
	2021 年	2020 年	增长率	2021 年	2020 年	变化（个百分点）
全国	5299.68	4825.58	9.83%			
北京	1186.50	1084.33	9.42%	22.39%	22.47%	−0.08
上海	570.63	526.54	8.37%	10.77%	10.91%	−0.14
四川	513.17	420.20	22.13%	9.68%	8.71%	0.97
广东	474.26	440.57	7.66%	8.95%	9.13%	−0.18
陕西	298.75	271.72	9.97%	5.64%	5.63%	0.01
江苏	263.18	280.87	−6.29%	4.97%	5.82%	−0.85
浙江	201.35	164.95	22.04%	3.80%	3.42%	0.38
湖北	188.25	213.65	−11.91%	3.55%	4.43%	−0.88
山东	173.23	145.30	19.20%	3.27%	3.01%	0.26
安徽	146.48	134.83	8.66%	2.76%	2.79%	−0.03
辽宁	136.07	144.07	−5.53%	2.57%	2.99%	−0.42
湖南	131.46	118.58	10.90%	2.48%	2.46%	0.02
天津	110.58	80.43	37.51%	2.09%	1.67%	0.42
河北	101.38	71.57	41.68%	1.91%	1.48%	0.43
福建	95.78	81.49	17.56%	1.81%	1.69%	0.12
重庆	88.29	77.24	14.32%	1.67%	1.60%	0.07
河南	88.13	79.48	10.85%	1.66%	1.65%	0.01
吉林	76.26	65.88	15.82%	1.44%	1.37%	0.07
江西	73.88	59.19	24.85%	1.39%	1.23%	0.16
黑龙江	68.37	72.49	−5.64%	1.29%	1.50%	−0.21
云南	58.41	56.75	2.91%	1.10%	1.18%	−0.08
甘肃	47.00	39.82	18.03%	0.89%	0.83%	0.06
贵州	41.77	43.46	−3.82%	0.79%	0.90%	−0.11
广西	35.73	38.79	−7.97%	0.67%	0.80%	−0.13
山西	32.95	27.04	22.04%	0.62%	0.56%	0.06
内蒙古	27.70	23.28	18.99%	0.52%	0.48%	0.04
海南	24.31	21.22	14.51%	0.46%	0.44%	0.02

续表

地区	政府研发投入（亿元）			政府研发投入占全国比重		
	2021 年	2020 年	增长率	2021 年	2020 年	变化（个百分点）
新疆	18.26	17.95	1.95%	0.35%	0.37%	−0.02
宁夏	15.72	13.17	19.21%	0.30%	0.27%	0.03
青海	8.84	7.49	18.02%	0.17%	0.16%	0.01
西藏	2.99	3.23	−7.43%	0.06%	0.07%	−0.01

数据来源：《中国科技统计年鉴 2022》《中国统计年鉴 2022》。

2021 年全国企业研发经费投入达到 17 514.21 亿元，较上年增长 14.69%；其中，广东企业研发经费投入依然最高，达到 2902.18 亿元，占全国的 16.57%，较去年略有下降；江苏紧随其后，占全国比重的 15.51%。从分布情况看，广东、江苏、浙江、山东和福建 5 个地区企业研发经费投入达 9547.46 亿元，五省市投入总和占全国的比重为 54.52%。

从增长率来看，所有地区企业研发经费投入均有所增加，其中，西藏延续去年快速增长态势，增幅达到 178.65%，居全国首位；新疆、青海、甘肃、云南、海南、广西 6 个省份增幅超过 20%，高增速省份绝大多数为西部省份（表 2–3）。

表2–3　2020—2021年各地区规模以上工业企业研发活动经费内部支出情况

地区	企业研发经费投入（亿元）			企业研发经费投入占全国比重		
	2021 年	2020 年	增长率	2021 年	2020 年	变化（个百分点）
全国	17 514.21	15 271.27	14.69%			
广东	2902.18	2499.95	16.09%	16.57%	16.37%	0.20
江苏	2716.63	2381.69	14.06%	15.51%	15.60%	−0.09
浙江	1591.66	1395.90	14.02%	9.09%	9.14%	−0.05
山东	1565.34	1365.62	14.62%	8.94%	8.94%	0.00
福建	771.65	666.91	15.71%	4.41%	4.37%	0.04
湖南	766.11	664.53	15.29%	4.37%	4.35%	0.02
河南	764.01	685.58	11.44%	4.36%	4.49%	−0.13
安徽	739.12	639.42	15.59%	4.22%	4.19%	0.03
湖北	723.59	610.96	18.43%	4.13%	4.00%	0.13
上海	698.33	635.01	9.97%	3.99%	4.16%	−0.17
河北	570.39	485.45	17.50%	3.26%	3.18%	0.08

续表

地区	企业研发经费投入（亿元）			企业研发经费投入占全国比重		
	2021 年	2020 年	增长率	2021 年	2020 年	变化（个百分点）
四川	480.17	427.64	12.28%	2.74%	2.80%	−0.06
重庆	424.53	372.56	13.95%	2.42%	2.44%	−0.02
江西	397.85	346.02	14.98%	2.27%	2.27%	0.00
辽宁	367.28	335.32	9.53%	2.10%	2.20%	−0.10
陕西	319.69	268.40	19.11%	1.83%	1.76%	0.07
北京	313.51	297.42	5.41%	1.79%	1.95%	−0.16
天津	251.26	228.77	9.83%	1.43%	1.50%	−0.07
山西	186.24	156.18	19.25%	1.06%	1.02%	0.04
云南	176.50	145.15	21.60%	1.01%	0.95%	0.06
内蒙古	154.77	129.37	19.63%	0.88%	0.85%	0.03
广西	137.02	113.33	20.90%	0.78%	0.74%	0.04
贵州	121.06	105.36	14.90%	0.69%	0.69%	0.00
黑龙江	88.77	77.46	14.60%	0.51%	0.51%	0.00
吉林	85.84	77.64	10.56%	0.49%	0.51%	−0.02
甘肃	64.29	52.13	23.33%	0.37%	0.34%	0.03
新疆	54.18	39.19	38.25%	0.31%	0.26%	0.05
宁夏	51.76	45.35	14.13%	0.30%	0.30%	0.00
海南	14.15	11.70	20.94%	0.08%	0.08%	0.00
青海	13.85	10.37	33.56%	0.08%	0.07%	0.01
西藏	2.48	0.89	178.65%	0.01%	0.01%	0.00

数据来源：《中国科技统计年鉴 2022》。

一个地区的研发投入结构与该地区创新主体的分布结构紧密相关。2021 年北京、海南、四川和西藏 4 个地区政府研发经费投入超过企业研发经费投入，其余 27 个地区企业研发投入明显高于政府（图 2–2）。与去年相比，陕西的企业研发经费投入已经超过了政府研发经费投入，而四川的政府投入超过企业投入。政府和企业研发经费投入的差异，反映了地区要素集聚和发展模式的差异，北京作为我国重要的科技创新中心，集聚了众多高校和科研院所，获得国家诸多资金支持，并不断成为国家关键核心技术创新策源地；海南依托独特的地理位置，在免税区建设等方面成绩突出，其研发投入水平整体较低，且主要依赖政府投入；

西藏受到地理位置的影响，企业研发投入较弱，其主要依靠政府对研发的支持。在企业研发经费投入较高的地区，其发展模式也存在差异，其中广东、江苏、浙江和山东在保持一定政府投入的基础上，企业投入远高于政府投入，是典型的以企业为主体的创新型发展模式。贵州、宁夏、新疆、甘肃、吉林和黑龙江处于西部和东北地区，政府和企业研发经费投入水平较低，处于创新转型发展阶段。随着创新驱动发展战略的深入实施，应充分发挥企业在科技创新中的主体作用，引导企业加强基础研发等投入，提高创新体系效能。

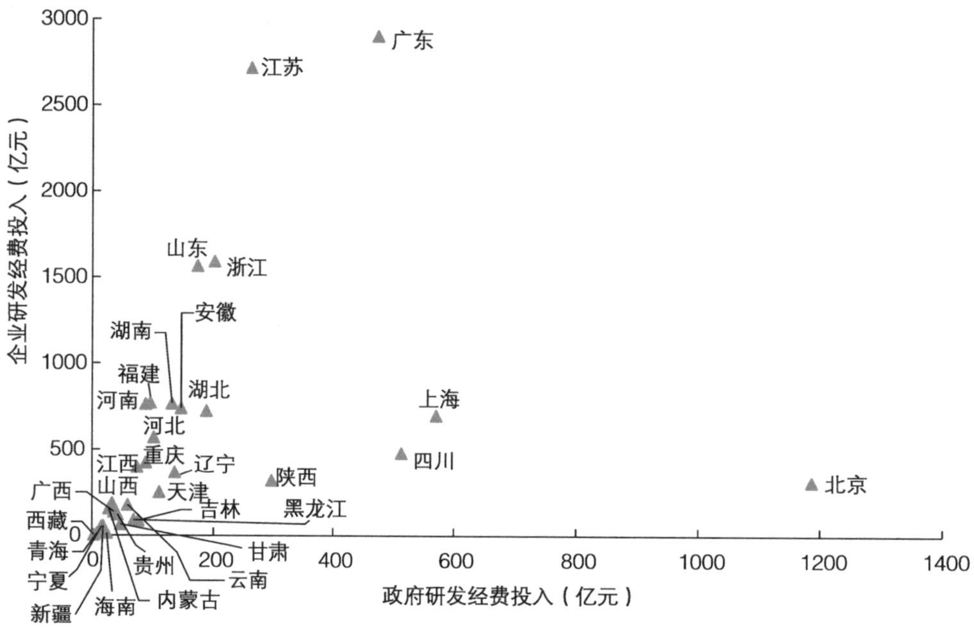

图2-2　2021年各地区研发经费投入水平及来源结构分布

（2）研发投入强度

从政府研发投入占 GDP 的比例及规模以上工业企业研发活动经费内部支出总额占销售收入的比例来看，2021 年绝大多数地区的研发投入强度较 2020 年有所加大，但总体变动幅度较小（表 2–4）。从政府研发投入占 GDP 的比例看，2021 年政府研发投入强度上升的地区共有 15 个，下降的地区共有 14 个；其中，上升幅度最大的是天津，较 2020 年提升了 0.13 个百分点；下降幅度最大的是湖北，下降 0.11 个百分点。

从企业研发强度看，2021 年，受疫情影响，除新疆、青海、贵州、云南、湖南和西藏 6 个地区外，其他地区企业研发强度均呈现下降趋势，其中浙江企业研发投入强度下降最多，达到 0.19 个百分点。

表2-4　2020—2021年地区政府与企业的研发投入强度

地区	政府研发投入占 GDP 的比例			规模以上工业企业研发活动经费内部支出总额占销售收入的比例		
	2021 年	2020 年	变动（个百分点）	2021 年	2020 年	变动（个百分点）
安徽	0.34%	0.35%	−0.01	1.62%	1.66%	−0.04
北京	2.95%	3.00%	−0.05	1.09%	1.25%	−0.16
福建	0.20%	0.19%	0.01	1.17%	1.21%	−0.04
甘肃	0.46%	0.44%	0.02	0.64%	0.69%	−0.05
广东	0.38%	0.40%	−0.02	1.67%	1.67%	0.00
广西	0.14%	0.18%	−0.04	0.62%	0.64%	−0.02
贵州	0.21%	0.24%	−0.03	1.15%	1.13%	0.02
海南	0.38%	0.38%	0.00	0.53%	0.54%	−0.01
河北	0.25%	0.20%	0.05	1.06%	1.12%	−0.06
河南	0.15%	0.14%	0.01	1.33%	1.41%	−0.08
黑龙江	0.46%	0.53%	−0.07	0.75%	0.78%	−0.03
湖北	0.38%	0.49%	−0.11	1.41%	1.49%	−0.08
湖南	0.29%	0.28%	0.01	1.76%	1.71%	0.05
吉林	0.58%	0.54%	0.04	0.58%	0.59%	−0.01
江苏	0.23%	0.27%	−0.04	1.77%	1.90%	−0.13
江西	0.25%	0.23%	0.02	0.89%	0.95%	−0.06
辽宁	0.49%	0.57%	−0.08	1.00%	1.09%	−0.09
内蒙古	0.14%	0.13%	0.01	0.62%	0.74%	−0.12
宁夏	0.35%	0.34%	0.01	0.78%	0.94%	−0.16
青海	0.26%	0.25%	0.01	0.43%	0.42%	0.01
山东	0.21%	0.20%	0.01	1.51%	1.57%	−0.06
山西	0.15%	0.15%	0.00	0.55%	0.71%	−0.16
陕西	1.00%	1.04%	−0.04	1.02%	1.10%	−0.08
上海	1.32%	1.36%	−0.04	1.54%	1.61%	−0.07
四川	0.95%	0.86%	0.09	0.89%	0.92%	−0.03
天津	0.70%	0.57%	0.13	1.09%	1.20%	−0.11
西藏	0.14%	0.17%	−0.03	0.60%	0.27%	0.33

续表

地区	政府研发投入占 GDP 的比例			规模以上工业企业研发活动经费内部支出总额占销售收入的比例		
	2021 年	2020 年	变动（个百分点）	2021 年	2020 年	变动（个百分点）
新疆	0.11%	0.13%	−0.02	0.35%	0.34%	0.01
云南	0.22%	0.23%	−0.01	1.00%	0.97%	0.03
浙江	0.27%	0.26%	0.01	1.59%	1.78%	−0.19
重庆	0.32%	0.31%	0.01	1.54%	1.62%	−0.08

数据来源：《中国统计年鉴 2022》。

从投入结构看，2021 年除北京、上海和陕西外，其余 28 个地区政府研发投入强度依然在 1% 以下，其中，北京政府研发投入强度达到 2.95%，远高于其他地区。政府研发投入强度在 0.5% ～ 1% 的地区有 4 个，分别是陕西、四川、天津、吉林；在 0.3% ～ 0.5% 的地区数量是 9 个，分别是广东、海南、湖北、宁夏、安徽、重庆、辽宁、甘肃和黑龙江；其余 16 个地区的政府研发强度小于 0.3%，数量与去年持平。

2021 年规模以上工业企业研发强度在 1% 以上的地区有 16 个，比去年少 1 个；其中，江苏的企业研发投入依然最高，达到 1.77%，湖南和广东紧随其后，分别达 1.76% 和 1.67%；规模以上工业企业研发强度在 0.6% ～ 1% 的省份有 10 个，规模以上工业企业研发强度低于 0.5% 的省份有 2 个。

2.4 各地区研发经费投入使用结构

从研发经费投入结构看，2021 年各地区研发经费使用仍然以试验发展为主。除海南、北京、黑龙江外，其他 28 个地区试验发展经费占比超过 60%，浙江、江苏和山东 3 个地区试验发展经费占比超过 90%；山西、广西、重庆、湖南、广东、安徽、宁夏、内蒙古、江西、河南、河北和福建 12 个地区试验发展经费占比在 80% ～ 90%，青海、天津、贵州、云南、陕西、四川、辽宁、上海和湖北 9 个地区试验发展经费占比在 70% ～ 80%。

基础研究是支撑原始创新的重要驱动力。2021 年全国基础研究经费投入占比超过 10% 的地区有 10 个，其中，西藏最高达到 33.33%，其次为海南达到 25.53%，均比去年有所提升；上海、贵州和安徽等 8 个地区基础研究占比为 5% ～ 10%，仍然有 13 个地区基础研究占比未达到 5%。区域创新能力总体排名靠前的地区来看，广东基础研究占比为 6.85%，北京占比为 16.09%，江苏为 3.95%，与 2020 年相比均有所提升（表 2–5）。

表2-5　2021年各地区政府研发经费投入使用结构

地区	研发经费投入（亿元）				使用结构		
	总额	基础研究	应用研究	试验发展	基础研究占比	应用研究占比	试验发展占比
北京	2629	423	657	1550	16.09%	24.99%	58.96%
天津	574	59	77	439	10.28%	13.41%	76.48%
河北	745	17	60	669	2.28%	8.05%	89.80%
山西	252	12	34	206	4.76%	13.49%	81.75%
内蒙古	190	5	18	166	2.63%	9.47%	87.37%
辽宁	600	41	87	472	6.83%	14.50%	78.67%
吉林	184	28	39	117	15.22%	21.20%	63.59%
黑龙江	195	22	60	113	11.28%	30.77%	57.95%
上海	1820	178	190	1454	9.78%	10.44%	79.89%
江苏	3439	136	179	3124	3.95%	5.21%	90.84%
浙江	2158	64	138	1955	2.97%	6.39%	90.59%
安徽	1006	74	84	848	7.36%	8.35%	84.29%
福建	969	28	70	871	2.89%	7.22%	89.89%
江西	502	21	43	439	4.18%	8.57%	87.45%
山东	1945	74	119	1752	3.80%	6.12%	90.08%
河南	1019	25	88	906	2.45%	8.64%	88.91%
湖北	1160	53	181	927	4.57%	15.60%	79.91%
湖南	1029	52	113	864	5.05%	10.98%	83.97%
广东	4002	274	357	3371	6.85%	8.92%	84.23%
广西	199	16	20	164	8.04%	10.05%	82.41%
海南	47	12	8	27	25.53%	17.02%	57.45%
重庆	604	30	75	499	4.97%	12.42%	82.62%
四川	1215	58	212	945	4.77%	17.45%	77.78%
贵州	180	16	25	139	8.89%	13.89%	77.22%
云南	282	30	33	219	10.64%	11.70%	77.66%
西藏	6	2	1	4	33.33%	16.67%	66.67%
陕西	701	38	117	545	5.42%	16.69%	77.75%
甘肃	129	17	26	86	13.18%	20.16%	66.67%

续表

地区	研发经费投入（亿元）				使用结构		
	总额	基础研究	应用研究	试验发展	基础研究占比	应用研究占比	试验发展占比
青海	27	3	5	19	11.11%	18.52%	70.37%
宁夏	70	3	7	61	4.29%	10.00%	87.14%
新疆	78	9	22	47	11.54%	28.21%	60.26%

数据来源：《中国科技统计年鉴 2022》。

一般来说，研发经费投入使用结构要和本地区经济发展水平、产业结构特征、资源禀赋优势相适应。总体而言，我国研发经费投入结构符合创新发展规律和国际趋势。尤其是来自政府的资金，大多用于有较大外部性的基础研发活动，而非直接用于企业的竞争性产品开发。目前来看，绝大多数基础研究经费投入仍然来自高校和科研院所，企业投入占比偏低。未来，政策的导向应建立以企业为主体的创新体系，探索新型研发机构创新模式，创新体制机制，引导更多研发投入进入基础研究，提升创新体系整体效能（图 2–3）。

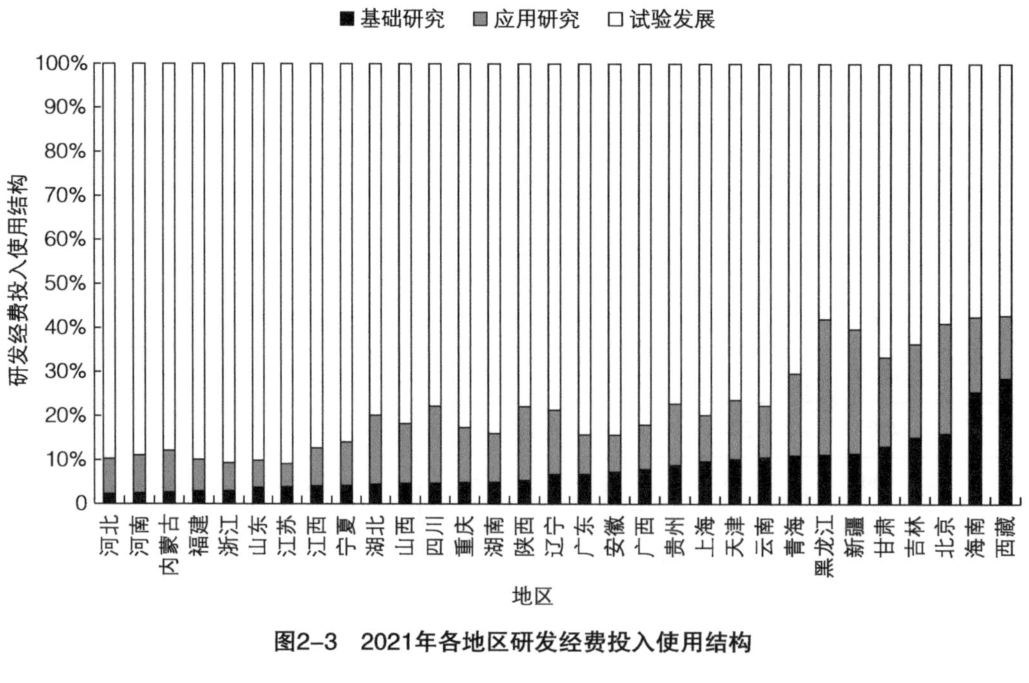

图2–3　2021年各地区研发经费投入使用结构

2.5　从专利申请受理情况看创新能力分布

一般来讲，创新能力领先的地区在专利申请数量方面也具有领先优势。2021 年，全国专利申请数为 5 040 445 件，相对去年增长 0.90%；其中，广东继续保持全国第 1 位，全年申请专利 980 643 件，较去年增长 1.39%，占全国专利申请量的 19.46%。

2021 年，全国发明专利申请数为 1 415 504 件，较去年增长 6.20%；其中，广东发明专利申请数继续保持全国第 1 位，全年申请 242 551 件，较去年增长 12.33%，占全国发明专利申请数的 17.14%，占比去年有所上升。

专利申请数排名前 5 位的地区依次为广东、江苏、浙江、山东和北京，申请数总和占全国总数的 56.21%；发明专利申请数排名前 5 位的地区依次为广东、江苏、北京、浙江和上海，申请数总和占全国总数的 57.99%（表 2–6）。

从增速来看，2021 年专利申请数增长率最高的依然是海南，达到 23.11%，宁夏和新疆紧随其后，增长率均超过 15%。发明专利申请数增长率最高的也是海南，达到 71.77%，宁夏和新疆紧随其后，增速分别为 18.65% 和 16.39%。

从全国变动幅度看，2021 年各地区专利申请数占全国比重增幅最大的依然是山东，较 2020 年提高了 0.58 个百分点，北京和上海紧随其后，分别增加 0.53 个百分点和 0.41 个百分点；江苏、天津和福建等 12 个地区占比则出现下滑，其中下降幅度最大的是江苏，下降了 0.58 个百分点。发明专利申请数占全国比重增幅最大的是北京，较 2020 年提高了 0.96 个百分点；广东增幅仅次于北京，达到 0.94 个百分点；上海、山东和海南增幅分别为 0.46 个百分点、0.25 个百分点和 0.12 个百分点，其他地区增幅均低于 0.1 个百分点。湖南、安徽和浙江等 10 个地区出现下降，其中湖南的降幅达到 −1.04 个百分点。

表2–6　2020—2021年各地区专利申请情况

地区	3 种专利						发明专利					
	专利申请数（件）			占全国比重			专利申请数（件）			占全国比重		
	2021 年	2020 年	增长率	2021 年	2020 年	变动（个百分点）	2021 年	2020 年	增长率	2021 年	2020 年	变动（个百分点）
全国	5 040 445	4 995 285	0.90%				1 415 504	1 332 854	6.20%			
北京	283 134	254 165	11.40%	5.62%	5.09%	0.53	167 608	145 035	15.56%	11.84%	10.88%	0.96
天津	90 471	111 514	−18.87%	1.79%	2.23%	−0.44	21 370	22 057	−3.11%	1.51%	1.65%	−0.14
河北	130 705	125 608	4.06%	2.59%	2.51%	0.08	23 923	22 131	8.10%	1.69%	1.66%	0.03
山西	40 460	40 302	0.39%	0.80%	0.81%	−0.01	10 059	9472	6.20%	0.71%	0.71%	0.00
内蒙古	29 462	26 224	12.35%	0.58%	0.52%	0.06	5998	5381	11.47%	0.42%	0.40%	0.02
辽宁	88 504	86 527	2.28%	1.76%	1.73%	0.03	23 078	21 830	5.72%	1.63%	1.64%	−0.01
吉林	38 807	34 438	12.69%	0.77%	0.69%	0.08	12 680	11 113	14.10%	0.90%	0.83%	0.07
黑龙江	47 577	43 252	10.00%	0.94%	0.87%	0.07	15 018	13 163	14.09%	1.06%	0.99%	0.07

续表

地区	3 种专利						发明专利					
	专利申请数（件）			占全国比重			专利申请数（件）			占全国比重		
	2021 年	2020 年	增长率	2021 年	2020 年	变动（个百分点）	2021 年	2020 年	增长率	2021 年	2020 年	变动（个百分点）
上海	232 918	210 293	10.76%	4.62%	4.21%	0.41	92 527	81 042	14.17%	6.54%	6.08%	0.46
江苏	696 693	719 452	−3.16%	13.82%	14.40%	−0.58	188 241	177 995	5.76%	13.3%	13.35%	−0.05
浙江	503 197	507 050	−0.76%	9.98%	10.15%	−0.17	129 821	129 708	0.09%	9.17%	9.73%	−0.56
安徽	196 427	202 298	−2.90%	3.90%	4.05%	−0.15	64 106	69 663	−7.98%	4.53%	5.23%	−0.7
福建	160 703	174 867	−8.10%	3.19%	3.50%	−0.31	31 093	32 929	−5.58%	2.20%	2.47%	−0.27
江西	100 930	109 738	−8.03%	2.00%	2.20%	−0.20	19 171	20 285	−5.49%	1.35%	1.52%	−0.17
山东	369 470	337 280	9.54%	7.33%	6.75%	0.58	82 481	74 420	10.83%	5.83%	5.58%	0.25
河南	167 550	178 585	−6.18%	3.32%	3.58%	−0.26	34 950	32 609	7.18%	2.47%	2.45%	0.02
湖北	175 312	163 613	7.15%	3.48%	3.28%	0.20	51 690	47 767	8.21%	3.65%	3.58%	0.07
湖南	114 167	128 573	−11.20%	2.27%	2.57%	−0.30	36 746	48 530	−24.28%	2.60%	3.64%	−1.04
广东	980 634	967 204	1.39%	19.46%	19.36%	0.10	242 551	215 926	12.33%	17.14%	16.20%	0.94
广西	55 987	51 712	8.27%	1.11%	1.04%	0.07	13 693	12 854	6.53%	0.97%	0.96%	0.01
海南	17 679	14 360	23.11%	0.35%	0.29%	0.06	4497	2618	71.77%	0.32%	0.20%	0.12
重庆	83 555	83 826	−0.32%	1.66%	1.68%	−0.02	24 068	22 273	8.06%	1.70%	1.67%	0.03
四川	163 664	160 036	2.27%	3.25%	3.20%	0.05	45 358	41 417	9.52%	3.20%	3.11%	0.09
贵州	41 733	49 200	−15.18%	0.83%	0.98%	−0.15	9869	10 693	−7.71%	0.70%	0.80%	−0.10
云南	47 997	45 153	6.30%	0.95%	0.90%	0.05	10 293	9753	5.54%	0.73%	0.73%	0.00
西藏	2644	2296	15.16%	0.05%	0.05%	0.00	515	477	7.97%	0.04%	0.04%	0.00
陕西	105 652	99 236	6.47%	2.10%	1.99%	0.11	38 643	38 262	1.00%	2.73%	2.87%	−0.14
甘肃	30 165	30 732	−1.84%	0.60%	0.62%	−0.02	6423	5684	13.00%	0.45%	0.43%	0.02
青海	7448	6736	10.57%	0.15%	0.13%	0.02	1585	1417	11.86%	0.11%	0.11%	0.00
宁夏	14 579	12 172	19.77%	0.29%	0.24%	0.05	3054	2574	18.65%	0.22%	0.19%	0.03
新疆	22 221	18 843	17.93%	0.44%	0.38%	0.06	4395	3776	16.39%	0.31%	0.28%	0.03

数据来源：《中国科技统计年鉴 2022》《中国统计年鉴 2022》。

从规模以上工业企业专利申请数上看（表 2–7），有 7 个地区企业专利申请数占本省全部专利的比重超过 30%，分别为安徽（38.21%）、湖南（35.54%）、广东（34.77%）、福建

（32.08%）、江西（32.05%）、浙江（31.78%）、湖北（31.26%）。规模以上工业企业发明专利数占本省发明专利比重普遍较高，有18个地区的占比超过30%，其中有9个地区的占比超过40%，分别为广东（57.61%）、福建（49.9%）、安徽（47.16%）、新疆（45.69%）、内蒙古（45.43%）、湖南（44.91%）、宁夏（44.07%）、江西（43.36%）、湖北（42.91%）。整体来看，无论是3种专利之和还是发明专利，企业贡献呈现上升趋势，表明企业创新主体地位突出。未来在构建区域创新生态系统中，不仅要突出企业在创新中的主体地位，同时要积极引导企业、大学和科研院所之间的有效互动。

表2–7　2021年各地区规模以上工业企业专利申请情况

地区	规模以上工业企业			
	3种专利数量（件）	发明专利数量（件）	占本省全部专利的比重	
			3种专利	发明专利
北京	28 221	15 589	9.97%	9.30%
天津	18 952	5928	20.95%	27.74%
河北	30 171	8844	23.08%	36.97%
山西	10 152	3664	25.09%	36.43%
内蒙古	7722	2725	26.21%	45.43%
辽宁	20 104	6614	22.72%	28.66%
吉林	7949	3187	20.48%	25.13%
黑龙江	6691	2769	14.06%	18.44%
上海	41 431	16 786	17.79%	18.14%
江苏	207 371	65 806	29.77%	34.96%
浙江	159 920	41 292	31.78%	31.81%
安徽	75 058	30 230	38.21%	47.16%
福建	51 551	15 516	32.08%	49.90%
江西	32 350	8312	32.05%	43.36%
山东	98 190	31 824	26.58%	38.58%
河南	45 391	10 345	27.09%	29.60%
湖北	54 807	22 180	31.26%	42.91%
湖南	40 576	16 503	35.54%	44.91%
广东	340 935	139 727	34.77%	57.61%

续表

地区	规模以上工业企业			
	3 种专利数量（件）	发明专利数量（件）	占本省全部专利的比重	
			3 种专利	发明专利
广西	11 641	4878	20.79%	35.62%
海南	1613	729	9.12%	16.21%
重庆	22 240	7362	26.62%	30.59%
四川	41 236	14 847	25.20%	32.73%
贵州	8372	3850	20.06%	39.01%
云南	9467	2996	19.72%	29.11%
西藏	100	31	3.78%	6.02%
陕西	16 285	6708	15.41%	17.36%
甘肃	4645	1526	15.40%	23.76%
青海	1354	467	18.18%	29.46%
宁夏	3935	1346	26.99%	44.07%
新疆	5181	2008	23.32%	45.69%

数据来源：《中国科技统计年鉴 2022》。

第三章

区域创新能力评价的方法与意义

3.1 区域创新能力评价的意义

自 20 世纪 90 年代以来，区域创新体系逐渐受到学者的关注（Cooke，1997）①。从理论上讲，在丰富创新系统理论体系的同时，它还有自身的重要意义。首先，区域创新体系的研究将创新的变量延伸到空间维度，使创新体系有了地理的内涵，丰富了国家创新体系的研究内容；其次，区域创新体系让创新资源配置中的区域极化与均衡成为一个重要的研究命题；最后，区域创新体系的研究为各级政府对创新的政策支持、规制模式等相关研究提供了多样性的支撑，这一点对中国而言尤其如此。

中国区域创新体系的结构形成有着与发达国家不同的独特性。一是因为中国是一个有着悠久历史的国家，地域的多样使得区域创新体系具有丰富的多样性；二是因为中国是一个从计划经济走向市场经济、从封闭自守走向开放创新的国家，不同地区转型的速度、方式和开放的程度都存在差异，从而导致区域创新体系结构的差异性。由此引来的核心话题是，我们对一个地区创新发展模式的认知，将对其创新能力的评价显得尤为重要。

从现实意义上讲，开展区域创新能力的评价，一方面可以为中央政府提供协调区域发展的新模式，中国地域广大、区域多样性高，可以为创新提供更多更大的空间；另一方面也可以为地方政府推动当地经济工作提供新的思路，更加突出创新在区域发展中的地位，发挥地方政府在产业升级和经济发展方式转变中的能动作用。

① COOKE P，URANGA M G，ETXEBARRIA G. Regional innovation systems：institutional and organisational dimensions [J]. Research policy，1997，26 (4-5)：475-491.

3.2 评价体系与分析框架

在本报告中，一个地区的创新能力是针对该地区创新能力与其他地区相比而言的相对排名，不是该地区创新能力的直接衡量。总体说来，各省（自治区、直辖市）的创新能力相对上年而言，都会有一定的提高。

评价一个地区的创新能力，需要一套较好的评价体系。指标体系的设计、指标数量、权重的大小，主观指标与客观指标的比例，都影响到区域创新能力的最终排名。因此，我们在指标选取、评价方法等多个方面都非常谨慎，借鉴了包括《世界竞争力年鉴》《全球竞争力报告》《全球创新指数》《创新型联盟指数》《国家创新指数》在内的诸多国内外知名报告，并根据我国区域创新体系的特征进行了适当的动态性调整。

3.2.1 评价原则

在召开了近 10 次不同专家组成的学术会议、听取了许多专家的意见后，研究小组最终形成了评价中国区域创新能力框架的 4 个原则：

第一，框架必须考虑区域创新体系建设情况，即强调大学、研发机构、企业、中介机构和政府等创新要素的网络化，把知识在几个要素间流动的程度作为衡量区域技术创新系统化的关键。

第二，框架必须考虑区域科技创新的链条建设。强调链条，首先，是因为在大多数情况下，技术创新先是来自于一个创新的思想和发明或科技突破，其中大学、科研院所的知识创造活动是重要的创新来源。其次，有了很强的知识创造活动，不等于该地区就有较强的创新能力，因为许多事实表明，科技实力强不等于技术创新能力强，许多地区没有较强的科技基础，但仍然有很高的技术创新能力。问题的关键是一个地区能否有效地利用全球范围内的各种知识为本地区的创新服务。因此，必须考虑知识流动或技术转移的能力。最后，企业是技术创新的主体，而不是科研部门或高校。因此，一个地区技术创新能力的高低，关键是企业有没有足够的创新动力和创新能力。我们在考察企业的技术创新能力时，注重引入创新链条进行评价。因此，与已有的科技竞争力评价体系不同的是，本报告的指标框架强调企业是技术创新主体这一价值判断。

第三，框架强调创新环境建设的重要性。在市场经济体系下，衡量地方政府工作的重要标准不是传统的计划和干预的多少，而是如何创造一个有利于企业创新的环境。因为政府远离市场，不能直接指导企业的技术创新流动，所以其职能调整的关键就是从依赖计划转向创造创新环境来推动企业的技术创新。

第四，框架必须兼顾一个地区发展的存量、相对水平和增长率 3 个维度。在洛桑的《全球竞争力报告》中，比较强调存量、相对水平，但不强调增长率。本报告的一个特色是对增长率的强调，我们认为，增长率反映了一个地区的经济发展潜力。因此，从 2007 年开始，我们将综合指标分解为实力指标、效率指标和潜力指标，并延续至今。

3.2.2 指标体系

在本报告中，区域创新能力评价体系包括 5 个一级指标、20 个二级指标、40 个三级指标和 138 个四级指标；其中，一级指标包括知识创造、知识获取、企业创新、创新环境和创新绩效（表 3–1）。知识创造用来衡量一个地区创造新知识的能力；知识获取用来衡量一个地区利用外部知识及产学研合作的能力；企业创新用来衡量一个地区企业应用新知识、开发新技术、利用新工艺，以及制造新产品的能力；创新环境用来衡量一个地区为技术的产生、流动和应用提供相应环境的能力；创新绩效用来衡量创新对一个地区经济社会发展效益的能力。

表3–1 中国区域创新能力指标体系

一级指标	二级指标	一级指标	二级指标
1. 知识创造	1.1 研究开发投入综合指标	4. 创新环境	4.1 创新基础设施综合指标
	1.2 专利综合指标		4.2 市场环境综合指标
	1.3 科研论文综合指标		4.3 劳动者素质综合指标
2. 知识获取	2.1 科技合作综合指标		4.4 金融环境综合指标
	2.2 技术转移综合指标		4.5 创业水平综合指标
	2.3 外资企业投资综合指标	5. 创新绩效	5.1 宏观经济综合指标
3. 企业创新	3.1 企业研究开发投入综合指标		5.2 产业结构综合指标
	3.2 设计能力综合指标		5.3 产业国际竞争力综合指标
	3.3 技术提升能力综合指标		5.4 就业综合指标
	3.4 新产品销售收入综合指标		5.5 可持续发展与环保综合指标

在保持评价体系基本框架纵向可比的前提下，为了保证指标体系的科学性，使得评价结果能够真正成为反映经济结构调整、经济发展方式向创新驱动转型的先导性信息，我们每年都会根据科技发展的新形势及统计口径的变化进行相应的替换或调整。

与其他指标体系相比，我们的指标相对全面，涵盖了大部分衡量创新的基础指标（表 3–2），最重要的是指标体系分为实力、效率与潜力 3 层，提出了如图 3–1 所示的中国区域创新能力分析框架。这样不仅能看到总量的变化，也能观测单个地区的变化速度与幅度。遗憾的是，鉴于相关数据获取的难度，目前缺乏对制度、体制、政策及政府效率的直接测度，只能通过测度创新产出来间接反映以上指标。这一点，正是我们未来努力的方向和提升的空间。

表3–2　国内外知名报告创新能力评价指标对比

名称	指标等级	维度	一级	二级	三级	四级	方法
中国区域创新能力评价报告	4	5	5	20	40	138	定量
中国创新指数	3	8	2	8	39	—	定量
中国城市创新报告	2	3	3	21	—	—	定量
国家创新指数	2	5	5	31	—	—	定量
世界竞争力年鉴	3	4	4	20	327	—	定量＋定性
全球竞争力报告	2	12	12	113	—	—	定量＋定性
创新型联盟指数	3	3	3	7	24	—	定量＋定性
全球创新指数	4	7	2	7	20	82	定量＋定性

3.2.3　评价方法

区域创新能力报告的评价方法是加权综合评价法，基础指标无量纲化后，用专家打分得到的权重，分层逐级综合，最后得出每个省（自治区、直辖市）创新能力的综合效用值（图 3–1）。

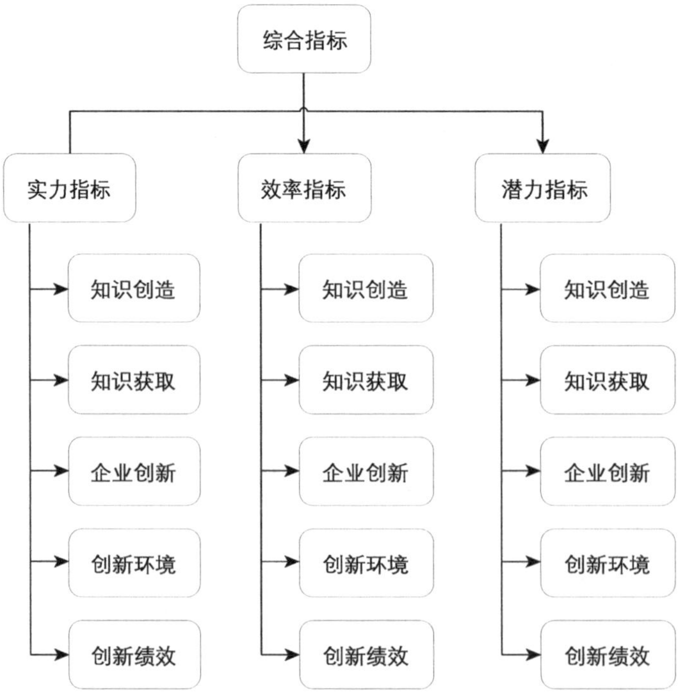

图3–1　中国区域创新能力分析框架

单一指标采用直接获取的区域数据来表示，在无量纲化处理时采用效用值法，效用值规定的值域是 [0，100]，即该指标下最优值的效用值为 100，最差值的效用值为 0，计算方法如下。

（1）正效指标

例如，设 i 表示第 i 项指标，j 表示第 j 个区域；

x_{ij} 表示 i 项指标 j 个区域的指标获取值；

y_{ij} 表示 i 项指标 j 个区域的指标效用值；

x_{imax} 表示该指标的最大值；

x_{imin} 表示该指标的最小值。

$$y_{ij}=\frac{x_{ij}-x_{imin}}{x_{i\max}-x_{i\min}}\times 100。\tag{3-1}$$

这里说的正效指标是指该项指标其值越大，效用值越高，如劳动生产率、人均 GDP、发明专利数等。

（2）负效指标

负效指标指该项指标其值越大，效用值越低，如失业率 [（失业人数 + 下岗人数）/ 当地就业人数] 等，对这类指标的处理应采用如下方法：

$$y_{ij}=\frac{x_{imax}-x_{ij}}{x_{i\max}-x_{i\min}}\times 100。\tag{3-2}$$

（3）复合指标

复合指标是采用两项或更多的单项数据指标复合计算后得到的，一般是增长率、平均数等，效用值的处理方法与单项指标相同。

（4）权重选取

本报告采用专家打分法确定指标的权重，这种选择带有一定的主观性，但却是国际上普遍采用的方法，聘请的专家都是在国内科技政策管理研究方面有较深造诣的学者，他们对国内外的评价报告也都有深入了解。

（5）加权综合

加权计算是分层逐级进行的，以图 3–2 为例说明：

a、b、c、d 分别表示分层；

$f(a)$、$f(b)$、$f(c)$、$f(d)$ 分别表示其权重；

$x(a, i)$、$x(b, i)$、$x(c, i)$、$x(d, i)$ 分别表示分层分区域的指标效用值，则计算

时从右向左进行。

例如，计算 ci 的指标值（加权效用值）。设 $x(ci, i)$ 是区域 i 在 ci 指标下的综合效用值；$x(di, i)$ 是区域 i 在 di 指标下的效用值。那么，

$$x(c_1, i)=x(d_1, i)f(d_1)+x(d_2, i)f(d_2)+x(d_3, i)f(d_3)+\cdots,$$

以此类推，求出 $x(c_2, i)$，$x(c_3, i)$，…

进一步求出 $x(b_i, i)$：

$$x(b_1, i)=x(c_1, i)f(c_1)+x(c_2, i)f(c_2)+x(c_3, i)f(c_3)+\cdots,$$

以此类推，求出 $x(b_2, i)$，$x(b_3, i)$，…

再进一步求出 $x(a, i)$：

$$x(a, i)=x(b_1, i)f(b_1)+x(b_2, i)f(b_2)+x(b_3, i)f(b_3)+\cdots,$$

当 i=1，2，3，…，31，分别求出 31 个省（自治区、直辖市）的各层次各项指标的效用值。

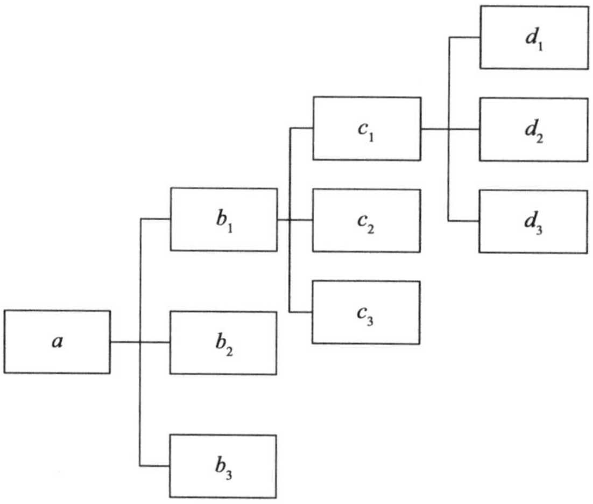

图3–2　指标体系示意

3.2.4　数据来源

为了保证研究的可检验性，本报告的数据均来源于公开出版的统计年鉴和政府报告，主要包括《中国统计年鉴》《中国科技统计年鉴》《中国高新技术产业统计年鉴》《中国火炬统计年鉴》《中国工业经济统计年鉴》《中国科技论文统计与分析报告》等。本年度报告使用的是 2021 年的基础数据，这与前几年的情况是一致的，国际上许多报告的年份数据在选择时也遵循同样的原则。对个别地区的缺失数据，在评价过程中进行了平滑处理。对创新潜力的评价，增长率指标仍然使用“近 3 年增长率的平均值”作为基础指标，以保证排名的稳定性与可靠性。由于资料有限，暂无港澳台数据。

中国区域创新能力评价报告2023

第二篇

区域创新能力分省（自治区、直辖市）报告

第四章 各地区创新能力分析

4.1 北京市

2023 年北京市创新能力排全国第 2 位，与去年持平。经济指标方面，2021 年北京市 GDP 总量为 40 269.55 亿元，排名全国第 13 位，地区人均 GDP 为 183 980 元，排名全国第 1 位，第三产业增加值占 GDP 的比例为 81.67%，排名全国第 1 位。与经济总量指标相比，北京市创新能力排名较高，但低于人均经济指标排名。2001—2023 年北京市创新能力变化趋势如图 4-1 所示。

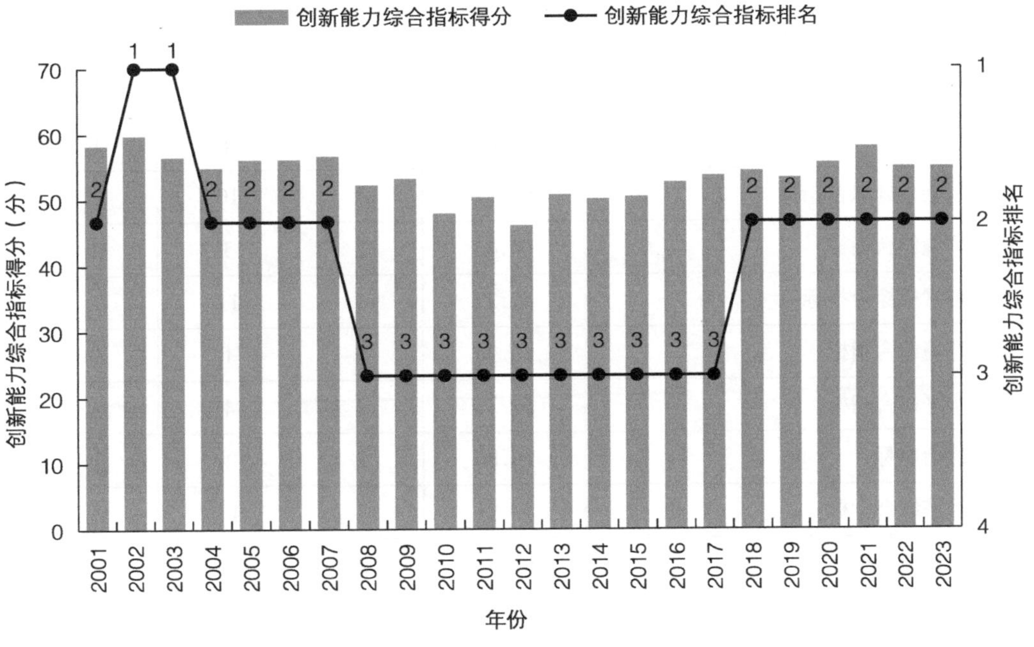

图4-1 2001—2023年北京市创新能力变化趋势

分指标看，2023 年北京市知识创造综合指标排名第 1 位，与上年持平；知识获取综合指标排名第 2 位较上年上升 2 位；企业创新排名排第 4 位，与上一年持平；创新环境综合指标排名第 1 位，较上年上升 1 位；创新绩效排名第 2 位，较上年上升 1 位（表 4–1、图 4–2）。

表4–1　北京市创新能力综合指标

指标名称	2023 年综合指标		2023 年分项指标排名		
	指标值	排名	实力	效率	潜力
综合值	54.85	2	3	1	25
1　知识创造综合指标	77.91	1	1	1	18
1.1　研究开发投入综合指标	81.04	1	1	1	17
1.2　专利综合指标	79.33	1	2	1	12
1.3　科研论文综合指标	68.80	1	1	5	30
2　知识获取综合指标	33.78	2	2	1	30
2.1　科技合作综合指标	61.61	1	1	1	25
2.2　技术转移综合指标	40.51	3	3	3	31
2.3　外资企业投资综合指标	7.86	14	7	4	23
3　企业创新综合指标	43.40	4	12	1	24
3.1　企业研究开发投入综合指标	26.73	18	17	10	31
3.2　设计能力综合指标	53.74	2	8	1	12
3.3　技术提升能力综合指标	44.50	2	10	1	20
3.4　新产品销售收入综合指标	51.82	6	12	3	6
4　创新环境综合指标	61.08	1	4	1	14
4.1　创新基础设施综合指标	60.37	2	10	1	2
4.2　市场环境综合指标	64.43	2	3	2	10
4.3　劳动者素质综合指标	41.27	4	11	1	28
4.4　金融环境综合指标	80.98	1	1	1	10
4.5　创业水平综合指标	58.35	3	4	1	20
5　创新绩效综合指标	59.86	2	4	1	12
5.1　宏观经济综合指标	60.27	3	13	1	6
5.2　产业结构综合指标	61.98	2	5	1	11
5.3　产业国际竞争力综合指标	60.98	1	4	1	7
5.4　就业综合指标	32.66	17	23	11	28
5.5　可持续发展与环保综合指标	83.44	1	1	1	19

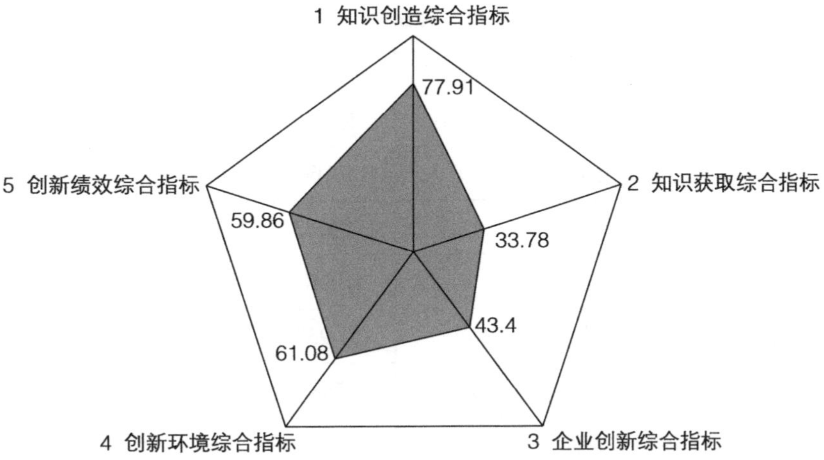

图4-2 北京市创新能力蛛网图

5个维度中，北京市在知识创造和创新环境方面表现最好，均排名第1位，其中创新环境较上年有所提升。在企业创新方面表现相对较弱，低于综合得分排名，排名第4位（图4-3）。

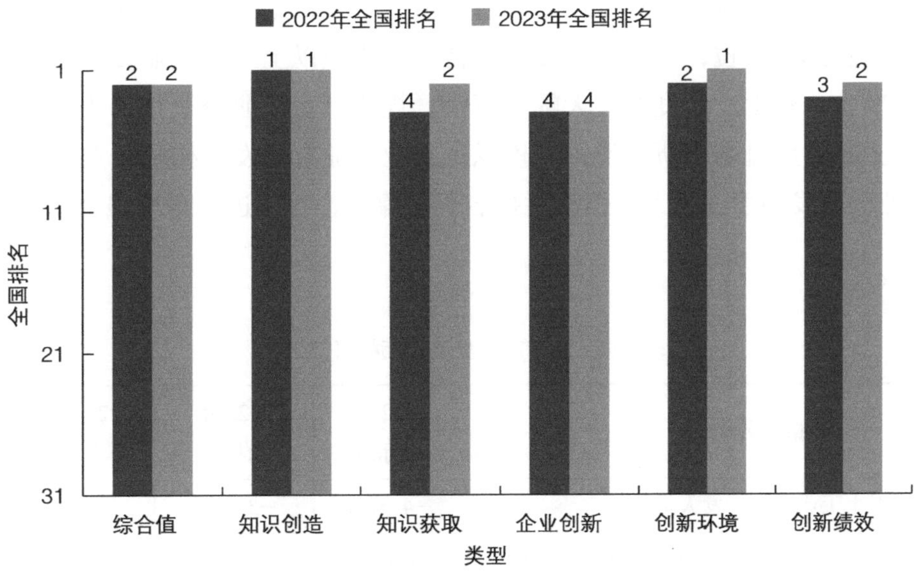

图4-3 2023年北京市各维度排名与上年对比

表现最好的知识创造维度方面，研究开发投入综合指标、专利综合指标及科研论文综合指标排名均为第1位。具体来看，北京市在知识创造方面主要有以下几个优势基础指标，如每万人平均研究与试验发展全时人员当量、政府研发投入、政府研发投入占GDP的比例、发明专利申请受理数（不含企业）、每万名研发人员发明专利申请受理数、每万名研发人员发明专利授权数及国际论文数均排名全国第1位，与上一年持平。但政府研发投入占GDP的比例的绝对值有所下降（表4-2）。

表4–2 北京市优势基础指标（部分）

指标名称	2022 年指标值	2023 年指标值	2022 年排名	2023 年排名	排名变化
每万人平均研究与试验发展全时人员当量（人年／万人）	153.60	154.50	1	1	0
政府研发投入（亿元）	1084.33	1186.50	1	1	0
政府研发投入占 GDP 的比例	3.00%	2.95%	1	1	0
发明专利申请受理数（不含企业）（件）	131 957	152 019	1	1	0
每万名研发人员发明专利申请受理数（件／万人）	2788	3215	1	1	0
每万名研发人员发明专利授权数（件／万人）	1337	1675	1	1	0
国际论文数（篇）	124 941	133 339	1	1	0

表现较落后的企业创新维度方面，企业研究开发投入综合指标第 18 位，设计能力综合指标第 2 位，技术提升能力综合指标第 2 位，新产品销售收入综合指标第 6 位。具体来看，北京市在企业创新方面主要有以下几个基础指标处于劣势。规模以上工业企业研发人员增长率排名全国第 31 位，较上一年度排名有所下滑。规模以上工业企业研发活动经费内部支出总额增长率排名第 29 位，与上一年度排名持平。规模以上工业企业技术改造经费支出增长率排名第 29 位，较上一年度有较大幅度下滑。规模以上工业企业技术改造经费支出排名第 27 位，较上一年度排名有所下滑。规模以上工业企业有研发机构的企业数增长率有所上升，表明企业的研发力度在加大，但相对排名仍然靠后，有待进一步增强企业研发机构数量（表 4–3）。

表4–3 北京市劣势基础指标（部分）

指标名称	2022 年指标值	2023 年指标值	2022 年排名	2023 年排名	排名变化
规模以上工业企业研发人员增长率	−4.33%	−3.80%	25	31	−6
规模以上工业企业研发活动经费内部支出总额增长率	3.40%	4.59%	29	29	0
规模以上工业企业技术改造经费支出增长率	0.27%	−15.09%	13	29	−16
规模以上工业企业技术改造经费支出（万元）	494 835.20	273 207.20	20	27	−7
规模以上工业企业有研发机构的企业数量增长率	1.34%	0.22%	23	21	2

整体来看，北京市知识创造表现较好，而企业创新水平较低。北京市整体研发投入及创新产出水平均较高，但工业企业的研发经费和人员投入，以及技术改造等都有待进一步提高。近两年，北京市政府不断加大研发投入，鼓励企业开展研发创新活动，针对企业研发能

力不足等短板制定了一系列行动方案。通过提高科技型中小企业开展研发活动所产生研发费用的加计扣除比例激发企业开展创新活动的积极性。未来，北京市有待继续发挥科教资源集聚优势，优化创新环境，加快国际科技创新中心建设，促进企业的技术改造和创新能力的提升，从而带动全国创新发展。

4.2 天津市

2023 年天津市创新能力排全国第 17 位，较上年下降 3 位。经济指标方面，2021 年天津市 GDP 总量为 15 695.05 亿元，排名全国第 24 位，地区人均 GDP 为 113 732 元，排名全国第 5 位，第三产业增加值占 GDP 的比例为 61.26%，排名全国 4 位。与经济总量指标相比，天津市创新能力排名较高，但低于人均经济指标排名。2001—2023 年天津市创新能力变化趋势如图 4–4 所示。

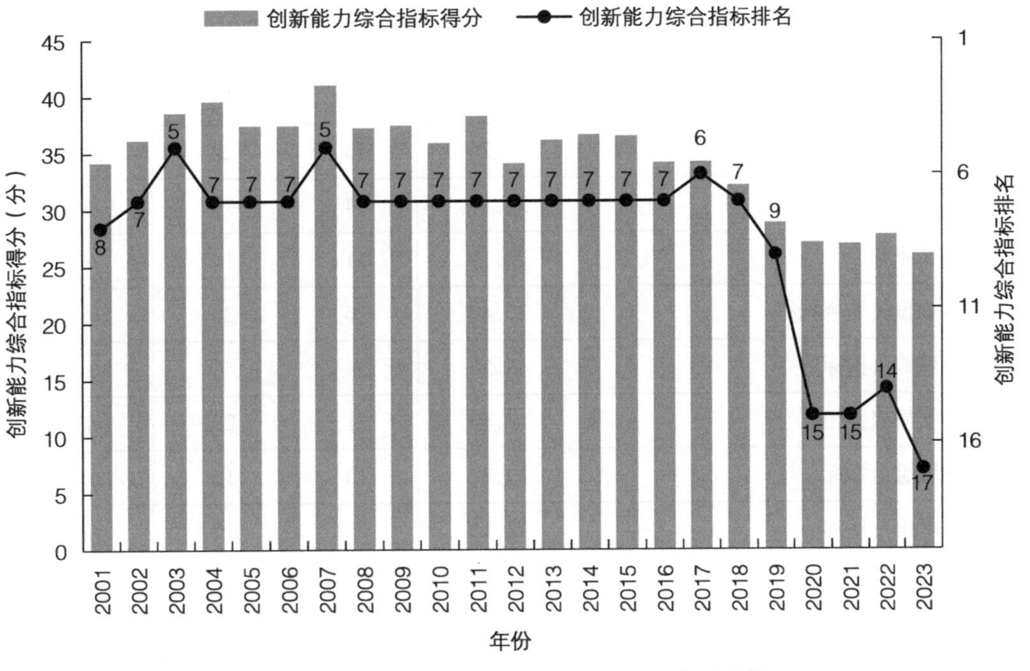

图4–4 2001—2023年天津市创新能力变化趋势

分指标看，2023 年天津市知识创造综合指标排名第 19 位，较上年下降 2 位；知识获取综合指标排名第 18 位，较上年下降 6 位；企业创新综合指标排名第 20 位，较上年下降 5 位；创新环境综合指标排名第 11 位，较上年上升 13 位；创新绩效综合指标排名第 7 位，较上年上升 2 位（表 4–4、图 4–5）。

表4–4 天津市创新能力综合指标

指标名称	2023 年综合指标		2023 年分项指标排名		
	指标值	排名	实力	效率	潜力
综合值	26.00	17	17	6	30
1 知识创造综合指标	21.00	19	16	10	30
1.1 研究开发投入综合指标	24.31	13	16	3	23
1.2 专利综合指标	13.06	28	17	22	29
1.3 科研论文综合指标	30.24	18	15	11	27
2 知识获取综合指标	16.04	18	14	11	24
2.1 科技合作综合指标	29.04	15	13	14	24
2.2 技术转移综合指标	14.45	22	17	14	25
2.3 外资企业投资综合指标	7.49	17	9	3	16
3 企业创新综合指标	22.17	20	18	11	29
3.1 企业研究开发投入综合指标	30.00	14	18	11	27
3.2 设计能力综合指标	8.94	29	18	13	31
3.3 技术提升能力综合指标	18.26	25	22	26	10
3.4 新产品销售收入综合指标	34.17	14	17	12	22
4 创新环境综合指标	27.17	11	19	6	24
4.1 创新基础设施综合指标	27.49	26	30	16	6
4.2 市场环境综合指标	45.50	6	7	3	14
4.3 劳动者素质综合指标	17.40	31	27	4	31
4.4 金融环境综合指标	17.32	13	15	16	3
4.5 创业水平综合指标	28.15	15	17	12	13
5 创新绩效综合指标	40.53	7	12	6	17
5.1 宏观经济综合指标	27.29	13	24	5	23
5.2 产业结构综合指标	35.41	13	18	6	28
5.3 产业国际竞争力综合指标	26.20	7	11	10	5
5.4 就业综合指标	35.85	15	18	13	23
5.5 可持续发展与环保综合指标	77.91	2	3	2	21

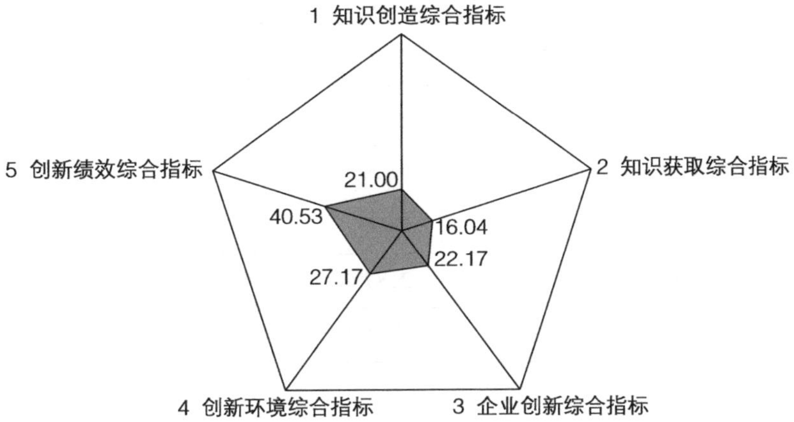

图4-5 天津市创新能力蛛网图

5 个维度中，天津市在创新绩效方面表现最好，高于综合得分排名，排名第 7 位，较上年有所提升。而在企业创新方面表现相对较弱，低于综合得分排名，排名第 20 位，较上年有所下降（图 4-6）。

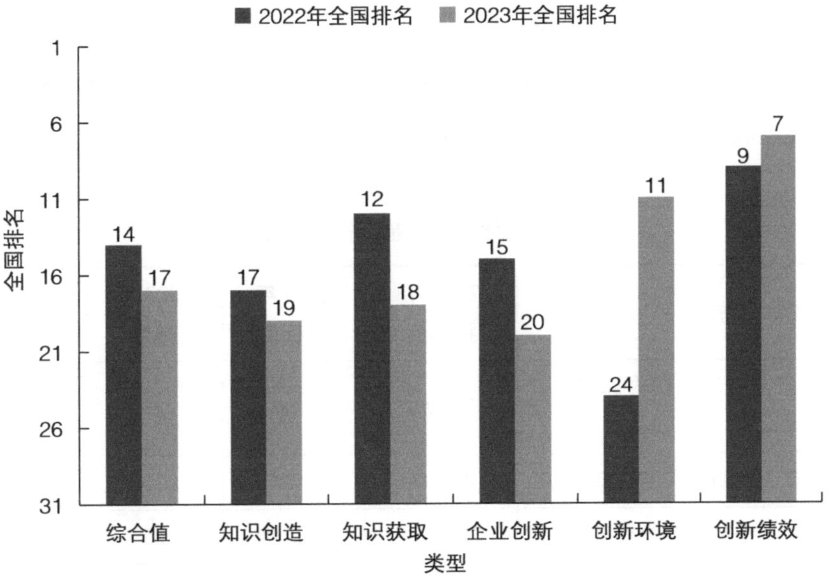

图4-6 2023年天津市各维度排名与上年对比

表现最好的创新绩效维度方面，宏观经济综合指标排名第 13 位，产业结构综合指标排名第 13 位，产业国际竞争力综合指标排名第 7 位，就业综合指标排名第 15 位，可持续发展与环保综合指标排名第 2 位，表现较好。具体来看，天津市在创新绩效方面主要有以下几个优势基础指标，如每亿元 GDP 废水中主要污染物排放量、第三产业增加值占 GDP 的比例、高技术产业就业人数占总就业人数的比例及万元地区生产总值能耗（等价值）下降率排名均为全国靠前。但每亿元 GDP 废水中主要污染物排放量绝对值较上一年有所下降，第三产业增加值占 GDP 的比例排名较上年有所下降（表 4-5）。

表4–5　天津市优势基础指标（部分）

指标名称	2022 年指标值	2023 年指标值	2022 年排名	2023 年排名	排名变化
每亿元 GDP 废水中主要污染物排放量（吨／亿元）	18.92	17.78	2	2	0
第三产业增加值占 GDP 的比例	64.4%	61.26%	3	4	−1
高技术产业就业人数占总就业人数的比例	2.87%	2.90%	4	4	0
万元地区生产总值能耗（等价值）增长率	−3.07%	−5.1%	7	4	3

表现较落后的企业创新维度方面，企业研究开发投入综合指标排名第 14 位，设计能力综合指标排名第 29 位，技术提升能力综合指标排名第 25 位，新产品销售收入综合指标排名第 14 位。具体来看，天津市主要有以下几个基础指标处于劣势。规模以上工业企业研发活动经费内部支出总额增长率排名第 31 位，较上年有较大幅度下降。规模以上工业企业有效发明专利增长率排名第 30 位与上年排名持平规模以上工业企业发明专利申请增长率排名第 27 位，较上年排名有所下降。规模以上工业企业技术改造经费支出排名第 25 位，较上年排名下降 2 位。规模以上工业企业技术改造经费支出增长率排名第 25 位，较上年有较大幅度下降，表明工业企业在技术改造方面投入较低。有电子商务交易活动的企业数占总企业数的比重排名第 25 位，较上年上升 1 位（表 4–6）。

表4–6　天津市劣势基础指标（部分）

指标名称	2022 年指标值	2023 年指标值	2022 年排名	2023 年排名	排名变化
规模以上工业企业研发活动经费内部支出总额增长率	7.19%	0.48%	23	31	−8
规模以上工业企业有效发明专利增长率	4.49%	4.75%	30	30	0
规模以上工业企业发明专利申请增长率	4.89%	−2.18%	25	27	−2
规模以上工业企业技术改造经费支出（万元）	364 086.3	363 723.2	23	25	−2
规模以上工业企业技术改造经费支出增长率	3.04%	−5.95%	11	25	−14
有电子商务交易活动的企业数占总企业数的比重	6.8%	7.3%	26	25	1

整体来看，天津市创新绩效表现较好，企业创新和知识创造水平落后。天津市在环境治理和第三产业、高技术产业发展方面能力较强，但工业企业的改造经费支出，以及研发投入和研发产出方面的能力有待进一步改善。

近两年来，天津市针对企业技术创新能力不足、企业改造热情不高等弱项制定了一系列的政策方案。通过落实企业创新政策，如加计扣除、高新技术所得税减免，营造良好的创新政策环境，强化对企业创新风险投资等的支持，不断引导企业加强关键核心技术攻关并布局基础前沿研究。天津市积极推动技术改造工作，落实扩大企业设备更新和技术改造投资的规划。未来，天津市有待营造知识创造的氛围，激发企业知识创造的动力，提高企业数字化水平和整体创新能力。

4.3 山西省

2023 年山西省创新能力排名全国第 26 位，较上年下降 3 位。经济指标方面，2021 年山西省 GDP 总量为 22 590.16 亿元，排名全国第 20 位，地区人均 GDP 为 64 821 元，排名全国第 17 位，第三产业增加值占 GDP 的比例为 44.67%，排名全国第 30 位。与经济总量指标相比，山西省创新能力排名略低。2001—2023 年山西省创新能力变化趋势如图 4–7 所示。

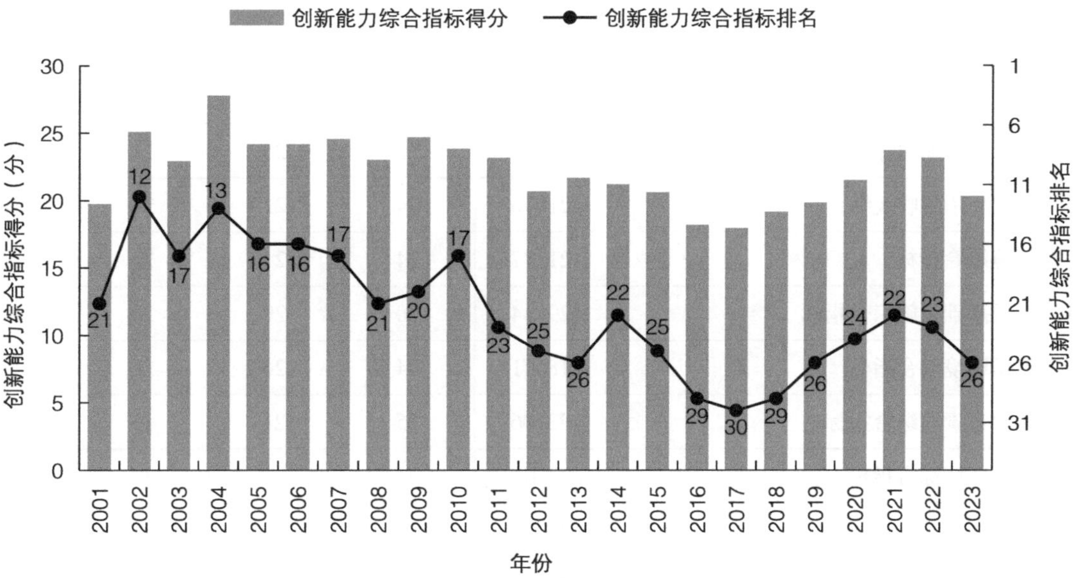

图4–7　2001—2023年山西省创新能力变化趋势

分指标看，2023 年山西省知识创造综合指标排名第 25 位，较上年上升 3 位；知识获取综合指标排名第 27 位，较上年下降 14 位；企业创新综合指标排名第 27 位，较上年下降 6 位；创新环境排名第 24 位，较上年下降 2 位；创新绩效综合指标排名第 20 位，较上年上升 1 位（表 4–7、图 4–8）。

表4–7　山西省创新能力综合指标

指标名称	2023 年综合指标		2023 年分项指标排名		
	指标值	排名	实力	效率	潜力
综合值	20.32	26	22	28	23
1　知识创造综合指标	17.04	25	23	24	16
1.1　研究开发投入综合指标	13.39	23	23	26	18
1.2　专利综合指标	14.98	25	23	23	19
1.3　科研论文综合指标	28.44	20	22	15	14
2　知识获取综合指标	12.61	27	24	15	26
2.1　科技合作综合指标	27.42	18	19	15	17
2.2　技术转移综合指标	13.89	25	23	12	23
2.3　外资企业投资综合指标	0.56	31	25	23	31
3　企业创新综合指标	18.30	27	19	28	9
3.1　企业研究开发投入综合指标	21.76	23	19	23	3
3.2　设计能力综合指标	11.11	25	20	28	15
3.3　技术提升能力综合指标	21.04	22	20	21	8
3.4　新产品销售收入综合指标	21.16	24	21	24	18
4　创新环境综合指标	21.77	24	21	23	23
4.1　创新基础设施综合指标	29.44	20	20	20	13
4.2　市场环境综合指标	18.71	24	26	25	17
4.3　劳动者素质综合指标	23.06	25	21	15	26
4.4　金融环境综合指标	9.18	27	21	17	29
4.5　创业水平综合指标	28.44	14	20	18	2
5　创新绩效综合指标	29.26	20	23	17	20
5.1　宏观经济综合指标	22.81	17	20	17	3
5.2　产业结构综合指标	22.32	24	21	27	9
5.3　产业国际竞争力综合指标	4.51	30	18	18	30
5.4　就业综合指标	38.57	10	13	10	20
5.5　可持续发展与环保综合指标	58.11	16	17	18	11

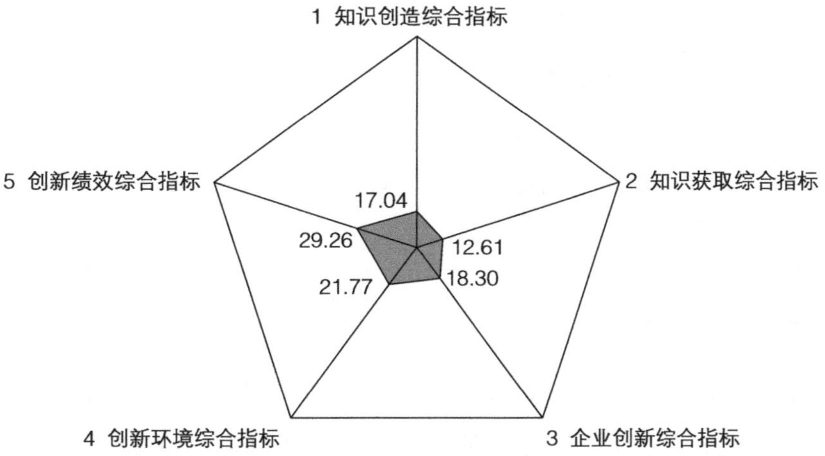

图4–8　山西省创新能力蛛网图

5 个维度中，山西省在创新绩效方面表现最好，高于综合得分排名，排名第 20 位，较上年有较大提升。在知识获取和企业创新方面表现相对较弱，低于综合得分排名，排名均为第 27 位，且知识获取较上年有大幅度下降（图 4–9）。

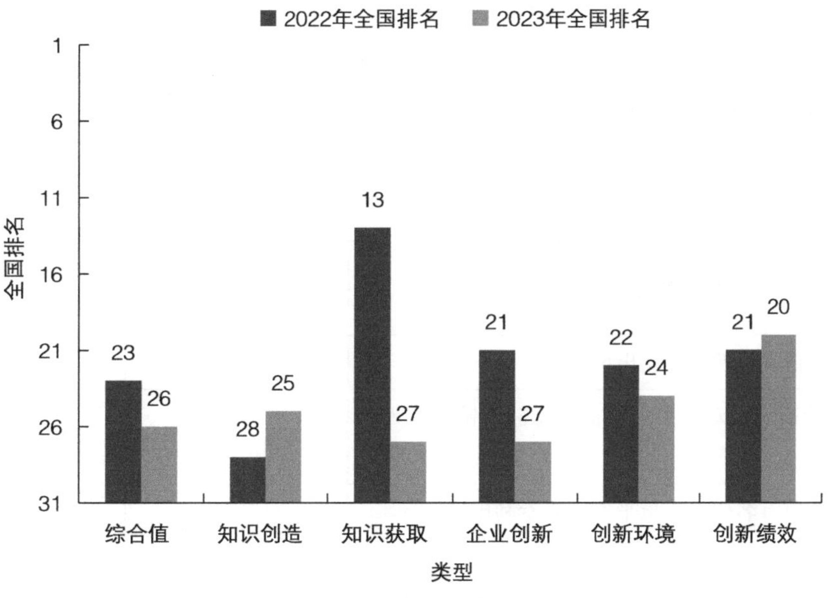

图4–9　2023年山西省各维度排名与上年对比

表现最好的创新绩效维度方面，宏观经济综合指标排名第 17 位，产业结构综合指标排名第 24 位，产业国际竞争力综合指标排名第 30 位，就业综合指标排名第 10 位，可持续发展与环保综合指标排名第 16 位。具体来看，山西省在创新绩效方面有以下几个优势基础指标，如城镇登记失业人员增长率、地区 GDP 增长率、城镇登记失业率、废气中主要污染物排放量增长率排名较上年均有大幅度上升。其中，城镇登记失业人员增长率改善较为明显（表 4–8）。

表4–8　山西省优势基础指标（部分）

指标名称	2022 年指标值	2023 年指标值	2022 年排名	2023 年排名	排名变化
城镇登记失业人员增长率	8.3%	−27.7%	19	2	17
地区 GDP 增长率	3.6%	9.1%	14	3	11
城镇登记失业率	3.11%	2.27%	12	3	9
废气中主要污染物排放量增长率	−7.69%	3.43%	24	3	21

表现较落后的知识获取和企业创新维度方面，科技合作综合指标排名第 18 位，技术转移综合指标排名第 25 位，外资企业投资综合指标排名第 31 位，企业研究开发投入综合指标排名第 23 位，设计能力综合指标排名第 25 位，技术提升能力综合指标排名第 22 位，新产品销售收入综合指标排名第 24 位。具体来看，山西省主要有以下几个基础指标处于劣势，如规模以上工业企业研发经费外部支出增长率、外商投资企业年底注册资金中外资部分增长率、高校和科研院所研发经费内部支出额中来自企业资金增长率、规模以上工业企业国外技术引进金额增长率均排名较为靠后，且较上年排名有大幅度下降。规模以上工业企业研发活动经费内部支出总额占销售收入的比例、规模以上工业企业每万名研发人员平均发明专利申请数、每万家规模以上工业企业平均有效发明专利数均排名全国第 28 位，排名较为靠后。有待进一步加强对知识的获取和企业创新能力的提升（表 4–9）。

表4–9　山西省劣势基础指标（部分）

指标名称	2022 年指标值	2023 年指标值	2022 年排名	2023 年排名	排名变化
规模以上工业企业研发经费外部支出增长率	7.54%	−7.79%	18	29	−11
规模以上工业企业研发活动经费内部支出总额占销售收入的比例	0.71%	0.55%	24	28	−4
规模以上工业企业每万名研发人员平均发明专利申请数（件／万人）	578	586	28	28	0
每万家规模以上工业企业平均有效发明专利数（件／万人）	18 646	17 985	25	28	−3
外商投资企业年底注册资金中外资部分增长率	49.67%	−2.43%	3	31	−28
高校和科研院所研发经费内部支出额中来自企业资金增长率	49.27%	−23.45%	9	29	−20
规模以上工业企业国外技术引进金额增长率	−21.2%	−47.4%	18	29	−11

整体来看，山西省创新绩效表现较好，知识获取和企业创新表现偏弱，特别是在引进外资、企业研发及国外技术引进方面有待进一步提高。

近两年来，山西省针对引进外资及促进研发等方面推出了一系列举措，通过强化政府服务和保障外来投资者合法权益，进一步优化创新环境。山西省推出的研发准备金制度和税收激励等政策，不断激励企业加大创新投入，提高创新能力。未来，山西省应继续着力提高企业创新能力，鼓励企业加大创新产出，支持企业与高校和科研院所等开展研发活动，以实现产学研协同发展。

4.4 河北省

2023 年河北省创新能力排名全国第 20 位，较上年下降 2 位。经济指标方面，2021 年河北省 GDP 总量为 40 391.27 亿元，排名全国第 12 位，地区人均 GDP 为 54 172 元，排名全国第 27 位，第三产业增加值占 GDP 的比例为 49.51%，排名全国 23 位。与经济总量指标相比，河北省创新能力排名较好。2001—2023 年河北省创新能力变化趋势如图 4–10 所示。

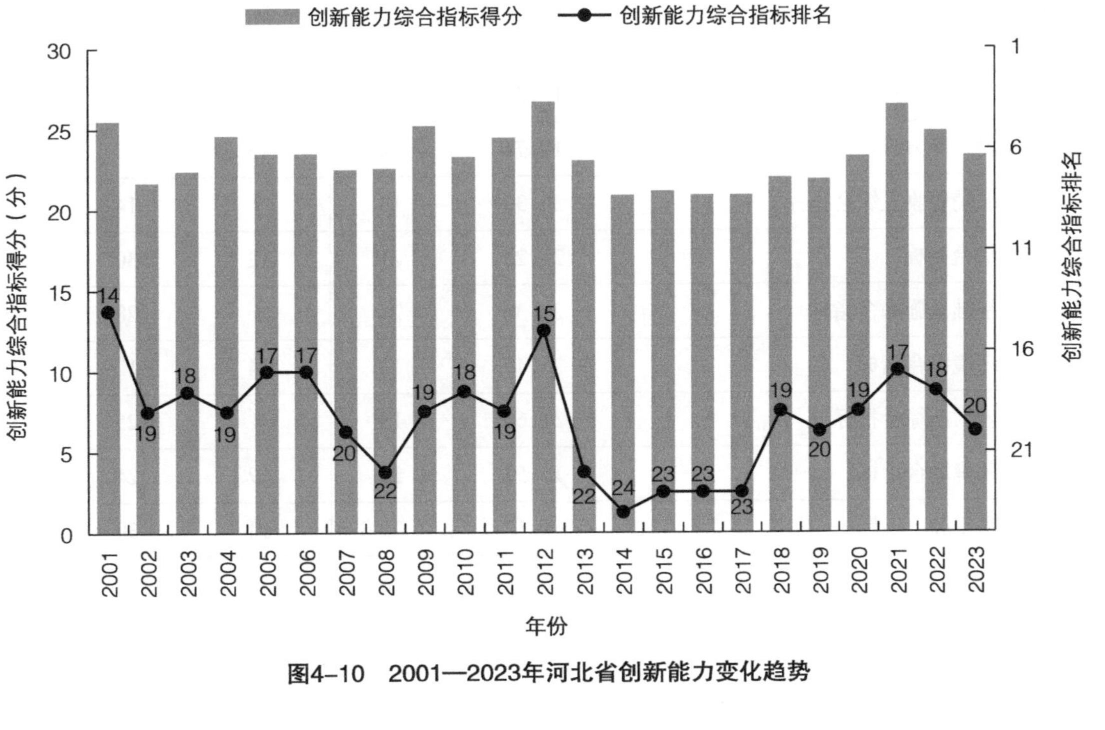

图4–10　2001—2023年河北省创新能力变化趋势

分指标看，2023 年河北省知识创造排名第 24 位，较上年上升 1 位；知识获取排名第 10 位，较上年上升 7 位；企业创新排名第 13 位，较上年上升 3 位；创新环境排名第 21 位，较上年下降 6 位；创新绩效排名第 26 位，较上一年下降 10 位（表 4–10、图 4–11）。

表4–10　河北省创新能力综合指标

指标名称	2023 年综合指标		2023 年分项指标排名		
	指标值	排名	实力	效率	潜力
综合值	23.32	20	14	27	13
1　知识创造综合指标	17.89	24	17	30	14
1.1　研究开发投入综合指标	19.31	20	15	22	12
1.2　专利综合指标	15.54	23	16	29	17
1.3　科研论文综合指标	19.73	30	19	23	28
2　知识获取综合指标	19.66	10	15	9	8
2.1　科技合作综合指标	35.41	6	14	6	13
2.2　技术转移综合指标	17.65	14	13	11	18
2.3　外资企业投资综合指标	9.34	9	14	22	6
3　企业创新综合指标	26.50	13	13	18	6
3.1　企业研究开发投入综合指标	33.71	13	11	16	5
3.2　设计能力综合指标	15.88	17	13	26	10
3.3　技术提升能力综合指标	18.74	24	15	27	16
3.4　新产品销售收入综合指标	39.39	13	9	14	9
4　创新环境综合指标	23.23	21	12	30	21
4.1　创新基础设施综合指标	28.36	24	6	28	16
4.2　市场环境综合指标	25.49	13	14	12	11
4.3　劳动者素质综合指标	31.60	13	7	25	17
4.4　金融环境综合指标	12.57	20	17	24	19
4.5　创业水平综合指标	18.12	26	14	30	25
5　创新绩效综合指标	26.28	26	30	19	26
5.1　宏观经济综合指标	18.43	20	12	27	25
5.2　产业结构综合指标	35.09	14	14	10	16
5.3　产业国际竞争力综合指标	8.46	24	16	21	25
5.4　就业综合指标	29.13	24	25	21	16
5.5　可持续发展与环保综合指标	40.31	29	29	25	22

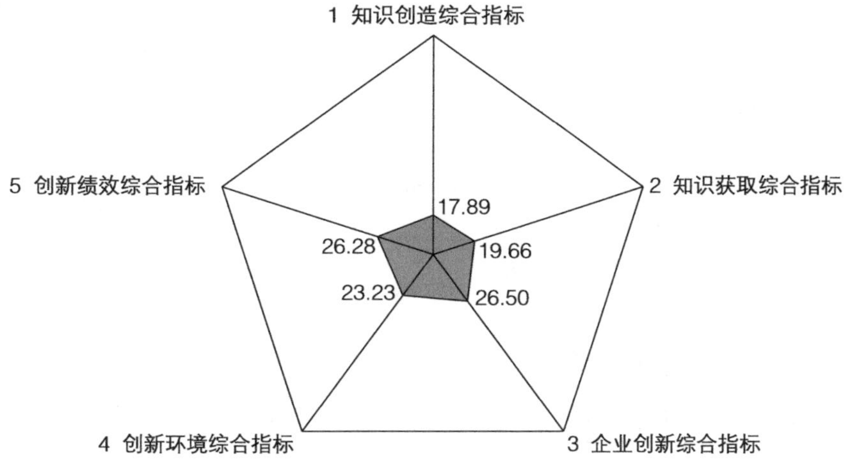

图4-11 河北省创新能力蛛网图

5 个维度中，河北省在知识获取方面表现最好，高于综合得分排名，排名第 10 位，较上一年度有较大提升。在创新绩效方面表现相对较弱，低于综合得分排名，排名第 26 位，较上年有大幅度下降（图 4-12）。

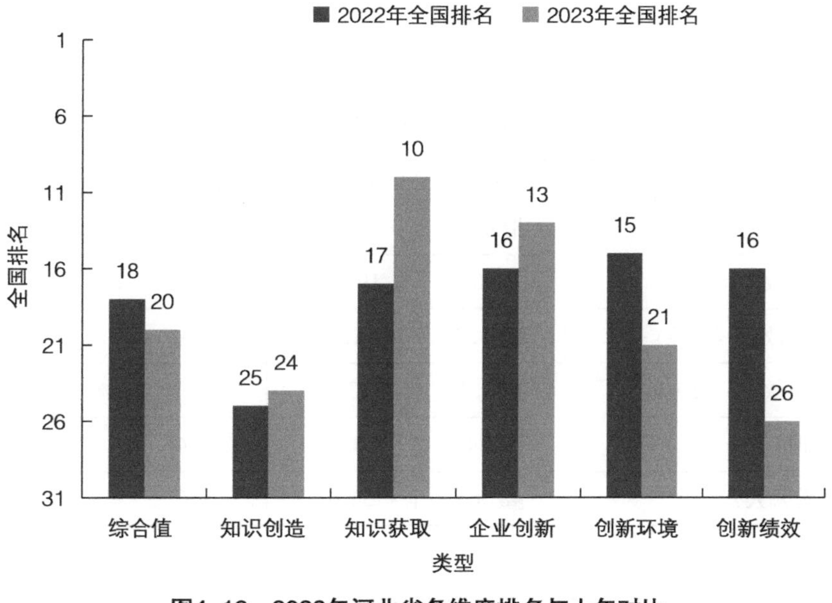

图4-12 2023年河北省各维度排名与上年对比

表现最好的知识获取维度方面，科技合作综合指标排名第 6 位，技术转移综合指标排名第 14 位，外资企业投资综合指标排名第 9 位。具体来看，河北省在知识获取方面有以下几个优势基础指标，如高校和科研院所研发经费内部支出额中来自企业资金的比例、高校和科研院所研发经费内部支出额中来自企业资金增长率、外商投资企业年底注册资金中外资部分增长率、技术市场企业平均交易额（按流向）均排名较为靠前。其中，技术市场企业平均交易额（按流向）排名与上年持平，其他指标排名较上年均有所上升（表 4-11）。

表4–11　河北省优势基础指标（部分）

指标名称	2022 年指标值	2023 年指标值	2022 年排名	2023 年排名	排名变化
高校和科研院所研发经费内部支出额中来自企业资金的比例	25.59%	59.49%	7	2	5
高校和科研院所研发经费内部支出额中来自企业资金增长率	76.8%	87.3%	4	2	2
外商投资企业年底注册资金中外资部分增长率	35.2%	32.9%	9	7	2
技术市场企业平均交易额（按流向）（万元 / 项）	585.5	731.9	9	9	0

表现较落后的创新绩效维度方面，宏观经济综合指标排名第 20 位，产业结构综合指标排名第 14 位，产业国际竞争力综合指标排名第 24 位，就业综合指标排名第 24 位，可持续发展与环保综合指标排名第 29 位。具体来看，河北省主要有以下几个指标基础处于劣势，如废水中主要污染物排放量增长率、如废气中主要污染物排放量、废水中主要污染物排放量均排名较为靠后，且较上年排名有所下降；电耗总量、人均 GDP 水平与上年排名持平，均排名第 27 位，其中人均 GDP 水平绝对值有所上升（表 4–12）。

表4–12　河北省劣势基础指标（部分）

指标名称	2022 年指标值	2023 年指标值	2022 年排名	2023 年排名	排名变化
废水中主要污染物排放量增长率	–12.01%	19.88%	18	31	–13
废气中主要污染物排放量（万吨）	130.22	441.19	29	31	–2
废水中主要污染物排放量（万吨）	281.7	337.7	25	29	–4
电耗总量（亿千瓦时）	3934	4294	27	27	0
人均 GDP 水平（元 / 人）	48 564	54 172	27	27	0

整体来看，河北省在知识获取方面表现较好，而创新绩效水平较低。河北省在引进外资、企业研发方面均表现较好，但在改善创新环境及降低能耗方面表现偏弱。

近两年，河北省针对企业研发制定了一系列举措，在支持企业建立研发机构、培育科技领军企业、发展高新技术产业等方面取得了积极成效。未来，河北省应加大低碳新技术应用，推动绿色创新，支持企业采用可再生能源，助力经济高质量发展。

4.5 内蒙古自治区

2023 年内蒙古自治区创新能力排名全国第 28 位，较上年上升 2 位。经济指标方面，2021 年内蒙古自治区 GDP 总量为 20 514.19 亿元，排名全国第 21 位，地区人均 GDP 为 85 422 元，排名全国第 10 位，第三产业增加值占 GDP 的比例为 43.46%，排名全国第 31 位。与经济总量指标相比，内蒙古自治区创新能力排名较低。2001—2023 年内蒙古创新能力变化趋势如图 4–13 所示。

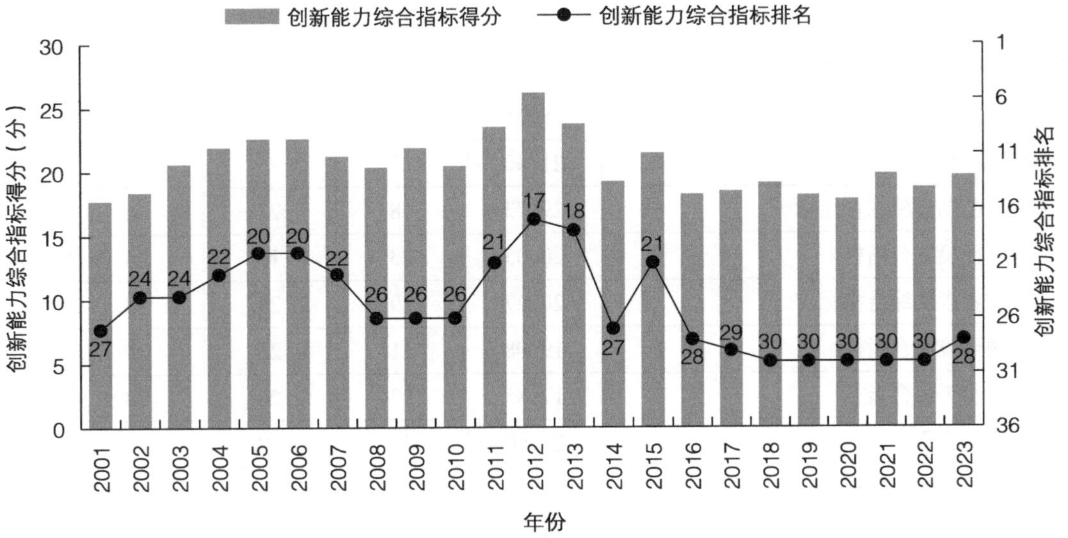

图4–13 2001—2023年内蒙古自治区创新能力变化趋势

分指标看，2023 年内蒙古自治区知识创造综合指标排名第 31 位，较上年下降了 5 位；知识获取排名第 20 位，较上年上升了 7 位；企业创新综合指标排名第 28 位，较上年上升了 2 位；创新环境综合指标排名第 25 位，较上年上升了 2 位；创新绩效综合指标排名第 22 位，较上年上升了 10 位（表 4–13、图 4–14）。

表4–13 内蒙古自治区创新能力综合指标

指标名称	2023 年综合指标		2023 年分项指标排名		
	指标值	排名	实力	效率	潜力
综合值	19.67	28	27	30	10
1 知识创造综合指标	13.94	31	26	31	13
1.1 研究开发投入综合指标	9.31	30	26	29	25
1.2 专利综合指标	12.46	29	26	31	5
1.3 科研论文综合指标	26.17	24	27	19	7

续表

指标名称	2023 年综合指标		2023 年分项指标排名		
	指标值	排名	实力	效率	潜力
2　知识获取综合指标	15.59	20	28	16	10
2.1　科技合作综合指标	33.07	12	27	13	1
2.2　技术转移综合指标	14.97	21	25	16	10
2.3　外资企业投资综合指标	2.93	25	28	27	20
3　企业创新综合指标	17.18	28	24	27	10
3.1　企业研究开发投入综合指标	14.10	29	23	27	26
3.2　设计能力综合指标	18.07	15	25	16	6
3.3　技术提升能力综合指标	19.11	23	25	18	14
3.4　新产品销售收入综合指标	18.55	26	22	28	14
4　创新环境综合指标	21.40	25	25	17	25
4.1　创新基础设施综合指标	29.73	18	27	9	25
4.2　市场环境综合指标	20.05	23	18	24	25
4.3　劳动者素质综合指标	20.27	29	24	13	29
4.4　金融环境综合指标	19.08	11	23	8	4
4.5　创业水平综合指标	17.85	27	26	28	19
5　创新绩效综合指标	28.00	22	28	25	3
5.1　宏观经济综合指标	20.11	19	21	10	27
5.2　产业结构综合指标	18.15	27	23	28	23
5.3　产业国际竞争力综合指标	21.10	10	23	23	2
5.4　就业综合指标	23.13	29	24	28	21
5.5　可持续发展与环保综合指标	57.51	18	18	20	1

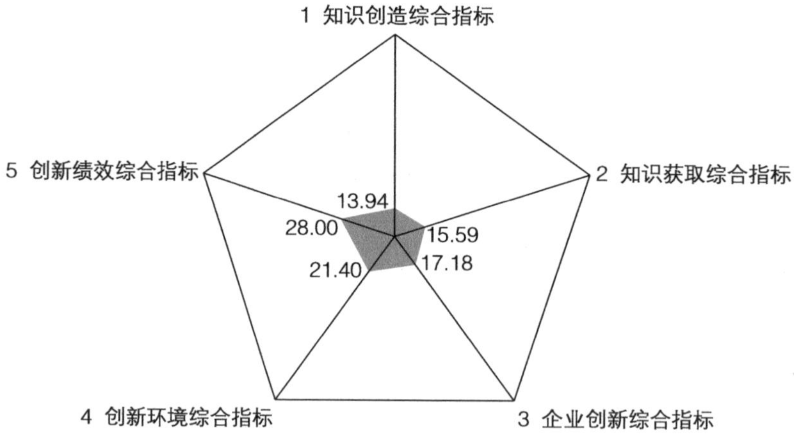

图4–14　内蒙古自治区创新能力蛛网图

5 个维度中，内蒙古自治区在知识获取和创新绩效方面表现最好，排名分别为第 20 位和第 22 位，较上一年度有较大提升。在知识创造方面表现最弱，低于综合得分排名较多名次，排名为第 31 位（图 4–15）。

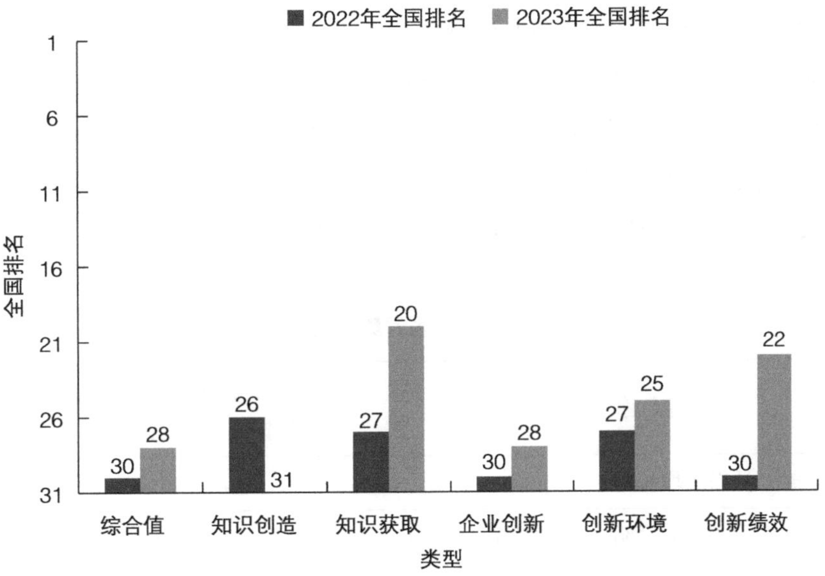

图4–15　2023年内蒙古自治区各维度排名与上年对比

表现最好的创新绩效维度方面，产业国际竞争力综合指标排名第 10 位；创新环境方面，金融环境综合指标排名第 11 位；知识获取方面，科技合作综合指标排名第 12 位。具体来看，内蒙古在知识创造和知识获取方面的几个优势基础指标，如发明专利申请受理数（不含企业）增长率、高校和科研院所研发经费内部支出额增长率排名均为全国靠前，与上年基本持平，作者异国科技论文数增长率等都排名提升幅度较大；创新绩效和创新环境方面的几个优势基础指标，如高技术产品出口额增长率、科技企业孵化器孵化基金总额增长率等排名全国领先，但规模以上工业企业国外技术引进金额增长率、规模以上工业企业平均国外技术引进金额下滑严重（表 4–14）。

表4–14　内蒙古自治区优势基础指标（部分）

指标名称	2022 年指标值	2023 年指标值	2022 年排名	2023 年排名	排名变化
发明专利申请受理数（不含企业）增长率	46.11%	12.42%	1	6	–5
高校和科研院所研发经费内部支出额增长率	77.81%	85.04%	3	3	0
作者异国科技论文数增长率	6.90%	15.73%	12	4	8
高技术产品出口额增长率	138.62%	96.39%	1	2	–1
科技企业孵化器孵化基金总额增长率	66.39%	80.05%	5	4	1

内蒙古自治区表现较落后的几个综合指标方面，其中研究开发投入综合指标排名第30位，专利综合指标排名第29位，劳动者素质综合指标排名第29位，就业综合指标排名第29位。

具体来看，内蒙古自治区主要有以下几个基础指标处于劣势。其中，研究与试验发展全时人员当量增长率、每亿元研发经费内部支出产生的发明专利授权数、第三产业增加值占GDP的比例均排名全国第31位，与上一年度排名相比有所下滑。规模以上工业企业研发人员增长率、科技服务业从业人员增长率、高技术企业数占规模以上工业企业数比重排名较为落后，排名均为全国第30位，表明企业的研发人员投入和科技服务人员比重在下降，需要大力加强研发人员投入和高技术企业的培育（表4–15）。

表4–15　内蒙古自治区劣势基础指标（部分）

指标名称	2022年指标值	2023年指标值	2022年排名	2023年排名	排名变化
研究与试验发展全时人员当量增长率	12.12%	−5.33%	5	31	−26
每亿元研发经费内部支出产生的发明专利授权数（件／亿元）	7.2	8.7	31	31	0
第三产业增加值占GDP的比例	48.80%	43.46%	27	31	−4
规模以上工业企业研发人员增长率	0.68%	−2.47%	22	30	−8
科技服务业从业人员增长率	−10.24%	−5.65%	28	30	−2
高技术企业数占规模以上工业企业数比重	3.52%	3.37%	30	30	0
规模以上工业企业国外技术引进金额（万元）	35 000	0	14	28	−14
规模以上工业企业国外技术引进金额增长率	−7.46%	−28.27%	14	25	−11

整体来看，内蒙古自治区创新绩效表现较好，知识创造和企业创新水平偏低，在企业研究开发投入和专利申请等方面排名落后，需要进一步提高。

近两年，内蒙古自治区以创新驱动为抓手，从科技创新供给、创新平台载体建设、科技成果转化、开放合作、科研体制改革等方面采取了一系列举措，取得了积极成效，在营造更加公平开放的营商环境和创新环境，激发企业创新活力，优化创新创业生态等方面，还需加大投入力量，着力为经济社会发展注入新动能。

4.6　辽宁省

2023年辽宁省创新能力排名全国第23位，较上年上升2位。经济指标方面，2021年辽宁省GDP总量为27 584.08亿元，排名全国第17位，地区人均GDP为65 026元，排名全国第 16 位，第三产业增加值占 GDP 的比例为 51.65%，排名全国第 14 位。辽宁创新能力排名与经济总量指标基本持平。2001—2023 年辽宁省创新能力变化趋势如图 4-16 所示。

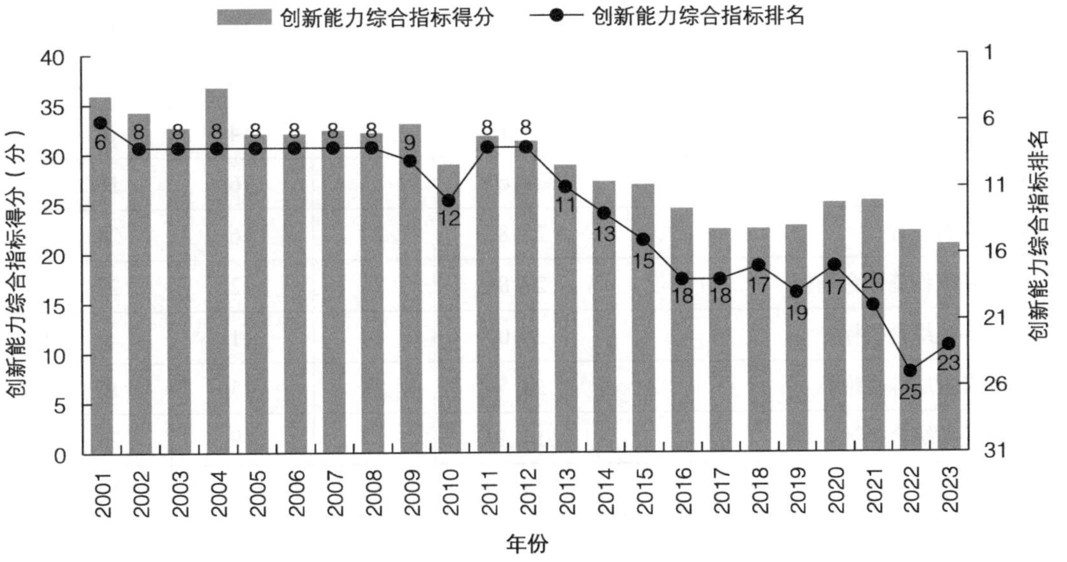

图4-16　2001—2023年辽宁省创新能力变化趋势

分指标看，2023 年辽宁省知识创造综合指标排名全国第 18 位，较上年下降 3 位；知识获取综合指标排名第 21 位，较上年下降 2 位；企业创新综合指标排名第 22 位，较上年下降 5 位；创新环境综合指标排名第 20 位，较上年上升 9 位；创新绩效综合指标排名第 30 位，与上年下降 1 位（表 4-16、图 4-17）。

表4-16　辽宁省创新能力综合指标

指标名称	2023 年综合指标		2023 年分项指标排名		
	指标值	排名	实力	效率	潜力
综合值	20.84	23	18	24	29
1　知识创造综合指标	22.01	18	13	14	28
1.1　研究开发投入综合指标	16.37	22	14	12	30
1.2　专利综合指标	19.81	16	14	16	23
1.3　科研论文综合指标	37.66	11	12	8	25
2　知识获取综合指标	15.20	21	12	12	27
2.1　科技合作综合指标	33.37	10	10	4	26
2.2　技术转移综合指标	11.43	27	19	29	22
2.3　外资企业投资综合指标	4.41	22	8	9	27
3　企业创新综合指标	20.54	22	16	21	28

续表

指标名称	2023 年综合指标		2023 年分项指标排名		
	指标值	排名	实力	效率	潜力
3.1 企业研究开发投入综合指标	23.62	21	15	19	29
3.2 设计能力综合指标	12.98	22	14	18	22
3.3 技术提升能力综合指标	23.15	18	14	16	18
3.4 新产品销售收入综合指标	24.67	23	16	16	27
4 创新环境综合指标	23.82	20	16	24	22
4.1 创新基础设施综合指标	27.80	25	12	27	8
4.2 市场环境综合指标	28.00	9	11	8	21
4.3 劳动者素质综合指标	24.56	23	15	16	27
4.4 金融环境综合指标	14.48	17	19	23	8
4.5 创业水平综合指标	24.26	21	18	19	21
5 创新绩效综合指标	20.85	30	31	31	29
5.1 宏观经济综合指标	15.33	22	17	16	30
5.2 产业结构综合指标	25.80	21	17	19	27
5.3 产业国际竞争力综合指标	7.14	27	20	25	20
5.4 就业综合指标	20.57	30	27	30	14
5.5 可持续发展与环保综合指标	35.39	31	28	30	16

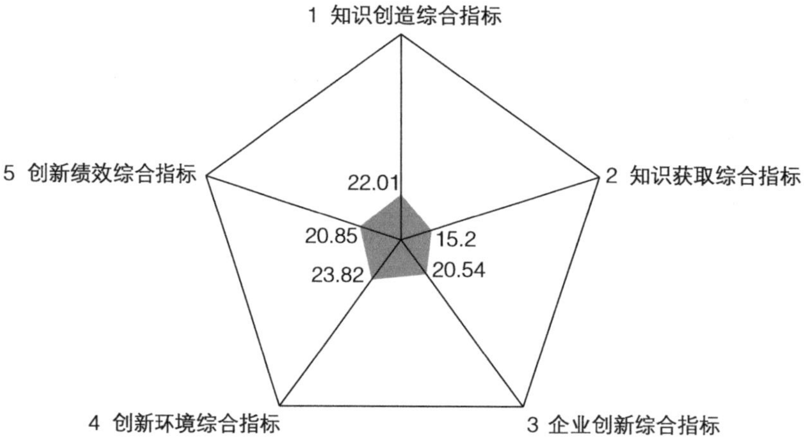

图4–17 辽宁省创新能力蛛网图

5 个维度中，辽宁省在知识创造方面表现较好，排名第 18 位，但较上年度有所下降。在创新绩效方面表现较弱，低于综合得分排名较多名次，排名第 30 位。但创新环境提升较大，提高了辽宁省的创新能力排名（图 4–18）。

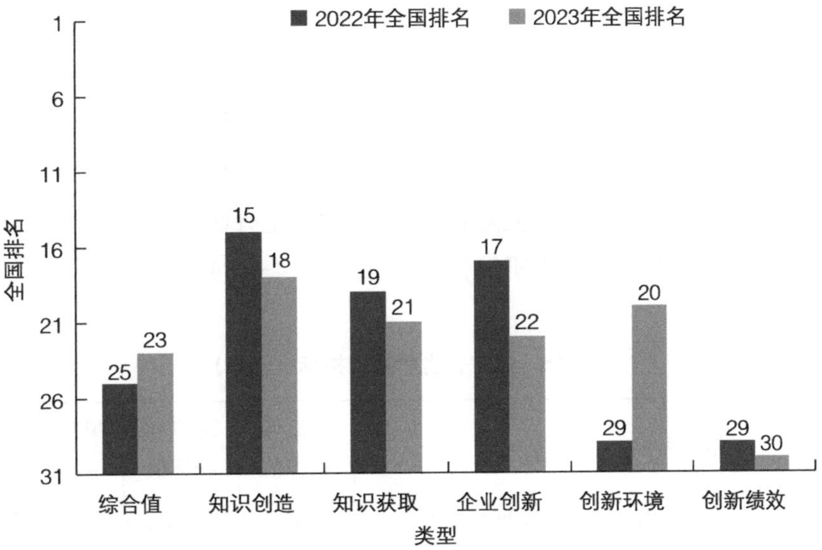

图4-18　2023年辽宁省各维度排名与上年对比

在知识获取和知识创造维度方面，科技合作综合指标排名第 10 位，科研论文综合指标排名第 11 位。具体来看，辽宁省在知识创造方面的几个优势基础指标，如政府研发投入占 GDP 的比例、每十万研发人员平均发表的国际论文数均为全国靠前，排名全国第 7 位，与上一年基本持平；但政府研发投入增长率下降严重。高校和科研院所研发经费内部支出额中来自企业资金的比例排名全国第 3 位，居全国领先地位。政府研发投入相对其他指标排名虽然靠前，但排名较上年有所下滑；研究与试验发展全时人员当量增长率较上一年有所下降（表 4–17）。

表4–17　辽宁省优势基础指标（部分）

指标名称	2022 年指标值	2023 年指标值	2022 年排名	2023 年排名	排名变化
政府研发投入占 GDP 的比例	0.57%	0.49%	5	7	−2
每十万研发人员平均发表的国际论文数（篇 / 十万人）	16 813	17 543	7	7	0
政府研发投入（亿元）	144.1	136.1	10	11	−1
国际论文数（篇）	28 808	33 247	10	10	0
高校和科研院所研发经费内部支出额中来自企业资金的比例	77.81%	50.90%	3	3	0
规模以上工业企业新产品销售收入（亿元）	4440.9	5010.9	16	16	0

表现较落后的创新绩效维度方面，产业国际竞争力综合指标排名第 27 位，就业综合指标排名第 30 位，可持续发展与环保综合指标排名第 31 位。另外知识获取维度的技术转移综合指标也相对落后，排名全国 27 位。

具体来看，辽宁省主要有以下几个基础指标处于劣势，规模以上工业企业研发活动经费内部支出总额增长率和规模以上工业企业新产品销售收入增长率，均排名全国第 27 位，有电子商务交易活动的企业数占总企业数的比重排名全国第 30 位，与上年排名相比有所下滑。规模以上工业企业中有研发机构的企业占总企业数的比例等指标值提升明显，表明企业研发力度在加大，新产品销售提升。但规模以上工业企业有研发机构的企业数增长率下滑严重，需要进一步提高研发强度和企业研发机构数量（表 4–18）。

表4–18　辽宁省劣势基础指标（部分）

指标名称	2022 年指标值	2023 年指标值	2022 年排名	2023 年排名	排名变化
规模以上工业企业研发活动经费内部支出总额增长率	6.42%	6.94%	26	27	−1
规模以上工业企业新产品销售收入增长率	3.76%	3.5%	24	27	−3
有电子商务交易活动的企业数占总企业数的比例	6.9%	5.9%	25	30	−5
规模以上工业企业中有研发机构的企业占总企业数的比例	3.75%	5.86%	29	25	4
规模以上工业企业有研发机构的企业数增长率	20.43%	−3.3%	8	26	−18
政府研发投入增长率	82.93%	−5.53%	15	27	−12
研究与试验发展全时人员当量增长率	8.04%	6.98%	13	24	−11

整体来看，辽宁省知识创造表现较好，表明辽宁省高校和科研院所的知识创造能力较强，但政府研发投入增长率下滑严重，技术成果转化和合作申请发明专利有待进一步提高。

近两年，辽宁省深入实施创新驱动发展战略，优化创新环境，加大力度培育科技企业群体，科技企业吸引风险投资不断增长，企业创新环境得到改善。需要改进的是，建立更加公平公正的市场环境和良好的法治环境，为民营经济创造公平参与市场竞争的良好环境。

4.7　吉林省

2023 年吉林省创新能力排名全国第 18 位，较上年提升 6 位。经济指标方面，2021 年吉林省 GDP 总量为 13 235.51 亿元，排名全国第 26 位，地区人均 GDP 为 55 450 元，排名全国第 26 位，第三产业增加值占 GDP 的比例为 52.23%，排名全国 13 位。与经济总量指标和人均经济指标相比，吉林省创新能力排名高出 8 位。2001—2023 年吉林省创新能力变化趋势如图 4–19 所示。

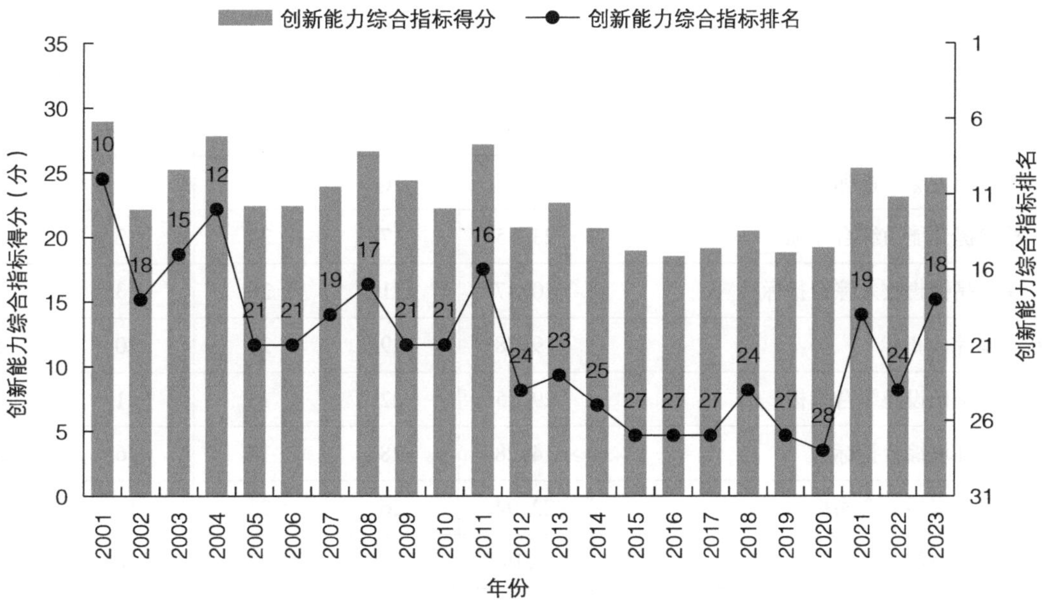

图4-19　2001—2023年吉林省创新能力变化趋势

分指标看，2023 年吉林省知识创造综合指标排名第 8 位，较上年提升了 6 位，上升幅度较大；知识获取综合指标排名第 6 位，较上年提升了 1 位；企业创新综合指标排名第 17 位，较上年提升了 5 位；创新环境综合指标排名第 29 位，较上年提升了 1 位；创新绩效综合指标排名第 23 位，较上年提升了 1 位（表 4-19、图 4-20）。

表4-19　吉林省创新能力综合指标

指标名称	2023 年综合指标		2023 年分项指标排名		
	指标值	排名	实力	效率	潜力
综合值	24.56	18	20	14	9
1　知识创造综合指标	32.07	8	20	5	5
1.1　研究开发投入综合指标	23.50	15	19	11	4
1.2　专利综合指标	33.19	8	20	4	6
1.3　科研论文综合指标	46.97	4	17	3	9
2　知识获取综合指标	22.30	6	18	3	6
2.1　科技合作综合指标	29.01	16	20	11	14
2.2　技术转移综合指标	33.16	4	8	2	8
2.3　外资企业投资综合指标	9.13	10	23	16	5
3　企业创新综合指标	24.12	17	23	16	4
3.1　企业研究开发投入综合指标	15.25	28	25	28	16

续表

指标名称	2023 年综合指标		2023 年分项指标排名		
	指标值	排名	实力	效率	潜力
3.2　设计能力综合指标	22.07	10	24	7	4
3.3　技术提升能力综合指标	23.75	17	24	12	4
3.4　新产品销售收入综合指标	40.87	11	20	13	3
4　创新环境综合指标	19.78	29	24	20	30
4.1　创新基础设施综合指标	29.25	22	13	21	18
4.2　市场环境综合指标	14.28	28	24	16	30
4.3　劳动者素质综合指标	22.94	26	25	10	23
4.4　金融环境综合指标	8.19	29	24	28	27
4.5　创业水平综合指标	24.23	22	22	16	22
5　创新绩效综合指标	27.16	23	22	22	25
5.1　宏观经济综合指标	10.18	26	26	26	23
5.2　产业结构综合指标	22.08	25	26	23	22
5.3　产业国际竞争力综合指标	14.73	19	21	13	11
5.4　就业综合指标	31.04	19	15	24	19
5.5　可持续发展与环保综合指标	57.78	17	6	26	25

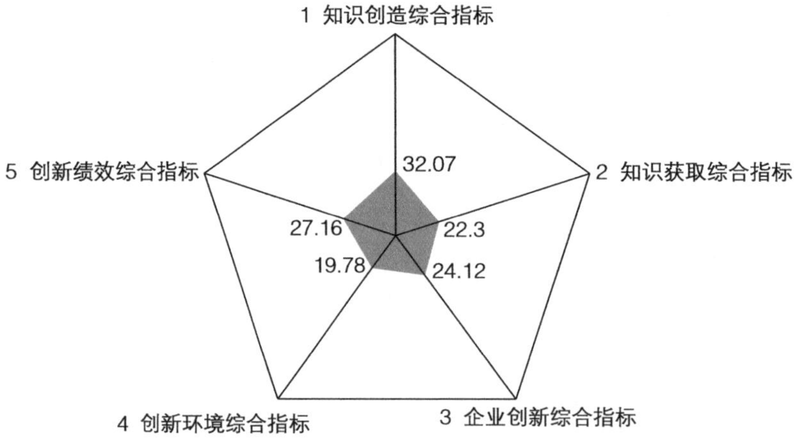

图4-20　吉林省创新能力蛛网图

5 个维度中，吉林省在知识获取综合指标表现最好，高于综合得分排名，排名第 6 位；知识创造综合指标排名靠前，较上年有较大提升，排名第 8 位。但创新环境和创新绩效综合指标表现相对较弱，低于综合得分排名较多名次，排名分别为第 29 位和第 23 位。企业创新较上年有所提升，提升了 5 位，排名第 17 位。但与 2022 相比，2023 年 5 个维度的排名均有所上升，带动了吉林创新综合能力的上升（图 4–21）。

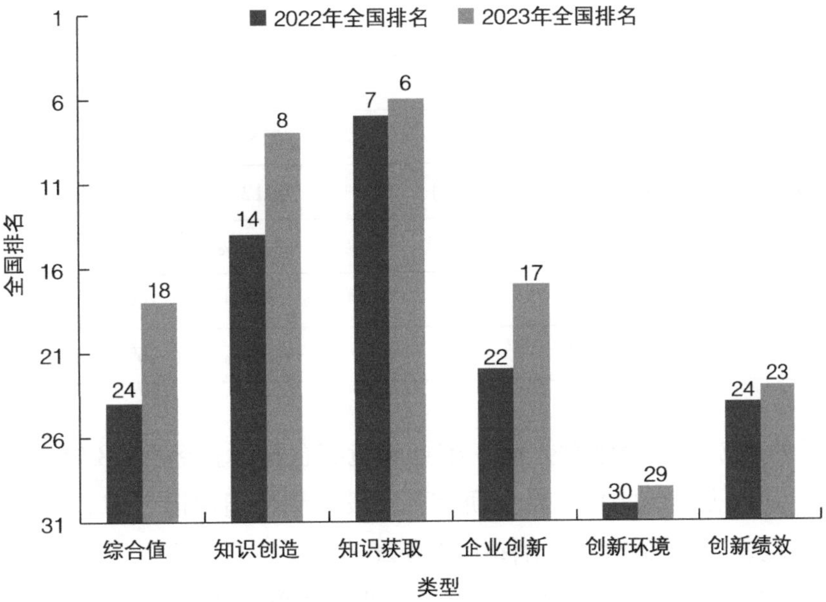

图4–21　2023年吉林省各维度排名与上年对比

表现最好的知识获取方面，技术转移综合指标排名第 4 位；知识创造方面也排名靠前，科研论文综合指标排名第 4 位。具体来看，吉林省在知识创造方面的几个优势基础指标，如每亿元研发经费内部支出产生的发明专利授权数排名第 2 位、发明专利授权数增长率排名第 3 位、国内论文数增长率排名第 3 位，指标均比上一年有较大程度的提升；每亿元研发经费内部支出产生的发明专利申请数排名第 5 位，较上年有较大幅度的提升。但研究与试验发展全时人员当量增长率有所下降。每万名研发人员发明专利授权数、每十万研发人员平均发表的国内论文数、每十万研发人员平均发表的国际论文数、政府研发投入增长率相对其他指标排名靠前，同比上年也有大幅度的提升。国际论文数增长率和发明专利申请受理数增长率下降幅度较大（表 4–20）。

表4–20　吉林省优势基础指标（部分）

指标名称	2022 年指标值	2023 年指标值	2022 年排名	2023 年排名	排名变化
每亿元研发经费内部支出产生的发明专利授权数（件 / 亿元）	7.2	31.2	31	2	29
发明专利授权数增长率	11.63%	27.07%	12	3	9
国内论文数增长率	−3.65%	108.49%	21	3	18
每亿元研发经费内部支出产生的发明专利申请数（件 / 亿元）	19	52	31	5	26

续表

指标名称	2022 年指标值	2023 年指标值	2022 年排名	2023 年排名	排名变化
每十万研发人员平均发表的国际论文数（篇 / 十万人）	6207	23 171	22	4	18
研究与试验发展全时人员当量增长率	0.44%	11.90%	26	11	15
每万名研发人员发明专利授权数（万件）	518	658	9	8	1
每十万研发人员平均发表的国内论文数（篇 / 十万人）	9912	24 504	10	6	4
政府研发投入增长率	−23.13%	19.32%	30	5	25
国际论文数增长率	8.60%	11.66%	27	25	2
发明专利申请受理数（不含企业）增长率	−6.01%	1.36%	25	20	5

表现较落后的是创新环境维度方面，市场环境综合指标排名第 28 位，金融环境综合指标排名第 29 位；其他方面的指标有企业研究开发投入综合指标排名第 28 位，劳动者素质综合指标排名第 26 位，宏观经济综合指标排名第 26 位。

具体来看，吉林省主要有以下几个基础指标处于劣势。教育经费支出增长率、本地区上市公司市值增长率均排名全国第 30 位，较上年排名有所下滑。科技企业孵化器当年风险投资强度、科技企业孵化器孵化基金总额增长率均排名全国第 27 位，排名仍然靠后，有待进一步增加风险投资强度和企业孵化力度；高技术企业数增长率全国排名第 29 位，较上年下滑幅度较大，表明高技术企业的增长退后，需要加大对高技术企业的支持和企业经营环境的改善，从营商政策和创新环境上助力高技术企业成长（表 4–21）。

表4–21　吉林省劣势基础指标（部分）

指标名称	2022 年指标值	2023 年指标值	2022 年排名	2023 年排名	排名变化
教育经费支出增长率	−1.3%	3.09%	31	30	1
本地区上市公司市值增长率	56.6%	−25.21%	18	30	−12
科技企业孵化器当年风险投资强度（万元 / 项）	91.1	164.89	29	27	2
科技企业孵化器孵化基金总额增长率	0.11%	−6.46%	24	27	−3
高技术企业数增长率	3.22%	0.71%	23	29	−6

整体来看，吉林省知识创造和知识获取表现较好，尤其是发明专利授权数增长率和国内论文数增长率全国领先，表明在吉林省的高校和科研院所的知识创造能力很强，但规模以上工业企业国外技术引进金额、规模以上工业企业研发活动经费及教育经费支出相关指标在全

国排名比较落后，需要进一步提高。

未来，吉林省需要继续发挥大院大所大企的带头作用，持续提升创新投入，加强科技成果转化，大力支持创新创业，进一步打造公平竞争、监管透明的营商环境，为各类市场主体营造稳定、公平、透明的良好创新环境。

4.8 黑龙江省

2023 年黑龙江省创新能力排名全国第 21 位，较上年提升 5 位。经济指标方面，2021 年黑龙江省 GDP 总量为 14 879.19 亿元，排名全国第 25 位，地区人均 GDP 为 47 266 元，排名全国第 30 位，第三产业增加值占 GDP 的比例为 50.01%，排名全国 21 位。与经济总量指标相比，黑龙江省创新能力排名略高。2001—2023 年黑龙江省创新能力变化趋势如图 4–22 所示。

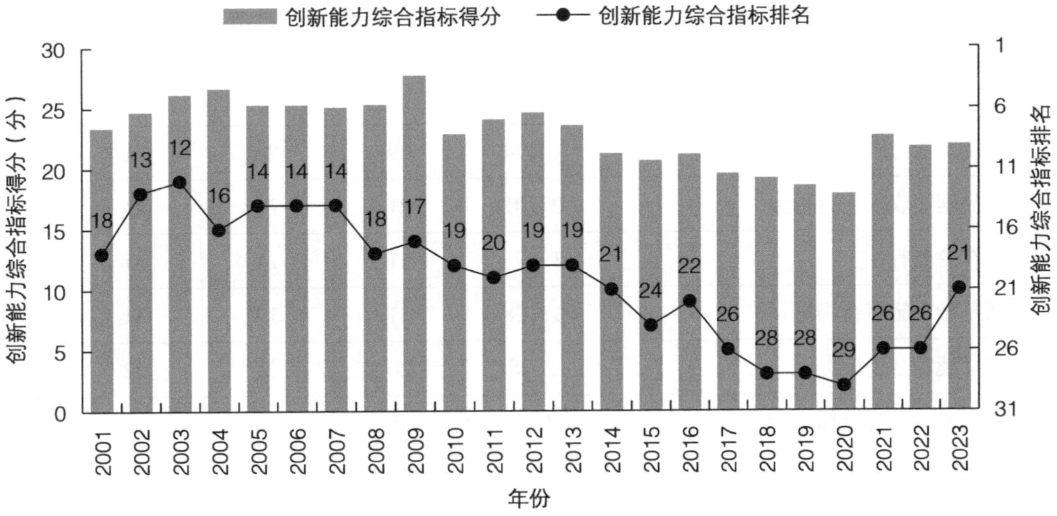

图4–22　2001—2023年黑龙江省创新能力变化趋势

分指标看，2023 年黑龙江省知识创造排名第 10 位，较上年下降 1 位；知识获取综合指标排名第 29 位，较上年下降 19 位，下降幅度较大；企业创新综合指标排名全国第 23 位，较上年提升 6 位；创新环境综合指标排名第 31 位，与上一年持平；创新绩效综合指标排名第 19 位，与上一年相比上升 6 位（表 4–22、图 4–23）。

表4–22　黑龙江省创新能力综合指标

指标名称	2023 年综合指标		2023 年分项指标排名		
	指标值	排名	实力	效率	潜力
综合值	21.94	21	23	20	13

续表

指标名称	2023 年综合指标		2023 年分项指标排名		
	指标值	排名	实力	效率	潜力
1 知识创造综合指标	30.65	10	18	2	27
1.1 研究开发投入综合指标	13.07	25	20	17	28
1.2 专利综合指标	35.46	6	18	2	22
1.3 科研论文综合指标	56.17	2	14	1	18
2 知识获取综合指标	11.93	29	21	14	31
2.1 科技合作综合指标	24.96	21	18	7	29
2.2 技术转移综合指标	13.08	26	26	26	9
2.3 外资企业投资综合指标	1.29	29	17	11	30
3 企业创新综合指标	20.44	23	25	26	3
3.1 企业研究开发投入综合指标	16.59	26	24	24	21
3.2 设计能力综合指标	23.73	8	23	9	3
3.3 技术提升能力综合指标	14.74	29	28	31	7
3.4 新产品销售收入综合指标	27.01	21	23	21	4
4 创新环境综合指标	17.95	31	21	31	19
4.1 创新基础设施综合指标	18.28	31	17	31	20
4.2 市场环境综合指标	17.8	26	21	22	22
4.3 劳动者素质综合指标	20.41	28	23	12	30
4.4 金融环境综合指标	13.07	19	25	29	5
4.5 创业水平综合指标	20.21	25	21	31	5
5 创新绩效综合指标	29.76	19	25	21	2
5.1 宏观经济综合指标	7.04	29	25	30	29
5.2 产业结构综合指标	36.4	10	24	8	3
5.3 产业国际竞争力综合指标	15.59	18	25	26	4
5.4 就业综合指标	31.33	18	20	25	8
5.5 可持续发展与环保综合指标	58.46	15	11	24	4

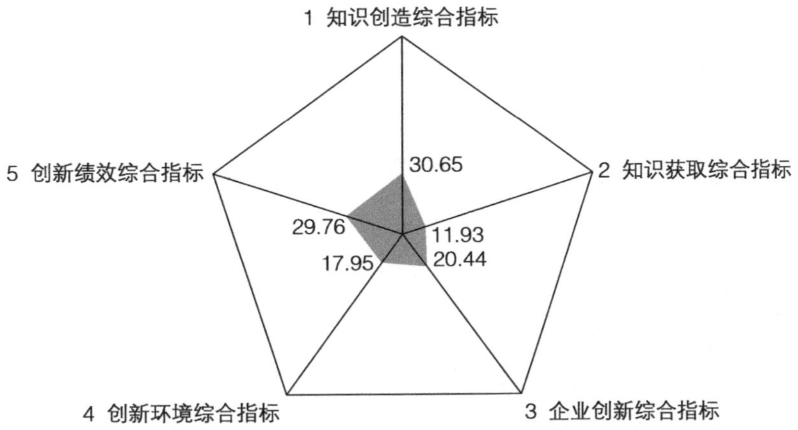

图4–23　黑龙江省创新能力蛛网图

5 个维度中，黑龙江省在知识创造方面表现最好，高于综合得分排名，排名第 10 位，较上年有所下降。知识获取方面下降最严重，从第 10 位下降到第 29 位；创新环境排名最后，远低于综合得分排名；企业创新和创新绩效方面表现相对较弱，排名处于全国靠后位置（图 4–24）。

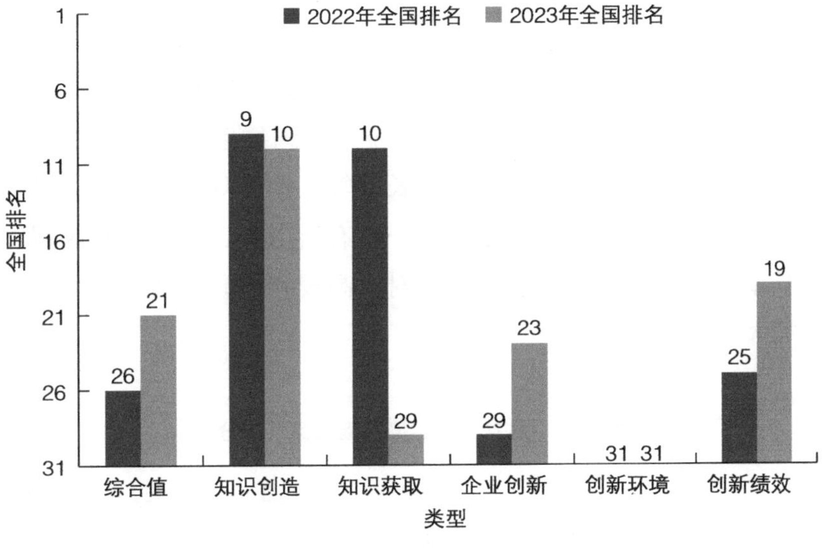

图4–24　2023年黑龙江省各维度排名与上年对比

表现最好的知识创造维度方面，科研论文综合指标排名第 2 位，专利综合指标排名第 6 位，表现较好，位于全国领先位置。具体来看，黑龙江省在知识创造方面的几个优势基础指标，如每亿元研发经费内部支出产生的发明专利授权数、每十万研发人员平均发表的国际论文数排名均为全国第 1 位，与上年基本持平。每亿元研发经费内部支出产生的发明专利申请数、每万名研发人员发明专利授权数排名均为全国第 3 位，位于全国领先位置。每十万研发人员平均发表的国内论文数有所提升。但政府研发投入和政府研发投入增长率下降幅度较大。国内论文数增长率、发明专利申请受理数（不含企业）增长率排名较上年有较大提升，分别从第 25 位上升到第 11 位，从第 24 位上升到 17 位（表 4–23）。

表4–23　黑龙江省优势基础指标（部分）

指标名称	2022 年指标值	2023 年指标值	2022 年排名	2023 年排名	排名变化
每十万研发人员平均发表的国际论文数（篇／十万人）	33 427	32 246	1	1	0
每亿元研发经费内部支出产生的发明专利授权数（件／亿元）	26.6	32.6	3	1	2
每十万研发人员平均发表的国内论文数（篇／十万人）	15 131	31 074	6	3	3
每万名研发人员发明专利授权数（件／万人）	691	854	5	3	2
每亿元研发经费内部支出产生的发明专利申请数（件／亿元）	61	63	2	3	–1
国内论文数增长率	–4.21%	73.75%	25	11	14
发明专利申请受理数（不含企业）增长率	–4.99%	–4.71%	29	17	7

表现较落后的知识获取维度方面，科技合作综合指标排名第 21 位，技术转移综合指标排名第 26 位，外资企业投资综合指标排名第 29 位。具体来看，黑龙江省主要有以下几个基础指标处于劣势。同省异单位科技论文数增长率、技术市场企业平均交易额增长率（按流向）、作者异国和异省科技论文数增长率排名位于全国靠后位置，较上年排名下降幅度较大。外商投资企业年底注册资金中外资部分增长率较上年下降幅度较大；高校和科研院所研发经费内部支出额中来自企业资金增长率较上一年有所上升，尤其是规模以上工业企业国外技术引进金额增长率上升幅度较大，表明企业对于高校和科研院所的研发资助有所上升，国外技术引进力度加大（表 4–24）。

表4–24　黑龙江省劣势基础指标（部分）

指标名称	2022 年指标值	2023 年指标值	2022 年排名	2023 年排名	排名变化
技术市场企业平均交易额（按流向）（万元／项）	309.6	308.3	28	30	–2
作者异国科技论文数增长率	6.58%	–11.11%	13	29	–16
作者异省科技论文数增长率	3.35%	–0.32%	13	28	–15
同省异单位科技论文数增长率	–4.92%	–0.71%	13	31	–18
外商投资企业年底注册资金中外资部分增长率	62.83%	–2.38%	2	30	–28
政府研发投入（亿元）	72.5	68.4	17	20	–3
政府研发投入增长率	11.64%	–5.64%	10	28	–18

整体来看，黑龙江省知识创造表现较好，但知识获取和创新环境水平较低，位于全国落后位置，还需进一步加强科技合作和科技成果转化。

近两年，黑龙江省全面深化改革，持续优化营商环境，加快产业结构转型升级，积极推动绿色低碳发展。未来，黑龙江省还要进一步提升创新环境，加强对高技术企业的支持，加大风险投资力度，加强知识产权保护，促进科技成果高质量转化，扩大高水平对外开放，为经济高质量发展注入新动能。

4.9 上海市

2023 年上海市创新能力排名全国第 5 位，与上年持平。经济指标方面，2021 年上海市 GDP 总量为 43 214.85 亿元，排名全国第 10 位，地区人均 GDP 为 173 630 元，排名全国第 2 位，第三产业增加值占 GDP 的比例为 73.27%，排名全国第 2 位。与经济总量指标相比，上海市创新能力排名较高，但低于人均经济指标排名。2001—2023 年上海市创新能力变化趋势如图 4–25 所示。

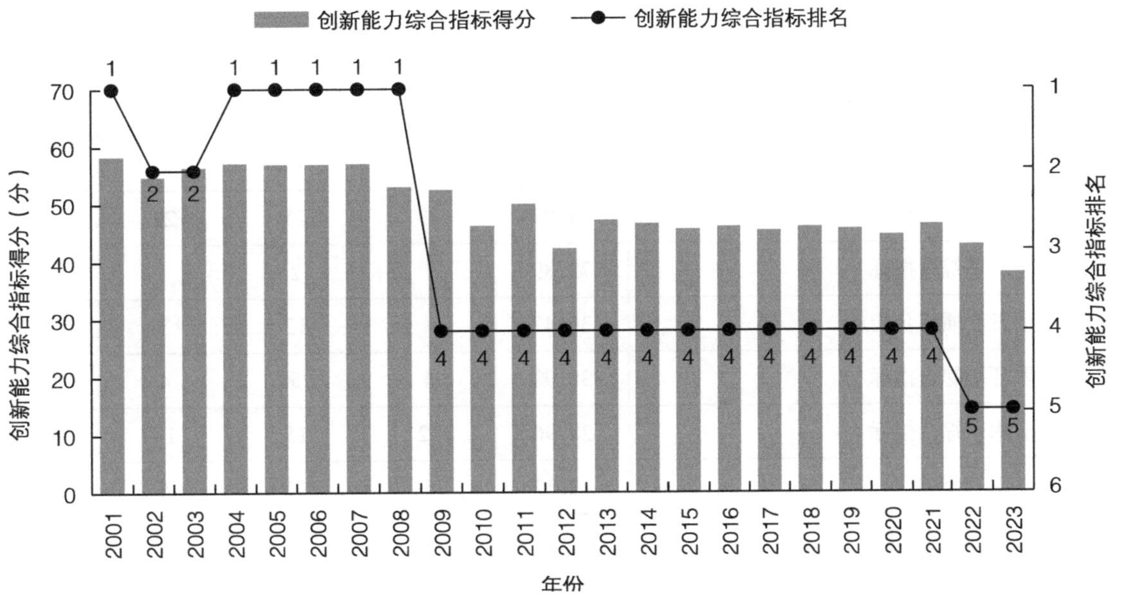

图4–25　2001—2023年上海市创新能力变化趋势

分指标看，2023 年上海市知识创造综合指标排名第 3 位，较上年上升 2 位，知识获取综合指标排名第 3 位，与上年持平；企业创新综合指标排名第 9 位，较上年下降 3 位；创新环境与创新绩效综合指标均排名第 5 位，均与上年持平（表 4–25、图 4–26）。

表4–25　上海市创新能力综合指标

指标名称	2023 年综合指标		2023 年分项指标排名		
	指标值	排名	实力	效率	潜力
综合值	37.97	5	6	2	28
1　知识创造综合指标	44.60	3	5	3	20
1.1　研究开发投入综合指标	45.73	3	4	2	19
1.2　专利综合指标	42.53	5	5	6	18
1.3　科研论文综合指标	46.47	5	4	9	29
2　知识获取综合指标	30.64	3	4	2	25
2.1　科技合作综合指标	37.92	5	4	9	22
2.2　技术转移综合指标	46.44	2	2	1	28
2.3　外资企业投资综合指标	13.33	6	5	2	19
3　企业创新综合指标	32.61	9	8	6	30
3.1　企业研究开发投入综合指标	38.71	10	10	9	28
3.2　设计能力综合指标	20.79	11	7	4	29
3.3　技术提升能力综合指标	34.03	6	6	5	19
3.4　新产品销售收入综合指标	39.76	12	8	10	28
4　创新环境综合指标	40.27	5	6	2	18
4.1　创新基础设施综合指标	24.03	29	25	22	24
4.2　市场环境综合指标	72.89	1	2	1	8
4.3　劳动者素质综合指标	36.47	8	12	3	22
4.4　金融环境综合指标	38.97	4	5	4	21
4.5　创业水平综合指标	28.96	12	15	14	17
5　创新绩效综合指标	42.32	5	11	4	23
5.1　宏观经济综合指标	57.23	4	10	2	12
5.2　产业结构综合指标	39.13	8	7	7	21
5.3　产业国际竞争力综合指标	13.59	21	10	19	18
5.4　就业综合指标	33.00	16	31	3	30
5.5　可持续发展与环保综合指标	68.65	6	12	9	9

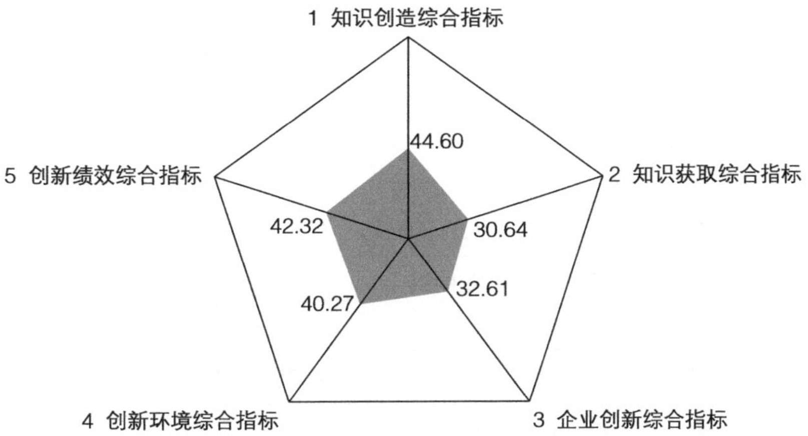

图4-26 上海市创新能力蛛网图

5 个维度中，上海市在知识获取方面具有稳定优势，排名第 3 位，高于综合得分排名，与上年持平。在企业创新方面表现相对较弱，排名第 9 位，低于综合得分排名（图 4-27）。

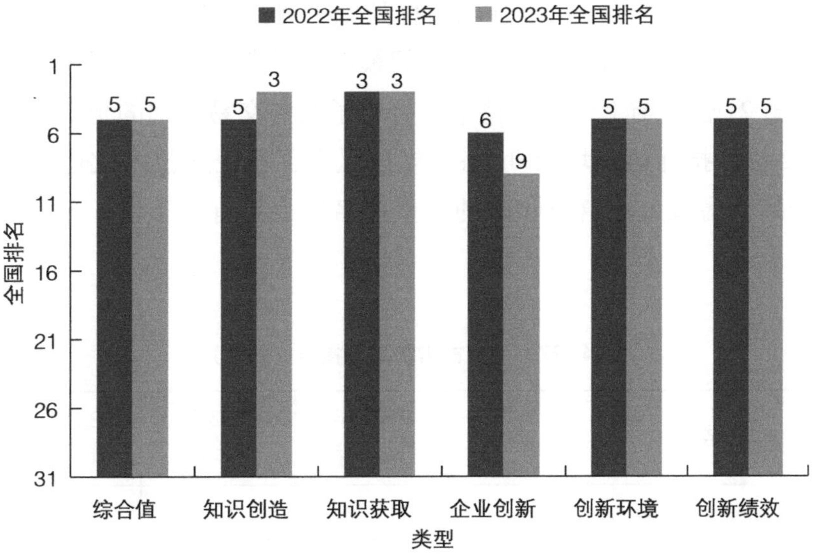

图4-27 2023年上海市各维度排名与上年对比

在知识获取维度方面，科技合作综合指标排名第 5 位，技术转移综合指标排名第 2 位，外资企业投资综合指标排名第 6 位。

具体来看，2023 年上海在知识创造方面的优势主要表现在合作论文方面，作者异国合作科技论文数排名保持全国第 3 位，每十万研发人员作者异国科技论文数排名第 3 位，较上年提升 3 位。同时，高校和科研院所研发经费内部支出额中来自企业的资金排名第 4 位，较上年提升 1 位。但是，规模以上工业企业平均国外技术引进金额排名下降 1 位，人均外商投资企业年底注册资金中外资部分排名与上年持平（表 4-26）。

表4–26　上海市优势基础指标（部分）

指标名称	2022 年指标值	2023 年指标值	2022 年排名	2023 年排名	排名变化
作者异国合作科技论文数（篇）	420	459	3	3	0
每十万研发人员作者异国科技论文数（篇 / 十万人）	131	133	6	3	3
高校和科研院所研发经费内部支出额中来自企业的资金（万元）	500 122	643 420	5	4	1
规模以上工业企业平均国外技术引进金额（万元 / 项）	110.35	158.21	1	2	−1
人均外商投资企业年底注册资金中外资部分（万美元）	21 790	24 452	2	2	0

在表现较落后的企业创新维度方面，企业研究开发投入综合指标排名第 10 位，设计能力综合指标排名第 11 位，技术提升能力综合指标排名第 6 位，新产品销售收入综合指标排名第 12 位。

具体来看，上海主要有以下几个基础指标处于劣势。规模以上工业企业研发人员数排名虽有上升，但是较为缓慢，排名第 12 位。规模以上工业企业中有研发机构的企业占总企业数的比例排名第 21 位，与上年保持持平。有电子商务交易活动的企业数占总企业数的比重指标保持第 12 位，指标值仅增长 0.1%。规模以上工业企业技术改造经费支出、规模以上工业企业新产品销售收入占营业收入的比重排名较上年有所下滑，分别下降 3 位和 5 位（表 4–27）。

表4–27　上海市劣势基础指标（部分）

指标名称	2022 年指标值	2023 年指标值	2022 年排名	2023 年排名	排名变化
规模以上工业企业研发人员数（万人）	117 886	136 693	13	12	1
规模以上工业企业中有研发机构的企业占总企业数的比例	8.44%	8.50%	21	21	0
规模以上工业企业技术改造经费支出（万元）	1 942 460.5	1 501 673.9	6	9	−3
有电子商务交易活动的企业数占总企业数的比重	11.2%	11.3%	12	12	0
规模以上工业企业新产品销售收入占营业收入的比重	25.70%	23.29%	5	10	−5

整体来看，上海在知识获取方面表现出色，但企业创新方面仍存在提升空间。下一步，上海需持续推动企业技术创新，加强企业与高校、科研院所之间的合作与交流，促进科技

成果转化和技术转让，加大知识产权保护，优化创新政策体系，进一步加大对中小企业的支持力度，更好发挥创新券、科技创新基金等扶持作用，鼓励和引导更多企业积极参与研发活动。在发展数字经济、优化营商环境等方面，上海有基础有条件有能力发挥带动作用，推动长三角地区更好释放发展动能，在新一轮竞争中保持领先优势。

4.10 江苏省

2023 年江苏省创新能力排名全国第 3 位，与上年排名持平。经济指标方面，2021 年江苏省 GDP 总量为 116 364.20 亿元，排名全国第 2 位，地区人均 GDP 为 137 039 元，排名全国第 3 位，第三产业增加值占 GDP 的比例为 51.45%，排名全国第 15 位。与经济总量指标相比，江苏省创新能力排名略低。2001—2023 年江苏省创新能力变化趋势如图 4–28 所示。

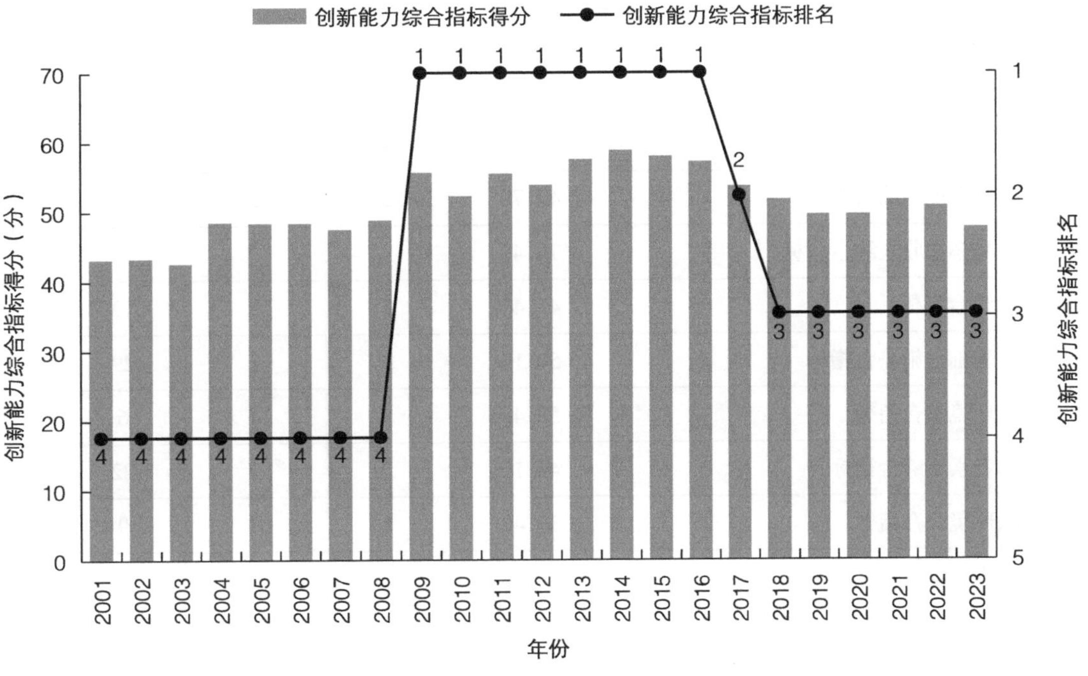

图4–28　2001—2023年江苏省创新能力变化趋势

分指标看，2023 年江苏省知识创造综合指标排名第 4 位与上年持平，知识获取综合指标排名第 5 位，较上年上升 1 位；企业创新综合指标排名第 2 位，与上一年持平；创新环境综合指标排名第 3 位，与上一年持平；创新绩效排名第 3 位，较上年下降 1 位（表 4–28、图 4–29）。

表4–28 江苏省创新能力综合指标

指标名称	2023 年综合指标		2023 年分项指标排名		
	指标值	排名	实力	效率	潜力
综合值	47.72	3	2	4	21
1 知识创造综合指标	43.60	4	3	11	25
1.1 研究开发投入综合指标	35.76	6	3	6	27
1.2 专利综合指标	50.42	3	3	11	15
1.3 科研论文综合指标	45.65	6	2	24	22
2 知识获取综合指标	24.49	5	3	22	20
2.1 科技合作综合指标	40.02	4	3	18	19
2.2 技术转移综合指标	25.70	6	4	24	21
2.3 外资企业投资综合指标	11.95	7	4	6	17
3 企业创新综合指标	55.57	2	2	5	25
3.1 企业研究开发投入综合指标	77.61	2	2	1	25
3.2 设计能力综合指标	29.57	4	2	14	27
3.3 技术提升能力综合指标	42.70	3	2	19	6
3.4 新产品销售收入综合指标	74.41	3	2	6	19
4 创新环境综合指标	49.42	3	2	13	2
4.1 创新基础设施综合指标	50.10	3	2	29	11
4.2 市场环境综合指标	52.48	5	4	6	5
4.3 劳动者素质综合指标	48.12	2	2	22	4
4.4 金融环境综合指标	37.40	5	3	9	11
4.5 创业水平综合指标	58.99	2	2	9	8
5 创新绩效综合指标	56.27	3	2	2	22
5.1 宏观经济综合指标	72.30	1	2	3	5
5.2 产业结构综合指标	55.15	3	2	12	18
5.3 产业国际竞争力综合指标	41.32	4	2	7	19
5.4 就业综合指标	55.97	2	2	2	29
5.5 可持续发展与环保综合指标	56.58	21	27	4	15

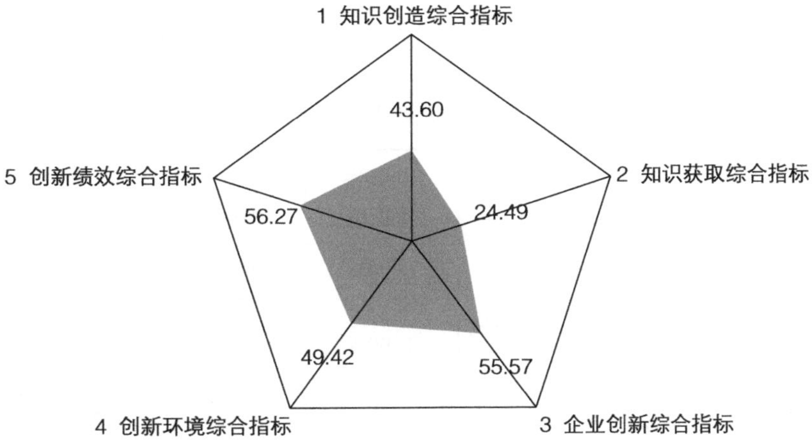

图4-29　江苏省创新能力蛛网图

5 个维度中，江苏省在企业创新方面表现最好，高于综合得分排名，排名保持第 2 位。创新绩效排名也相对靠前，但是较上年下降了 1 位。在知识获取方面表现相对较弱，较上年上升 1 位，排名第 5 位（图 4-30）。

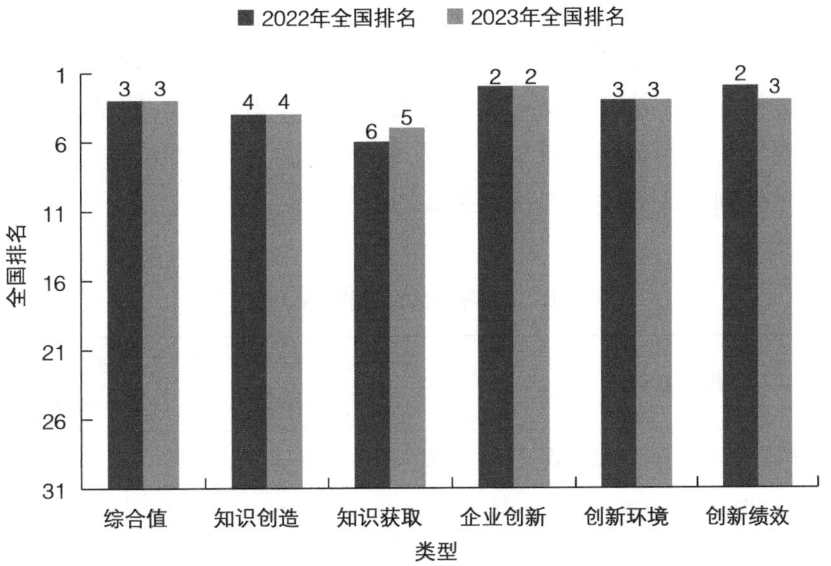

图4-30　2023年江苏省各维度排名与上年对比

在表现最好的企业创新维度方面，江苏省企业研究开发投入综合指标排名第 2 位，设计能力综合指标排名第 4 位，技术提升能力综合指标排名第 3 位，新产品销售收入综合指标排名第 3 位。具体来看，江苏省在企业创新方面优势显著且保持稳定。其中，规模以上工业企业就业人员中研发人员比重排名较上年上升 1 位，居全国首位。其他几个优势基础指标排名均相对稳定，规模以上工业企业研发活动经费内部支出总额占销售收入的比例排名稳定在全国首位。规模以上工业企业发明专利申请数、规模以上工业企业研发经费外部支出、规模以上工业企业技术改造经费支出排名均保持全国第 2 位（表 4–29）。

表4–29 江苏省优势基础指标（部分）

指标名称	2022 年指标值	2023 年指标值	2022 年排名	2023 年排名	排名变化
规模以上工业企业就业人员中研发人员比重	8.30%	9.52%	2	1	1
规模以上工业企业研发活动经费内部支出总额占销售收入的比例	1.90%	1.77%	1	1	0
规模以上工业企业发明专利申请数（件）	62 892	65 806	2	2	0
规模以上工业企业研发经费外部支出（亿元）	1 089 469.7	1 276 275.9	2	2	0
规模以上工业企业技术改造经费支出（万元）	3 584 746.7	4 496 713.9	2	2	0

在表现较落后的知识获取维度方面，江苏省科技合作综合指标排名第 4 位，技术转移综合指标排名第 6 位，外资企业投资综合指标排名第 7 位。具体来看，江苏省主要有以下几个基础指标处于劣势，尤其在合作论文方面排名相对靠后。其中，每十万研发人员作者同省异单位科技论文数排名较上年下降 1 位，每十万研发人员作者异省科技论文数排名较上年上升 1 位，每十万研发人员作者异国科技论文数排名较上年上升 3 位。但是，在技术市场交易情况方面排名下滑明显，技术市场企业平均交易额（按流向）、技术市场交易金额的增长率（按流向）排名较上年分别下降 6 位和 5 位（表 4–30）。

表4–30 江苏省劣势基础指标（部分）

指标名称	2022 年指标值	2023 年指标值	2022 年排名	2023 年排名	排名变化
每十万研发人员作者同省异单位科技论文数（篇 / 十万人）	802	762	25	26	–1
每十万研发人员作者异省科技论文数（篇 / 十万人）	606	535	28	27	1
每十万研发人员作者异国科技论文数（篇 / 十万人）	48	44	22	19	3
技术市场企业平均交易额（按流向）（万元 / 项）	413.0	371.5	18	24	–6
技术市场交易金额的增长率（按流向）	34.91%	25.04%	13	18	–5

整体而言，江苏省的企业创新优势显著，但知识获取水平相对落后，产学研合作、新兴产业培育等方面仍存在薄弱的情况。新形势下，江苏省持续提升区域创新能力，需充分利用全球优势创新资源，锻长板、补短板，抢抓先发优势，积极承接国家重大科技计划和重大研发项目，引进大科学装置、设施和科技创新平台落地，持续加大科技创新投入力度，提升原

始创新能力。持续激发企业创新动力，为各类市场主体营造公平竞争的市场环境，引导不同类型、不同规模、不同发展阶段的企业竞相迸发创新活力，释放企业创新能力强、水平高、活力足的优势。要持续深化科技体制改革，推动项目申请、经费管理、人事薪酬、成果考评等探索创新，营造更具竞争力和吸引力的创新环境。

4.11 浙江省

2023 年浙江省创新能力排名全国第 4 位，与上年持平。经济指标方面，2021 年浙江省 GDP 总量为 73 515.76 亿元，排名全国第 4 位，地区人均 GDP 为 113 032 元，排名全国第 6 位，第三产业增加值占 GDP 的比例为 54.57%，排名全国第 7 位。浙江省创新能力排名，与经济总量指标相当。2001—2023 年浙江省创新能力变化趋势如图 4–31 所示。

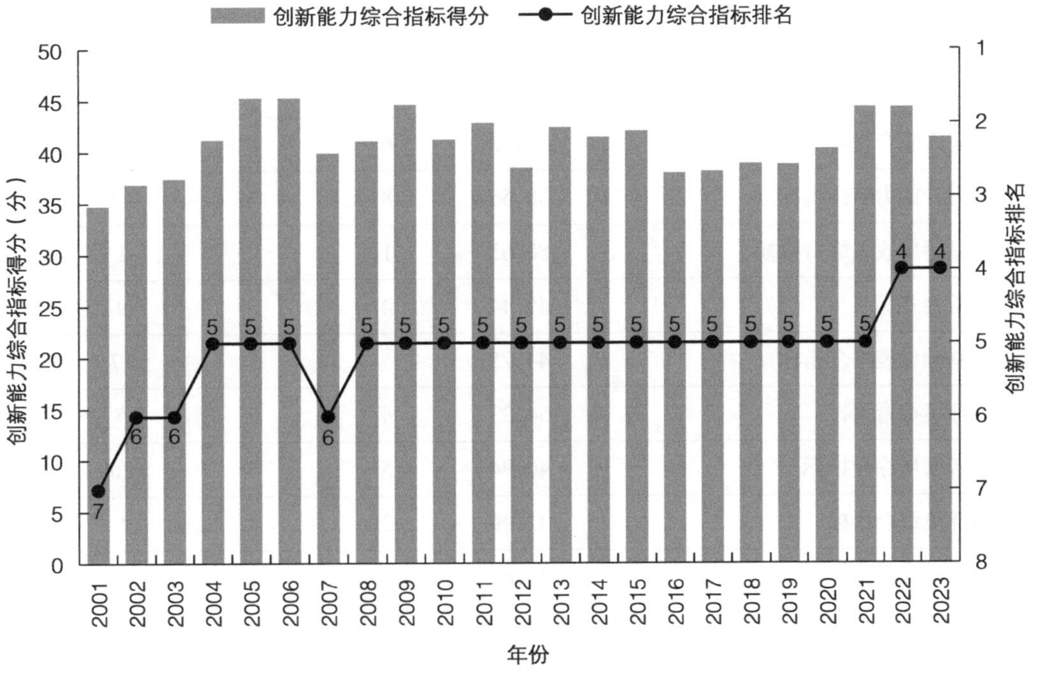

图4–31　2001—2023年浙江省创新能力变化趋势

分指标看，2023 年浙江省知识创造综合指标排名第 5 位，较上年下降 2 位；知识获取综合指标排名第 16 位，较上年下降 5 位；企业创新排名第 3 位，与上年持平；创新环境与创新绩效均排名第 4 位，与上年持平（表 4–31、图 4–32）。

表4-31　浙江省创新能力综合指标

指标名称	2023 年综合指标		2023 年分项指标排名		
	指标值	排名	实力	效率	潜力
综合值	41.39	4	4	5	8
1　知识创造综合指标	38.21	5	4	8	15
1.1　研究开发投入综合指标	36.33	5	5	5	14
1.2　专利综合指标	47.49	4	4	8	20
1.3　科研论文综合指标	23.41	26	9	31	23
2　知识获取综合指标	17.04	16	6	27	21
2.1　科技合作综合指标	22.98	27	9	28	28
2.2　技术转移综合指标	22.15	9	6	20	16
2.3　外资企业投资综合指标	8.74	11	6	8	13
3　企业创新综合指标	49.76	3	3	4	12
3.1　企业研究开发投入综合指标	67.26	3	3	3	19
3.2　设计能力综合指标	24.50	6	3	25	7
3.3　技术提升能力综合指标	30.56	8	4	23	26
3.4　新产品销售收入综合指标	80.63	1	3	1	17
4　创新环境综合指标	45.44	4	3	9	1
4.1　创新基础设施综合指标	44.25	5	3	17	5
4.2　市场环境综合指标	54.33	4	5	5	2
4.3　劳动者素质综合指标	40.94	5	4	20	7
4.4　金融环境综合指标	42.99	3	4	5	7
4.5　创业水平综合指标	44.68	4	3	15	1
5　创新绩效综合指标	46.51	4	3	5	11
5.1　宏观经济综合指标	51.29	5	4	6	6
5.2　产业结构综合指标	54.19	4	3	2	15
5.3　产业国际竞争力综合指标	20.16	12	5	15	15
5.4　就业综合指标	46.45	5	14	4	6
5.5　可持续发展与环保综合指标	60.46	11	25	6	20

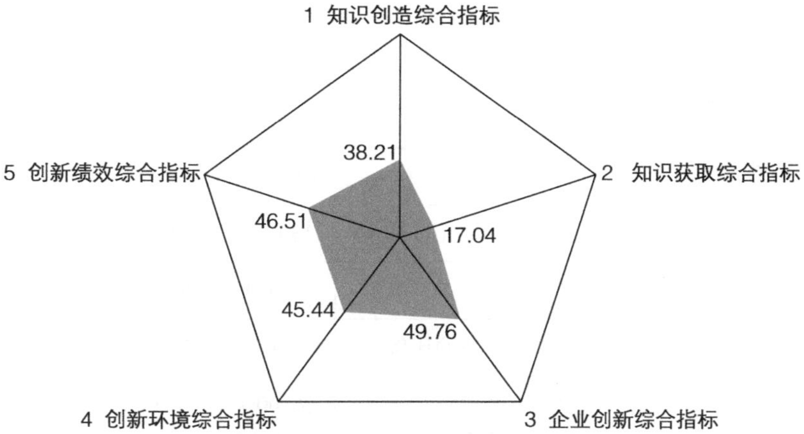

图4–32　浙江省创新能力蛛网图

5个维度中，浙江省在企业创新方面表现最好，高于综合得分排名，排名第3位，与上年持平。在知识获取方面表现相对较弱，与综合得分排名差距较大，排名第16位(图4–33)。

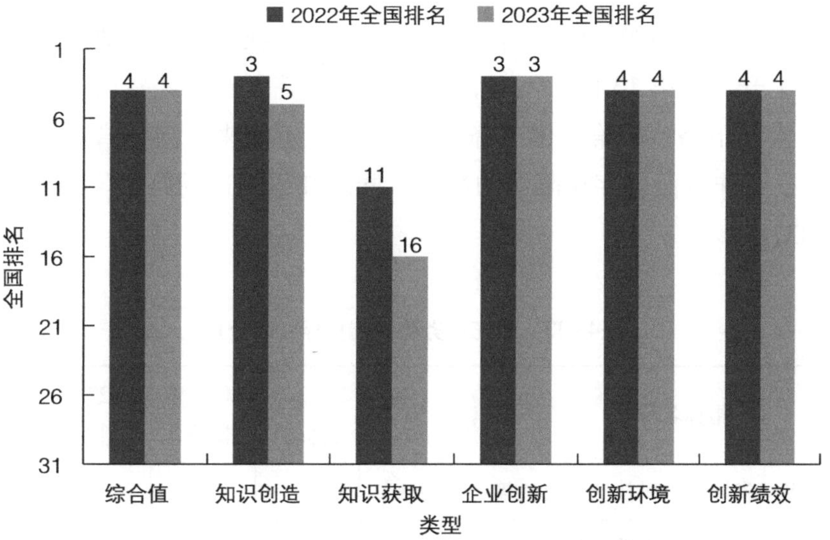

图4–33　2023年浙江省各维度排名与上年对比

在表现最好的企业创新维度方面，浙江省企业研究开发投入综合指标排名第3位，设计能力综合指标排名第6位，技术提升能力综合指标排名第8位，新产品销售收入综合指标排名第1位。具体来看，浙江省企业创新具有多项优势指标，均位于全国前列，且排名稳定。其中，规模以上工业企业研发人员数、规模以上工业企业研发活动经费内部支出总额排名第3位，均与上年持平。规模以上工业企业有研发机构的企业数排名第2位，较上年上升了1位；规模以上工业企业中有研发机构的企业占总企业数的比例排名全国第2位，与上年持平。规模以上工业企业新产品销售收入占营业收入的比重指标稳定在全国首位（表4–32)。

表4-32　浙江省优势基础指标（部分）

指标名称	2022 年指标值	2023 年指标值	2022 年排名	2023 年排名	排名变化
规模以上工业企业研发人员数（万人）	616 790	644 524	3	3	0
规模以上工业企业研发活动经费内部支出总额（亿元）	1395.9	1591.7	3	3	0
规模以上工业企业有研发机构的企业数（个）	17 344	20 131	3	2	1
规模以上工业企业中有研发机构的企业占总企业数的比例	36.17%	37.47%	2	2	0
规模以上工业企业新产品销售收入占营业收入的比重	36.00%	36.78%	1	1	0

在表现较落后的知识获取维度方面，浙江省科技合作综合指标排名第 27 位，技术转移综合指标排名第 9 位，外资企业投资综合指标排名第 11 位。具体来看，浙江省主要有以下几个基础指标处于劣势。每十万研发人员作者同省异单位科技论文数指标排名第 29 位，较上年上升 2 位。每十万研发人员作者异省科技论文数排名稳定在第 30 位，而每十万研发人员作者异国科技论文数排名第 29 位，较上年下降 1 位。规模以上工业企业平均国外技术引进金额排名略有上升，为第 13 位。但是，高校和科研院所研发经费内部支出额中来自企业资金的比例排名大幅下降，从第 2 位下降到第 13 位。近年来，浙江省注重提升企业的创新能力，但在产学研合作方面仍存在薄弱的情况，同时知识创造的跨单位、跨省和跨国合作相对较少（表 4–33）。

表4-33　浙江省劣势基础指标（部分）

指标名称	2022 年指标值	2023 年指标值	2022 年排名	2023 年排名	排名变化
每十万研发人员作者同省异单位科技论文数（篇／十万人）	482	537	31	29	2
每十万研发人员作者异省科技论文数（篇／十万人）	316	320	30	30	0
每十万研发人员作者异国科技论文数（篇／十万人）	28	27	28	29	−1
高校和科研院所研发经费内部支出额中来自企业资金的比例	31.43%	37.31%	2	13	−11
规模以上工业企业平均国外技术引进金额（万元／项）	3.06	2.27	14	13	1

整体而言，浙江省企业创新能力表现较好，尤其是中小企业群体具有较高的新产品创新能力，但知识获取能力表现偏弱，有进一步提升空间。未来，浙江省应充分发挥长三角区位优势，提高产业集群创新能力，在石化、纺织等传统产业转型升级的同时，持续推动电子信息、智能制造、数字经济等新兴产业发展壮大，加强国际科技交流合作，营造良好的创新环

境和营商环境，以数字化改革引领新动能发展，推动经济高质量发展。

4.12 安徽省

2023 年安徽省创新能力排名全国第 7 位，与上年持平。经济指标方面，2021 年安徽省 GDP 总量为 42 959.18 亿元，排名全国第 11 位，地区人均 GDP 为 70 321 元，排名全国第 13 位，第三产业增加值占 GDP 的比例为 51.18%，排名全国第 17 位。与经济总量指标相比，安徽省创新能力排名较高。2001—2023 年安徽省创新能力变化趋势如图 4–34 所示。

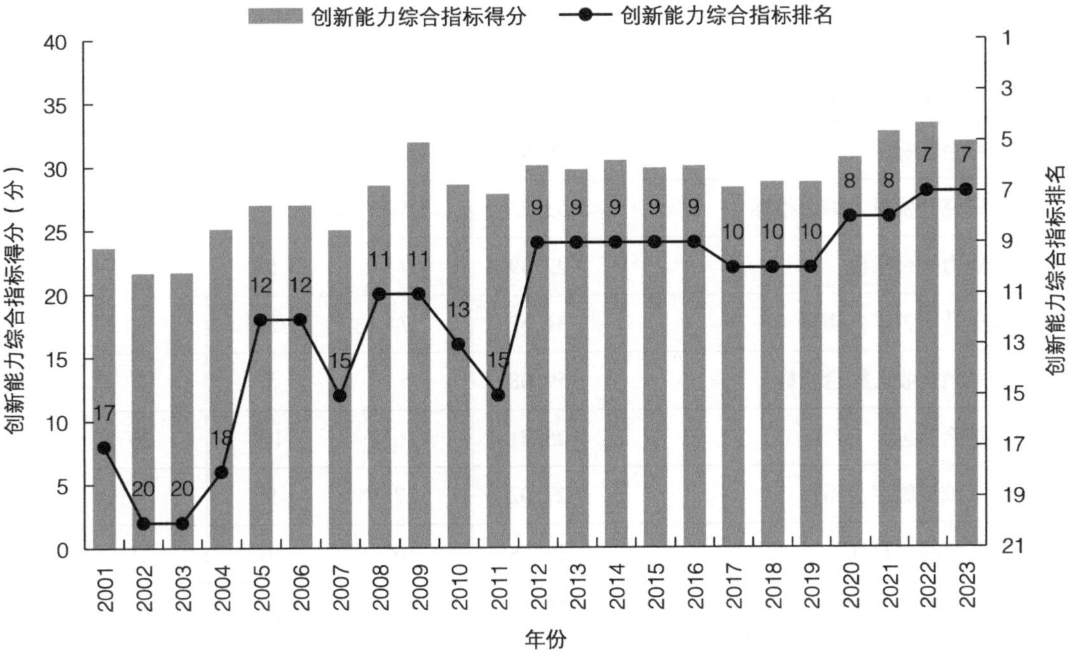

图4–34　2001—2023年安徽省创新能力变化趋势

分指标看，2023 年安徽省知识创造综合指标排名第 11 位，较上年下降 4 位，知识获取综合指标排名第 9 位，较上年上升 9 位；企业创新综合指标排名第 6 位，较上年下降 1 位；创新环境综合指标排名第 16 位，较上年上升 2 位；创新绩效综合指标排名第 8 位，较上年下降 1 位（表 4–34、图 4–35）。

表4–34　安徽省创新能力综合指标

指标名称	2023 年综合指标		2023 年分项指标排名		
	指标值	排名	实力	效率	潜力
综合值	31.93	7	7	7	5

续表

指标名称	2023 年综合指标		2023 年分项指标排名		
	指标值	排名	实力	效率	潜力
1 知识创造综合指标	27.46	11	10	17	12
1.1 研究开发投入综合指标	27.54	9	10	13	5
1.2 专利综合指标	28.02	13	7	10	28
1.3 科研论文综合指标	26.19	23	13	26	15
2 知识获取综合指标	20.21	9	11	28	3
2.1 科技合作综合指标	26.56	20	15	30	5
2.2 技术转移综合指标	20.69	10	7	15	5
2.3 外资企业投资综合指标	15.10	3	11	12	3
3 企业创新综合指标	40.99	6	5	3	19
3.1 企业研究开发投入综合指标	53.73	5	5	4	9
3.2 设计能力综合指标	22.39	9	5	5	25
3.3 技术提升能力综合指标	31.67	7	5	8	22
3.4 新产品销售收入综合指标	59.08	5	5	2	15
4 创新环境综合指标	25.71	16	10	29	6
4.1 创新基础设施综合指标	27.02	27	5	30	9
4.2 市场环境综合指标	23.58	16	16	21	13
4.3 劳动者素质综合指标	30.72	14	10	26	14
4.4 金融环境综合指标	19.33	9	10	13	6
4.5 创业水平综合指标	27.92	16	11	22	12
5 创新绩效综合指标	40.51	8	8	8	8
5.1 宏观经济综合指标	28.79	10	11	13	8
5.2 产业结构综合指标	44.26	6	11	3	10
5.3 产业国际竞争力综合指标	32.12	5	9	3	8
5.4 就业综合指标	44.44	7	10	9	3
5.5 可持续发展与环保综合指标	52.93	23	23	17	30

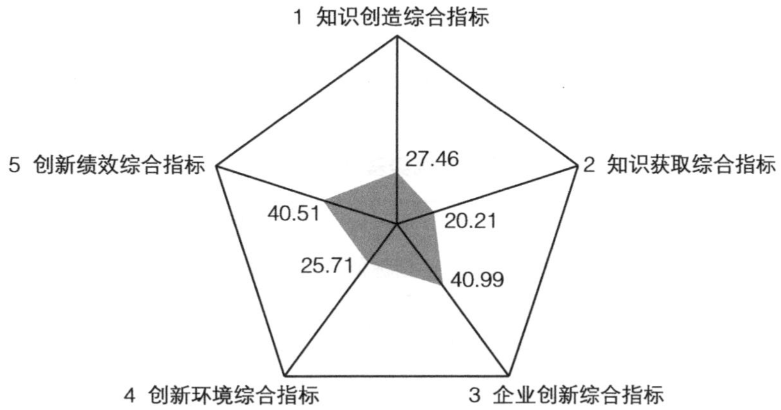

图4-35　安徽省创新能力蛛网图

5 个维度中，2023 年安徽省在知识获取方面大幅提升，在企业创新和创新绩效方面表现相对稳定，但均较上年下降 1 位。创新环境方面表现较差，虽然较上年上升 2 位，但是仍然低于综合排名 9 位，排名第 16 位（图 4–36）。

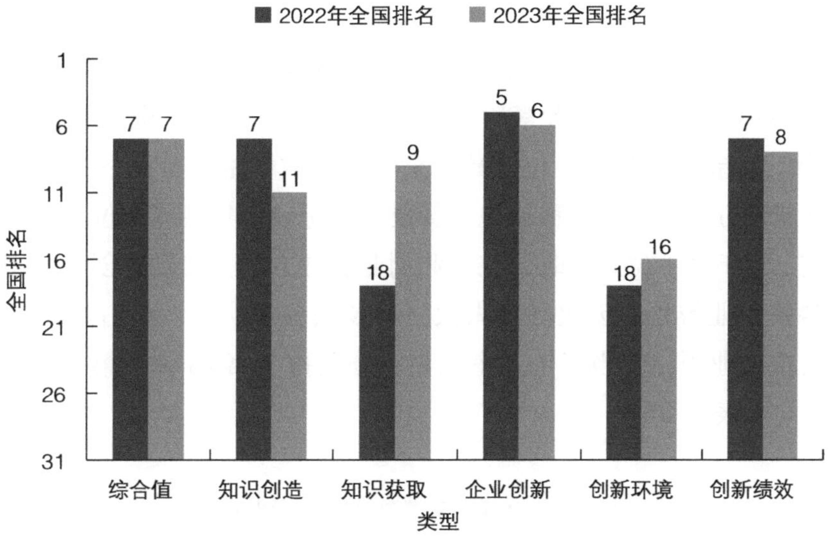

图4-36　2023年安徽省各维度排名与上年对比

在表现最好的企业创新维度方面，安徽省企业研究开发投入综合指标排名第 5 位，设计能力综合指标排名第 9 位，技术提升能力综合指标排名第 7 位，新产品销售收入综合指标排名第 5 位。具体来看，安徽省在企业创新方面有多个基础指标具有显著优势。在企业研究开发投入方面处于全国第一梯队，其中，规模以上工业企业就业人员中研发人员比重排名第 3 位，较上年上升 2 位；规模以上工业企业研发活动经费内部支出总额占销售收入的比例、规模以上工业企业中有研发机构的企业占总企业数的比例等指标均排名第 4 位，处于全国前列。此外，安徽省企业知识产权水平、新产品销售收入等相关指标均表现优异，如规模以上工业企业有效发明发明专利数、规模以上工业企业新产品销售收入占营业收入的比重等指标分别排名第 5 位和第 2 位，具有显著优势（表 4–35）。

表4–35　安徽省优势基础指标（部分）

指标名称	2022 年指标值	2023 年指标值	2022 年排名	2023 年排名	排名变化
规模以上工业企业就业人员中研发人员比重	6.88%	8.87%	5	3	2
规模以上工业企业研发活动经费内部支出总额占销售收入的比例	1.66%	1.62%	5	4	1
规模以上工业企业中有研发机构的企业占总企业数的比例	30.36%	30.25%	4	4	0
规模以上工业企业有效发明专利数（件）	70 467	78 480	5	5	0
规模以上工业企业新产品销售收入占营业收入的比重	31.27%	33.18%	3	2	1

表现较落后的创新环境维度方面，安徽省创新基础设施综合指标排名第 27 位，市场环境综合指标排名第 16 位，劳动者素质综合指标排名第 14 位，金融环境综合指标排名第 9 位，创业水平综合指标排名第 16 位。具体来看，安徽省主要有以下几个基础指标处于劣势。在基础设施建设方面，安徽省移动电话普及率指标较上年下降 3 位，而移动互联网人均接入流量指标较上年下降 1 位。同时，在企业创业服务方面，安徽省创新环境相对薄弱。其中，平均每个科技企业孵化器创业导师人数、科技服务业从业人员占第三产业从业人员比重、平均每个科技企业孵化器当年毕业企业数，分别排名第 28 位、第 28 位、第 26 位，存在较大的上升空间（表 4–36）。

表4–36　安徽省劣势基础指标（部分）

指标名称	2022 年指标值	2023 年指标值	2022 年排名	2023 年排名	排名变化
移动电话普及率（部 / 百人）	98.7	101.5	28	31	−3
移动互联网人均接入流量（GB/ 人）	100.7	134.6	24	25	−1
平均每个科技企业孵化器创业导师人数（人 / 个）	9	9	29	28	1
科技服务业从业人员占第三产业从业人员比重	0.78%	0.76%	28	28	0
平均每个科技企业孵化器当年毕业企业数（家 / 个）	2.97	3.04	29	26	3

整体来看，安徽省创新能力稳步提升，发展潜力和后劲十足，在长三角地区的比较优势日益凸显，形成了科学驱动创新、产业带动发展的良性循环。下一步，安徽应继续发挥大科学平台、基础研究优势，加强与上海、江苏、浙江的科技合作交流，推动更好发挥政府在招商引资、产业培育上的积极作用，在新能源汽车、新型显示、生命科学等领域培育更多创新型领军企业。同时，为民营经济创造公平竞争可预期的营商环境，为长远发展注入不竭动力。

4.13 福建省

2023 年福建省创新能力排名全国第 14 名，较上年上升 3 位。经济指标方面，2021 年福建省 GDP 总量 48 810.36 亿元，排名全国第 8 位，地区人均 GDP 为 116 939 元，排名全国第 4 位，第三产业增加值占 GDP 的比例为 47.22%，排名全国第 28 位。与经济总量指标相比，福建省创新能力排名略低，2001—2023 年福建省创新能力变化趋势如图 4–37 所示。

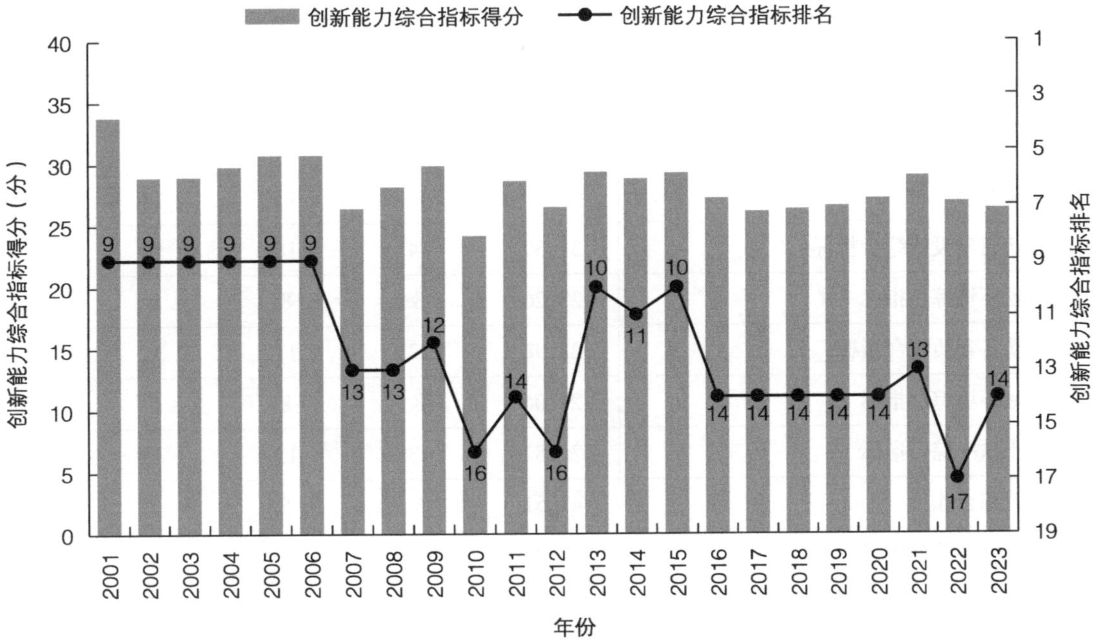

图4–37　2001—2023年福建省创新能力变化趋势

分指标看，2023 年福建省知识创造综合指标排名第 23 位，与上年持平；知识获取综合指标排名第 30 位，较上年下降 7 位；企业创新综合指标排名第 14 位，较上年下降 3 位；创新环境综合指标排名第 9 位，较上年上升 10 位；创新绩效综合指标排名第 6 位，较上年上升 2 位（表 4–37、图 4–38）。

表4–37　福建省创新能力综合指标

指标名称	2023 年综合指标		2023 年分项指标排名		
	指标值	排名	实力	效率	潜力
综合值	26.33	14	12	16	20
1　知识创造综合指标	18.58	23	14	29	19
1.1　研究开发投入综合指标	26.16	10	12	9	8
1.2　专利综合指标	9.59	31	13	30	30
1.3　科研论文综合指标	21.41	29	18	29	10
2　知识获取综合指标	11.79	30	19	31	19
2.1　科技合作综合指标	22.00	29	17	31	15
2.2　技术转移综合指标	10.54	28	18	31	24
2.3　外资企业投资综合指标	5.08	19	10	10	21
3　企业创新综合指标	26.20	14	9	19	14
3.1　企业研究开发投入综合指标	37.43	11	6	14	13
3.2　设计能力综合指标	14.96	18	11	27	13
3.3　技术提升能力综合指标	24.07	16	7	17	27
3.4　新产品销售收入综合指标	28.33	17	13	19	20
4　创新环境综合指标	27.70	9	13	14	10
4.1　创新基础设施综合指标	31.39	14	18	10	22
4.2　市场环境综合指标	28.26	8	8	9	23
4.3　劳动者素质综合指标	25.98	22	17	31	10
4.4　金融环境综合指标	27.06	8	8	6	2
4.5　创业水平综合指标	25.82	18	13	23	15
5　创新绩效综合指标	41.51	6	5	7	14
5.1　宏观经济综合指标	42.91	8	8	4	14
5.2　产业结构综合指标	36.16	11	9	14	13
5.3　产业国际竞争力综合指标	18.72	13	6	11	21
5.4　就业综合指标	38.94	9	19	12	9
5.5　可持续发展与环保综合指标	70.84	4	8	3	10

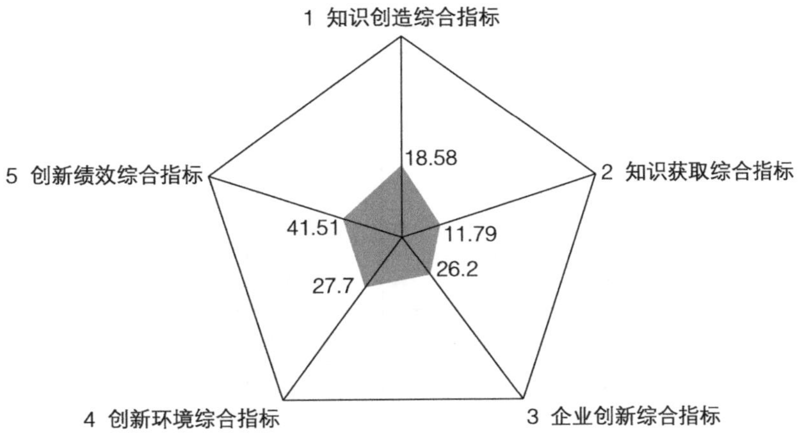

图4-38 福建省创新能力蛛网图

5个维度中，福建省在创新绩效方面表现最好，高于综合得分排名，排名第6位，较上年提升2位，在知识创造和知识获取方面表现相对较弱，与综合得分排名存在较大差距，知识创造排名第23位，知识获取排名降至第30位（图4−39）。

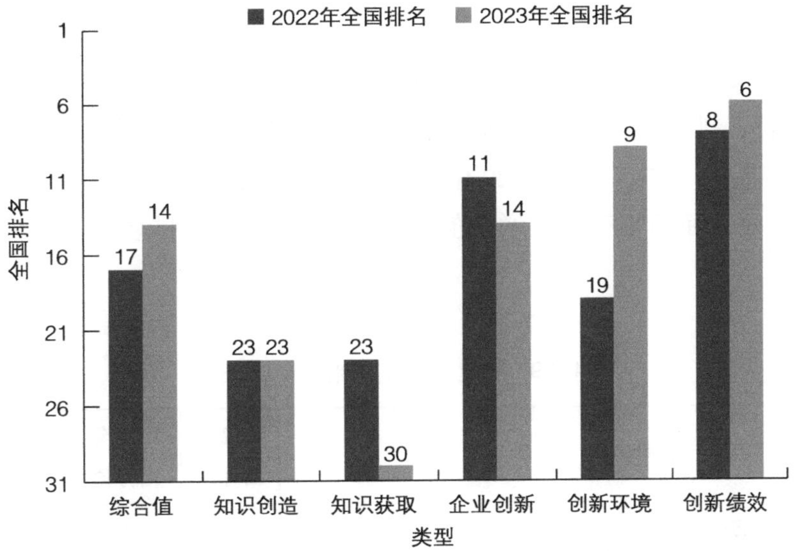

图4-39 2023年福建省各维度排名与上年对比

表现最好的创新绩效方面，福建省可持续发展与环保综合指标排名第4位，表现较好，宏观经济综合指标排名第8位。具体来看，福建省在创新绩效方面的几个优势基础指标，如高技术产品出口额、每万元GDP电耗总量、每亿元GDP废水中主要污染物排放量这两年的排名均靠前并相对稳定。企业创新方面规模以上工业企业研发人员数排名靠前且位次有所上升，有电子商务交易活动的企业数这两年排名靠前。创新环境方面的本地区上市公司平均市值等效率指标排名靠前（表4−38）。

表4–38　福建省优势基础指标（部分）

指标名称	2022 年指标值	2023 年指标值	2022 年排名	2023 年排名	排名变化
规模以上工业企业研发人员数（万人）	192 160	259 342	7	5	2
有电子商务交易活动的企业数（家）	6403	6786	6	6	0
本地区上市公司平均市值（亿元 / 个）	220.4	193.6	7	6	1
高技术产品出口额（百万美元）	13 473.3	18 032.1	6	6	0
每万元 GDP 电耗总量（千瓦时 / 万元）	565.6	581.2	7	7	0
每亿元 GDP 废水中主要污染物排放量（吨 / 亿元）	31.17	27.00	3	3	0

表现较落后的知识获取方面，福建省科技合作综合指标排名第 29 位，技术转移综合指标排名第 28 位，外资企业投资综合指标排名第 19 位。

具体来看，福建省知识创造和知识获取的几项基础指标处于明显劣势。知识创造方面的政府研发投入占 GDP 的比例指标与上年排名均处于第 25 位。每亿元研发经费内部支出产生的发明专利申请数排名第 31 位，较上年下降 3 位。知识获取方面的每十万研发人员作者同省异单位科技论文数指标和企业创新方面的规模以上工业企业平均研发经费外部支出指标均较上年下降 2 位，排名第 31 位。创新环境方面的科技服务业从业人员占第三产业从业人员比重指标较上年提高 1 位，排名第 29 位，教育经费支出占 GDP 的比例指标这两年均排名第 30 位。创新绩效方面的第三产业增加值占 GDP 的比例指标排名上升 3 位后处于第 28 位（表 4–39）。

表4–39　福建省劣势基础指标（部分）

指标名称	2022 年指标值	2023 年指标值	2022 年排名	2023 年排名	排名变化
政府研发投入占 GDP 的比例	0.19%	0.20%	25	25	0
每亿元研发经费内部支出产生的发明专利申请数量（件 / 亿元）	24	16	28	31	−3
每十万研发人员作者同省异单位科技论文数量（篇 / 十万人）	540	503	29	31	−2
规模以上工业企业平均研发经费外部支出（万元 / 家）	8.37	8.80	29	31	−2
科技服务业从业人员占第三产业从业人员比重	0.72%	0.71%	30	29	1
教育经费支出占 GDP 的比例	3.06%	2.9%	30	30	0
第三产业增加值占 GDP 的比例	47.5%	47.216%	31	28	3

整体看，福建省创新绩效表现最好，知识创造和知识获取有提升空间。未来，福建省可

进一步发挥福州、厦门“双子星”的带动作用，依托自贸区政策和制度创新优势，加快推动实验室建设，发挥新能源汽车、储能、海洋经济等产业优势，培育更多创新型科技企业，加大国际合作，以高水平对外开放推动区域创新能力提升。

4.14 江西省

2023 年江西省创新能力排名全国第 16 位，较上年下降 1 位。经济指标方面，2021 年江西省 GDP 总量为 29 619.67 亿元，排名全国第 15 位，地区人均 GDP 为 65 560 元，排名全国第 15 位，第三产业增加值占 GDP 的比例为 47.61%，排名全国第 26 位。与经济总量指标相比，江西省创新能力排名略低。2001—2023 年江西省创新能力变化趋势如图 4–40 所示。

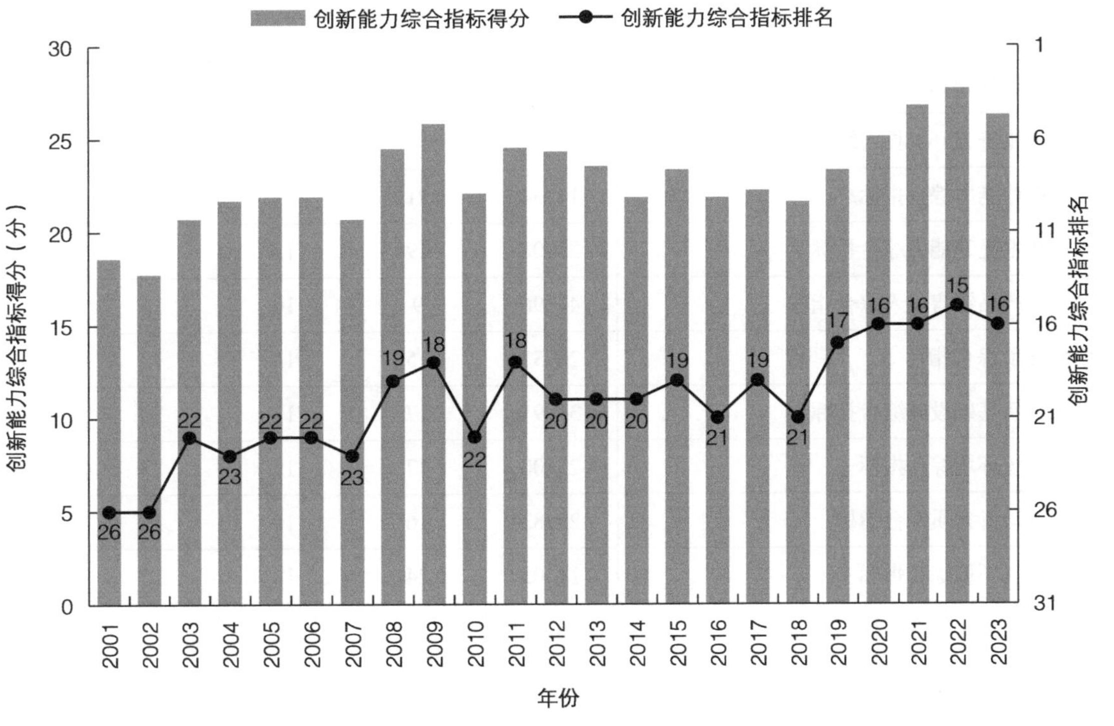

图4–40　2001—2023年江西省创新能力变化趋势

分指标看，2023 年江西省知识创造综合指标排名第 16 位，较上年提高 4 位，知识获取综合指标排名第 24 位，较上年提高 5 位，企业创新综合指标排名第 11 位，较上年提高 1 位，创新环境综合指标排名第 15 位，较上年下降 5 位，创新绩效综合指标排名第 14 位，较上年下降 2 位（表 4–40、图 4–41）。

表4-40 江西省创新能力综合指标

指标名称	2023 年综合指标		2023 年分项指标排名		
	指标值	排名	实力	效率	潜力
综合值	26.25	16	16	17	2
1 知识创造综合指标	22.97	16	19	28	1
1.1 研究开发投入综合指标	25.44	12	18	20	2
1.2 专利综合指标	18.96	19	19	28	3
1.3 科研论文综合指标	26.07	25	20	25	3
2 知识获取综合指标	14.21	24	23	29	9
2.1 科技合作综合指标	26.76	19	24	27	4
2.2 技术转移综合指标	14.10	24	21	21	12
2.3 外资企业投资综合指标	4.88	20	18	17	14
3 企业创新综合指标	28.91	11	14	12	5
3.1 企业研究开发投入综合指标	36.46	12	12	13	4
3.2 设计能力综合指标	14.54	21	15	29	8
3.3 技术提升能力综合指标	23.08	19	13	25	3
3.4 新产品销售收入综合指标	44.96	9	10	11	5
4 创新环境综合指标	26.33	15	15	19	8
4.1 创新基础设施综合指标	30.95	17	11	23	14
4.2 市场环境综合指标	23.00	17	19	23	9
4.3 劳动者素质综合指标	29.82	16	16	23	6
4.4 金融环境综合指标	11.03	24	18	25	24
4.5 创业水平综合指标	36.87	7	10	4	18
5 创新绩效综合指标	34.29	14	17	14	15
5.1 宏观经济综合指标	24.48	15	15	15	4
5.2 产业结构综合指标	35.96	12	13	15	2
5.3 产业国际竞争力综合指标	18.31	14	12	6	28
5.4 就业综合指标	44.95	6	12	5	7
5.5 可持续发展与环保综合指标	47.75	26	22	22	29

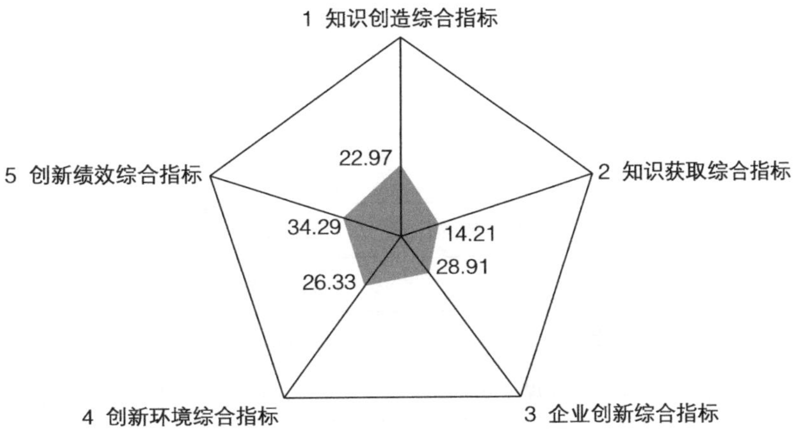

图4-41　江西省创新能力蛛网图

5 个维度中，江西省在创新绩效方面表现最好，高于综合得分排名，排名第 14 位，但较上年下降 2 位。知识获取方面虽然较上年上升 5 位，但仍处于第 24 位（图 4–42）。

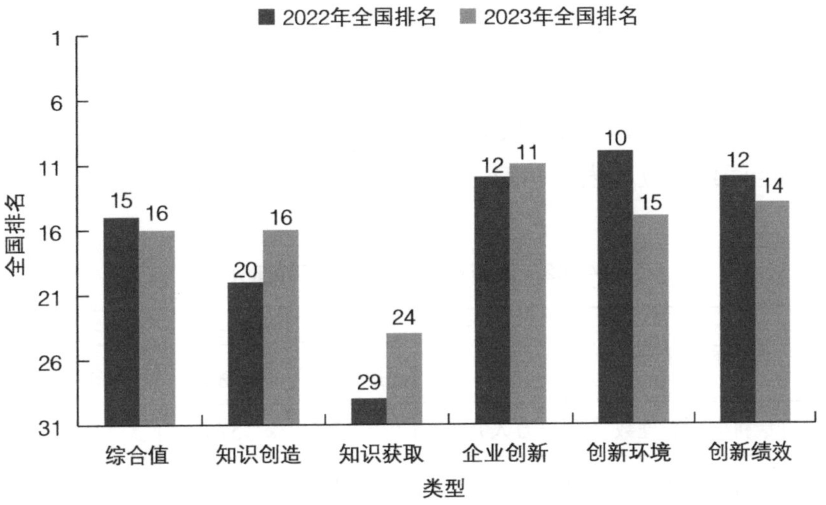

图4-42　2023年江西省各维度排名与上年对比

2023 年江西省表现最好的创新绩效维度方面，产业结构综合指标排名第 12 位，产业国际竞争力综合指标排名第 14 位，就业综合指标排名第 6 位。具体来看，江西省排名上升的基础指标有规模以上工业企业中有研发机构的企业占总企业数的比例排名上升 3 位至第 3 位，高技术企业数占规模以上工业企业数比重排名上升 1 位至第 4 位。排名下降的基础指标有规模以上工业企业有研发机构的企业数和高技术产品出口额占地区出口总额的比重，排名均较上年下降 1 位至第 6 位。万元地区生产总值能耗（等价值）近两年排名均处于第 6 位（表 4–41）。

表4-41 江西省优势基础指标（部分）

指标名称	2022 年指标值	2023 年指标值	2022 年排名	2023 年排名	排名变化
规模以上工业企业有研发机构的企业数（家）	4090	5056	5	6	−1
规模以上工业企业中有研发机构的企业占总企业数的比例	20.52%	31.97%	6	3	3
高技术企业数占规模以上工业企业数比重	12.40%	13.35%	5	4	1
高技术产品出口额占地区出口总额的比重	25.13%	17.60%	5	6	−1
万元地区生产总值能耗（等价值）（吨标准煤／万元）	0.41	0.40	6	6	0

2023 年江西省表现落后的知识获取维度方面，科技合作综合指标排名第 19 位，技术转移综合指标排名第 24 位，外资企业投资综合指标排名第 20 位。具体来看，江西省主要有以下几个基础指标处于劣势。知识创造方面的每万名研发人员发明专利申请受理数排名较上年下降 3 位至第 30 位，每万名研发人员发明专利授权数排名上升 2 位至第 29 位。企业创新方面的每万家规模以上工业企业平均有效发明专利数排名下降 2 位至第 30 位，规模以上工业企业平均研发经费外部支出排名上升 1 位至第 30 位。创新环境中的科技服务业从业人员占第三产业从业人员比重近两年排名始终处于末位。创新绩效中的第三产业增加值占 GDP 的比例排名提高 3 位至第 26 位（表 4-42）。

表4-42 江西省劣势基础指标（部分）

指标名称	2022 年指标值	2023 年指标值	2022 年排名	2023 年排名	排名变化
每万名研发人员发明专利申请受理数（件／万人）	737	576	27	30	−3
每万名研发人员发明专利授权数（件／万人）	244	358	31	29	2
每万家规模以上工业企业平均有效发明专利数（件／万家）	13 050	13 717	28	30	−2
规模以上工业企业平均研发经费外部支出（万元／家）	7.79	9.40	31	30	1
科技服务业从业人员占第三产业从业人员比重	0.68%	0.68%	31	31	0
第三产业增加值占 GDP 的比例	48.10%	47.60%	29	26	3

整体来看，江西省企业创新表现较好，而知识创造和知识获取水平较低，江西省科技创新的增长潜力相对较大，有研发机构的企业数量增幅较大，但整体上科技供给水平和开放水平还有待进一步提高。

近两年，江西省通过落地重大创新平台和发展新型研发机构，促进科技资源向产业汇聚，梯次培育科技型企业，发展壮大高新技术产业。未来，江西省需要进一步增强科技服务产业能力，主动承接东部沿海地区产业转移，加强科技成果转化，带动本地配套产业发展和产业升级，促进经济绿色可持续增长。

4.15 山东省

2023 年山东省创新能力排名第 6 名，与上年位次相同。经济指标方面，2021 年，山东省 GDP 总量 83 095.90 亿元，全国排名第 3 位，地区人均 GDP 为 81 727 元，排名全国第 11 位，第三产业增加值占 GDP 的比例为 52.81%，全国排名第 10 位。与经济总量指标相比，山东省创新能力排名略低，2001—2023 年山东省创新能力排名变化趋势如图 4–43 所示。

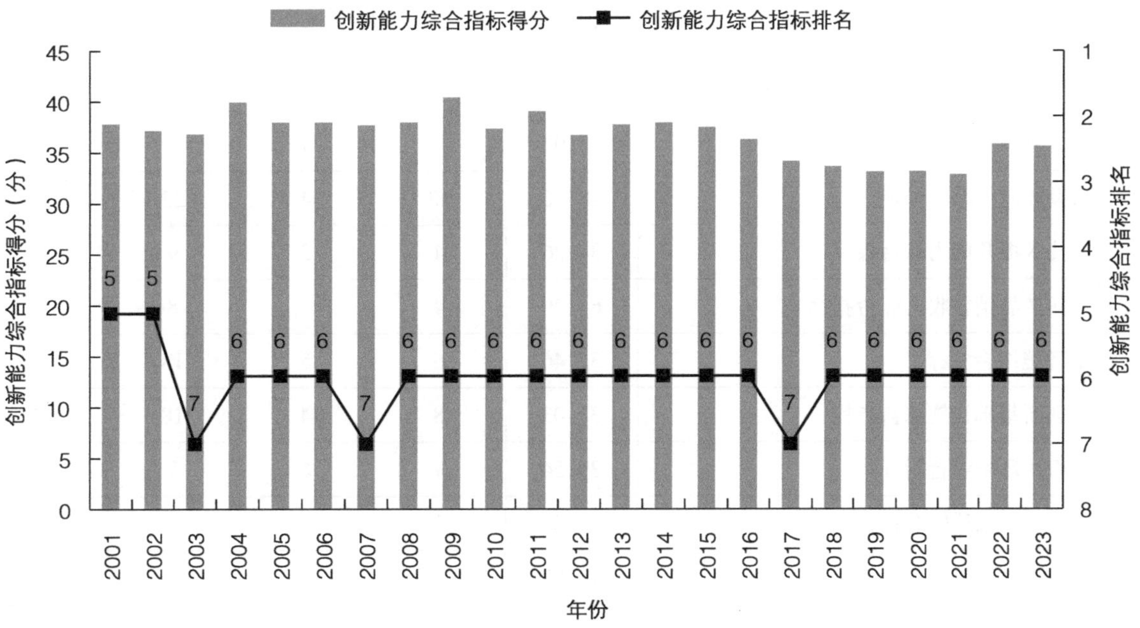

图4–43　2001—2023年山东省创新能力变化趋势

分指标看，2023 年山东省知识创造综合指标排名第 9 位，较上年提高 2 位，知识获取综合指标排名第 4 位，较上年提高 1 位，企业创新综合指标排名第 5 位，较上年提高 2 位，创新环境综合指标排名第 6 位，较上年提高 2 位，创新绩效排名与上年持平，均为第 13 名（表 4–43、图 4–44）。

表4–43　山东省创新能力综合指标

指标名称	2023 年综合指标		2023 年分项指标排名		
	指标值	排名	实力	效率	潜力
综合值	35.61	6	5	11	4
1　知识创造综合指标	30.95	9	6	21	9
1.1　研究开发投入综合指标	29.40	7	7	15	11
1.2　专利综合指标	32.10	10	6	18	9
1.3　科研论文综合指标	31.73	16	8	28	16
2　知识获取综合指标	29.43	4	5	20	1
2.1　科技合作综合指标	33.84	9	6	23	6
2.2　技术转移综合指标	26.62	5	5	13	13
2.3　外资企业投资综合指标	28.23	1	3	5	1
3　企业创新综合指标	43.27	5	4	8	16
3.1　企业研究开发投入综合指标	58.02	4	4	5	22
3.2　设计能力综合指标	18.56	13	4	22	19
3.3　技术提升能力综合指标	37.26	4	3	9	25
3.4　新产品销售收入综合指标	64.20	4	4	8	7
4　创新环境综合指标	32.46	6	5	18	17
4.1　创新基础设施综合指标	37.03	8	4	18	21
4.2　市场环境综合指标	39.54	7	6	7	3
4.3　劳动者素质综合指标	41.36	3	3	29	13
4.4　金融环境综合指标	19.27	10	7	14	13
4.5　创业水平综合指标	25.11	19	5	20	30
5　创新绩效综合指标	38.08	13	7	13	5
5.1　宏观经济综合指标	45.11	7	3	11	8
5.2　产业结构综合指标	49.14	5	4	5	8
5.3　产业国际竞争力综合指标	24.06	8	8	17	3
5.4　就业综合指标	27.31	27	28	17	26
5.5　可持续发展与环保综合指标	44.78	27	31	15	18

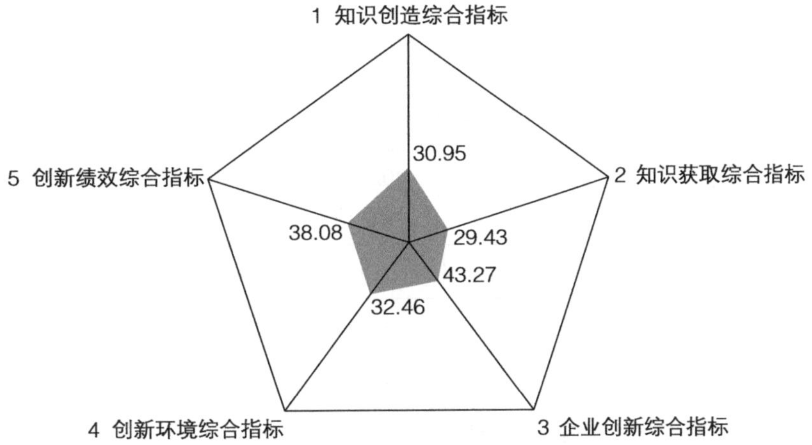

图4-44 山东省创新能力蛛网图

5 个维度中，山东省在知识获取方面表现最好，高于综合得分排名，排名第 4 位，较上年提高 1 位。在企业创新方面表现也高于综合得分排名，排名第 5 位，较上年提高 2 位。在创新绩效方面表现较弱，与综合得分排名差距较大，这两年排名均为第 13 位（图 4-45）。

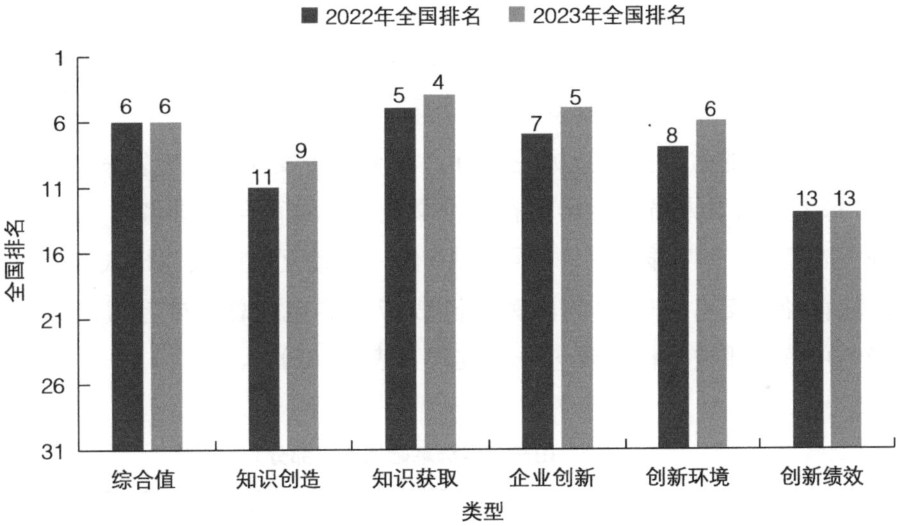

图4-45 2023年山东省各维度排名与上年对比

2023 年山东省创新能力中表现最好的是知识获取维度，外资企业投资综合指标表现最好，排名第 1 位，技术转移综合指标排名第 5 位。具体来看，山东省在科学教育资源方面具有稳定的优势，研究与试验发展全时人员当量和发明专利授权数近两年排名分别稳定在第 4 位和第 5 位。作者同省异单位科技论文数增幅较大，排名也升至第 4 位。高校和科研院所研发经费内部支出额中来自企业资金的比例虽然提高了 13 个百分点，但是排名降至第 6 位。技术市场交易金额（按流向）近两年均排名第 4 位。企业创新维度的规模以上工业企业技术改造经费支出指标和有电子商务交易活动的企业数占总企业数的比重指标均有提升，排名分别升至第 3 位和第 2 位（表 4—44）。

表4—44　山东省优势基础指标（部分）

指标名称	2022 年指标值	2023 年指标值	2022 年排名	2023 年排名	排名变化
研究与实验发展全时人员当量（人年）	341 158.70	447 642.20	4	4	0
发明专利授权数（件）	26 745	36 345	5	5	0
作者同省异单位科技论文数（篇）	4598	5419	6	4	2
高校和科研院所研发经费内部支出额中来自企业资金的比例	30.52%	43.83%	3	6	−3
技术市场交易金额（按流向）（万元）	20 485 016.4	25 642 309.7	4	4	0
规模以上工业企业技术改造经费支出（万元）	2 216 000.7	2 997 797.3	5	3	2
有电子商务交易活动的企业数占总企业数的比重	12.60%	14.80%	5	2	3

2023 年山东省表现相对落后的创新绩效方面，就业综合指标和可持续发展与环保综合指标方面排名均降至第 27 位，宏观经济综合指标降至第 7 位，产业结构综合指标排名与上年一致，均位于第 5 位，产业国际竞争力综合指标排名第 8 位。

具体来看，山东省的劣势基础指标主要有：每十万研发人员平均发表的国内论文数排名降至第 28 位；每十万研发人员作者异国科技论文数指标这两年均排名第 26 位；技术市场企业平均交易额（按流向）有明显改善，升至第 16 位；移动互联网人均接入流量排名第 29 位；创新绩效中的教育经费支出占 GDP 的比例排名第 27 位，电耗总量排名第 30 位。总体来看，创新发展的绿色可持续相关指标需要进一步改善（表 4—45）。

表4—45　山东省劣势基础指标（部分）

指标名称	2022 年指标值	2023 年指标值	2022 年排名	2023 年排名	排名变化
每十万研发人员平均发表的国内论文数（篇）	3892	6290	27	28	−1
每十万研发人员作者异国科技论文数（篇 / 十万人）	34	30	26	26	0
技术市场企业平均交易额（按流向）（万元 / 项）	304.52	534.70	29	16	13
移动互联网人均接入流量（GB/ 人）	84.40	123.60	30	29	1
教育经费支出占 GDP 的比例	3.97%	3.73%	27	27	0
电耗总量（亿千瓦时）	6940	7383	31	30	1

整体来看，山东省科教资源丰富，外资经济发展态势良好，但企业创新、创新绩效相关指标有待进一步提升。近两年，山东省持续加大科技投入，推动科技资源向重点产业集聚，大力建设创新平台，积极引进高端人才，取得显著成效。未来，山东省需要更加重视创新环境、营商环境的改善，发挥科教资源的优势，推动能源、化工等传统产业升级，大力培育电子信息、新能源、生命科学等未来产业，以产业创新带动区域发展，更好释放经济发展新动能。

4.16 河南省

2023 年河南省创新能力排名与上年持平，均列全国第 13 位。经济指标方面，2021 年河南省 GDP 总量为 58 887.41 亿元，排名全国第 5 位，地区人均 GDP 为 59 410 元，排名全国第 22 位，第三产业增加值占 GDP 的比例为 49.14%，排名全国第 24 位。与经济总量指标相比，河南省的创新能力排名略低，2001—2023 年河南省创新能力变化趋势如图 4−46 所示。

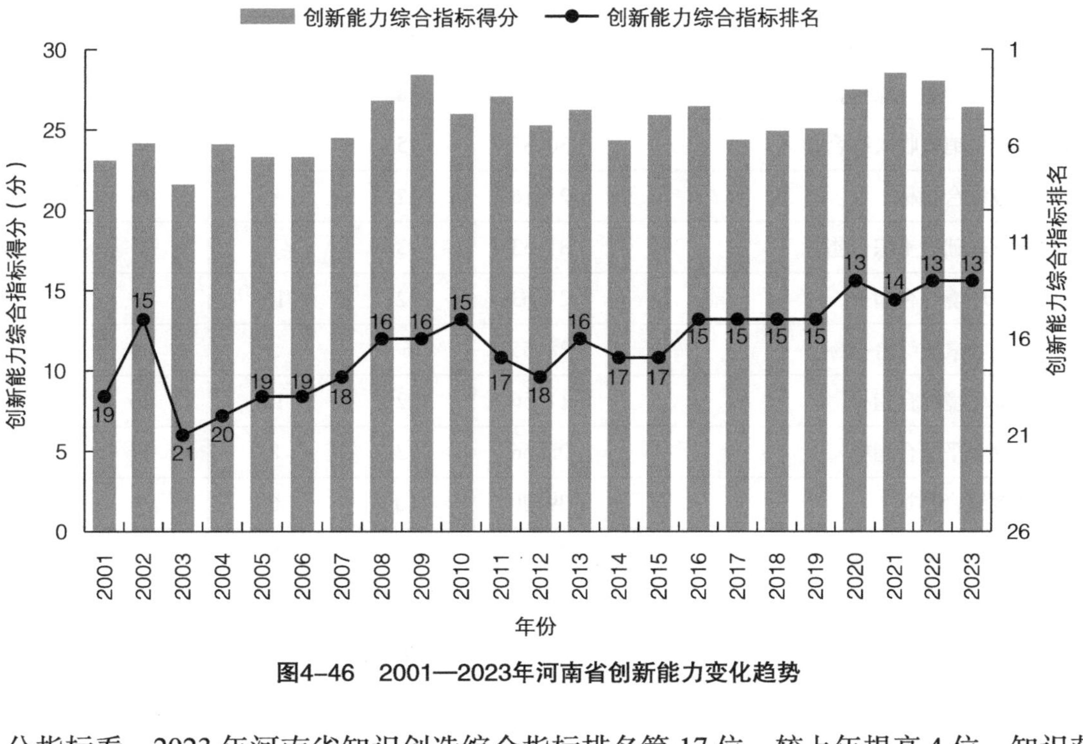

图4−46　2001—2023年河南省创新能力变化趋势

分指标看，2023 年河南省知识创造综合指标排名第 17 位，较上年提高 4 位，知识获取综合指标排名第 23 位，较上年提高 1 位，企业创新综合指标排名第 15 位，较上年下降 2 位，创新环境综合指标排名第 12 位，较上年提高 1 位，创新绩效综合指标排名第 10 位，较上年下降 4 位（表 4−46、图 4−47）。

表4-46　河南省创新能力综合指标

指标名称	2023 年综合指标		2023 年分项指标排名		
	指标值	排名	实力	效率	潜力
综合值	26.39	13	10	17	18
1　知识创造综合指标	22.14	17	12	27	8
1.1　研究开发投入综合指标	21.07	16	13	23	9
1.2　专利综合指标	19.53	17	12	27	11
1.3　科研论文综合指标	29.51	19	11	22	13
2　知识获取综合指标	14.61	23	16	26	16
2.1　科技合作综合指标	29.96	14	12	20	12
2.2　技术转移综合指标	14.32	23	15	28	15
2.3　外资企业投资综合指标	3.30	24	21	29	22
3　企业创新综合指标	24.97	15	10	20	20
3.1　企业研究开发投入综合指标	39.65	9	7	12	10
3.2　设计能力综合指标	11.99	24	12	30	14
3.3　技术提升能力综合指标	17.01	28	12	30	29
3.4　新产品销售收入综合指标	30.37	15	11	15	25
4　创新环境综合指标	27.16	12	8	28	9
4.1　创新基础设施综合指标	31.53	13	7	25	17
4.2　市场环境综合指标	25.63	12	15	19	7
4.3　劳动者素质综合指标	38.55	6	5	30	8
4.4　金融环境综合指标	11.56	22	14	26	23
4.5　创业水平综合指标	28.56	13	8	17	23
5　创新绩效综合指标	39.20	10	6	9	24
5.1　宏观经济综合指标	25.39	14	5	22	27
5.2　产业结构综合指标	34.69	15	6	16	20
5.3　产业国际竞争力综合指标	42.57	3	3	2	24
5.4　就业综合指标	28.12	26	29	18	18
5.5　可持续发展与环保综合指标	65.25	8	19	7	8

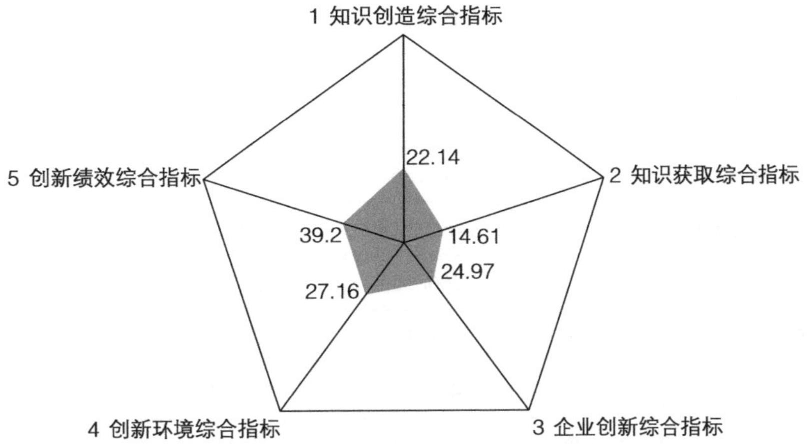

图4-47　河南省创新能力蛛网图

5 个维度中，河南省在创新绩效方面表现最好，高于综合得分排名，排名第 10 位，较上年下降 4 位。在知识获取方面表现最差，排名第 23 位。知识创造排名虽然有所提升，但排名仍处于第 17 位（图 4–48）。

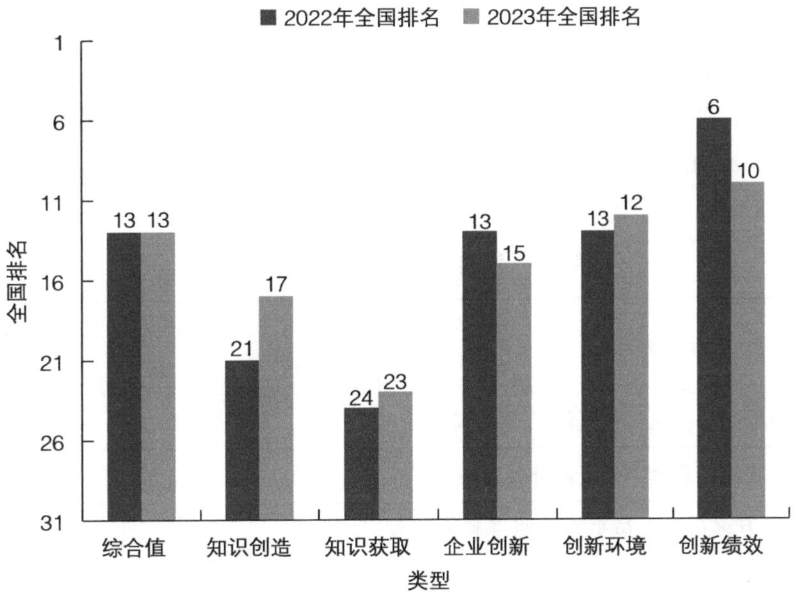

图4-48　2023年河南省各维度排名与上年对比

2023 年河南省表现最好的是创新绩效方面，产业国际竞争力综合指标排名第 3 位，可持续发展与环保综合指标排名第 8 位，宏观经济综合指标和产业结构综合指标分别排名第 14 位和第 15 位。具体来看，河南省创新环境的个别基础指标排名比较靠前，如科技服务业从业人员数近两年均排名第 8 位，教育经费支出均处于第 5 位，移动互联网接入流量排名升至第 3 位。科技企业孵化器数量排名升至第 9 位，创新绩效指标中地区 GDP 指标近两年均排名第 5 位，高技术产品出口额占地区出口总额的比重下降 1 位至第 2 位（表 4–47）。

表4-47　河南省优势基础指标（部分）

指标名称	2022 年指标值	2023 年指标值	2022 年排名	2023 年排名	排名变化
科技服务业从业人员数（万人）	18.36	18.37	8	8	0
移动互联网接入流量（万 GB）	946 343.42	1 378 721.97	4	3	1
教育经费支出（亿元）	2668.52	2802.20	5	5	0
科技企业孵化器数量（个）	181	203	11	9	2
地区 GDP（亿元）	54 997.07	58 887.41	5	5	0
高技术产品出口额占地区出口总额的比重	51.21%	41.10%	1	2	−1

2023 年河南省表现落后的指标是知识获取指标，其中科技合作综合指标排名第 14 位，技术转移综合指标排名第 23 位，外资企业投资综合指标排名第 24 位。具体来看，河南省主要有以下几个基础指标处于劣势。知识获取维度的每十万研发人员作者异国科技论文数指标排名下降 2 位至第 29 位；人均外商投资企业年底注册资金中外资部分近两年排名均处于第 29 位；企业创新维度的规模以上工业企业每万名研发人员平均发明专利申请数近两年排名均处于末位；规模以上工业企业平均技术改造经费支出排名提升 2 位至第 28 位；创新环境维度的居民消费水平排名提高 2 位至第 26 位；科技企业孵化器当年风险投资强度排名下降 1 位至第 28 位（表 4-48）。

表4-48　河南省劣势基础指标（部分）

指标名称	2022 年指标值	2023 年指标值	2022 年排名	2023 年排名	排名变化
每十万研发人员作者异国科技论文数（篇 / 十万人）	33	27	27	29	−2
人均外商投资企业年底注册资金中外资部分（万美元）	552	582	29	29	0
规模以上工业企业每万名研发人员平均发明专利申请数（件 / 万人）	477	429	31	31	0
规模以上工业企业平均技术改造经费支出（万元 / 家）	46.2	58.9	30	28	2
居民消费水平（元）	16 142.63	18 391.30	28	26	2
科技企业孵化器当年风险投资强度（万元 / 项）	101.81	138.96	27	28	−1

整体来看，河南省区域创新能力稳中有升，但发展后劲有待提升，特别是在吸引投资、改善创新环境等方面需持续发力。未来，河南省应依托区位优势和交通物流优势，加强与领先地区和东部沿海地区的产业合作，以更好的营商环境和便捷的政务服务，吸引更多企业投

资，持续做大电子信息制造业，带动配套产业发展，在吸引外来人才、留住本地人才方面下功夫，形成以产引才、以人带产、产城联动发展的良性循环。

4.17 湖北省

2023 年湖北省创新能力排名全国第 8 位，较上年上升 2 位。2022 年的指标因疫情原因有下降，2023 年有回升，但仍然低于疫情前的第 7 位。经济指标方面，2021 年湖北省 GDP 总量为 50 012.94 亿元，排名全国第 7 位，地区人均 GDP 为 86 416 元，排名全国第 9 位，第三产业增加值占 GDP 的比例为 52.78%，排名全国第 11 位。与经济总量指标相比，湖北省的创新能力排名略低。2001—2023 年湖北省创新能力变化趋势如图 4–49 所示。

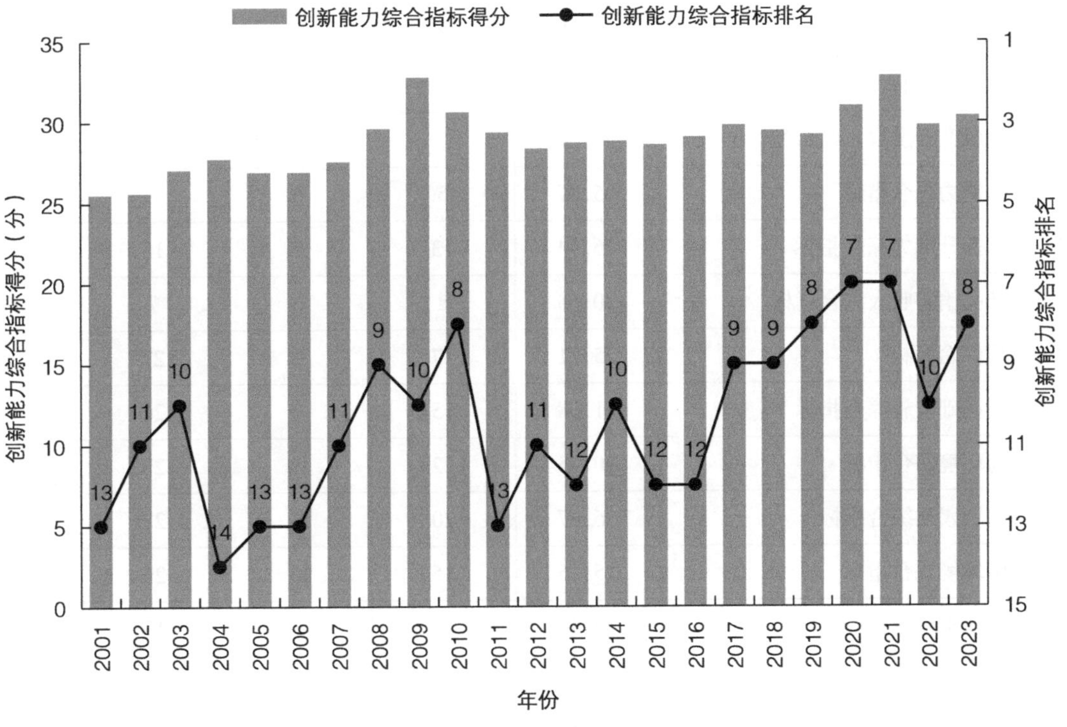

图4–49 2001—2023年湖北省创新能力变化趋势

分指标看，2023 年湖北省知识创造综合指标排名第 12 位，较上年下降 4 位；知识获取排名第 13 位，较上年上升 3 位；企业创新综合指标排名第 7 位，较上年上升 1 位；创新环境综合指标排名第 17 位，较上年下降 1 位；创新绩效综合指标排名第 9 位，较上年上升 11 位（表 4–49、图 4–50）。

表4–49　湖北省创新能力综合指标

指标名称	2023 年综合指标		2023 年分项指标排名		
	指标值	排名	实力	效率	潜力
综合值	30.35	8	8	10	7
1　知识创造综合指标	27.38	12	8	16	23
1.1　研究开发投入综合指标	20.10	18	9	10	29
1.2　专利综合指标	28.40	12	8	14	8
1.3　科研论文综合指标	39.86	9	5	14	21
2　知识获取综合指标	17.61	13	8	21	14
2.1　科技合作综合指标	33.32	11	7	16	20
2.2　技术转移综合指标	15.32	20	9	27	20
2.3　外资企业投资综合指标	7.53	16	12	15	11
3　企业创新综合指标	37.22	7	6	7	7
3.1　企业研究开发投入综合指标	47.60	7	8	8	7
3.2　设计能力综合指标	25.27	5	6	8	5
3.3　技术提升能力综合指标	26.14	13	9	15	23
3.4　新产品销售收入综合指标	50.65	8	6	7	16
4　创新环境综合指标	25.31	17	9	27	20
4.1　创新基础设施综合指标	31.38	15	9	26	7
4.2　市场环境综合指标	20.45	22	10	20	27
4.3　劳动者素质综合指标	26.67	20	9	28	24
4.4　金融环境综合指标	15.35	15	11	20	14
4.5　创业水平综合指标	32.73	10	6	13	16
5　创新绩效综合指标	39.83	9	15	12	1
5.1　宏观经济综合指标	48.38	6	7	9	1
5.2　产业结构综合指标	40.18	7	10	13	4
5.3　产业国际竞争力综合指标	17.34	16	15	12	10
5.4　就业综合指标	36.12	14	26	15	4
5.5　可持续发展与环保综合指标	57.12	20	26	14	13

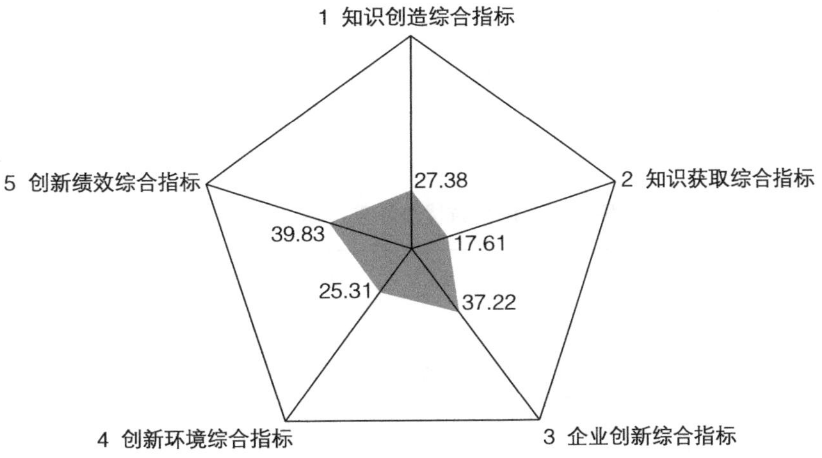

图4-50　湖北省创新能力蛛网图

5 个维度中，湖北省在企业创新方面表现最好，高于综合得分排名，排名第 7 位，较上年提升 1 位。在创新环境方面表现相对较弱，与综合得分排名差距较大，排名第 17 位，较上年下降 1 位（图 4-51）。

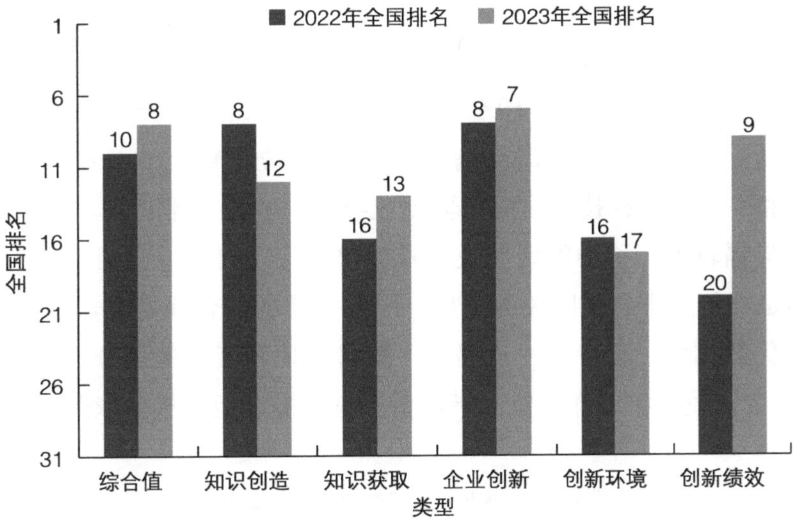

图4-51　2023年湖北省各维度排名与上年对比

2023 年湖北省表现良好的企业创新维度方面，企业研究开发投入综合指标排名第 7 位；设计能力综合指标排名第 5 位；技术提升能力综合指标排名第 13 位；新产品销售收入综合指标排名第 8 位。具体来看，湖北省在企业创新方面的几个优势基础指标，如规模以上工业企业中有研发机构的企业占总企业数的比例、规模以上工业企业发明专利申请数、规模以上工业企业技术改造经费支出、规模以上工业企业新产品销售收入排名均为全国靠前，且较上年有不同程度的提升或保持稳定。其中，规模以上工业企业中有研发机构的企业占总企业数的比例指标排名第 6 位，较上年提升 3 位，指标值也有较大幅度上升。规模以上工业企业技术改造经费支出指标排名第6位，较上年提升2位。规模以上工业企业发明专利申请数和规模以上工业企业就业人员中研发人员比重指标排名与上年持平，但指标绝对数较上年有较大提升（表4–50）。

表4–50 湖北省优势基础指标（部分）

指标名称	2022年指标值	2023年指标值	2022年排名	2023年排名	排名变化
规模以上工业企业中有研发机构的企业占总企业数的比例	17.14%	26.98%	9	6	3
规模以上工业企业发明专利申请数（件）	18 798	22 180	6	6	0
规模以上工业企业技术改造经费支出（万元）	1 298 507.1	1 805 338.0	8	6	2
规模以上工业企业新产品销售收入（亿元）	9596.88	13 695.60	7	6	1
规模以上工业企业就业人员中研发人员比重	6.70%	7.63%	7	7	0
规模以上工业企业研发活动经费内部支出总额（亿元）	610.96	723.60	10	9	1

2023年湖北省表现较落后的创新环境维度方面，创新基础设施综合指标排名第15位，市场环境综合指标排名第22位，劳动者素质综合指标排名第20位，金融环境综合指标排名第15位，创业水平综合指标排名第10位。具体来看，湖北省主要有以下几个基础指标处于劣势，其中，移动互联网人均接入流量指标排名第30位且较上年下降1位；本地区上市公司平均市值指标和平均每个科技企业孵化器创业导师人数分别排名第26位和第15位，较上年均下降5位，降幅较大。移动电话普及率指标排名第21位，虽然该指标排名较上年有较大幅度提升，但是本年度排名依旧较为落后。平均每个科技企业孵化器孵化基金额指标排名有所上升，但是仍然靠后，有待进一步提升。按目的地和货源地划分进出口总额占GDP比重指标排名第23位，较上年下降1位，指标值虽有所提升但是排名依旧落后（表4–51）。

表4–51 湖北省劣势基础指标（部分）

指标名称	2022年指标值	2023年指标值	2022年排名	2023年排名	排名变化
移动互联网人均接入流量（GB/人）	88.2	122.1	29	30	–1
本地区上市公司平均市值（亿元/家）	128.6	103.3	21	26	–5
按目的地和货源地划分进出口总额占GDP比重	9.82%	10.78%	22	23	–1
移动电话普及率（部/百人）	98.37	109.70	29	21	8
平均每个科技企业孵化器孵化基金额（万元/个）	1115.85	1342.22	21	19	2
平均每个科技企业孵化器创业导师人数（人/个）	17	15	10	15	–5

整体来看，湖北省企业创新、知识创造表现良好，创新环境相对落后。近些年，湖北省大力支持武汉科创中心建设，着力提升创新平台效能，以科技创新支撑全省经济高质量发展。未来，湖北应进一步推动产业创新，突破性发展优势产业，加快推动科技成果转化，培育壮大创新型企业群体，以科技体制机制创新营造良好创新创造生态，增强高端人才吸引力，促进各类创新要素集聚和高效配置。

4.18 湖南省

2023 年湖南省创新能力排名全国第 9 位，较上年下降 1 位。经济指标方面，2021 年湖南省 GDP 总量为 46 063.09 亿元，排名全国第 9 位，地区人均 GDP 为 69 440 元，排名全国第 14 位，第三产业增加值占 GDP 的比例为 51.26 %，排名全国 16 位。与经济总量指标相比，湖南省的创新能力排名与之持平。2001—2023 年湖南省创新能力变化趋势如图 4–52 所示。

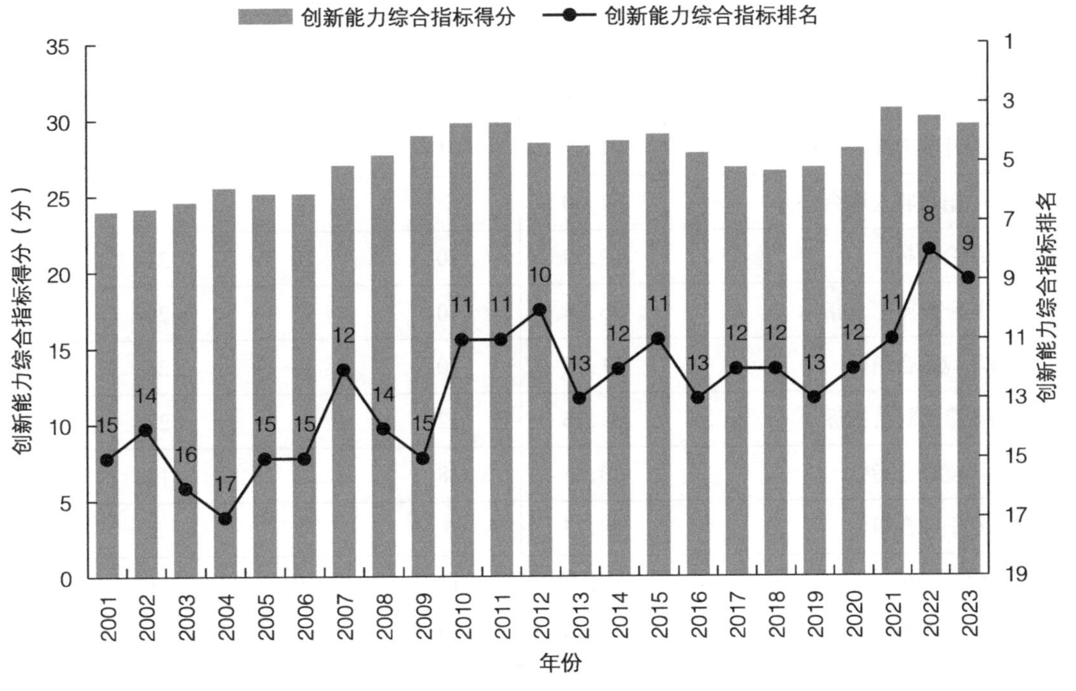

图4–52　2001—2023年湖南省创新能力变化趋势

分指标看，2023 年湖南省知识创造综合指标排名第 14 位，较上年下降 2 位；知识获取综合指标排名第 15 位，较上年上升 7 位；企业创新综合指标排名第 8 位，较上年上升 1 位；创新环境综合指标排名第 10 位，较上年上升 2 位；创新绩效综合指标排名第 11 位，较上年下降 1 位（表 4–52、图 4–53）。

表4—52　湖南省创新能力综合指标

指标名称	2023 年综合指标		2023 年分项指标排名		
	指标值	排名	实力	效率	潜力
综合值	29.62	9	11	13	6
1　知识创造综合指标	26.66	14	11	22	4
1.1　研究开发投入综合指标	25.59	11	11	16	6
1.2　专利综合指标	22.55	15	11	21	7
1.3　科研论文综合指标	37.01	12	10	21	4
2　知识获取综合指标	17.24	15	13	24	7
2.1　科技合作综合指标	34.35	7	11	21	3
2.2　技术转移综合指标	16.73	18	14	23	4
2.3　外资企业投资综合指标	4.78	21	14	19	15
3　企业创新综合指标	33.46	8	7	10	17
3.1　企业研究开发投入综合指标	48.46	6	9	7	8
3.2　设计能力综合指标	14.74	19	9	19	23
3.3　技术提升能力综合指标	21.22	21	11	20	30
3.4　新产品销售收入综合指标	51.30	7	7	5	13
4　创新环境综合指标	27.69	10	10	21	7
4.1　创新基础设施综合指标	33.84	10	8	24	4
4.2　市场环境综合指标	21.15	20	13	29	16
4.3　劳动者素质综合指标	31.76	12	8	27	12
4.4　金融环境综合指标	13.46	18	13	19	22
4.5　创业水平综合指标	38.27	6	9	5	3
5　创新绩效综合指标	38.72	11	10	11	10
5.1　宏观经济综合指标	27.89	12	9	14	16
5.2　产业结构综合指标	38.69	9	12	9	14
5.3　产业国际竞争力综合指标	21.26	9	13	8	12
5.4　就业综合指标	46.55	4	11	6	2
5.5　可持续发展与环保综合指标	59.22	14	20	13	24

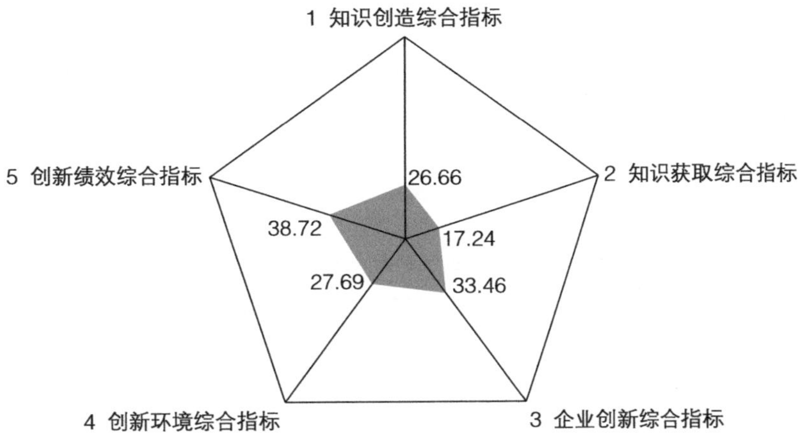

图4-53 湖南省创新能力蛛网图

5 个维度中，湖南省在企业创新方面表现最好，高于综合得分排名，排名第 8 位，较上年提升 1 位。在知识创造和知识获取方面表现相对较弱，低于综合得分排名较多名次，其中，知识创造排名较上年下降 2 位，降幅较大（图 4–54）。

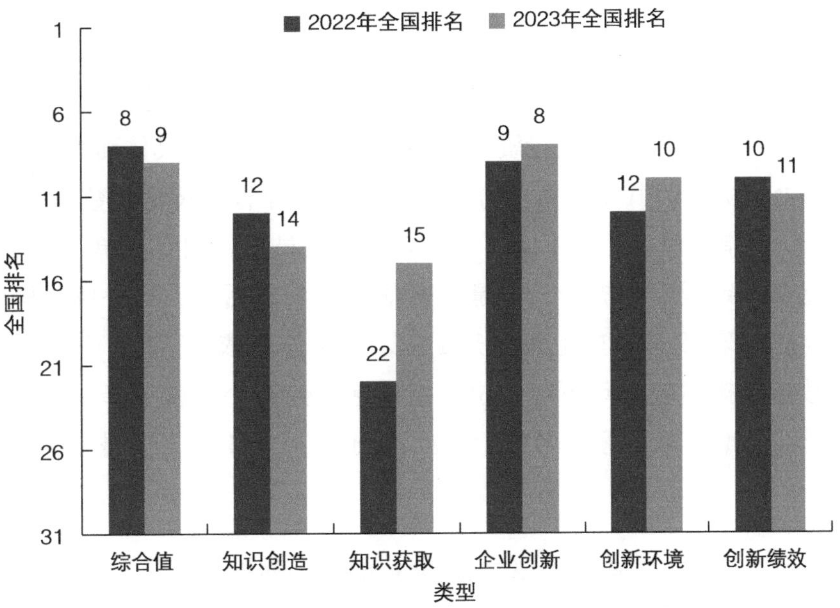

图4-54 2023年湖南省各维度排名与上年对比

2023 年湖南省表现良好的企业创新维度方面，企业研究开发投入综合指标排名第 6 位，设计能力综合指标排名第 19 位，技术提升能力综合指标排名第 21 位，新产品销售收入综合指标排名第 7 位。具体来看，湖南省在企业创新方面的几个优势基础指标，如规模以上工业企业研发活动经费内部支出总额占销售收入的比例、规模以上工业企业新产品销售收入占营业收入的比重、规模以上工业企业研发活动经费内部支出总额、规模以上工业企业新产品销售收入均位居全国前列且较上一年度有一定程度的提升。其中，规模以上工业企业研发活动经费内部支出总额占销售收入的比例指标排名第 2 位，较上年提升 1 位；规模以上工业企业新产品销售收入占营业收入的比重指标排名提升幅度最大，较上年提升 4 位；规模以上工业企业发明专利申请数和规模以上工业企业研发人员数指标排名与上一年持平，但指标绝对数明显增加（表 4–53）。

表4–53　湖南省优势基础指标（部分）

指标名称	2022 年指标值	2023 年指标值	2022 年排名	2023 年排名	排名变化
规模以上工业企业研发活动经费内部支出总额占销售收入的比例	1.71%	1.76%	3	2	1
规模以上工业企业新产品销售收入占营业收入的比重	21.55%	28.03%	9	5	4
规模以上工业企业研发活动经费内部支出总额（亿元）	664.53	766.10	7	6	1
规模以上工业企业新产品销售收入（亿元）	8387.9	12 169.2	8	7	1
规模以上工业企业发明专利申请数（件）	15 169	16 503	8	8	0
规模以上工业企业研发人员数（万人）	175 153	215 288	9	9	0

2023 年湖南省表现较为落后的知识获取方面，科技合作综合指标排名第 7 位，技术转移综合指标排名第 18 位，外资企业投资综合指标排名第 21 位。具体而言，湖南省主要在以下几个基础指标处于劣势，其中，每十万研发人员作者异省科技论文数指标排名第 25 位，且较上年下降 1 位，指标值也明显下降。每十万研发人员作者同省异单位科技论文数指标值虽然与上年相比有一定程度的提升，但是排名依旧较为落后。人均外商投资企业年底注册资金中外资部分排名第 19 位，较上年提升 1 位，但是排名依旧落后。每十万研发人员作者异国科技论文数指标排名较上年下降 1 位，指标绝对数有小幅度下降。外商投资企业年底注册资金中外资部分增长率指标排名第 15 位，较上年提升 1 位，但是指标绝对数有所下降（表 4–54）。

表4–54　湖南省劣势基础指标（部分）

指标名称	2022 年指标值	2023 年指标值	2022 年排名	2023 年排名	排名变化
每十万研发人员作者异省科技论文数（篇 / 十万人）	738	661	24	25	−1
每十万研发人员作者同省异单位科技论文数（篇 / 十万人）	876	883	24	24	0
人均外商投资企业年底注册资金中外资部分（万美元）	1151	1348	20	19	1
每十万研发人员作者异国科技论文数（篇 / 十万人）	54	52	17	18	−1
外商投资企业年底注册资金中外资部分增长率	13.50%	13.15%	16	15	1

整体来看，湖南省在企业创新方面表现突出，但是其知识获取和知识创造能力相对落后。近年来，湖南省注重加强产业链、创新链、资金链、人才链、服务链的有机衔接，进一步强化企业技术创新主体地位，积极拓展国际科技合作领域和范围，支持国内外一流大学、科研机构、知名企业在湘设立或联合组建技术转移中心和新型高端研发机构，显著提升了创新体系的协同性。未来，湖南应持续推进长株潭国家自主创新示范区、湘江科学城、“4+4科创工程”、全球研发中心城市建设，在基础研究、新兴产业培育、人才集聚、国际合作等方面下功夫，更好发挥科技对产业、经济的支撑作用，助力“三高四新”美好蓝图建设。

4.19 广东省

2023 年广东省创新能力排名全国第 1 位，与上一年保持一致。经济指标方面，2021 年广东省 GDP 总量为 124 369.67 亿元，排名全国第 1 位，地区人均 GDP 为 98 285 元，排名全国第 7 位，第三产业增加值占 GDP 的比例为 55.60%，排名全国 6 位。与经济总量指标相比，广东省的创新能力排名与之持平。2001—2023 年广东省创新能力变化趋势如图 4–55 所示。

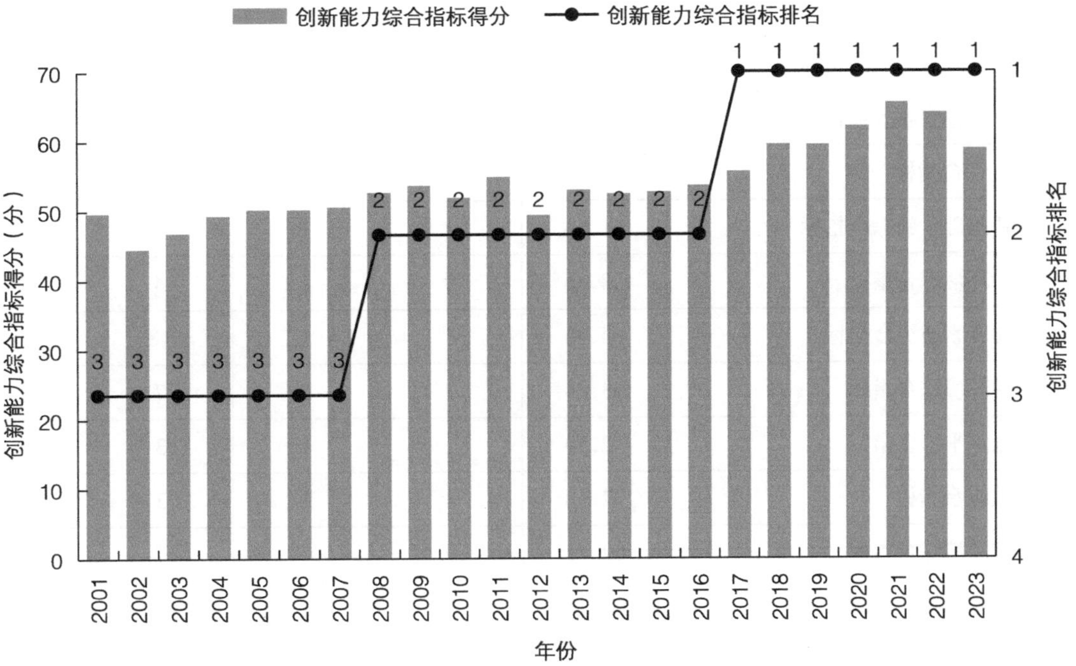

图4–55　2001—2023年广东省创新能力变化趋势

分指标看，2023 年广东省知识创造综合指标排名第 2 位，与上年保持一致；知识获取综合指标排名第 1 位，较上年上升 1 位；企业创新综合指标排名第 1 位，与上年保持一致；创新环境综合指标排名第 2 位，较上年下降 1 位；创新绩效综合指标排名第 1 位，与上年保持一致（表 4–55、图 4–56）。

表4-55 广东省创新能力综合指标

指标名称	2023 年综合指标		2023 年分项指标排名		
	指标值	排名	实力	效率	潜力
综合值	58.86	1	1	3	11
1 知识创造综合指标	51.50	2	2	13	6
1.1 研究开发投入综合指标	47.87	2	2	7	10
1.2 专利综合指标	61.65	2	1	9	4
1.3 科研论文综合指标	38.47	10	3	30	8
2 知识获取综合指标	37.61	1	1	8	12
2.1 科技合作综合指标	57.58	2	2	8	2
2.2 技术转移综合指标	49.49	1	1	7	27
2.3 外资企业投资综合指标	13.72	5	2	7	18
3 企业创新综合指标	71.68	1	1	2	21
3.1 企业研究开发投入综合指标	82.31	1	1	2	23
3.2 设计能力综合指标	62.73	1	1	2	16
3.3 技术提升能力综合指标	61.86	1	1	7	13
3.4 新产品销售收入综合指标	78.98	2	1	4	23
4 创新环境综合指标	60.22	2	1	3	4
4.1 创新基础设施综合指标	61.64	1	1	8	27
4.2 市场环境综合指标	58.86	3	1	4	12
4.3 劳动者素质综合指标	64.96	1	1	18	1
4.4 金融环境综合指标	43.04	2	2	7	15
4.5 创业水平综合指标	72.59	1	1	3	6
5 创新绩效综合指标	62.58	1	1	3	21
5.1 宏观经济综合指标	62.41	2	1	7	14
5.2 产业结构综合指标	73.11	1	1	4	24
5.3 产业国际竞争力综合指标	57.72	2	1	9	17
5.4 就业综合指标	67.89	1	1	1	22
5.5 可持续发展与环保综合指标	51.79	24	30	5	17

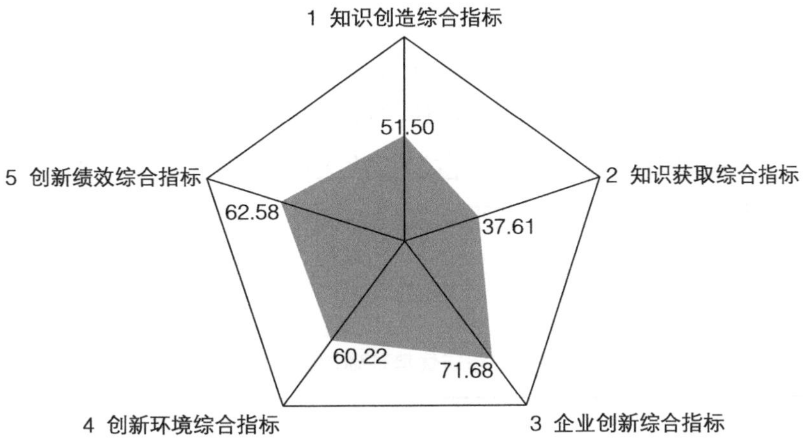

图4–56　广东省创新能力蛛网图

5 个维度中，广东省在各个方面的表现均较为突出，其中排名领先的是企业创新和创新绩效，近两年均保持第 1 位。知识获取综合指标排名第 1 位，较上年上升 1 位，而创新环境综合指标较上年下降 1 位。相比较而言，广东省的知识创造综合指标近两年均排名第 2 位，低于综合得分排名（图 4–57）。

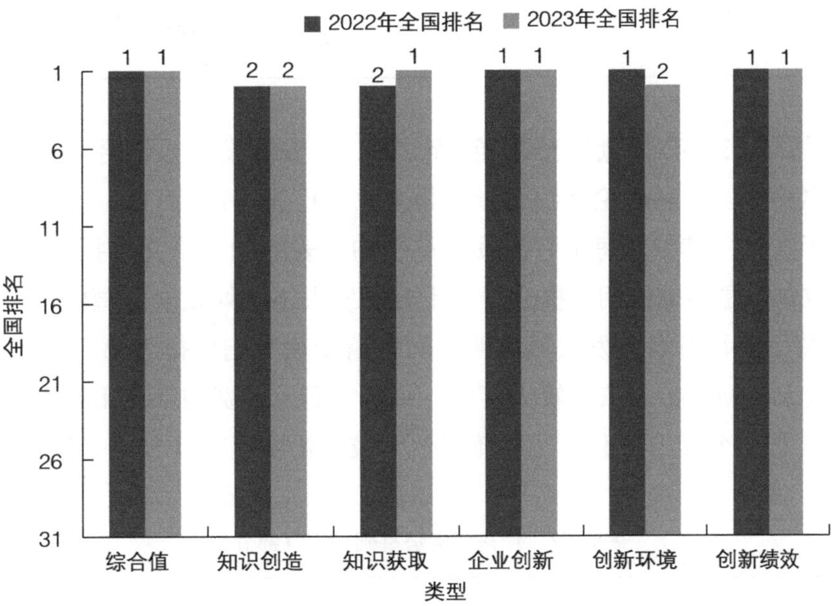

图4–57　2023年广东省各维度排名与上年对比

2023 年广东省表现良好的企业创新维度方面，企业研究开发投入综合指标排名第 1 位，设计能力综合指标排名第 1 位，技术提升能力综合指标排名第 1 位，新产品销售收入综合指标排名第 2 位。具体来看，广东省在企业创新和创新绩效方面的几个优势指标，如高技术产业就业人数、高技术产业就业人数占总就业人数的比例、每万家规模以上工业企业平均有效发明专利数、规模以上工业企业研发活动经费内部支出总额占销售收入的比例、规模以上工业企业每万名研发人员平均发明专利申请数均位居前列。其中，高技术产业就业人数和高技术产业就业人数占总就业人数的比例指标排名第 1 位，与上年持平且指标值有明显增加。每万家规模以上工业企业平均有效发明专利数指标排名第 2 位，指标绝对数有所提升。规模以上工业企业研发活动经费内部支出总额占销售收入的比例指标排名第 3 位，较上年提升 1 位。规模以上工业企业每万名研发人员平均发明专利申请数指标排名第 3 位，较上年提升 2 位，上升幅度较大（表 4–56）。

表4–56　广东省优势基础指标（部分）

指标名称	2022 年指标值	2023 年指标值	2022 年排名	2023 年排名	排名变化
高技术产业就业人数（人）	4 015 335	4 173 510	1	1	0
高技术产业就业人数占总就业人数的比例	5.7%	5.9%	1	1	0
每万家规模以上工业企业平均有效发明专利数（件／万家）	74 468	77 174	2	2	0
规模以上工业企业研发活动经费内部支出总额占销售收入的比例	1.67%	1.67%	4	3	1
规模以上工业企业每万名研发人员平均发明专利申请数（件／万人）	1399	1436	5	3	2

2023 年广东省表现相对落后的知识创造方面，研究开发投入综合指标排名第 2 位，专利综合指标排名第 2 位，科研论文综合指标排名第 10 位。具体而言，广东省主要在以下几个基础指标处于劣势，其中，每十万研发人员平均发表的国内论文数指标排名第 30 位，较上年仅上升 1 位，但是指标值明显提升。每十万研发人员平均发表的国际论文数指标排名第 30 位，与上年持平。每万名研发人员发明专利申请受理数指标排名第 19 位，较上年上升 4 位，提升幅度较大，但是排名依旧较为落后。每亿元研发经费内部支出产生的发明专利申请数排名第 19 位，较上年上升 7 位，指标绝对值无较大幅度提升（表 4–57）。

表4–57　广东省劣势基础指标（部分）

指标名称	2022 年指标值	2023 年指标值	2022 年排名	2023 年排名	排名变化
每十万研发人员平均发表的国内论文数（篇／十万人）	2191	5239	31	30	1
每十万研发人员平均发表的国际论文数（篇／十万人）	4266	4840	30	30	0
每万名研发人员发明专利申请受理数（件／万人）	752	824	23	19	4
每亿元研发经费内部支出产生的发明专利申请数（件／亿元）	25	26	26	19	7

整体来看，广东省创新能力领先优势明显，特别是在企业创新和创新绩效方面表现突出，为提升基础研究能力，提高知识创造水平，广东省大力推进高等院校、实验室、科研院所的建设，目前已初步构建起以鹏城实验室、广州实验室为引领，10 家省实验室、31 家国家重点实验室、20 家粤港澳联合实验室、4 家“一带一路”联合实验室等组成的高水平多层次实验室体系。

下一步，广东要继续发挥区域创新领头羊作用，加快推进粤港澳大湾区国际科技创新中心建设，进一步完善以企业为主体的科技创新体系，推进以需求为导向的科技攻关，强化科技创新的教育和人才支撑，推进高水平科技自立自强，在数字经济、新能源、生命科学等未来产业开辟发展新领域、新赛道，不断激发高质量发展新动能。

4.20 广西壮族自治区

2023 年广西壮族自治区创新能力排名全国第 19 位，较上年上升 3 位。经济指标方面，2021 年广西壮族自治区 GDP 总量为 24 740.86 亿元，排名全国第 19 位，地区人均 GDP 为 49 206 元，排名全国第 29 位，第三产业增加值占 GDP 的比例为 50.68%，排名全国第 18 位。与经济总量指标相比，广西壮族自治区的创新能力排名与之持平。2001—2023 年广西壮族自治区创新能力变化趋势如图 4–58 所示。

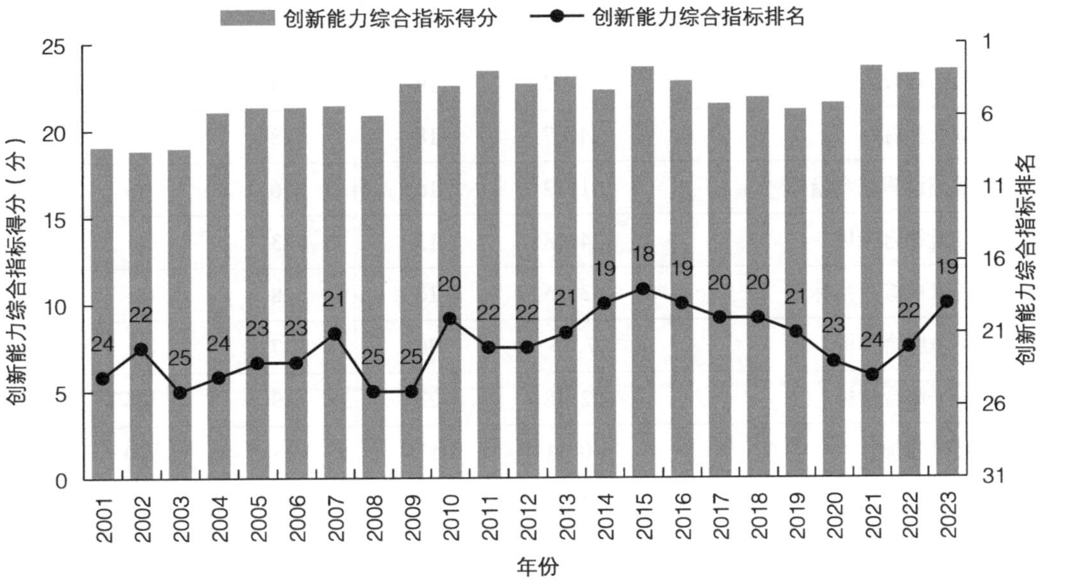

图4–58　2001—2023年广西壮族自治区创新能力变化趋势

分指标看，2023 年广西壮族自治区知识创造综合指标排名第 27 位，较上年下降 3 位；知识获取综合指标排名第 8 位，较上年上升 7 位；企业创新综合指标排名第 19 位，较上年上升 4 位；创新环境综合指标排名第 18 位，较上年上升 5 位；创新绩效综合指标排名第 17 位，较上年上升 1 位（表 4–58、图 4–59）。

表4–58　广西壮族自治区创新能力综合指标

指标名称	2023 年综合指标		2023 年分项指标排名		
	指标值	排名	实力	效率	潜力
综合值	23.46	19	19	26	3
1　知识创造综合指标	16.65	27	21	18	29
1.1　研究开发投入综合指标	10.29	27	22	28	24
1.2　专利综合指标	15.28	24	21	12	31
1.3　科研论文综合指标	32.12	15	21	16	5
2　知识获取综合指标	20.43	8	20	19	2
2.1　科技合作综合指标	23.81	25	22	25	10
2.2　技术转移综合指标	24.32	8	16	6	2
2.3　外资企业投资综合指标	14.98	4	13	14	2
3　企业创新综合指标	23.13	19	20	25	2
3.1　企业研究开发投入综合指标	21.92	22	21	26	2
3.2　设计能力综合指标	24.37	7	19	11	2
3.3　技术提升能力综合指标	18.17	26	19	22	24
3.4　新产品销售收入综合指标	28.02	19	19	17	11
4　创新环境综合指标	24.07	18	18	26	3
4.1　创新基础设施综合指标	31.22	16	16	19	10
4.2　市场环境综合指标	24.98	15	23	11	6
4.3　劳动者素质综合指标	33.85	10	18	21	2
4.4　金融环境综合指标	7.55	30	27	31	25
4.5　创业水平综合指标	22.78	23	19	24	11
5　创新绩效综合指标	30.51	17	18	20	13
5.1　宏观经济综合指标	14.70	24	19	29	17
5.2　产业结构综合指标	21.28	26	20	26	17
5.3　产业国际竞争力综合指标	12.29	22	17	16	16
5.4　就业综合指标	36.20	13	16	16	12
5.5　可持续发展与环保综合指标	68.09	7	13	19	3

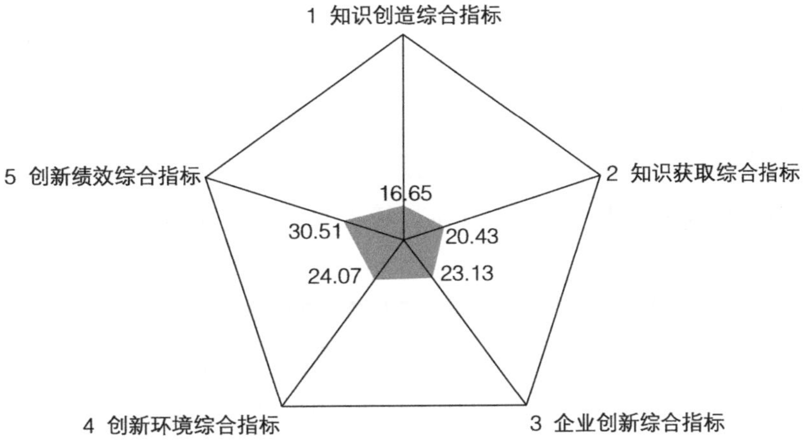

图4-59 广西壮族自治区创新能力蛛网图

5 个维度中，广西壮族自治区在知识获取维度的表现较为突出，排名第 8 位，较上年提升 7 位，这带动了广西综合创新能力排名的提升。但是知识创造维度则较为落后，排名第 27 位，较上年下降 3 位（图 4–60）。

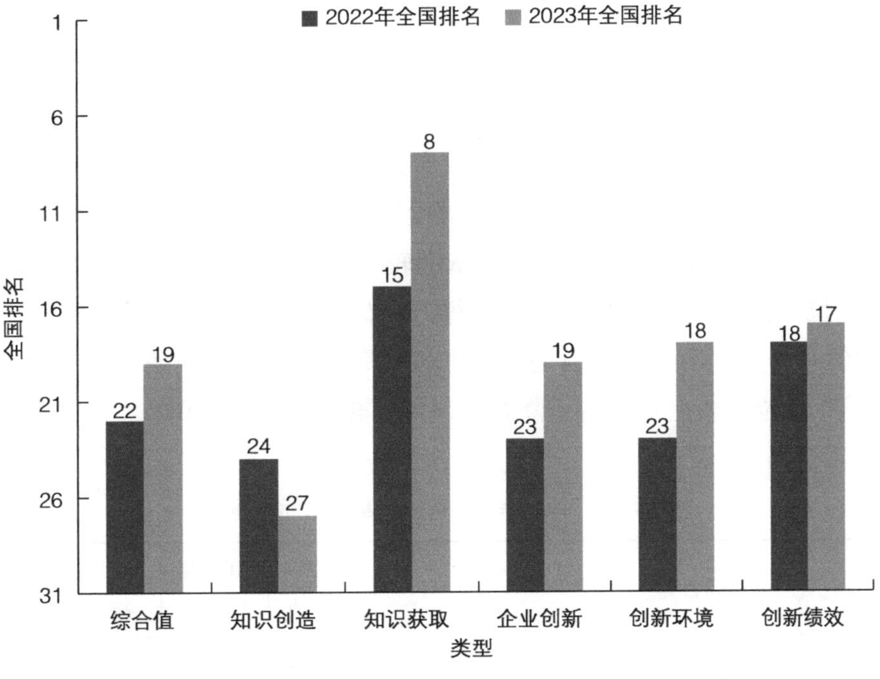

图4-60 2023年广西壮族自治区各维度排名与上年对比

2023 年广西壮族自治区表现良好的知识获取维度方面，科技合作综合指标排名第 25 位，技术转移综合指标排名第 8 位，外资企业投资综合指标排名第 4 位。具体来看，广西壮族自治区在知识获取方面的几个优势指标，如技术市场企业平均交易额（按流向）、技术市场交易金额（按流向）、外商投资企业年底注册资金中外资部分、人均外商投资企业年底注册资金中外资部分、每十万研发人员作者异国科技论文数方面排名领先。其中，技术市场企业平均交易额（按流向）指标排名第 2 位，较上年上升 3 位，排名处于国内领先地位。技术市场交易金额（按流向）指标排名较上年提升 7 位，指标值有较大幅度提升。外商投资企业年底注册资金中外资部分指标排名第 13 位，较上年上升 5 位。人均外商投资企业年底注册资金中外资部分指标排名第 14 位，较上年上升 5 位，指标值也有较大幅度提升。每十万研发人员作者异国科技论文数指标排名第 16 位，较上年上升 5 位（表 4–59）。

表4–59　广西壮族自治区优势基础指标（部分）

指标名称	2022 年指标值	2023 年指标值	2022 年排名	2023 年排名	排名变化
技术市场企业平均交易额（按流向）（万元／项）	747.95	1262.60	5	2	3
技术市场交易金额（按流向）（万元）	4 739 773.6	12 539 980.1	18	11	7
外商投资企业年底注册资金中外资部分（亿美元）	595.5	974.0	18	13	5
人均外商投资企业年底注册资金中外资部分（万美元）	1187	1934	19	14	5
每十万研发人员作者异国科技论文数（篇／十万人）	50	57	21	16	5

2023 年广西壮族自治区表现相对落后的知识创造方面，研究开发投入综合指标排名第 27 位，专利综合指标排名第 24 位，科研论文综合指标第 15 位。具体而言，广西壮族自治区主要在以下几个基础指标处于劣势，其中，政府研发投入占 GDP 的比例指标排名第 28 位，较上年下降 2 位。每万人平均研究与试验发展全时人员当量指标排名第 27 位，尽管指标值较上年有明显提升，但是排名无明显变化，依旧较为落后。发明专利申请受理数（不含企业）指标排名第 21 位，指标值下降幅度较大。每万名研发人员发明专利授权数指标排名第 19 位，尽管指标值有一定幅度上升，但是指标排名下降 2 位。每万名研发人员发明专利申请受理数指标排名第 16 位，较上年排名下降 6 位，降幅较大（表 4–60）。

表4–60　广西壮族自治区劣势基础指标（部分）

指标名称	2022 年指标值	2023 年指标值	2022 年排名	2023 年排名	排名变化
政府研发投入占 GDP 的比例	0.18%	0.14%	26	28	–2
每万人平均研究与试验发展全时人员当量（人年／万人）	9.1	11.1	27	27	0
发明专利申请受理数（不含企业）（件）	10 051	8815	20	21	–1
每万名研发人员发明专利授权数（件／万人）	427	441	17	19	–2
每万名研发人员发明专利申请受理数（件／万人）	1220	850	10	16	–6

整体来看，广西壮族自治区在知识获取方面表现突出，知识创造表现相对落后，尤其是研究开发投入及专利产出方面有待提升。近年来，广西壮族自治区建立了以财政投入为引导、企业投入为主体、金融市场为支撑的多元科技创新投入体系，通过增量奖补、特别奖补和高新技术企业、瞪羚企业研发奖补等方式，激励企业加大研发投入，进一步完善科技金融服务体系，实施高新技术企业上市培育计划。

未来，应依托区位优势，积极参与中国——东盟科技合作，加快构建高水平合作平台，积极开展创新创业合作，聚焦减贫、可持续发展、数字经济等重点方向，积极构建人才培养交流，加大科技企业的孵化、联合研发、产业落地的合作，促进经济高质量发展。

4.21 海南省

2023 年海南省创新能力排名全国第 15 位，较上年上升 1 位。经济指标方面，2021 年海南省 GDP 总量为 6475.20 亿元，排名全国第 28 位，地区人均 GDP 为 63 707 元，排名全国第 19 位，第三产业增加值占 GDP 的比例为 61.50%，排名全国第 3 位。与经济指标相比，海南省创新能力排名略高。2001—2023 年海南省创新能力变化趋势如图 4-61 所示。

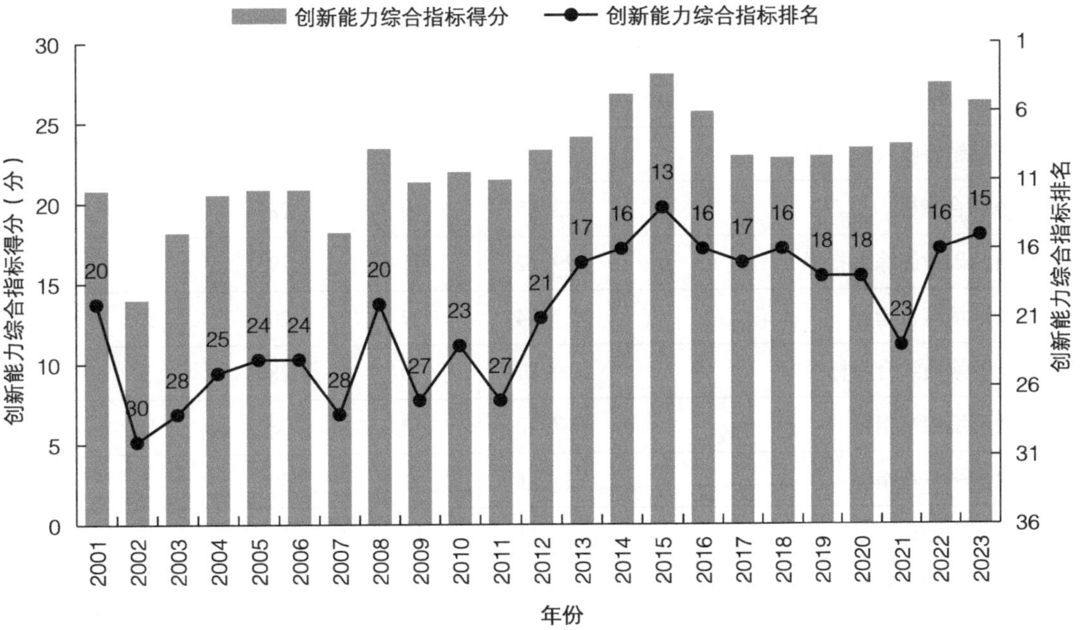

图4-61　2001—2023年海南省创新能力变化趋势

分指标看，2023 年海南省知识创造综合指标排名第 13 位，与上年持平，知识获取综合指标排名第 7 位，较上年下降 6 位；企业创新综合指标排名第 12 位，较上年上升 13 位；创新环境综合指标排名第 19 位，较上年上升 2 位；创新绩效综合指标排名第 16 位，较上年下降 2 位（表 4-61、图 4-62）。

表4-61　海南省创新能力综合指标

指标名称	2023 年综合指标		2023 年分项指标排名		
	指标值	排名	实力	效率	潜力
综合值	26.32	15	25	12	1
1　知识创造综合指标	26.97	13	28	7	2
1.1　研究开发投入综合指标	23.60	14	27	21	1
1.2　专利综合指标	32.22	9	27	5	1
1.3　科研论文综合指标	23.22	27	28	13	19
2　知识获取综合指标	21.58	7	7	5	13
2.1　科技合作综合指标	22.75	28	28	10	27
2.2　技术转移综合指标	16.79	17	28	9	7
2.3　外资企业投资综合指标	24.31	2	1	1	9
3　企业创新综合指标	26.62	12	29	13	1
3.1　企业研究开发投入综合指标	16.67	25	29	25	12
3.2　设计能力综合指标	30.02	3	29	3	1
3.3　技术提升能力综合指标	36.51	5	29	2	1
3.4　新产品销售收入综合指标	26.57	22	29	23	2
4　创新环境综合指标	23.85	19	28	5	26
4.1　创新基础设施综合指标	29.42	21	29	5	30
4.2　市场环境综合指标	17.24	27	20	13	26
4.3　劳动者素质综合指标	19.87	30	28	9	21
4.4　金融环境综合指标	17.22	14	28	12	1
4.5　创业水平综合指标	35.51	9	30	2	24
5　创新绩效综合指标	32.11	16	16	18	6
5.1　宏观经济综合指标	23.06	16	28	19	2
5.2　产业结构综合指标	31.47	17	28	22	1
5.3　产业国际竞争力综合指标	0.20	31	28	28	31
5.4　就业综合指标	30.58	21	8	23	27
5.5　可持续发展与环保综合指标	75.25	3	2	8	23

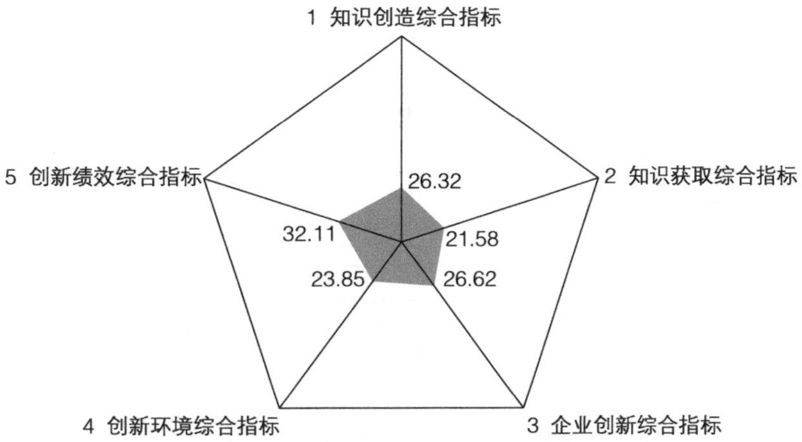

图4-62 海南省创新能力蛛网图

5个维度中，海南省在知识获取方面表现最好，高于综合得分排名，排名第7位，但较上年名次有所下滑。在创新环境方面表现相对较弱，低于综合得分排名，排名第19位（图4-63）。

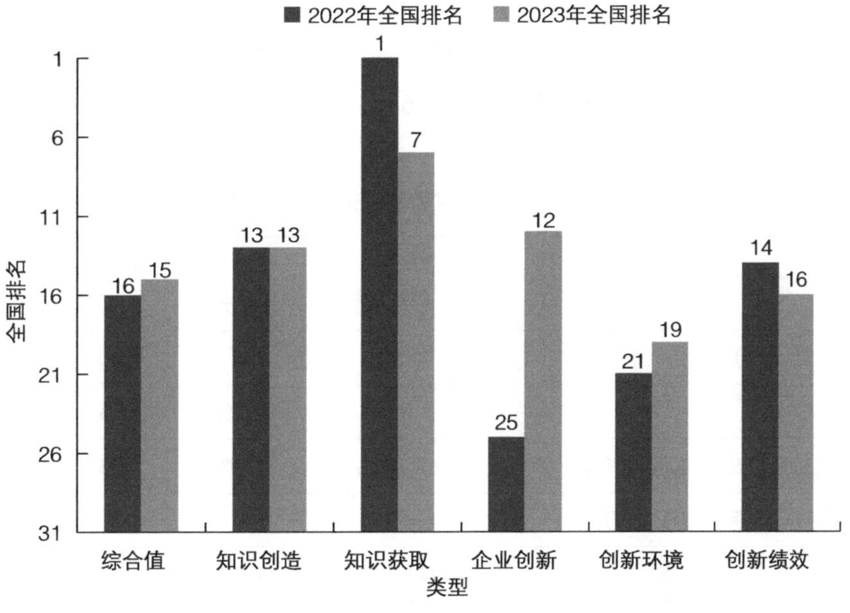

图4-63 2023年海南省各维度排名与上年对比

2023年海南省表现最好的知识获取维度方面，科技合作综合指标排名第28位，技术转移综合指标排名第17位，外资企业投资综合指标排名第2位，表现良好。具体来看，海南省在知识获取方面的几个优势基础指标，如人均外商投资企业年底注册资金中外资部分、外商投资企业年底注册资金中外资部分排名均为全国前列，与上年持平，外商投资企业年底注册资金中外资部分增长率、技术市场交易金额的增长率（按流向）排名较上年有显著提升。每十万研发人员作者同省异单位科技论文数、每十万研发人员作者异国科技论文数相对于其他指标虽然排名靠前，但较上年有所下滑（表 4–62）。

表4–62 海南省优势基础指标（部分）

指标名称	2022 年指标值	2023 年指标值	2022 年排名	2023 年排名	排名变化
技术市场交易金额的增长率（按流向）	12.37%	76.33%	24	3	21
外商投资企业年底注册资金中外资部分（亿美元）	17 759.71	33 019.00	1	1	0
人均外商投资企业年底注册资金中外资部分（万美元）	175 539	323 720	1	1	0
外商投资企业年底注册资金中外资部分增长率	14.55%	83.8%	1	1	0

2023 年海南省表现较落后的创新环境维度方面，创新基础设施综合指标排名第 21 位，市场环境综合指标排名第 27 位，劳动者素质综合指标排名第 30 位，金融环境综合指标排名第 14 位，创业水平综合指标排名第 9 位。具体来看，海南省主要有以下几个基础指标处于劣势。科技企业孵化器增长率、科技企业孵化器当年获风险投资额、科技企业孵化器当年获风险投资额增长率，均排名全国第 30 位，与上年排名相比有所下滑。科技企业孵化器数量、科技企业孵化器当年毕业企业数与上年持平。按目的地和货源地划分进出口总额增长率指标值有所上升，但相对排名仍然靠后（表 4–63）。

表4–63 海南省劣势基础指标（部分）

指标名称	2022 年指标值	2023 年指标值	2022 年排名	2023 年排名	排名变化
科技企业孵化器数量（个）	8	6	30	30	0
科技企业孵化器增长率	0%	−25%	25	30	−5
按目的地和货源地划分进出口总额增长率	−1.16%	3.97%	23	30	−7
科技企业孵化器当年获风险投资额（万元）	6962.2	2775.0	29	30	−1
科技企业孵化器当年获风险投资额增长率	944.67%	−60.14%	5	30	−25
科技企业孵化器当年毕业企业数（家）	65	60	30	30	0

整体来看，海南省知识获取表现较好，而创新环境水平较相对低，知识转移与应用能力、科技成果转化水平、创新环境相关方面有待进一步提高。

近年来，海南省发挥区位优势，全面推进具有海南特色的“一省两市三高地”区域创新体系建设。2022 年 2 月，海南省政府出台《海南省创新型省份建设方案》，打造“海陆空”三大科技创新高地，加快发展新兴产业和优势产业，做强做优热带特色高效农业，推进海南国际离岸创新创业示范区建设，实施引才引智工程，不断加大开放创新力度。未来，海南省应继续发挥自贸港制度优势，持续加强重大科研基础设施和创新平台建设，推动科教产城融合发展，提升技术成果转化能力，为推动海南自由贸易港“三区一中心”建设和高质量发展提供强有力的科技支撑。

4.22 重庆市

2023 年重庆市创新能力排名全国第 12 位，较上年下降 1 位。经济指标方面，2021 年重庆市 GDP 总量为 27 894.02 亿元，排名全国第 16 位，地区人均 GDP 为 86 879 元，排名全国第 8 位，第三产业增加值占 GDP 的比例为 53.01%，排名全国第 8 位。与经济总量指标相比，重庆市创新能力排名较好，但低于人均经济指标排名。2001—2023 年重庆市创新能力变化趋势如图 4-64 所示。

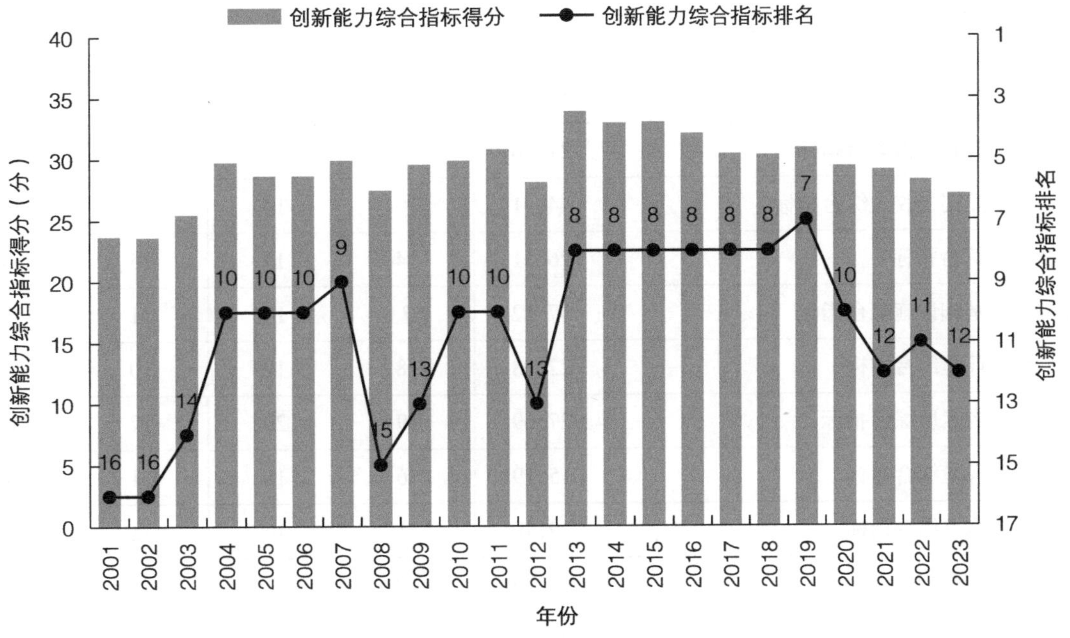

图4-64　2001—2023年重庆创新能力变化趋势

分指标看，2023 年重庆市知识创造综合指标排名第 20 位，较上年下降 1 位；知识获取综合指标排名第 19 位，较上年上升 2 位；企业创新综合指标排名第 10 位，与上年保持不变；创新环境综合指标排名第 14 位，较上年上升 3 位；创新绩效综合指标排名第 12 位，较上年下降 1 位（表 4-64、图 4-65）。

表4–64　重庆市创新能力综合指标

指标名称	2023 年综合指标		2023 年分项指标排名		
	指标值	排名	实力	效率	潜力
综合值	27.09	12	15	8	16
1　知识创造综合指标	20.49	20	15	19	22
1.1　研究开发投入综合指标	20.74	17	17	14	15
1.2　专利综合指标	16.92	22	15	19	26
1.3　科研论文综合指标	27.12	22	16	20	17
2　知识获取综合指标	15.96	19	17	18	15
2.1　科技合作综合指标	28.60	17	16	19	11
2.2　技术转移综合指标	19.86	11	12	8	11
2.3　外资企业投资综合指标	3.56	23	19	13	24
3　企业创新综合指标	29.29	10	15	9	26
3.1　企业研究开发投入综合指标	43.38	8	14	6	24
3.2　设计能力综合指标	10.09	28	16	23	26
3.3　技术提升能力综合指标	21.86	20	17	11	28
3.4　新产品销售收入综合指标	44.41	10	14	9	12
4　创新环境综合指标	26.51	14	17	15	5
4.1　创新基础设施综合指标	37.82	7	19	11	1
4.2　市场环境综合指标	22.08	18	12	10	20
4.3　劳动者素质综合指标	27.69	19	20	17	11
4.4　金融环境综合指标	15.19	16	16	21	9
4.5　创业水平综合指标	29.79	11	16	11	14
5　创新绩效综合指标	38.35	12	9	10	16
5.1　宏观经济综合指标	28.49	11	16	8	8
5.2　产业结构综合指标	30.00	18	15	18	12
5.3　产业国际竞争力综合指标	29.38	6	7	4	14
5.4　就业综合指标	43.16	8	6	7	13
5.5　可持续发展与环保综合指标	60.71	10	14	16	27

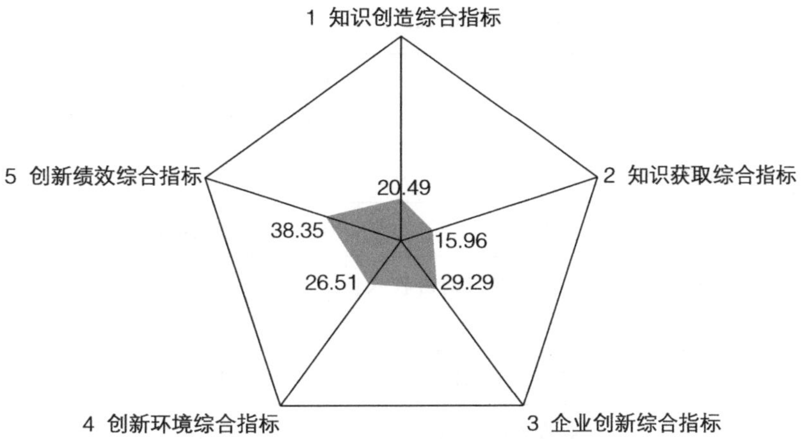

图4-65 重庆市创新能力蛛网图

5 个维度中，重庆市在企业创新方面表现最好，高于综合得分排名，排名第 10 位，与上年排名保持不变。在知识创造方面表现相对较弱，低于综合得分排名较多名次，排名第 20 位（图 4—66）。

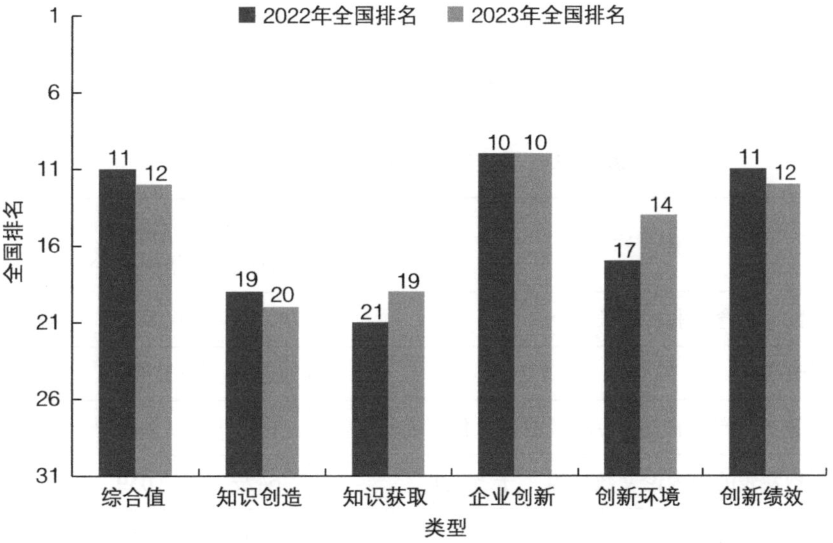

图4-66 2023年重庆市各维度排名与上年对比

2023 年重庆市表现最好的企业创新维度方面，企业研究开发投入综合指标排名第 8 位，设计能力综合指标排名第 28 位，技术提升能力综合指标排名第 20 位，新产品销售收入综合指标排名第 10 位。具体来看，重庆市在企业创新方面的几个优势基础指标，如规模以上工业企业就业人员中研发人员比重排名第 5 位，较上年上升 4 位。规模以上工业企业研发活动经费内部支出总额占销售收入的比例排名全国靠前，与上年持平。有电子商务交易活动的企业数占总企业数的比重、规模以上工业企业中有研发机构的企业占总企业数的比例、规模以上工业企业新产品销售收入占营业收入的比重虽然靠前，但与上年相比名次有所下滑（表 4—65）。

表4–65　重庆市优势基础指标（部分）

指标名称	2022 年指标值	2023 年指标值	2022 年排名	2023 年排名	排名变化
有电子商务交易活动的企业数占总企业数的比重（亿元）	13.7	13.6	3	4	−1
规模以上工业企业就业人员中研发人员比重	6.36%	8.34%	9	5	4
规模以上工业企业研发活动经费内部支出总额占销售收入的比例	1.62%	1.54%	6	6	0
规模以上工业企业中有研发机构的企业占总企业数的比例	27.49%	23.78%	5	7	−2
规模以上工业企业新产品销售收入占营业收入的比重	25.51%	25.41%	6	9	−3

2023 年重庆市表现较落后的知识创造维度方面，研究开发投入综合指标排名第 17 位，专利综合指标排名第 22 位，科研论文综合指标排名第 22 位。具体来看，重庆市主要有以下几个基础指标处于劣势。发明专利申请受理数（不含企业）增长率、发明专利授权数增长率、每亿元研发经费内部支出产生的发明专利授权数排名较上年均有所下滑。每十万研发人员平均发表的国内论文数和国际论文数增长率指标值有所上升，表明科研力度在加强，但相对排名仍然靠后，有待进一步增强科研理论及基础研究投入（表 4–66）。

表4–66　重庆市劣势基础指标（部分）

指标名称	2022 年指标值	2023 年指标值	2022 年排名	2023 年排名	排名变化
发明专利申请受理数（不含企业）增长率	4.86%	0.88%	18	21	−3
发明专利授权数增长率	7.56%	12.97%	19	26	−7
每亿元研发经费内部支出产生的发明专利授权数（件 / 亿元）	14.5	15.6	16	22	−6
每十万研发人员平均发表的国内论文数（篇 / 十万人）	6427	12 059	22	19	3
国际论文数增长率	9.31%	12.31%	23	22	1

整体来看，重庆市企业创新表现较好，知识创造相对落后。近年来，重庆市坚持“科技是第一生产力、人才是第一资源、创新是第一动力”，出台《重庆市科技创新促进条例》《川渝自贸试验区协同开放示范区深化改革创新行动方案》，提出科技创新“1458”工作体系，统筹布局创新资源，以支撑高质量发展为主线，以产业创新为核心，聚焦新能源汽车、智能网联汽车、新药研发、数字医疗器械、前沿生命科学技术等前沿领域，推动高新技术产业创新发展。依托西部门户区位优势，重庆积极构建开放创新的体制机制，打造辐射西部、支撑全国、面向全球的“一带一路”科技创新合作枢纽。未来，重庆市应持续支持企业、高校和

科研院所协同创新，激发创新创业活力，推动全国科技创新中心建设实现新突破，为现代化新重庆建设提供支撑。

4.23 四川省

2023 年四川省创新能力排名全国第 10 位，较上年上升 2 位。经济指标方面，2021 年四川省 GDP 总量为 53 850.79 亿元，排名全国第 6 位，地区人均 GDP 为 64 326 元，排名全国第 18 位，第三产业增加值占 GDP 的比例为 52.53%，排名全国 12 位。与经济总量指标相比，四川省创新能力排名略低。2001—2023 年四川省创新能力变化趋势如图 4–67 所示。

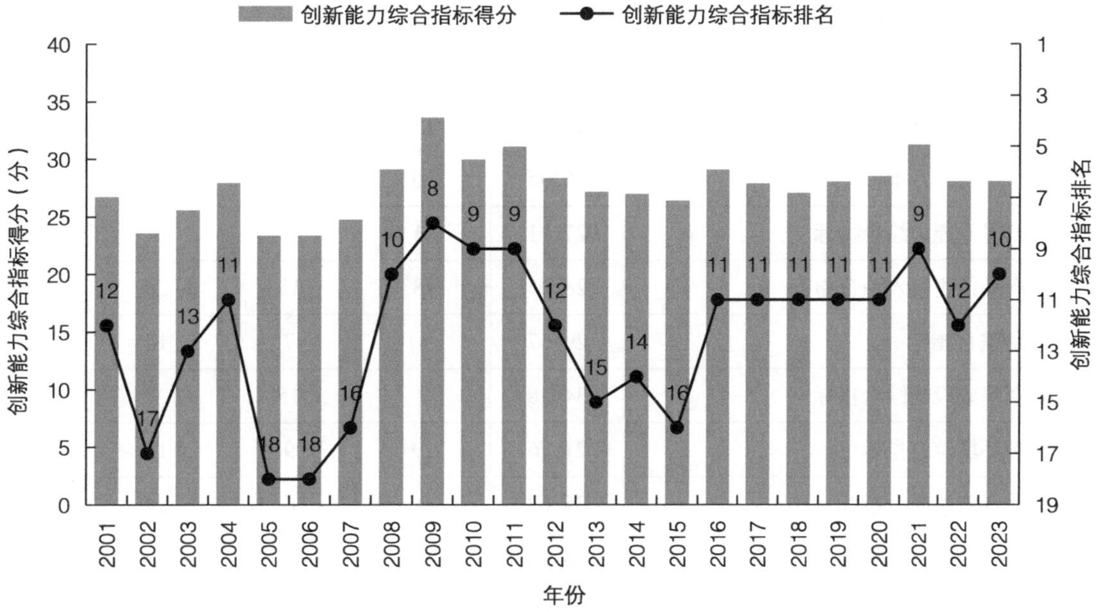

图4–67 2001—2023年四川省创新能力变化趋势

分指标看，2023 年四川省知识创造综合指标排名第 7 位，较上年上升 3 位；知识获取综合指标排名第 12 位，较上年上升 14 位；企业创新综合指标排名第 16 位，较上年下降 2 位；创新环境综合指标排名第 8 位，较上年下降 1 位；创新绩效综合指标排名第 15 位，与上年保持不变（表 4–67、图 4–68）。

表4–67 四川省创新能力综合指标

指标名称	2023 年综合指标		2023 年分项指标排名		
	指标值	排名	实力	效率	潜力
综合值	28.07	10	9	15	12

续表

指标名称	2023 年综合指标		2023 年分项指标排名		
	指标值	排名	实力	效率	潜力
1 知识创造综合指标	33.92	7	7	12	7
1.1 研究开发投入综合指标	37.56	4	6	8	7
1.2 专利综合指标	25.21	14	9	17	16
1.3 科研论文综合指标	44.05	7	6	10	12
2 知识获取综合指标	18.41	12	9	17	11
2.1 科技合作综合指标	33.99	8	8	12	18
2.2 技术转移综合指标	16.91	16	10	19	17
2.3 外资企业投资综合指标	7.86	14	16	26	10
3 企业创新综合指标	24.47	16	11	22	15
3.1 企业研究开发投入综合指标	28.22	15	13	21	18
3.2 设计能力综合指标	16.05	16	10	12	24
3.3 技术提升能力综合指标	27.91	11	8	14	17
3.4 新产品销售收入综合指标	28.05	18	15	20	10
4 创新环境综合指标	29.67	8	7	10	16
4.1 创新基础设施综合指标	34.28	9	15	7	26
4.2 市场环境综合指标	21.76	19	9	15	24
4.3 劳动者素质综合指标	35.67	9	6	24	18
4.4 金融环境综合指标	18.02	12	9	10	18
4.5 创业水平综合指标	38.64	5	7	6	9
5 创新绩效综合指标	33.42	15	13	15	7
5.1 宏观经济综合指标	30.39	9	6	18	11
5.2 产业结构综合指标	32.87	16	8	21	6
5.3 产业国际竞争力综合指标	17.43	15	14	14	9
5.4 就业综合指标	26.32	28	30	22	17
5.5 可持续发展与环保综合指标	60.09	12	21	11	14

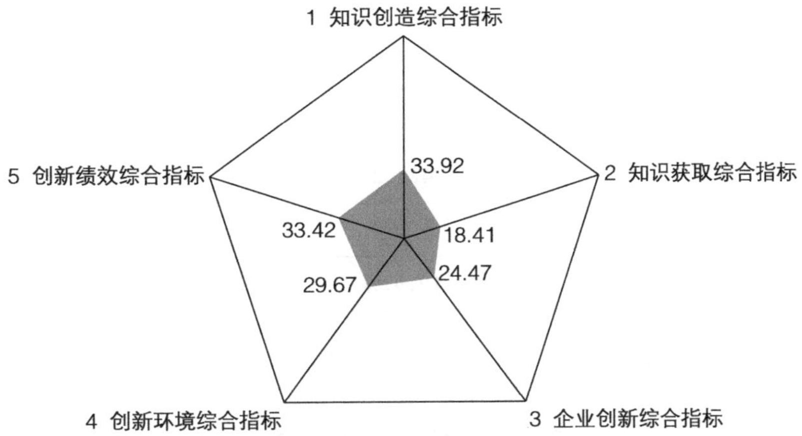

图4-68 四川省创新能力蛛网图

5 个维度中，四川省在知识创造方面表现最好，高于综合得分排名，排名第 7 位。在知识获取方面排名第 12 位，较上年有显著提升。在企业创新方面表现相对较弱，低于综合得分排名，排名第 16 位（图 4-69）。

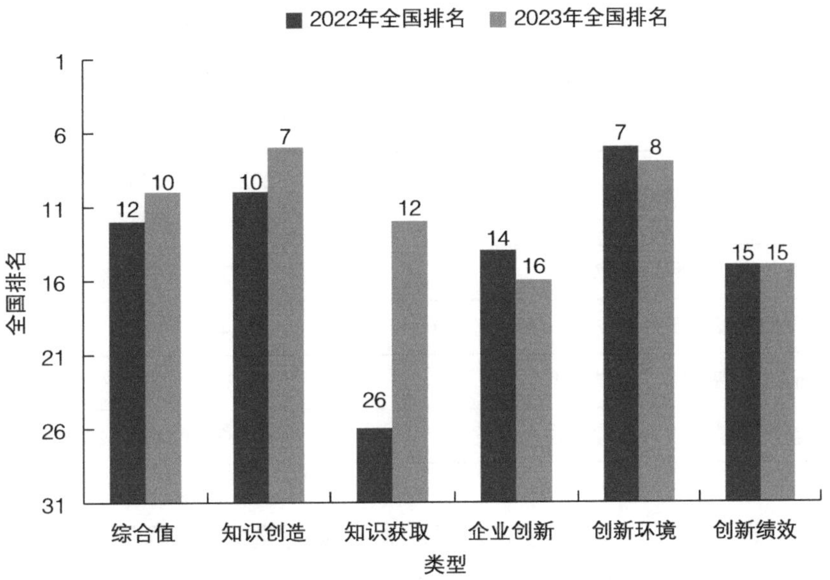

图4-69 2023年四川省各维度排名与上年对比

2023 年四川省表现最好的知识创造维度方面，专利综合指标排名第 14 位，科研论文综合指标排名第 7 位，研究开发投入综合指标排名第 4 位，表现较好。具体来看，四川省在知识创造方面的几个优势基础指标，如政府研发投入占 GDP 的比例、政府研发投入增长率排名均为全国靠前，与上年持平。政府研发投入指标值上升，排名第 3 名，较上年上升 1 位。国内论文数指标值排名第 3 位，较上年上升 3 位（表 4-68）。

表4–68　四川省优势基础指标（部分）

指标名称	2022 年指标值	2023 年指标值	2022 年排名	2023 年排名	排名变化
政府研发投入（亿元）	420.2	513.2	4	3	1
政府研发投入占 GDP 的比例	0.86%	0.95%	4	4	0
政府研发投入增长率	19.97%	21.19%	3	3	0
国内论文数（篇）	21 507	53 176	7	4	3

2023 年四川省表现较落后的企业创新维度方面，企业研究开发投入综合指标排名第 15 位，设计能力综合指标排名第 16 位，技术提升能力综合指标排名第 11 位，新产品销售收入综合指标排名第 18 位。具体来看，四川省主要有以下几个基础指标处于劣势。规模以上工业企业研发经费外部支出增长率指标值显著提高，排名较上年上升 1 位至第 20 名。规模以上工业企业有效发明专利增长率、规模以上工业企业平均研发经费外部支出和规模以上工业企业新产品销售收入占营业收入的比重指标值有所上升，表明企业的研发力度在加大，但排名较上年仍有下降，有待进一步增强研发投入以提高相对竞争力（表 4–69）。

表4–69　四川省劣势基础指标（部分）

指标名称	2022 年指标值	2023 年指标值	2022 年排名	2023 年排名	排名变化
规模以上工业企业有效发明专利增长率	8.93%	10.86%	27	29	−2
规模以上工业企业平均研发经费外部支出（万元 / 家）	16.43	17.04	18	21	−3
规模以上工业企业研发经费外部支出增长率	−0.87%	12.97%	21	20	1
规模以上工业企业新产品销售收入占营业收入的比重	10.67%	11.32%	19	20	−1

近两年，四川省出台了一系列行动方案，大力支持重大基础研究创新平台、跨高校院所的省级中试研发平台及高水平新型研发机构和创新联合体建设，吸引集聚高端紧缺人才，着力解决科技成果转化能力不强、产业融合程度不深等短板。未来，四川应着力提升企业技术创新能力，引导企业加大研发投入，支持企业开展基础研究、应用研究、关键核心技术攻关和成果转移转化，完善科技创新服务体系，为高质量培育壮大创新型企业集群提供有力支撑。

4.24 贵州省

2023 年贵州省创新能力排名全国第 22 位，较上年下降 2 位。经济指标方面，2021 年贵州省 GDP 总量为 19 586.42 亿元，排名全国第 22 位，地区人均 GDP 为 50 808 元，排名全国第 28 位，第三产业增加值占 GDP 的比例为 50.40%，排名全国第 20 位。与经济总量指标相比，贵州省创新能力排名持平。2001—2023 年贵州省创新能力变化趋势如图 4–70 所示。

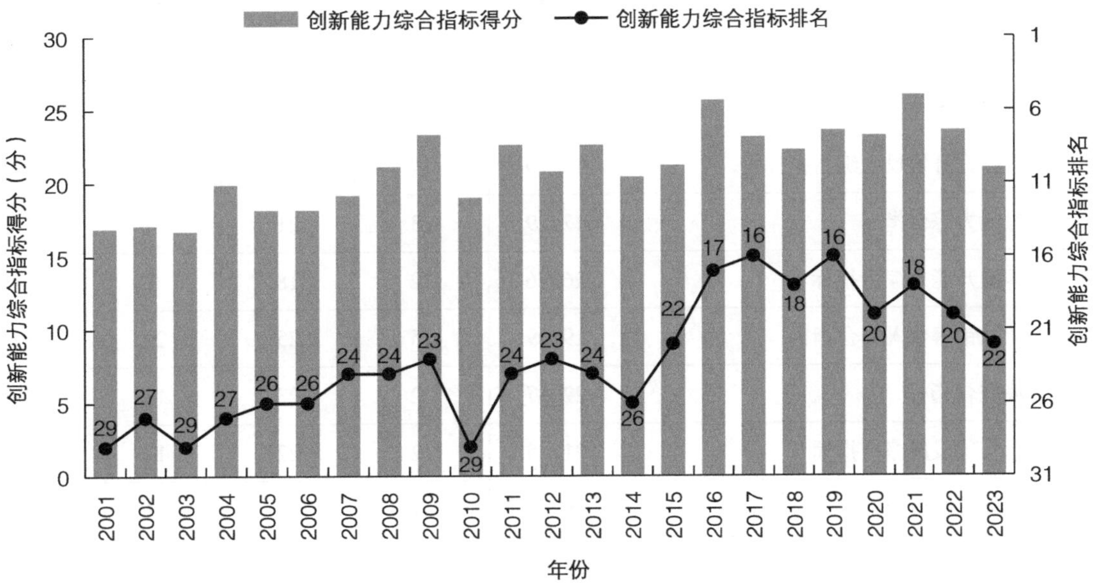

图4–70　2001—2023年贵州省创新能力变化趋势

分指标看，2023 年贵州省知识创造综合指标排名第 29 位，较上年下降 7 位；知识获取综合指标排名第 17 位，较上年下降 3 位；企业创新综合指标排名第 21 位，较上年下降 1 位；创新环境综合指标排名第 22 位，较上年下降 8 位；创新绩效综合指标排名第 25 位，较上年上升 3 位（表 4–70、图 4–71）。

表4–70　贵州省创新能力综合指标

指标名称	2023 年综合指标		2023 年分项指标排名		
	指标值	排名	实力	效率	潜力
综合值	21.00	22	24	23	16
1　知识创造综合指标	15.63	29	25	23	24
1.1　研究开发投入综合指标	10.20	29	24	27	26
1.2　专利综合指标	13.16	27	24	20	27

续表

指标名称	2023 年综合指标		2023 年分项指标排名		
	指标值	排名	实力	效率	潜力
1.3 科研论文综合指标	31.43	17	25	17	2
2 知识获取综合指标	16.06	17	25	25	5
2.1 科技合作综合指标	23.87	24	25	24	9
2.2 技术转移综合指标	19.13	13	22	18	1
2.3 外资企业投资综合指标	7.89	13	24	24	8
3 企业创新综合指标	21.26	21	22	14	18
3.1 企业研究开发投入综合指标	27.79	17	22	15	20
3.2 设计能力综合指标	12.29	23	21	17	18
3.3 技术提升能力综合指标	26.76	12	18	6	9
3.4 新产品销售收入综合指标	19.39	25	25	22	21
4 创新环境综合指标	22.57	22	23	11	28
4.1 创新基础设施综合指标	31.85	12	22	13	3
4.2 市场环境综合指标	6.42	31	29	31	31
4.3 劳动者素质综合指标	32.02	11	19	11	5
4.4 金融环境综合指标	31.05	7	12	2	16
4.5 创业水平综合指标	11.50	31	23	26	31
5 创新绩效综合指标	26.42	25	26	28	4
5.1 宏观经济综合指标	15.12	23	22	28	12
5.2 产业结构综合指标	24.34	23	22	20	26
5.3 产业国际竞争力综合指标	20.90	11	25	24	1
5.4 就业综合指标	14.27	31	22	31	31
5.5 可持续发展与环保综合指标	57.49	19	16	21	2

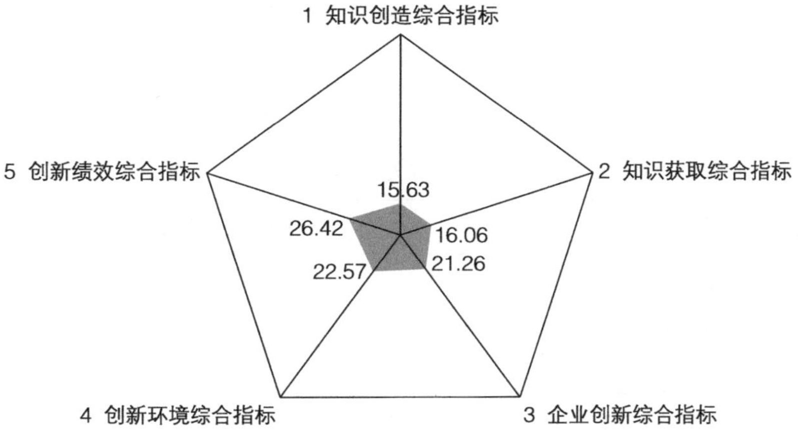

图4–71　贵州省创新能力蛛网图

5 个维度中，贵州省在知识获取方面表现最好，高于综合得分排名，排名第 17 位，但较上年仍有所下滑。在知识创造方面表现相对较弱，低于综合得分排名，排名第 29 位（图 4–72）。

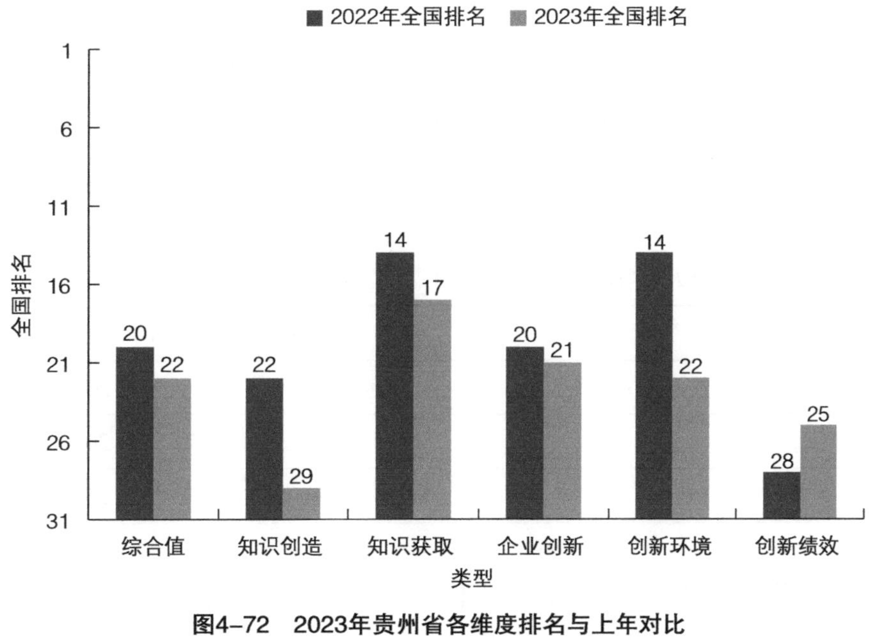

图4–72　2023年贵州省各维度排名与上年对比

2023 年贵州省表现最好的知识获取维度方面，科技合作综合指标排名第 24 位，技术转移综合指标排名第 13 位，外资企业投资综合指标排名第 13 位。具体来看，贵州省在知识创造方面的几个优势基础指标，如每十万研发人员作者同省异单位科技论文数、同省异单位科技论文数增长率、作者异省科技论文数增长率、规模以上工业企业国外技术引进金额增长率指标值均有所提升，全国排名较上年均有所上升，位于全国靠前水平。技术市场企业平均交易额（按流向）与上年相比，指标值下降，名次有所下滑（表 4–71）。

表4–71　贵州省优势基础指标（部分）

指标名称	2022 年指标值	2023 年指标值	2022 年排名	2023 年排名	排名变化
每十万研发人员作者同省异单位科技论文数（篇 / 十万人）	2022	2217	9	8	1
同省异单位科技论文数增长率	−3.93%	52.15%	10	2	8
作者异省科技论文数增长率	4.25%	48.18%	10	3	7
技术市场企业平均交易额（按流向）（万元 / 项）	917.39	735.10	2	7	−5
规模以上工业企业国外技术引进金额增长率	−25.0%	109.4%	20	2	18

2023 年贵州省表现较落后的知识创造维度方面，研究开发投入综合指标排名第 29 位，专利综合指标排名第 27 位，科研论文综合指标排名第 17 位。具体来看，贵州省主要有以下几个基础指标处于劣势。每万人平均研究与试验发展全时人员当量、政府研发投入增长率、每万名研发人员发明专利授权数和发明专利授权数增长率，与上年排名相比有所下滑。国际论文数指标值较上年增加，排名与上年持平，表明科研能力有所提升，但相对排名仍然靠后，有待进一步增加科研人员数量及研发投入（表 4–72）。

表4–72　贵州省劣势基础指标（部分）

指标名称	2022 年指标值	2023 年指标值	2022 年排名	2023 年排名	排名变化
每万人平均研究与试验发展全时人员当量（人年 / 万人）	10.8	11.2	26	26	−1
政府研发投入增长率	19.39%	−3.82%	5	25	−20
每万名研发人员发明专利授权数（件 / 万人）	317	365	26	27	−1
发明专利授权数增长率	7.22%	11.73%	20	27	−7
国际论文数（篇）	3884	4735	25	25	0

整体来看，贵州省高度重视科技创新工作，始终将创新驱动发展摆在核心地位，但贵州科技资源薄弱的短板突出，创新能力与高质量发展的要求相比还存在不小差距。近两年，贵州省以制度创新倒逼技术创新、应用创新和产业创新，持续推动国家级大数据综合试验区和数字经济发展创新区建设，不断培育壮大数字经济相关产业。

下一步，贵州应着力保持政府研发投入稳中有升，引导更多企业开展研发活动，积极开展区域创新合作，承接东部产业转移，以产业发展带动科技创新，促进人力资源提升。着力发掘数据要素潜能，推动数字经济与实体经济融合发展，打造具有竞争力的数字产业集群，为本地经济发展注入新动能。

4.25　云南省

2023 年云南省创新能力排名全国第 25 位，较上年下降 6 位。经济指标方面，2021 年云南省 GDP 总量为 27 146.76 亿元，排名全国第 18 位，地区人均 GDP 为 57 686 元，排名全国第 23 位，第三产业增加值占 GDP 的比例为 50.42%，排名全国 19 位。与经济总量指标相比，云南省的创新能力排名较低。2001—2023 年云南省创新能力变化趋势如图 4–73 所示。

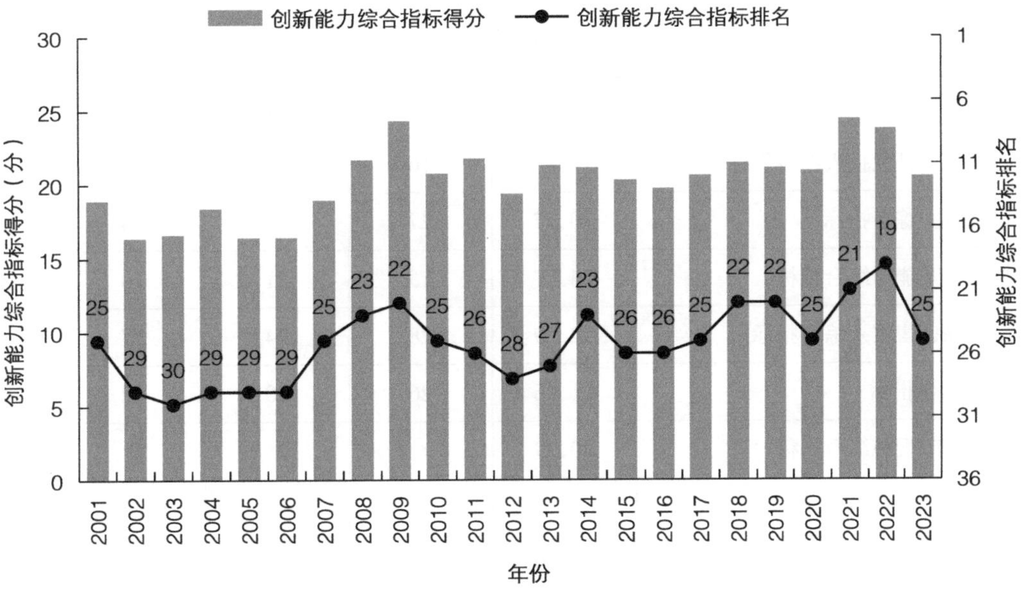

图4–73　2001—2023年云南省创新能力变化趋势

分指标看，2023 年云南省知识创造综合指标排名第 28 位，较上年上升 1 位；知识获取综合指标排名第 14 位，较上年上升 6 位；企业创新综合指标排名第 25 位，较上年上升 1 位；创新环境综合指标排名第 26 位，较上年下降 17 位；创新绩效综合指标排名第 24 位，较上年下降 2 位（表 4–73、图 4–74）。

表4–73　云南省创新能力综合指标

指标名称	2023 年综合指标		2023 年分项指标排名		
	指标值	排名	实力	效率	潜力
综合值	20.54	25	21	25	26
1　知识创造综合指标	16.39	28	22	25	17
1.1　研究开发投入综合指标	11.94	26	21	24	22
1.2　专利综合指标	14.89	26	22	26	14

续表

指标名称	2023 年综合指标		2023 年分项指标排名		
	指标值	排名	实力	效率	潜力
1.3　科研论文综合指标	28.29	21	24	18	11
2　知识获取综合指标	17.59	14	22	23	4
2.1　科技合作综合指标	24.16	22	21	26	8
2.2　技术转移综合指标	19.50	12	20	10	3
2.3　外资企业投资综合指标	11.23	8	20	18	4
3　企业创新综合指标	18.85	25	21	23	23
3.1　企业研究开发投入综合指标	27.83	16	20	17	11
3.2　设计能力综合指标	10.47	27	22	24	20
3.3　技术提升能力综合指标	24.21	15	21	10	10
3.4　新产品销售收入综合指标	12.59	28	24	27	29
4　创新环境综合指标	21.26	26	20	12	31
4.1　创新基础设施综合指标	40.39	6	21	3	28
4.2　市场环境综合指标	12.37	30	22	26	29
4.3　劳动者素质综合指标	28.19	17	14	19	16
4.4　金融环境综合指标	8.50	28	22	15	31
4.5　创业水平综合指标	16.87	28	24	21	29
5　创新绩效综合指标	27.06	24	18	24	19
5.1　宏观经济综合指标	17.30	21	18	23	18
5.2　产业结构综合指标	12.67	30	19	29	31
5.3　产业国际竞争力综合指标	8.39	25	27	27	13
5.4　就业综合指标	28.29	25	21	27	5
5.5　可持续发展与环保综合指标	68.67	5	9	12	6

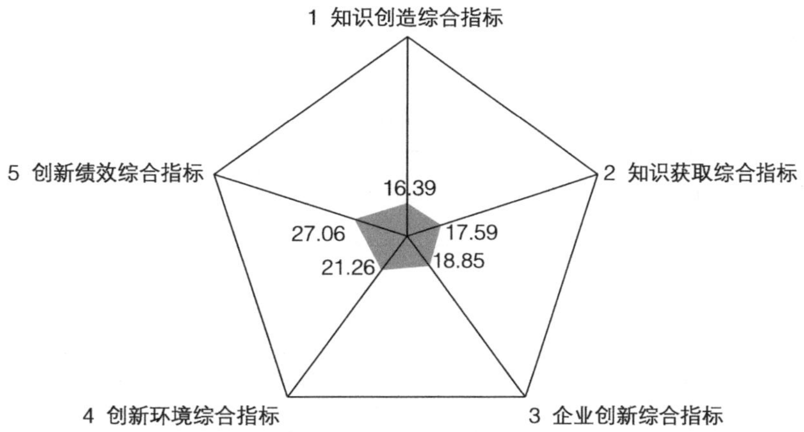

图4-74　云南省创新能力蛛网图

5个维度中，云南省在知识获取维度的表现较为突出，排名第14位，较上年提升6位。但是在知识创造维度的表现则较为落后，排名第28位，较上年提升1位（图4-75）。

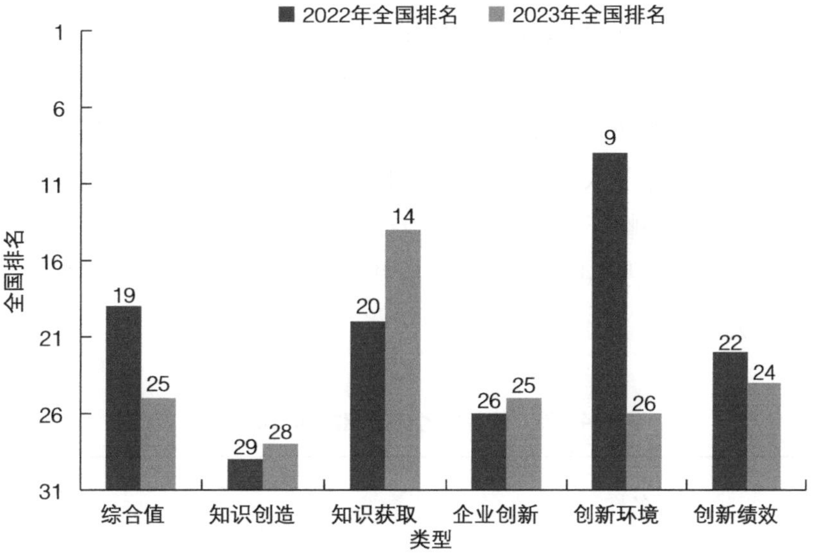

图4-75　2023年云南省各维度排名与上年对比

2023年云南省表现良好的知识获取维度方面，科技合作综合指标排名第22位，技术转移综合指标排名第12位，外资企业投资综合指标排名第8位。具体来看，云南省在以下几个指标处于优势，其中，技术市场企业平均交易额（按流向）指标排名第3位，较上年上升9位，指标值也有较大幅度提升。规模以上工业企业平均国外技术引进金额指标排名第6位，较上年上升12位，增幅较大。每十万研发人员作者同省异单位科技论文数指标排名第9位，较上年上升5位。每十万研发人员作者异国科技论文数指标排名第11位，较上年上升2位。规模以上工业企业国外技术引进金额指标排名第13位，较上年上升10位，且指标值有较大幅度提升。技术市场交易金额（按流向）指标排名第15位，较上年上升6位，指标值增幅较大（表 4–74）。

表4–74　云南省优势基础指标（部分）

指标名称	2022 年指标值	2023 年指标值	2022 年排名	2023 年排名	排名变化
技术市场企业平均交易额（按流向）（万元 / 项）	529.48	886.10	12	3	9
规模以上工业企业平均国外技术引进金额（万元 / 项）	1.79	7.83	18	6	12
每十万研发人员作者同省异单位科技论文数（篇 / 十万人）	1734	2170	14	9	5
每十万研发人员作者异国科技论文数（篇 / 十万人）	81	80	13	11	2
规模以上工业企业国外技术引进金额（万元）	7872.1	35 756.4	23	13	10
技术市场交易金额（按流向）（万元）	3 323 528.0	7 003 372.9	21	15	6

2023 年云南省表现相对落后的知识创造方面，研究开发投入综合指标排名第 26 位，专利综合指标排名第 26 位，科研论文综合指标排名第 21 位。具体而言，云南省主要在以下几个指标中处于劣势，其中，每亿元研发经费内部支出产生的发明专利授权数指标排名第 28 位，处于落后地位。每万名研发人员发明专利授权数指标排名第 26 位，尽管较上年上升 3 位，但是排名依旧落后。每万人平均研究与试验发展全时人员当量指标排名第 25 位，较上年下降 2 位且指标值也有小幅下降。发明专利授权数指标排名第 23 位，指标值较上年有一定幅度提升。政府研发投入占 GDP 的比例指标排名第 22 位，较上年下降 1 位，指标值也有小幅下降（表 4–75）。

表4–75　云南省劣势基础指标（部分）

指标名称	2022 年指标值	2023 年指标值	2022 年排名	2023 年排名	排名变化
每亿元研发经费内部支出产生的发明专利授权数（件 / 亿元）	10.0	12.9	29	28	1
每万名研发人员发明专利授权数（件 / 万人）	259	373	29	26	3
每万人平均研究与试验发展全时人员当量（人年 / 万人）	12.8	12.6	23	25	−2
发明专利授权数（件）	2458%	3643%	23	23	0
政府研发投入占 GDP 的比例	0.23%	0.22%	21	22	−1

整体来看，云南省在知识获取方面表现较为突出，这主要得益于其在外商企业投资、技术市场交易等方面的良好表现。近年来，云南省积极提升企业技术创新能力，加快一流大学和高水平科研院所建设，大力发展新型研发机构，加速形成以企业为主体，高等学校、科

研院所等各类创新主体协同联动，产学研深度融合的创新格局。下一步，云南应深入实施创新驱动发展战略、科教兴滇战略、人才强省战略，持续完善科技创新体系，优化创新资源配置。同时，充分发挥区位优势，积极参与和服务我国与东盟地区的合作，在开放中加大科技合作力度，吸引更多外资进入云南，带动本地产业发展，开辟发展的新领域新赛道，不断培育发展新动能新优势。

4.26 西藏自治区

2023 年西藏自治区创新能力排名全国第 31 位，与上年持平。经济指标方面，2021 年西藏自治区 GDP 总量为 2080.17 亿元，排名全国第 31 位，地区人均 GDP 为 56 831 元，排名全国第 24 位，第三产业增加值占 GDP 的比例为 55.71%，排名全国第 5 位。与经济指标排名相似，西藏自治区创新能力排名也较为落后。2001—2023 年西藏自治区创新能力变化趋势如图 4–76 所示。

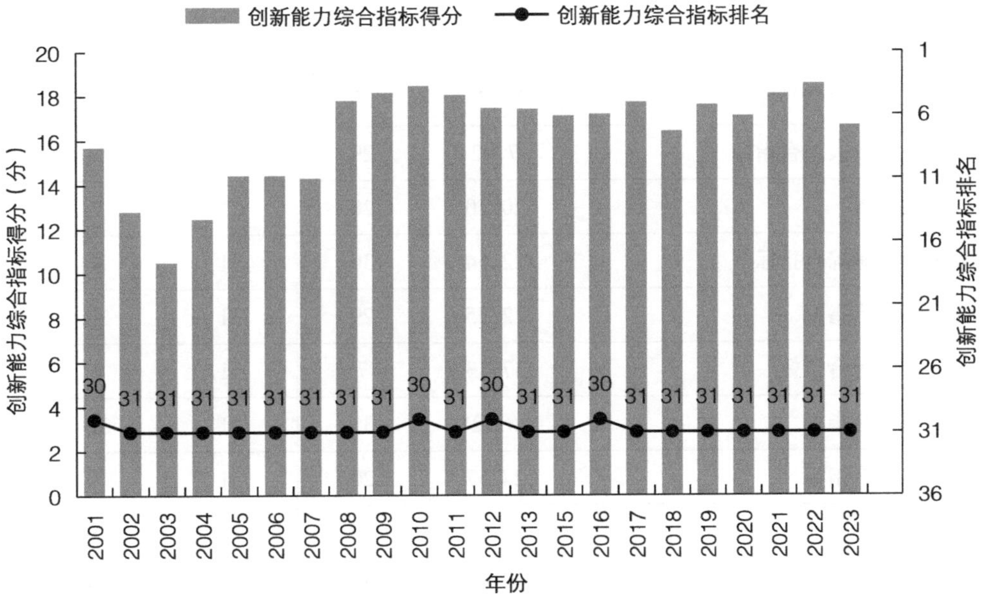

图4–76　2001—2023年西藏自治区创新能力变化趋势

分指标看，2023 年西藏自治区知识创造综合指标排名第 26 位，较上年下降 8 位，知识获取综合指标排名第 21 位，较上年上升 10 位；企业创新综合指标排名与上年持平，排名第 31 位；创新环境综合指标排名第 28 位，较上年下降 9 位；创新绩效综合指标排名第 29 位，较上年下降 2 位（表 4–76、图 4–77）。

表4–76　西藏自治区创新能力综合指标

指标名称	2023 年综合指标		2023 年分项指标排名		
	指标值	排名	实力	效率	潜力
综合值	16.65	31	31	21	31
1　知识创造综合指标	16.68	26	31	6	31
1.1　研究开发投入综合指标	3.23	31	31	31	31
1.2　专利综合指标	30.85	11	31	3	24
1.3　科研论文综合指标	15.24	31	31	12	31
2　知识获取综合指标	15.20	21	31	4	22
2.1　科技合作综合指标	23.04	26	31	17	23
2.2　技术转移综合指标	25.34	7	29	4	14
2.3　外资企业投资综合指标	1.72	27	31	30	26
3　企业创新综合指标	7.47	31	31	31	31
3.1　企业研究开发投入综合指标	8.41	31	31	29	30
3.2　设计能力综合指标	1.99	31	31	31	30
3.3　技术提升能力综合指标	14.35	30	31	28	12
3.4　新产品销售收入综合指标	7.42	29	31	31	24
4　创新环境综合指标	20.70	28	31	7	29
4.1　创新基础设施综合指标	22.54	30	31	4	31
4.2　市场环境综合指标	12.55	29	31	30	28
4.3　劳动者素质综合指标	37.13	7	31	2	3
4.4　金融环境综合指标	6.72	31	31	30	28
4.5　创业水平综合指标	24.57	20	31	8	26
5　创新绩效综合指标	24.14	29	20	29	30
5.1　宏观经济综合指标	7.20	28	31	24	21
5.2　产业结构综合指标	15.83	28	31	30	7
5.3　产业国际竞争力综合指标	4.88	28	29	30	26
5.4　就业综合指标	37.83	11	3	19	11
5.5　可持续发展与环保综合指标	54.94	22	4	23	31

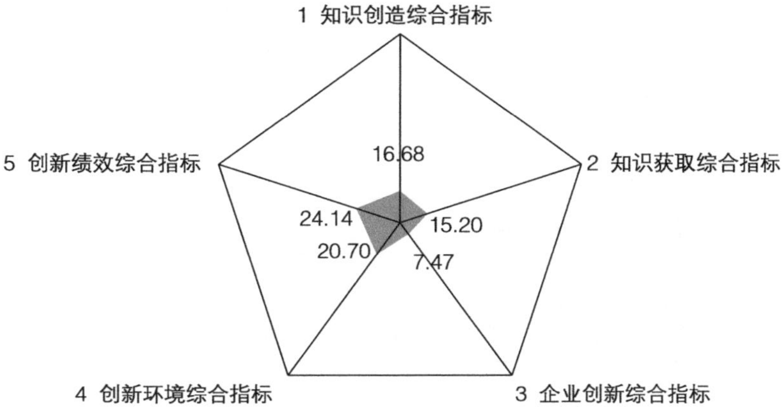

图4–77 西藏自治区创新能力蛛网图

5 个维度中，西藏自治区在知识获取方面表现最好，高于综合得分排名，排名第 21 位，较上年有较大提升。在企业创新、创新绩效、创新环境和知识创造方面表现较弱，分别排名全国第 31 位、第 29 位、第 28 位和第 26 位（图 4–78）。

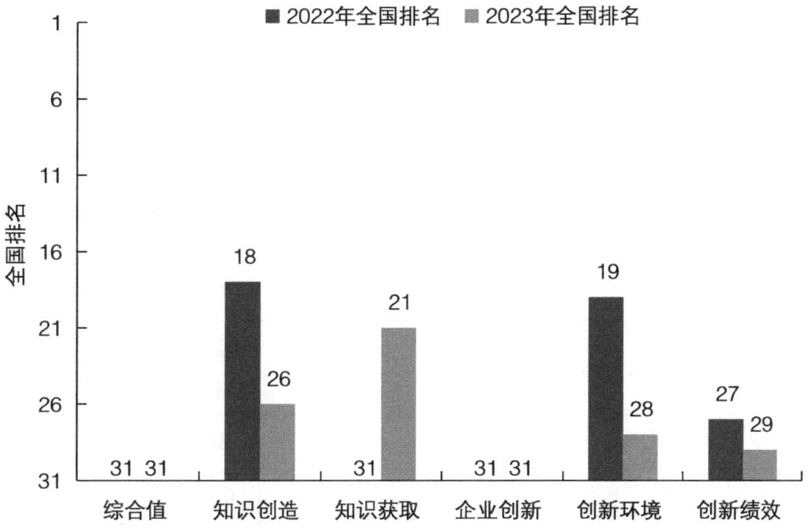

图4–78 2023年西藏自治区各维度排名与上年对比

2023 年西藏自治区表现最好的知识获取维度方面，科技合作综合指标排名第 26 位，技术转移综合指标排名第 7 位，外资企业投资综合指标排名第 27 位。具体来看，西藏自治区在知识获取方面的几个优势基础指标，如每十万研发人员作者异省科技论文数、技术市场企业平均交易额（按流向）、每万名研发人员合作申请发明专利数排名均为全国靠前，其中，每十万研发人员作者异省科技论文数全国排名与上年持平，技术市场企业平均交易额（按流向）较上年上升 3 位（表 4–77）。

表4-77　西藏自治区优势基础指标（部分）

指标名称	2022 年指标值	2023 年指标值	2022 年排名	2023 年排名	排名变化
每十万研发人员作者异省科技论文数（篇／十万人）	6037	5809	1	1	0
技术市场企业平均交易额（按流向）（万元／项）	756.4	1814.7	4	1	3
每万名研发人员合作申请发明专利数（件／万人）		286		3	
每十万研发人员作者同省异单位科技论文数（篇／十万人）	622	1522	27	19	8

2023 年西藏自治区表现较落后的企业创新维度方面，企业研究开发投入综合指标排名第 31 位，设计能力综合指标排名第 31 位，技术提升能力综合指标排名第 30 位，新产品销售收入综合指标排名第 29 位。具体来看，西藏自治区主要有以下几个基础指标处于劣势。规模以上工业企业研发人员数、规模以上工业企业研发活动经费内部支出总额、规模以上工业企业有研发机构的企业数、规模以上工业企业平均技术改造经费支出、有电子商务交易活动的企业数、规模以上工业企业新产品销售收入均排名全国第 31 位，与上年持平。规模以上工业企业就业人员中研发人员比重、规模以上工业企业研发活动经费内部支出总额占销售收入的比例、规模以上工业企业研发经费外部支出、规模以上工业企业平均研发经费外部支出排名有所上升，表明企业的研发力度在加大，但相对排名仍然落后，有待进一步增加研发人员投入和企业研发机构数量（表 4-78）。

表4-78　西藏自治区劣势基础指标（部分）

指标名称	2022 年指标值	2023 年指标值	2022 年排名	2023 年排名	排名变化
规模以上工业企业研发人员数（万人）	309	687	31	31	0
规模以上工业企业研发活动经费内部支出总额（亿元）	0.89	2.50	31	31	0
规模以上工业企业有研发机构的企业数（家）	3	3	31	31	0
规模以上工业企业每万名研发人员平均发明专利申请数（件／万人）	939	451	13	30	−7
规模以上工业企业平均技术改造经费支出（万元／家）	0	6.8	30	31	−1
有电子商务交易活动的企业数（家）	120	140	31	31	0
规模以上工业企业新产品销售收入（亿元）	3.45	5.40	31	31	0

近年来，西藏自治区出台了一系列旨在促进科技合作交流的相关政策，科技创新体系不断完善，创新成果持续涌现，科技人才队伍不断壮大，产业创新能力明显提升，但受经济、地理、气候等多方因素影响，西藏自治区创新能力仍显落后。未来，西藏自治区应结合本地

产业特点，培育壮大现代农业、服务业和新能源产业，大力推进科技兴农、科技促产、科技富民，在发展中提升地区创新能力。

4.27 陕西省

2023 年陕西省创新能力排名全国第 11 位，较上年下降 2 位。经济指标方面，2021 年陕西省 GDP 总量为 29 800.98 亿元，排名全国第 14 位，地区人均 GDP 为 75 360 元，排名全国第 12 位，第三产业增加值占 GDP 的比例为 45.60%，排名全国 29 位。与经济总量指标相比，陕西省创新能力排名略高。2001—2023 年陕西省创新能力变化趋势如图 4–79 所示。

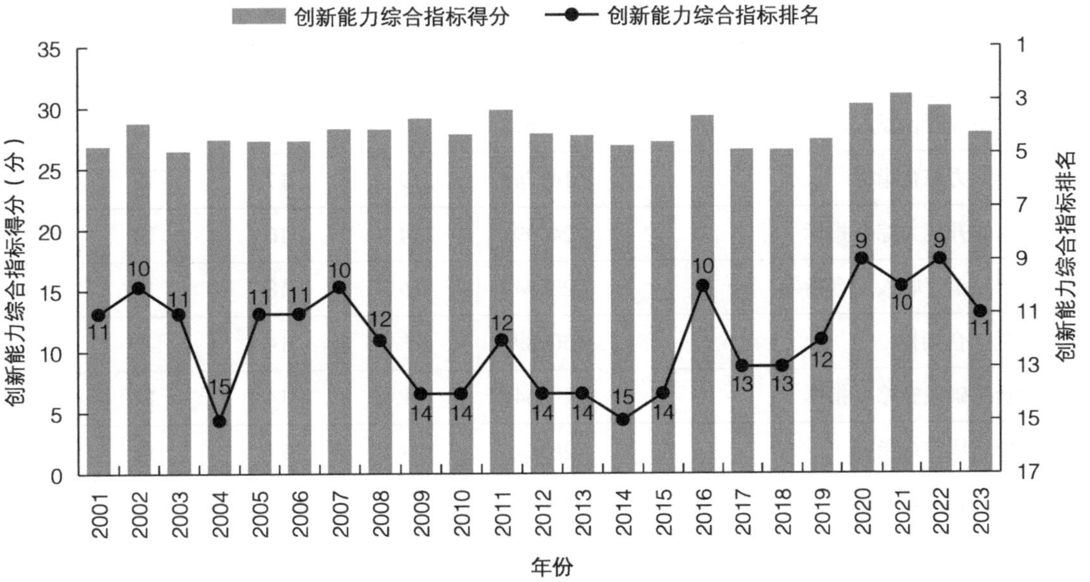

图4–79　2001—2023年陕西省创新能力变化趋势

分指标看，2023 年陕西省知识创造综合指标排名第 6 位，与上年持平，知识获取综合指标排名第 11 位，较上年下降 2 位；企业创新排名第 18 位，与上年持平；创新环境综合指标排名第 7 位，较上年下降 1 位；创新绩效综合指标排名第 18 位，较上年上升 1 位（表 4–79、图 4–80）。

表4–79　陕西省创新能力综合指标

指标名称	2023 年综合指标		2023 年分项指标排名		
	指标值	排名	实力	效率	潜力
综合值	27.86	11	13	9	22

续表

指标名称	2023 年综合指标		2023 年分项指标排名		
	指标值	排名	实力	效率	潜力
1 知识创造综合指标	35.71	6	9	4	21
1.1 研究开发投入综合指标	28.30	8	8	4	20
1.2 专利综合指标	34.29	7	10	7	13
1.3 科研论文综合指标	53.38	3	7	2	26
2 知识获取综合指标	19.53	11	10	6	17
2.1 科技合作综合指标	44.14	3	5	2	16
2.2 技术转移综合指标	17.24	15	11	22	6
2.3 外资企业投资综合指标	2.78	26	22	20	25
3 企业创新综合指标	23.21	18	17	16	11
3.1 企业研究开发投入综合指标	26.67	19	16	20	17
3.2 设计能力综合指标	14.74	19	17	15	17
3.3 技术提升能力综合指标	24.99	14	16	13	5
3.4 新产品销售收入综合指标	28.94	16	18	18	8
4 创新环境综合指标	30.89	7	14	8	13
4.1 创新基础设施综合指标	29.64	19	14	14	29
4.2 市场环境综合指标	26.04	11	17	14	15
4.3 劳动者素质综合指标	30.42	15	13	14	15
4.4 金融环境综合指标	32.39	6	6	3	17
4.5 创业水平综合指标	35.98	8	12	7	4
5 创新绩效综合指标	30.23	18	14	16	27
5.1 宏观经济综合指标	20.89	18	14	12	25
5.2 产业结构综合指标	27.04	20	16	24	5
5.3 产业国际竞争力综合指标	7.62	26	19	22	23
5.4 就业综合指标	30.80	20	17	20	24
5.5 可持续发展与环保综合指标	64.78	9	7	10	28

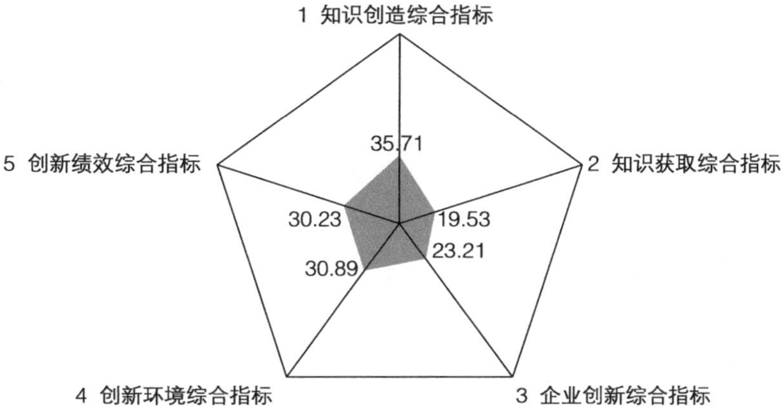

图4-80 陕西省创新能力蛛网图

5 个维度中，陕西省在知识创造方面表现最好，高于综合得分排名，排名第 6 位，较上年有较大提升。在企业创新和创新绩效方面表现相对较弱，低于综合得分排名较多名次，排名均为第 18 位（图 4-81）。

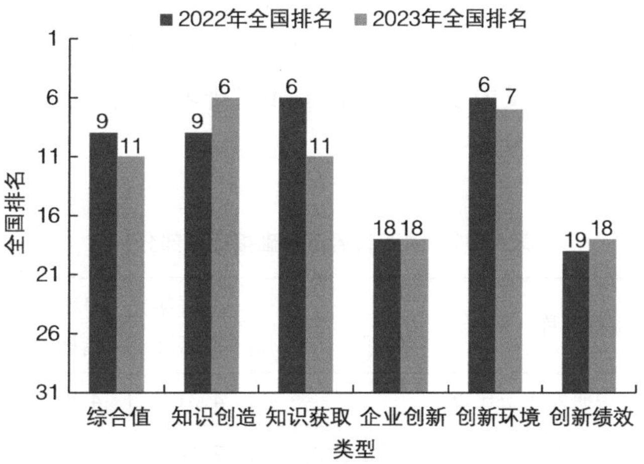

图4-81 2023年陕西省各维度排名与上年对比

2023 年陕西省表现最好的知识创造维度方面，专利综合指标排名第 7 位，研究开发投入综合指标排名第 8 位，科研论文综合指标排名第 3 位，表现较好。具体来看，陕西省在知识创造方面的几个优势基础指标，如政府研发投入占 GDP 的比例、每万名研发人员发明专利授权数排名均为全国靠前，与上年持平，但政府研发投入比例绝对数有所下降。每万名研发人员发明专利申请受理数、每十万研发人员平均发表的国际论文数相对其他指标排名虽然靠前，但与上年相比名次有所下滑，专利申请数量效率值和国际论文发表效率值有所下降（表 4-80）。

表4-80　陕西省优势基础指标（部分）

指标名称	2022 年指标值	2023 年指标值	2022 年排名	2023 年排名	排名变化
政府研发投入（亿元）	271.72	298.80	6	5	1
政府研发投入占 GDP 的比例	1.04%	1.00%	3	3	0
每万名研发人员发明专利申请受理数（件／万人）	1894	1700	3	4	−1
每万名研发人员发明专利授权数（件／万人）	722	826	4	4	0
每十万研发人员平均发表的国际论文数（篇／十万人）	27 438	26 822	2	3	−1

2023 年陕西省表现较落后的企业创新维度方面，企业研究开发投入综合指标排名第 19 位，设计能力综合指标排名第 19 位，技术提升能力综合指标排名第 14 位，新产品销售收入综合指标排名第 16 位。具体来看，陕西省主要有以下几个基础指标处于劣势。规模以上工业企业中有研发机构的企业占总企业数的比例、规模以上工业企业平均技术改造经费支出和有电子商务交易活动的企业数增长率均排名全国第 23 位，与上年排名相比有所下滑。规模以上工业企业就业人员中研发人员比重指标值和规模以上工业企业平均技术改造经费支出指标值有所上升，表明企业的研发力度在加大，但相对排名仍然靠后，有待进一步增强研发人员投入和企业研发机构数量（表 4−81）。

表4-81　陕西省劣势基础指标（部分）

指标名称	2022 年指标值	2023 年指标值	2022 年排名	2023 年排名	排名变化
规模以上工业企业就业人员中研发人员比重	4.31%	4.87%	21	21	0
规模以上工业企业中有研发机构的企业占总企业数的比例	7.58%	7.19%	22	23	−1
规模以上工业企业有效发明专利增长率	14.02%	12.81%	20	22	−2
规模以上工业企业平均技术改造经费支出（万元／家）	64.7	66.2	22	23	−1
有电子商务交易活动的企业数增长率	9.56%	9.43%	20	23	−3

整体来看，陕西省知识创造表现较好，企业创新和创新绩效稍显落后，陕西高校和科研院所的知识创造能力较强，但政府研发投入、科技成果转化等有待进一步提高。

近两年，陕西省针对技术成果转化不足、创业中心功能不全、企业创新能力不高等短板弱项，实施了一系列行动方案，深化全面创新改革试验，加快秦创原创新驱动平台建设，推动高校创新创业，激发创新创业活力，积极加强科技成果转化，不断完善科技政策体系，为高质量发展提供了有力支撑。未来，陕西省有待继续发挥科教资源优势，优化创新创业生态，围绕重点产业领域，支持企业做大做强，提升技术成果转化能力，推动实现开放协同发展。

4.28 甘肃省

2023 年甘肃省创新能力排名全国第 27 位，较上年上升 2 位。经济指标方面，2021 年甘肃省 GDP 总量为 10 243.31 亿元，排名全国第 27 位，地区人均 GDP 为 41 046 元，排名全国第 31 位，第三产业增加值占 GDP 的比例为 52.83%，排名全国第 9 位。与经济指标排名相似，甘肃省创新能力排名也较为落后。2001—2023 年甘肃省创新能力变化趋势如图 4–82 所示。

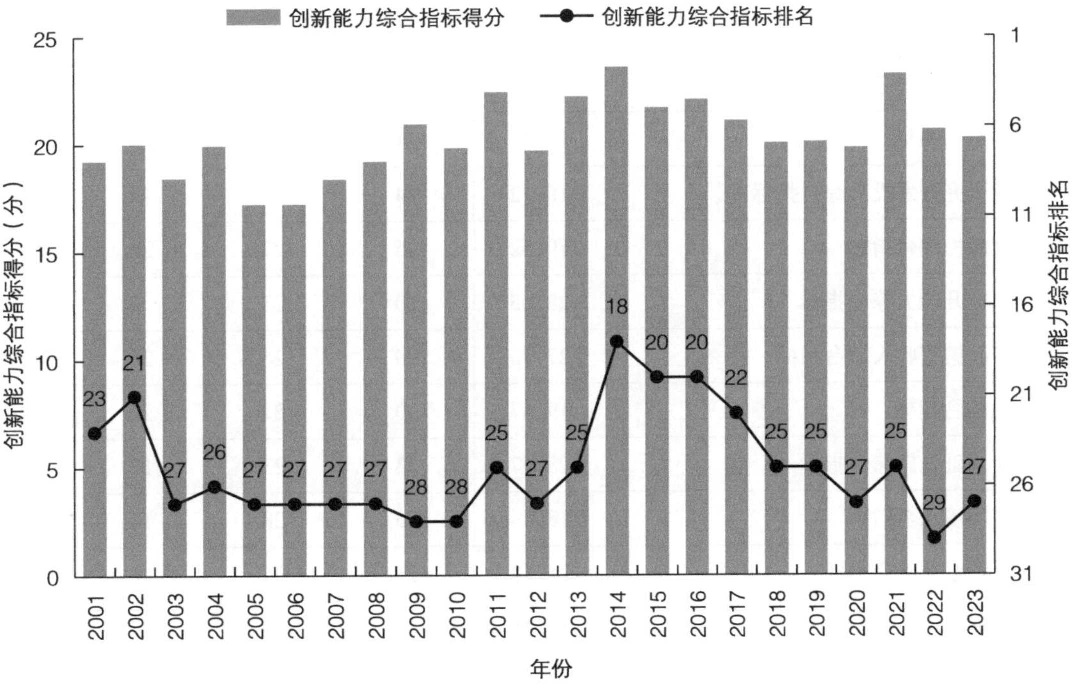

图4–82　2001—2023年甘肃省创新能力变化趋势

分指标看，2023 年甘肃省知识创造综合指标排名第 15 位，较上年上升 12 位；知识获取综合指标排名第 28 位，较上年下降 3 位；企业创新综合指标排名第 24 位，较上年上升 3 位；创新环境综合指标排名第 30 位，较上年下降 2 位；创新绩效排名第 27 位，较上年下降 10 位（表 4–82、图 4–83）。

表4–82　甘肃省创新能力综合指标

指标名称	2023 年综合指标		2023 年分项指标排名		
	指标值	排名	实力	效率	潜力
综合值	20.27	27	26	22	24
1　知识创造综合指标	23.00	15	24	9	10
1.1　研究开发投入综合指标	17.84	21	25	18	13
1.2　专利综合指标	19.33	18	25	15	10
1.3　科研论文综合指标	40.69	8	23	4	20
2　知识获取综合指标	12.42	28	26	13	28
2.1　科技合作综合指标	24.10	23	23	5	31
2.2　技术转移综合指标	9.20	31	24	25	29
2.3　外资企业投资综合指标	6.08	18	26	25	12
3　企业创新综合指标	19.75	24	26	24	8
3.1　企业研究开发投入综合指标	18.12	24	26	22	15
3.2　设计能力综合指标	10.52	26	27	20	21
3.3　技术提升能力综合指标	28.05	10	23	4	21
3.4　新产品销售收入综合指标	27.75	20	26	26	1
4　创新环境综合指标	19.47	30	27	22	27
4.1　创新基础设施综合指标	28.57	23	23	12	19
4.2　市场环境综合指标	18.44	25	28	18	18
4.3　劳动者素质综合指标	26.13	21	26	6	20
4.4　金融环境综合指标	10.45	25	26	27	20
4.5　创业水平综合指标	13.74	30	25	29	28
5　创新绩效综合指标	25.74	27	24	26	28
5.1　宏观经济综合指标	6.00	30	27	31	20
5.2　产业结构综合指标	25.22	22	27	17	25
5.3　产业国际竞争力综合指标	15.89	17	22	5	29
5.4　就业综合指标	30.09	22	9	26	15
5.5　可持续发展与环保综合指标	51.51	25	10	29	12

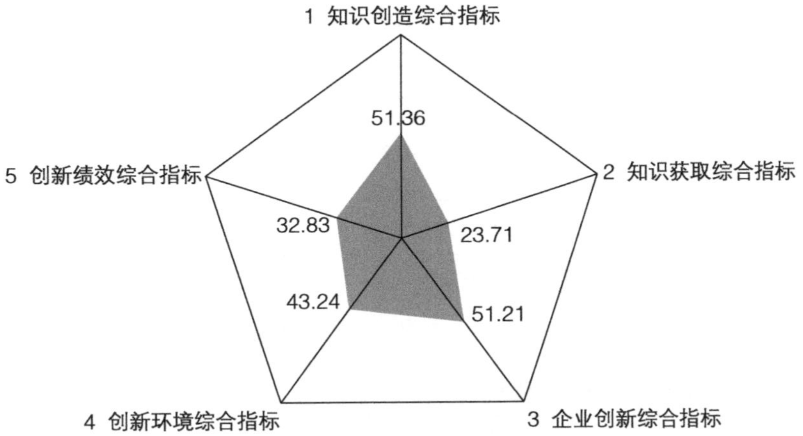

图4-83 甘肃省创新能力蛛网图

5 个维度中，甘肃省在知识创造方面表现最好，高于综合得分排名，排名第 15 位，较上年有较大幅度提升。在知识获取、企业创新、创新环境和创新绩效方面表现较弱，分别排名第 28 位、第 24 位、第 30 位和第 27 位（图 4—84）。

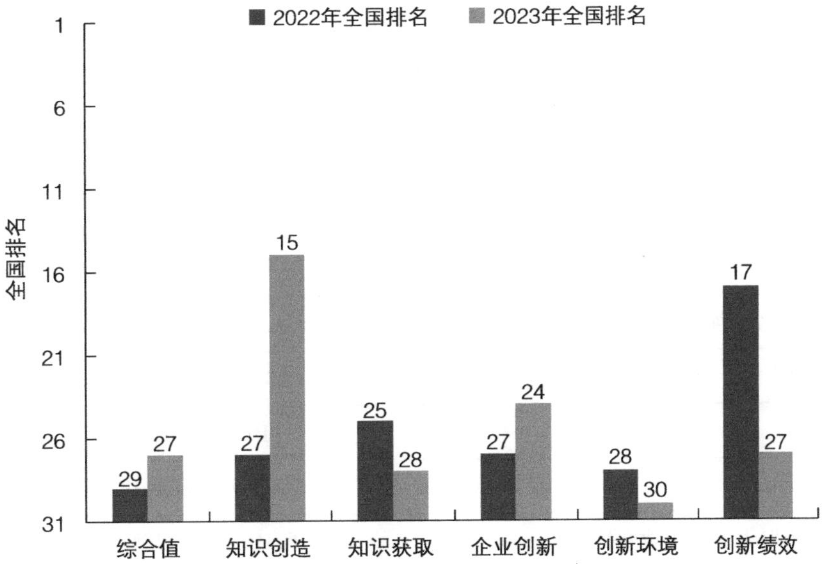

图4-84 2023年甘肃省各维度排名与上年对比

2023 年甘肃省表现最好的知识创造维度方面，研究开发投入综合指标排名第 21 位，专利综合指标排名第 18 位，科研论文综合指标排名第 8 位。具体来看，甘肃省在知识创造方面的几个优势基础指标，如研究与试验发展全时人员当量增长率、每十万研发人员平均发表的国内论文数、每十万研发人员平均发表的国际论文数排名均为全国靠前。其中，研究与试验发展全时人员当量增长率与上一年相比上升 19 位，每十万研发人员平均发表的国内论文数排名有所下降，政府研发投入占 GDP 的比例排名上升 2 位，每亿元研发经费内部支出产生的发明专利申请数排名上升 1 位（表 4—83）。

表4–83　甘肃省优势基础指标（部分）

指标名称	2022 年指标值	2023 年指标值	2022 年排名	2023 年排名	排名变化
研究与试验发展全时人员当量增长率	4.58%	14.72%	22	3	19
每十万研发人员平均发表的国内论文数（篇 / 十万人）	18 309	28 549	4	5	−1
每十万研发人员平均发表的国际论文数（篇 / 十万人）	21 979	20 114	5	5	0
政府研发投入占 GDP 的比例	0.44%	0.46%	10	8	2
每亿元研发经费内部支出产生的发明专利申请数（件 / 亿元）	41	38	12	11	1

2023 年甘肃省表现较落后的创新环境维度方面，创新基础设施综合指标排名第 23 位，市场环境综合指标排名第 25 位，劳动者素质综合指标排名第 21 位，金融环境综合指标排名第 25 位，创业水平综合指标第 30 位。具体来看，甘肃省主要有以下几个基础指标处于劣势。平均每个科技企业孵化器当年毕业企业数较去年下降 3 位，居全国第 30 位；6 岁及 6 岁以上人口中大专以上学历人口数（抽样数）排名第 27 位，与上年持平；高技术企业数相对上年有一定增长，但排名第 25 位，位次与上年相同；教育经费支出和高技术企业数占规模以上工业企业数比重均排名第 24 位，分别较上年提升 1 位、下降 1 位（表 4–84）。

表4–84　甘肃省劣势基础指标（部分）

指标名称	2022 年指标值	2023 年指标值	2022 年排名	2023 年排名	排名变化
平均每个科技企业孵化器当年毕业企业数（家 / 个）	3.27	2.66	27	30	−3
6 岁及 6 岁以上人口中大专以上学历人口数（抽样数）（人）	2831	4222	27	27	0
高技术企业数（家）	119	140	25	25	0
教育经费支出（亿元）	799.87	844.10	25	24	1
高技术企业数占规模以上工业企业数比重	6.10%	6.19%	23	24	−1

整体来看，甘肃省知识创造表现较好，而知识获取、创新环境和创新绩效排名靠后，甘肃知识资源集聚效应偏弱，高技术企业数绝对数较少，总体创新环境有待进一步优化。

近年来，甘肃省坚持以推动高质量发展为主题，以强科技支撑强工业、强省会、强县域为牵引，以打造西部地区创新驱动发展新高地为目标，出台了《甘肃省强科技行动实施方案（2022—2025 年）》等一系列行动方案，着力提升科技创新创造力。未来，甘肃应进一步加强高新技术产业开发区建设和优化布局，面向全球招才引智，提升开放合作水平，聚力发展高新技术产业和主导优势产业，助力全省高质量发展。

4.29 青海省

2023 年青海省创新能力排名全国第 24 位，较上年下降 3 位。经济指标方面，2021 年青海省 GDP 总量为 3346.63 亿元，排名全国第 30 位，地区人均 GDP 为 56 398 元，排名全国第 25 位，第三产业增加值占 GDP 的比例为 49.64%，排名全国 22 位。与经济总量指标相比，青海省创新能力排名略高。2001—2023 年青海省创新能力变化趋势如图 4–85 所示。

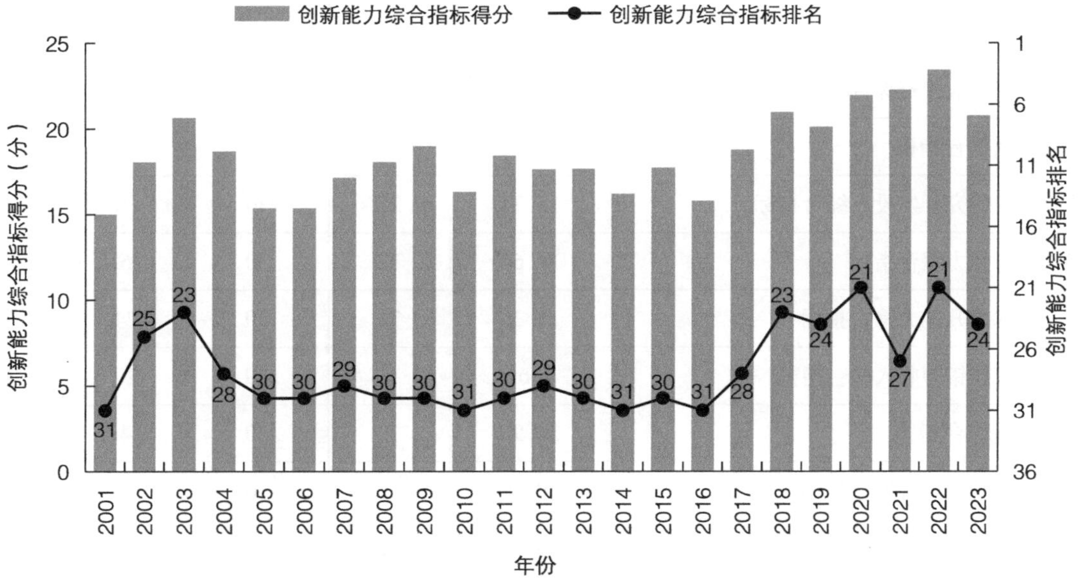

图4–85 2001—2023年青海省创新能力变化趋势

分指标看，2023 年青海省知识创造综合指标排名第 21 位，较上年下降 5 位；知识获取综合指标排名第 26 位，较上年上升 4 位；企业创新综合指标排名第 30 位，较上年下降 6 位；创新环境综合指标排名第 13 位，较上年降 2 位；创新绩效综合指标排名第 21 位，较上年上升 5 位（表 4–85、图 4–86）。

表4–85 青海省创新能力综合指标

指标名称	2023 年综合指标		2023 年分项指标排名		
	指标值	排名	实力	效率	潜力
综合值	20.77	24	29	19	19
1 知识创造综合指标	19.75	21	30	15	11
1.1 研究开发投入综合指标	13.20	24	30	25	16

续表

指标名称	2023 年综合指标		2023 年分项指标排名		
	指标值	排名	实力	效率	潜力
1.2 专利综合指标	18.47	21	30	13	21
1.3 科研论文综合指标	35.39	13	30	6	6
2 知识获取综合指标	12.86	26	30	10	23
2.1 科技合作综合指标	15.68	31	30	22	30
2.2 技术转移综合指标	16.59	19	31	5	26
2.3 外资企业投资综合指标	7.94	12	30	30	7
3 企业创新综合指标	13.52	30	30	29	22
3.1 企业研究开发投入综合指标	15.77	27	30	30	1
3.2 设计能力综合指标	18.64	12	30	6	11
3.3 技术提升能力综合指标	11.36	31	30	24	31
3.4 新产品销售收入综合指标	4.65	31	30	29	31
4 创新环境综合指标	26.90	13	30	4	12
4.1 创新基础设施综合指标	50.10	3	26	2	12
4.2 市场环境综合指标	26.50	10	30	27	1
4.3 劳动者素质综合指标	20.81	27	30	5	25
4.4 金融环境综合指标	9.93	26	30	11	30
4.5 创业水平综合指标	27.19	17	29	10	10
5 创新绩效综合指标	28.88	21	21	23	8
5.1 宏观经济综合指标	4.71	31	30	25	31
5.2 产业结构综合指标	15.05	29	30	25	29
5.3 产业国际竞争力综合指标	13.60	20	29	29	6
5.4 就业综合指标	51.06	3	4	8	1
5.5 可持续发展与环保综合指标	59.97	13	5	27	5

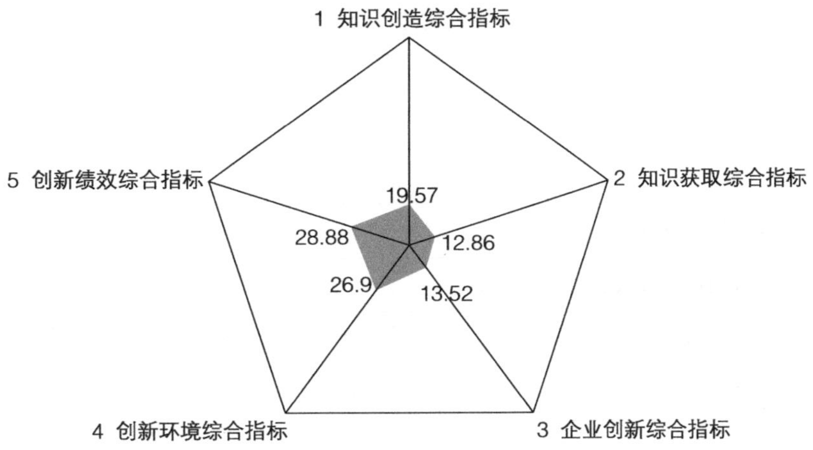

图4-86　青海省创新能力蛛网图

5 个维度中，青海省在创新环境方面表现最好，高于综合得分排名，排名第 13 位，但较上年排名略有下滑。在企业创新方面表现相对较弱，低于综合得分排名，排名第 30 位（图 4-87）。

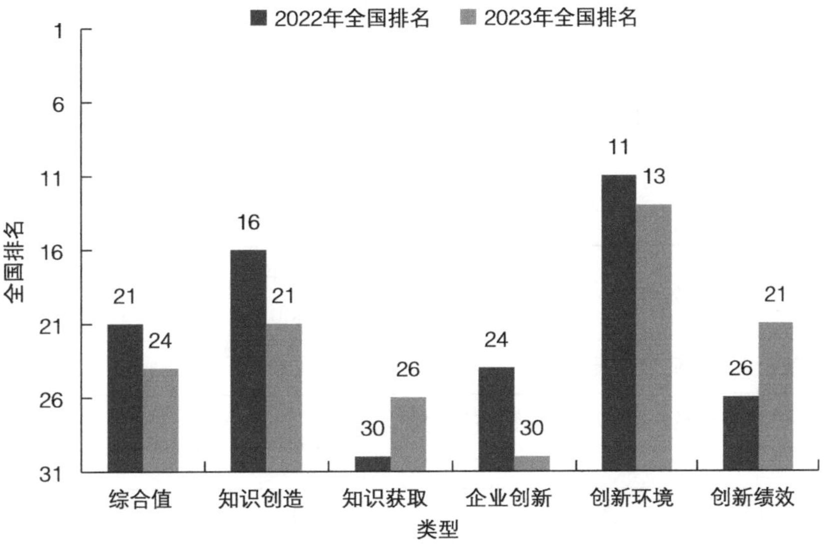

图4-87　2023年青海省各维度排名与上年对比

2023 年青海省表现最好的创新环境维度方面，市场环境综合指标排名第 10 位，劳动者素质综合指标排名第 27 位，金融环境综合指标排名第 26 位，创业水平综合指标排名第 17 位，创新基础设施综合指标排名第 3 位，表现较好。具体来看，青海省在创新环境方面的几个优势基础指标，如平均每个科技企业孵化器创业导师人数、教育经费支出占 GDP 的比例排名均为全国靠前，与上一年持平。移动电话用户数增长率、按目的地和货源地划分进出口总额增长率排名均为第 1 位，且较上一年有显著提升。移动互联网人均接入流量指标值上升，名次与上年相比略有下滑（表 4-86）。

表4-86　青海省优势基础指标（部分）

指标名称	2022 年指标值	2023 年指标值	2022 年排名	2023 年排名	排名变化
移动电话用户数增长率	0.06%	122.20%	22	1	21
移动互联网人均接入流量（GB/ 人）	177.6	222.0	1	2	−1
平均每个科技企业孵化器创业导师人数（人 / 个）	32	34	1	1	0
按目的地和货源地划分进出口总额增长率	−7.17%	26.01%	27	1	26
教育经费支出占 GDP 的比例	9.63%	8.76%	2	2	0

2023 年青海省表现较落后的企业创新维度方面，企业研究开发投入综合指标排名第 27 位，设计能力综合指标排名第 12 位，技术提升能力综合指标排名第 31 位，新产品销售收入综合指标排名第 31 位。具体来看，青海省主要有以下几个基础指标处于劣势。规模以上工业企业新产品销售收入和规模以上工业企业研发经费外部支出均排名靠后，且与上年排名相比有所下滑。规模以上工业企业有研发机构的企业数排名第 30 位，与上年持平。规模以上工业企业就业人员中研发人员比重和规模以上工业企业研发活动经费内部支出总额占销售收入的比例指标值有所上升，表明企业的研发力度在加大，但相对排名仍然靠后，有待进一步提升研发人员数量和研发活动经费投入（表 4−87）。

表4-87　青海省劣势基础指标（部分）

指标名称	2022 年指标值	2023 年指标值	2022 年排名	2023 年排名	排名变化
规模以上工业企业就业人员中研发人员比重	2.02%	2.22%	29	31	−2
规模以上工业企业研发活动经费内部支出总额占销售收入的比例	0.42%	0.43%	29	30	−1
规模以上工业企业有研发机构的企业数（家）	33	23	30	30	0
规模以上工业企业研发经费外部支出（亿元）	8653.7	6418.4	30	31	−1
规模以上工业企业新产品销售收入（亿元）	209.46	171.50	29	30	−1

整体来看，青海省创新环境表现较好，但企业创新水平较低，规模以上工业企业研发相关指标排名均位于靠后水平，研发机构数量、经费投入及科技成果转化等相关指标有待进一步提高。

近两年，青海省紧扣青藏高原生态保护和高质量发展要求，积极培育新兴产业，推动信息材料、储能材料等特色新材料产业向高端延伸，大力推进多能互补绿色储能、三江源生态等国家重点创新平台建设，深入实施全民素质行动，不断增强科技创新基础能力。未来，青海省应以资源、能源、高原领域等为主攻方向，发展重大科技项目，持续开展新能源、新材料等核心关键技术攻关，推动科技成果转化，打造高原战略科技力量，促进创新型省份建设。

4.30 宁夏回族自治区

2023 年宁夏回族自治区创新能力排名全国第 29 位，较上年下降 2 位。经济指标方面，2021 年宁夏 GDP 总量为 4522.31 亿元，排名全国第 29 位，地区人均 GDP 为 62 549 元，排名全国第 20 位，第三产业增加值占 GDP 的比例为 47.24%，排名全国 27 位。与经济总量指标相比，宁夏回族自治区创新能力排名基本持平。2001—2023 年宁夏回族自治区创新能力变化趋势如图 4–88 所示。

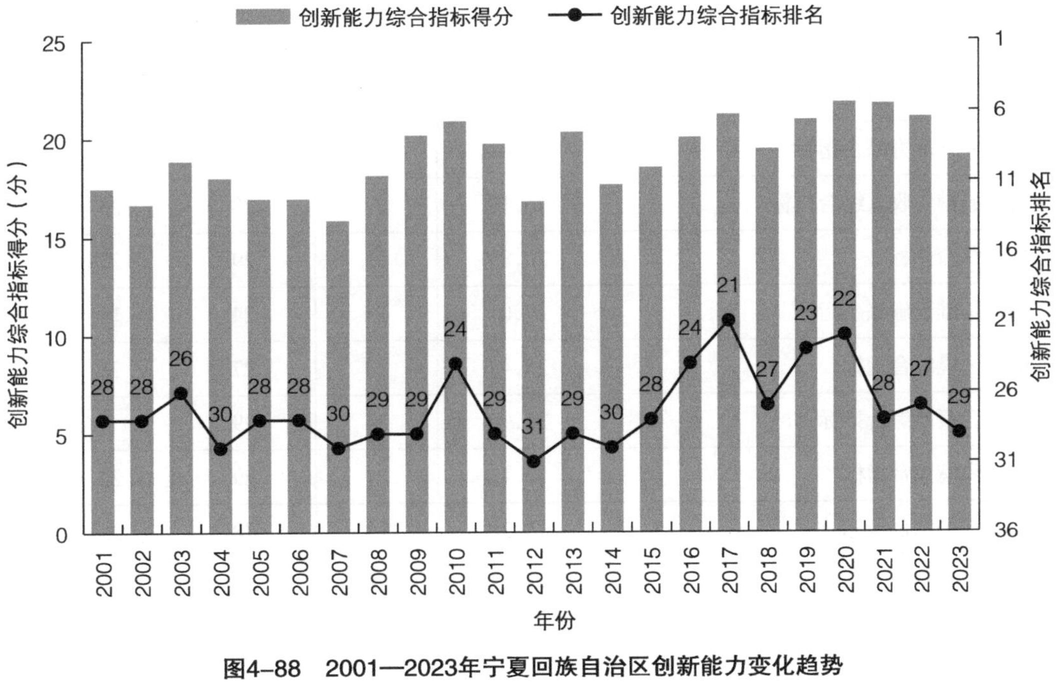

图4–88　2001—2023年宁夏回族自治区创新能力变化趋势

分指标看，2023 年宁夏回族自治区知识创造综合指标排名第 22 位，较上年上升 9 位，知识获取综合指标排名第 31 位，较上年下降 2 位；企业创新综合指标排名第 26 位，较上年下降 7 位；创新环境综合指标排名第 27 位，较上年下降 1 位；创新绩效综合指标排名第 28 位，较上年下降 5 位（表 4–88、图 4–89）。

表4–88　宁夏回族自治区创新能力综合指标

指标名称	2023 年综合指标		2023 年分项指标排名		
	指标值	排名	实力	效率	潜力
综合值	19.13	29	30	29	15
1　知识创造综合指标	19.62	22	29	26	3
1.1　研究开发投入综合指标	19.76	19	29	19	3
1.2　专利综合指标	18.53	20	29	24	2
1.3　科研论文综合指标	21.51	28	29	27	1
2　知识获取综合指标	9.74	31	29	30	18
2.1　科技合作综合指标	21.03	30	29	29	7
2.2　技术转移综合指标	9.34	30	30	30	19
2.3　外资企业投资综合指标	1.57	28	29	20	28
3　企业创新综合指标	18.68	26	28	15	27
3.1　企业研究开发投入综合指标	24.73	20	27	18	14
3.2　设计能力综合指标	7.42	30	28	21	28
3.3　技术提升能力综合指标	30.01	9	27	3	15
3.4　新产品销售收入综合指标	15.18	27	28	25	26
4　创新环境综合指标	20.84	27	29	25	11
4.1　创新基础设施综合指标	27.01	28	24	15	23
4.2　市场环境综合指标	25.47	14	27	28	4
4.3　劳动者素质综合指标	23.90	24	29	8	9
4.4　金融环境综合指标	12.43	21	29	22	12
4.5　创业水平综合指标	15.38	29	28	25	27
5　创新绩效综合指标	24.23	28	27	27	18
5.1　宏观经济综合指标	9.59	27	29	20	21
5.2　产业结构综合指标	29.35	19	29	11	19
5.3　产业国际竞争力综合指标	8.73	23	24	20	22
5.4　就业综合指标	29.48	23	5	29	10
5.5　可持续发展与环保综合指标	43.98	28	15	31	7

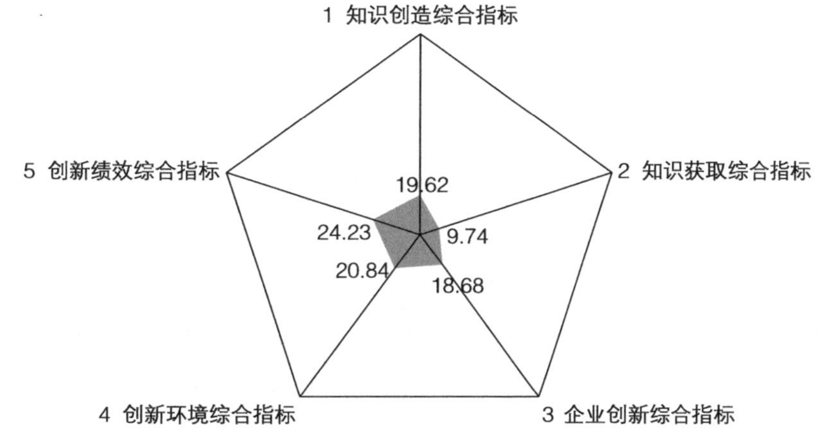

图4-89　宁夏回族自治区创新能力蛛网图

5 个维度中，宁夏回族自治区在知识创造方面表现最好，高于综合得分排名，排名第 22 位，较上年上升 9 位。在知识获取方面表现相对较弱，排名第 31 位，较上年下降 3 位（图 4-90）。

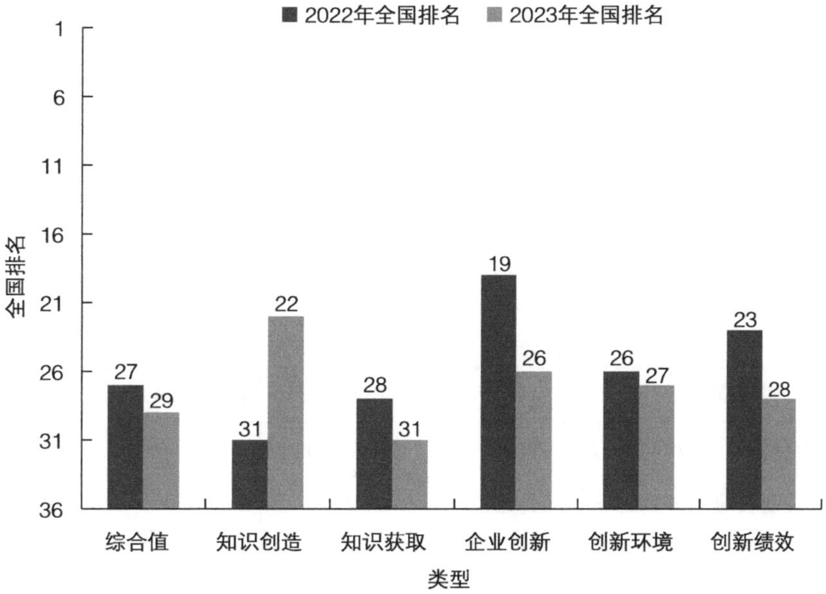

图4-90　2023年宁夏回族自治区各维度排名与上年对比

2023 年宁夏回族自治区表现最好的知识创造维度方面，研究开发投入指标排名第 19 位，专利综合指标排名第 20 位，科研论文综合排名第 28 位。具体来看，宁夏回族自治区在知识创造方面的排名提升主要源自政府和企业对创新的重视程度显著增长。其中，政府研发投入占 GDP 的比例排名第 13 位，较上年上升 1 位。每万人平均研究与试验发展全时人员当量排名第 18 位，较上年提升 1 位。同时，企业知识产权的申请和授权水平均显著提高，每亿元研发经费内部支出产生的发明专利申请数、每亿元研发经费内部支出产生的发明专利授权数分别排名第 25 位和第 20 位，均上升 5 位（表 4-89）。

表4-89 宁夏回族自治区优势基础指标（部分）

指标名称	2022 年指标值	2023 年指标值	2022 年排名	2023 年排名	排名变化
每万人平均研究与试验发展全时人员当量（人年／万人）	16.90	22.00	19	18	1
政府研发投入占 GDP 的比例	0.34%	0.35%	14	13	1
每万名研发人员发明专利申请受理数（件／万人）	551	580	31	29	2
每亿元研发经费内部支出产生的发明专利申请数（件／亿元）	20	24	30	25	5
每亿元研发经费内部支出产生的发明专利授权数（件／亿元）	11.80	15.70	25	20	5

2023 年宁夏回族自治区表现较落后的是知识获取维度方面，科技合作综合指标排名第 30 位，技术转移综合指标排名第 30 位，外资企业投资综合指标排名第 28 位。具体来看，宁夏回族自治区主要有以下几个基础指标处于劣势。企业的市场交易活跃度下降，其中技术市场交易金额和技术市场企业平均交易额排名分别下降 2 位和 6 位。而且，宁夏的外商投资水平下降，外商投资企业年底注册资金中外资部分排名第 29 位，而人均外商投资企业年底注册资金中外资部分排名第 20 位，较上年下降 4 位（表 4–90）。

表4-90 宁夏回族自治区劣势基础指标（部分）

指标名称	2022 年指标值	2023 年指标值	2022 年排名	2023 年排名	排名变化
每十万研发人员作者同省异单位科技论文数（篇／十万人）	1891	1694	10	14	−4
技术市场交易金额（按流向）（万元）	1 134 742.26	1 041 654.70	28	30	−2
技术市场企业平均交易额（按流向）（万元／项）	342.31	210.40	25	31	−6
外商投资企业年底注册资金中外资部分（亿美元）	92.56	96.00	29	29	0
人均外商投资企业年底注册资金中外资部分（万美元）	1284	1321	16	20	−4

整体来看，宁夏回族自治区在知识创造方面取得了一定的进展，在知识获取方面仍存在较大的差距。未来，宁夏回族自治区应加强与国内外其他地区的科技合作，吸引具有先进技术和管理经验的外资企业到宁夏回族自治区投资，促进科技、人才、资金、产业等创新要素集聚，提高技术咨询、评估和转化服务水平，为科技创新营造良好生态环境。

4.31 新疆维吾尔自治区

2023 年新疆维吾尔自治区创新能力排名全国第 30 位，较上年下降 2 位。经济指标方面，2021 年新疆维吾尔自治区 GDP 总量为 15 983.65 亿元，排名全国第 23 位，地区人均 GDP 为 61 725 元，排名全国第 21 位，第三产业增加值占 GDP 的比例为 47.93%，排名全国第 25 位。与经济总量指标相比，新疆维吾尔自治区创新能力排名略低。2001—2023 年新疆维吾尔自治区创新能力变化趋势如图 4–91 所示。

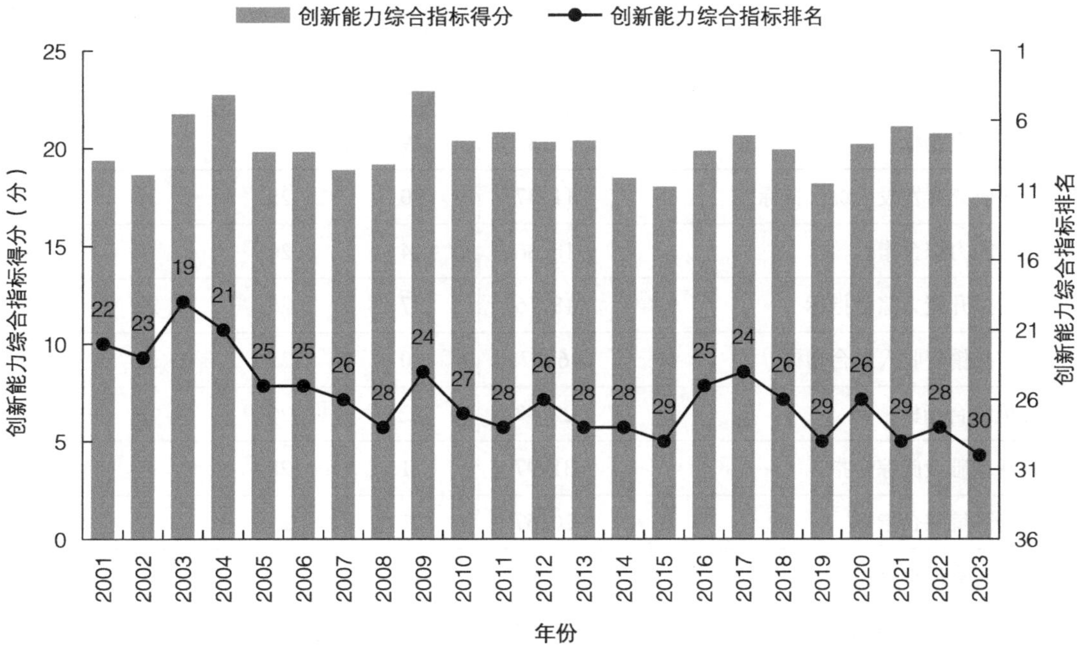

图4–91　2001—2023年新疆维吾尔自治区创新能力变化趋势

分指标看，2023 年新疆维吾尔自治区知识创造综合指标排名与上年持平（第 30 位），知识获取综合指标排名第 25 位，较上年下降 17 位；企业创新综合指标排名第 29 位，较上年下降 1 位；创新环境综合指标排名第 22 位，较上年上升 3 位；创新绩效综合指标排名第 31 位，与上年持平（表 4–91、图 4–92）。

表4–91　新疆维吾尔自治区创新能力综合指标

指标名称	2023 年综合指标		2023 年分项指标排名		
	指标值	排名	实力	效率	潜力
综合值	17.46	30	28	31	27
1　知识创造综合指标	15.16	30	27	20	26

续表

指标名称	2023 年综合指标		2023 年分项指标排名		
	指标值	排名	实力	效率	潜力
1.1 研究开发投入综合指标	10.24	28	28	30	21
1.2 专利综合指标	11.47	30	28	25	25
1.3 科研论文综合指标	32.35	14	26	7	24
2 知识获取综合指标	13.09	25	27	7	29
2.1 科技合作综合指标	32.53	13	26	3	21
2.2 技术转移综合指标	10.10	29	27	17	30
2.3 外资企业投资综合指标	0.75	30	27	27	29
3 企业创新综合指标	13.82	29	27	30	13
3.1 企业研究开发投入综合指标	11.37	30	28	31	6
3.2 设计能力综合指标	18.36	14	26	10	9
3.3 技术提升能力综合指标	18.16	27	26	29	2
3.4 新产品销售收入综合指标	6.37	30	27	30	30
4 创新环境综合指标	22.57	22	26	16	15
4.1 创新基础设施综合指标	31.97	11	28	6	15
4.2 市场环境综合指标	20.67	21	25	17	19
4.3 劳动者素质综合指标	27.94	18	22	7	19
4.4 金融环境综合指标	11.04	23	20	18	26
4.5 创业水平综合指标	21.23	24	27	27	7
5 创新绩效综合指标	20.64	31	29	30	31
5.1 宏观经济综合指标	13.95	25	23	21	19
5.2 产业结构综合指标	8.59	31	25	31	30
5.3 产业国际竞争力综合指标	4.88	28	29	30	26
5.4 就业综合指标	36.27	12	7	14	25
5.5 可持续发展与环保综合指标	39.52	30	24	28	26

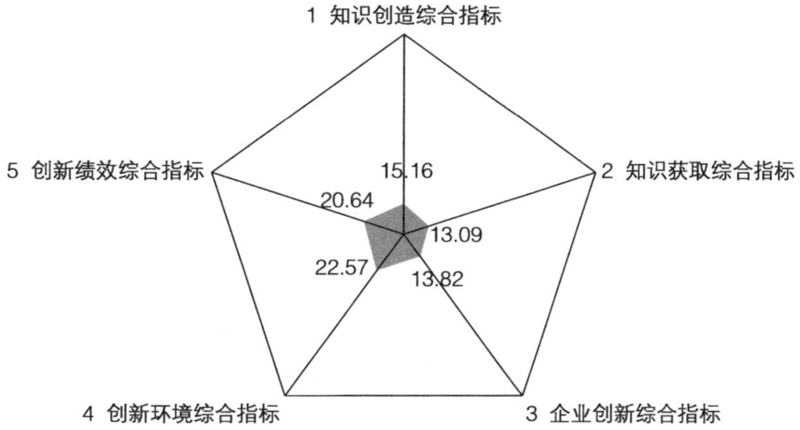

图4-92　新疆维吾尔自治区创新能力蛛网图

5 个维度中，新疆维吾尔自治区在创新环境方面表现最好，高于综合得分排名，排名第 22 位，较上年提升 3 位。在知识创造、企业创新和创新绩效方面表现相对较弱，分别排名第 30 位、第 29 位和第 31 位（图 4-93）。

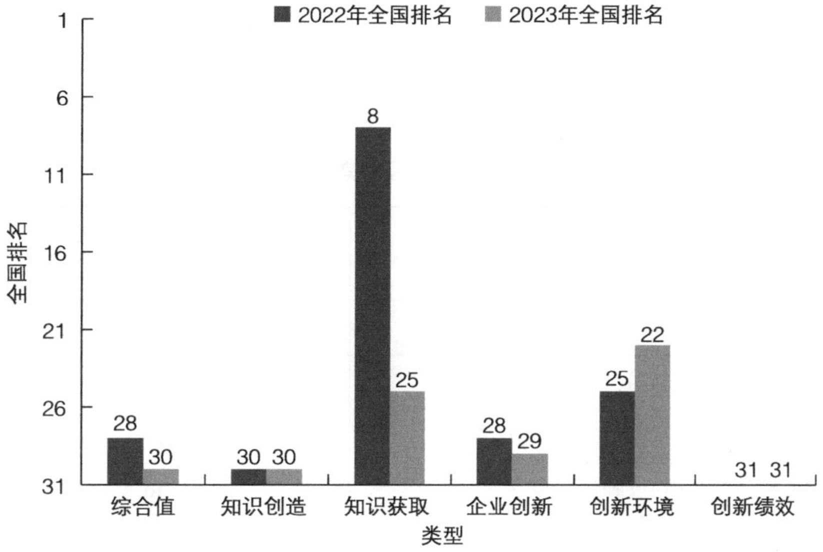

图4-93　2023年新疆维吾尔自治区各维度排名与上年对比

2023 年新疆维吾尔自治区表现最好的创新环境维度方面，创新基础设施综合指标排名第 11 位，市场环境综合指标排名第 21 位，劳动者素质综合指标排名第 18 位，金融环境综合指标排名第 23 位，创业水平综合指标排名第 24 位。具体来看，新疆维吾尔自治区在创新环境方面的几个优势基础指标，如移动互联网人均接入流量排名靠前，排名第 6 位，较上年提升了 3 位；教育经费支出占 GDP 的比例、平均每个科技企业孵化器创业导师人数、科技服务业从业人员占第三产业从业人员比重均与上一年度持平，分别排名第 6 位、第 7 位和第 15 位；平均每个科技企业孵化器孵化基金额排名第 12 位，较上年度提升 1 位（表 4-92）。

表4-92 新疆维吾尔自治区优势基础指标（部分）

指标名称	2022 年指标值	2023 年指标值	2022 年排名	2023 年排名	排名变化
移动互联网人均接入流量（GB/ 人）	143.9	196.6	9	6	3
教育经费支出占 GDP 的比例	7.4%	6.9%	6	6	0
平均每个科技企业孵化器创业导师人数（人 / 个）	20	19	7	7	0
平均每个科技企业孵化器孵化基金额（万元 / 个）	1896.27	2607.88	13	12	1
科技服务业从业人员占第三产业从业人员比重	0.95%	0.98%	15	15	0

2023 年新疆维吾尔自治区表现较落后的创新绩效维度方面，宏观经济综合指标排名第 25 位，产业结构综合指标排名第 31 位，产业国际竞争力综合指标排名第 28 位，就业综合指标排名第 12 位，可持续发展与环保综合指标排名第 30 位。具体来看，新疆维吾尔自治区主要有以下几个基础指标处于劣势。高技术产业就业人数占总就业人数的比例、高技术产业新产品销售收入均排名全国第 31 位，与上年相比，均下降了 1 位；高技术产业新产品销售收入占主营业务收入的比重、万元地区生产总值能耗（等价值）、高技术产业就业人数均排名全国第 30 位，其中，高技术产业就业人数排名较上年下降 1 位（表 4–93）。

表4-93 新疆维吾尔自治区劣势基础指标（部分）

指标名称	2022 年指标值	2023 年指标值	2022 年排名	2023 年排名	排名变化
高技术产业就业人数占总就业人数的比例	0.12%	0.11%	30	31	−1
高技术产业新产品销售收入（亿元）	9.75	7.80	30	31	−1
高技术产业新产品销售收入占主营业务收入的比重	5.60%	5.06%	30	30	0
万元地区生产总值能耗（等价值）（吨标准煤 / 万元）	1.47	1.46	30	30	0
高技术产业就业人数（人）	15 755	14 465	29	30	−1

整体来看，新疆维吾尔自治区创新基础设施完善，但研发投入、企业创新、科技成果转化等有待进一步提高，科技创新对经济发展支撑不够。新疆坚持创新在现代化建设全局中的核心地位，实施创新驱动发展战略，聚焦自治区“八大产业集群”和特色优势领域，充分发挥科技创新在美好新疆建设中的基础性、战略性支撑作用。下一步，新疆维吾尔自治区仍需持续推进丝绸之路经济带创新驱动发展试验区、乌昌石国家自主创新示范区、创新联合体和技术创新中心的建设，推动产业链上中下游创新资源集聚整合，吸引更多创新要素有序流动和高效聚合，为新疆维吾尔自治区科技创新发展注入了新的动能。

中国区域创新能力评价报告2023

第三篇

附　录

附录A

区域创新能力评价指标含义和数据来源

大类	代码	指标名称	指标含义	数据来源
知识创造	11101	研究与试验发展全时人员当量（人年）	衡量一个地区的科技人力投入情况	中国科技统计年鉴
	11102	每万人平均研究与试验发展全时人员当量（人年／万人）	研究与试验发展全时人员当量与常住人口之比	根据数据计算
	11103	研究与试验发展全时人员当量增长率	同去年相比的增长情况	根据数据计算
	11201	政府研发投入（亿元）	衡量地方政府的研发投入情况	中国科技统计年鉴
	11202	政府研发投入占 GDP 的比例	政府研发投入与地区 GDP 之比	根据数据计算
	11203	政府研发投入增长率	同去年相比的增长情况	根据数据计算
	12101	发明专利申请受理数（不含企业）（件）	衡量一个地区的高校和科研院所的技术研发水平	中国科技统计年鉴
	12102	每万名研发人员发明专利申请受理数（件／万人）	发明专利申请受理数与研发人员之比	根据数据计算
	12103	发明专利申请受理数（不含企业）增长率	同去年相比的增长情况	根据数据计算
	12104	每亿元研发经费内部支出产生的发明专利申请数（件／亿元）	发明专利申请受理数与研发经费投入之比	根据数据计算
	12201	发明专利授权数（件）	衡量一个地区的高校和科研院所的技术研发水平	中国科技统计年鉴
	12202	每万名研发人员发明专利授权数（件／万人）	发明专利授权数与研发人员之比	根据数据计算
	12203	发明专利授权数增长率	同去年相比的增长情况	根据数据计算
	12204	每亿元研发经费内部支出产生的发明专利授权数（件／亿元）	发明专利授权数与研发经费投入之比	根据数据计算

续表

大类	代码	指标名称	指标含义	数据来源
知识创造	13101	国内论文数（篇）	衡量一个地区在国内期刊发表论文的水平	中国科技论文统计与分析
	13102	每十万研发人员平均发表的国内论文数（篇／十万人）	国内论文数与研发人员之比	根据数据计算
	13103	国内论文数增长率	同去年相比的增长情况	根据数据计算
	13201	国际论文数（篇）	衡量一个地区在国际期刊发表论文的水平	中国科技论文统计与分析
	13202	每十万研发人员平均发表的国际论文数（篇／十万人）	国际论文数与研发人员之比	根据数据计算
	13203	国际论文数增长率	同去年相比的增长情况	根据数据计算
知识获取	21111	作者同省异单位科技论文数（篇）	衡量地区内部不同单位之间的知识合作水平	中国科技论文统计与分析
	21112	每十万研发人员作者同省异单位科技论文数（篇／十万人）	作者同省异单位科技论文数与研发人员之比	根据数据计算
	21113	同省异单位科技论文数增长率	同去年相比的增长情况	根据数据计算
	21121	作者异省合作科技论文数（篇）	衡量不同地区之间的知识合作水平	中国科技论文统计与分析
	21122	每十万研发人员作者异省科技论文数（篇／十万人）	作者异省科技论文数与研发人员之比	根据数据计算
	21123	作者异省科技论文数增长率	同去年相比的增长情况	根据数据计算
	21131	作者异国合作科技论文数（篇）	衡量一个地区与国际机构的知识合作水平	中国科技论文统计与分析
	21132	每十万研发人员作者异国科技论文数（篇／十万人）	作者异国科技论文数与研发人员之比	根据数据计算
	21133	作者异国科技论文数增长率	同去年相比的增长情况	根据数据计算
	21201	高校和科研院所研发经费内部支出额中来自企业的资金（万元）	衡量企业与高校、科研院所的合作情况	中国科技统计年鉴
	21202	高校和科研院所研发经费内部支出额中来自企业资金的比例	来自企业的资金与研发经费内部支出额之比	根据数据计算
	21203	高校和科研院所研发经费内部支出额中来自企业资金增长率	同去年相比的增长情况	根据数据计算
	22101	技术市场交易金额（按流向）（万元）	衡量技术流动情况	中国科技统计年鉴

续表

大类	代码	指标名称	指标含义	数据来源
知识获取	22102	技术市场企业平均交易额（按流向）（万元／项）	技术交易金额与交易项目数之比	根据数据计算
	22103	技术市场交易金额的增长率（按流向）	同去年相比的增长情况	根据数据计算
	22201	合作申请发明专利数（件）	衡量一个地区与其他区域的发明专利合作情况	IncoPat 数据库
	22202	每万名研发人员合作申请发明专利数（件／人）	合作申请发明专利数与研发人员数之比	根据数据计算
	22203	合作申请发明专利数增长率	同去年相比的增长情况	根据数据计算
	22301	规模以上工业企业国外技术引进金额（万元）	衡量一个地区的企业从国外获取技术的情况	中国科技统计年鉴
	22302	规模以上工业企业平均引进技术经费支出（万元／项）	国外技术引进合同金额与引进项目数之比	根据数据计算
	22303	规模以上工业企业引进技术经费支出增长率	同去年相比的增长情况	根据数据计算
	23001	外商投资企业年底注册资金中外资部分（亿美元）	衡量利用外资的情况	中国统计年鉴
	23002	人均外商投资企业年底注册资金中外资部分（万美元／人）	外资企业注册资金中外资金额与常住人口之比	根据数据计算
	23003	外商投资企业年底注册资金中外资部分增长率	同去年相比的增长情况	根据数据计算
企业创新	31101	规模以上工业企业研发人员数（万人）	衡量企业研发人员投入能力	中国科技统计年鉴
	31102	规模以上工业企业就业人员中研发人员比例	企业研发人员数量与企业员工总数之比	根据数据计算
	31103	规模以上工业企业研发人员增长率	同去年相比的增长情况	根据数据计算
	31201	规模以上工业企业研发活动经费内部支出总额（亿元）	衡量企业研发经费投入能力	中国科技统计年鉴
	31202	规模以上工业企业研发活动经费内部支出总额占销售收入的比例	企业研发经费投入与销售收入之比	根据数据计算
	31203	规模以上工业企业研发活动经费内部支出总额增长率	同去年相比的增长情况	根据数据计算
	31301	规模以上工业企业有研发机构的企业数（家）	衡量企业的研发基础设施建设情况	中国科技统计年鉴
	31302	规模以上工业企业中有研发机构的企业占总企业数的比例	有研发机构的企业数与全部企业数之比	根据数据计算

续表

大类	代码	指标名称	指标含义	数据来源
企业创新	31303	规模以上工业企业有研发机构的企业数量增长率	同去年相比的增长情况	根据数据计算
	32101	规模以上工业企业发明专利申请数（件）	衡量企业的研发产出能力	中国科技统计年鉴
	32102	规模以上工业企业每万名研发人员平均发明专利申请数（件／万人）	企业发明专利申请数与研发人员数之比	根据数据计算
	32103	规模以上工业企业发明专利申请增长率	同去年相比的增长情况	根据数据计算
	32201	规模以上工业企业有效发明专利数（件）	衡量企业的核心技术水平	中国科技统计年鉴
	32202	每万家规模以上工业企业平均有效发明专利数（件／万家）	企业有效发明专利数与全部企业数之比	根据数据计算
	32203	规模以上工业企业有效发明专利增长率	同去年相比的增长情况	根据数据计算
	33101	规模以上工业企业研发活动经费外部支出（万元）	衡量企业与外单位之间的研发合作情况	中国科技统计年鉴
	33102	规模以上工业企业平均研发活动经费外部支出（万元／家）	企业研发经费外部支出额与全部企业数之比	根据数据计算
	33103	规模以上工业企业研发活动经费外部支出增长率	同去年相比的增长情况	根据数据计算
	33201	规模以上工业企业技术改造经费支出（万元）	衡量企业的技术提升能力	中国科技统计年鉴
	33202	规模以上工业企业平均技术改造经费支出（万元／家）	企业技术改造经费支出额与全部企业数之比	根据数据计算
	33203	规模以上工业企业技术改造经费支出增长率	同去年相比的增长情况	根据数据计算
	33301	有电子商务交易活动的企业数（家）	衡量企业应用现代信息技术的能力	中国统计年鉴
	33302	有电子商务交易活动的企业数占总企业数的比例	有电子商务交易活动的企业数与全部企业数之比	根据数据计算
	33303	有电子商务交易活动的企业数增长率	同去年相比的增长情况	根据数据计算
	34001	规模以上工业企业新产品销售收入（亿元）	衡量企业的新产品开发能力	中国科技统计年鉴
	34002	规模以上工业企业新产品销售收入占营业收入的比重	企业新产品销售收入与营业收入总额之比	根据数据计算
	34003	规模以上工业企业新产品销售收入增长率	同去年相比的增长情况	根据数据计算

续表

大类	代码	指标名称	指标含义	数据来源
创新环境	41111	移动电话用户数（万户）	衡量通信基础设施条件	中国统计年鉴
	41112	移动电话普及率（部／百人）	衡量通信基础设施条件	中国统计年鉴
	41113	移动电话用户数增长率	同去年相比的增长情况	根据数据计算
	41121	移动互联网接入流量（万 GB）	衡量信息基础设施条件	中国统计年鉴
	41122	移动互联网人均接入流量（GB/ 人）	衡量信息基础设施条件	中国统计年鉴
	41123	移动互联网接入流量增长率	同去年相比的增长情况	根据数据计算
	41211	科技企业孵化器数量（个）	衡量一个地区的创业孵化基础设施情况	中国火炬统计年鉴
	41212	平均每个科技企业孵化器创业导师人数（人／个）	孵化器创业导师人数与孵化器数量之比	根据数据计算
	41213	科技企业孵化器增长率	同去年相比的增长情况	根据数据计算
	42101	按目的地和货源地划分进出口总额（亿美元）	衡量一个地区的市场开放程度	中国统计年鉴
	42102	按目的地和货源地划分进出口总额占 GDP 比重	进出口总额与地区 GDP 之比	根据数据计算
	42103	按目的地和货源地划分进出口总额增长率	同去年相比的增长情况	根据数据计算
	42201	科技服务业从业人员数（万人）	衡量一个地区的科技服务水平	中国统计年鉴
	42202	科技服务业从业人员占第三产业从业人员比重	科技服务业与第三产业从业人员数之比	根据数据计算
	42203	科技服务业从业人员增长率	同去年相比的增长情况	根据数据计算
	42301	居民消费水平（元）	衡量一个地区的市场环境	中国统计年鉴
	42303	居民人均消费支出增长率	同去年相比的增长情况	根据数据计算
	43101	教育经费支出（亿元）	衡量一个地区对人才培养的重视程度	中国统计年鉴
	43102	教育经费支出占 GDP 的比例	教育经费投入与地区 GDP 之比	根据数据计算
	43103	教育经费支出增长率	同去年相比的增长情况	根据数据计算
	43201	6 岁及 6 岁以上人口中大专以上学历人口数（抽样数）（人）	衡量一个地区的劳动者素质	中国统计年鉴
	43202	6 岁及 6 岁以上人口中大专以上学历所占的比例	大专以上学历人口数与抽样人口数之比	根据数据计算
	43203	6 岁及 6 岁以上人口中大专以上学历人口增长率	同去年相比的增长情况	根据数据计算
	44111	本地区上市公司市值（亿元）	衡量企业融资环境	中国科技统计年鉴

续表

大类	代码	指标名称	指标含义	数据来源
创新环境	44112	本地区上市公司平均市值（亿元／家）	上市公司总市值与上市公司数量之比	根据数据计算
	44113	本地区上市公司市值增长率	同去年相比的增长情况	根据数据计算
	44211	科技企业孵化器当年获风险投资额（万元）	衡量一个地区科技企业孵化器的融资能力	中国火炬统计年鉴
	44212	科技企业孵化器当年风险投资强度（万元／项）	获得风险投资总额与投资项目数之比	根据数据计算
	44213	科技企业孵化器当年获风险投资额增长率	同去年相比的增长情况	根据数据计算
	44221	科技企业孵化器孵化基金总额（万元）	衡量一个地区科技企业孵化器的融资能力	中国火炬统计年鉴
	44222	平均每个科技企业孵化器孵化基金额（万元／个）	孵化基金总额与科技企业孵化器数之比	根据数据计算
	44223	科技企业孵化器孵化基金总额增长率	同去年相比的增长情况	根据数据计算
	45101	高技术企业数（家）	衡量一个地区高技术产业创业水平	中国科技统计年鉴
	45102	高技术企业数占规模以上工业企业数比重	高技术企业与企业总数之比	根据数据计算
	45103	高技术企业数增长率	同去年相比的增长情况	根据数据计算
	45201	科技企业孵化器当年毕业企业数（家）	衡量一个地区科技企业孵化器的孵化能力	中国火炬统计年鉴
	45202	平均每个科技企业孵化器当年毕业企业数（家／个）	当年毕业企业总数与孵化器总数之比	根据数据计算
	45203	科技企业孵化器当年毕业企业数增长率	同去年相比的增长情况	根据数据计算
创新绩效	51001	地区 GDP（亿元）	衡量一个地区的经济发展水平	中国统计年鉴
	51002	人均 GDP 水平（元／人）	衡量一个地区的经济发展水平	根据数据计算
	51003	地区 GDP 增长率	同去年相比的增长情	根据数据计算
	52101	第三产业增加值（亿元）	衡量一个地区的产业结构	中国统计年鉴
	52102	第三产业增加值占 GDP 的比例	第三产业增加值与地区 GDP 之比	根据数据计算
	52103	第三产业增加值增长率	同去年相比的增长情	根据数据计算
	52201	高技术产业新产品销售收入（亿元）	衡量一个地区的高技术产业发展情况	中国高技术产业统计年鉴
	52202	高技术产业新产品销售收入占主营业务收入比重	高技术产业新产品销售收入与主营业务收入之比	根据数据计算

续表

大类	代码	指标名称	指标含义	数据来源
创新绩效	52203	高技术产业新产品销售收入增长率	同去年相比的增长情况	根据数据计算
	53001	高技术产品出口额（百万美元）	衡量一个地区高技术产业的国际竞争力	中国统计年鉴
	53002	高技术产品出口额占地区出口总额的比重	高技术产品出口额与出口总额之比	根据数据计算
	53003	高技术产品出口额增长率	同去年相比的增长情况	根据数据计算
	54101	城镇登记失业人员（万人）	衡量一个地区的就业水平	中国统计年鉴
	54102	城镇登记失业率	衡量一个地区的就业水平	中国统计年鉴
	54103	城镇登记失业人员增长率	同去年相比的增长情况	根据数据计算
	54201	高技术产业就业人数（人）	衡量一个地区高技术产业吸纳就业的能力	中国高技术产业统计年鉴
	54202	高技术产业就业人数占总就业人数的比例	高技术产业就业人数与全部就业人数之比	根据数据计算
	54203	高技术产业就业人数增长率	同去年相比的增长情况	根据数据计算
	55101	万元地区生产总值能耗（等价值）（吨标准煤／万元）	衡量一个地区的能耗水平和可持续发展能力	中国统计年鉴
	55103	万元地区生产总值能耗（等价值）增长率	同去年相比的增长情况	根据数据计算
	55201	电耗总量（亿千瓦时）	衡量一个地区的电耗水平和可持续发展能力	中国统计年鉴
	55202	每万元 GDP 电耗总量（千瓦时／万元）	电耗总量与地区 GDP 之比	根据数据计算
	55203	电耗总量增长率	同去年相比的增长情况	根据数据计算
	55301	废水中主要污染物排放量（万吨）	衡量一个地区工业污水排放量和可持续发展能力	中国统计年鉴
	55302	每亿元 GDP 废水中主要污染物排放量（吨／亿元）	工业污水排放总量与地区 GDP 之比	根据数据计算
	55303	废水中主要污物排放量增长率	同去年相比的增长情况	根据数据计算
	55401	废气中主要污染物排放量（万吨）	衡量一个地区的废气排放量和可持续发展能力	中国统计年鉴
	55402	每亿元 GDP 废气中主要污染物排放量（吨／亿元）	废气中主要污染物排放量与地区 GDP 之比	根据数据计算
	55403	废气中主要污染物排放量增长率	同去年相比的增长情况	根据数据计算

附录 B

区域创新能力分地区基本指标

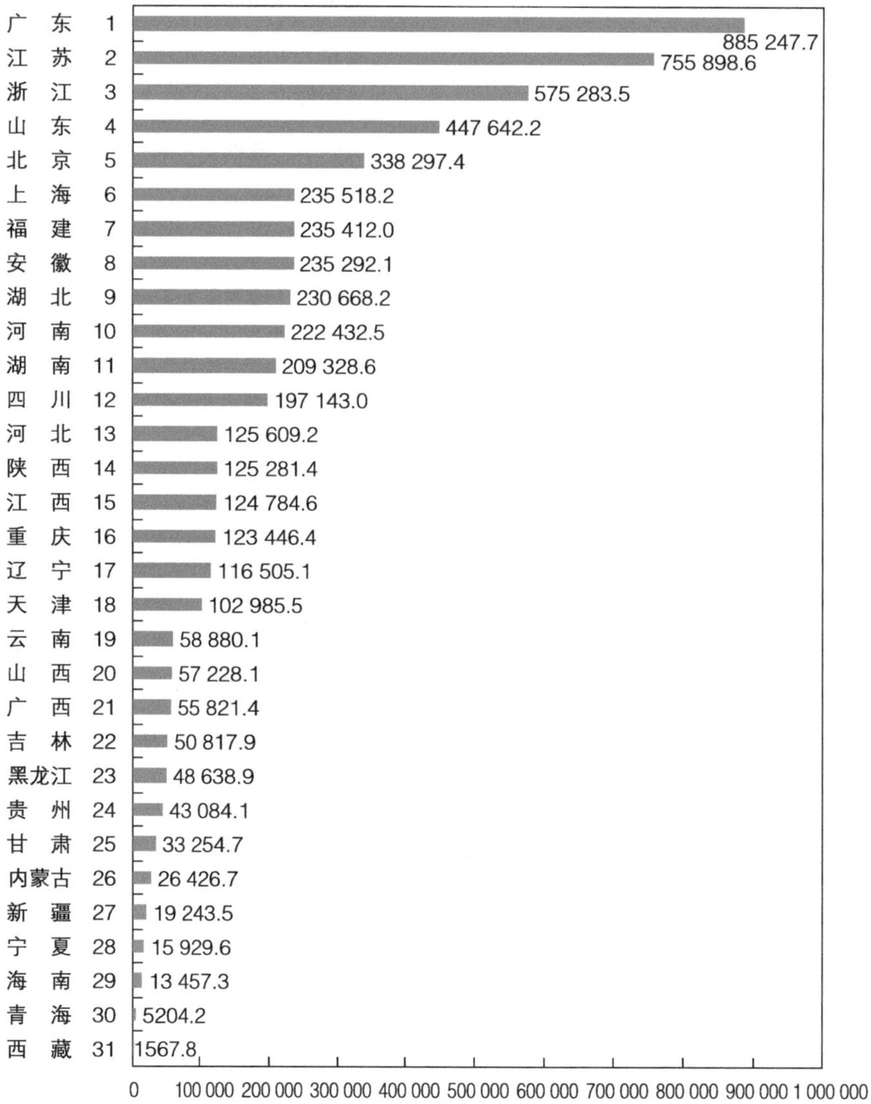

广东 1 885 247.7
江苏 2 755 898.6
浙江 3 575 283.5
山东 4 447 642.2
北京 5 338 297.4
上海 6 235 518.2
福建 7 235 412.0
安徽 8 235 292.1
湖北 9 230 668.2
河南 10 222 432.5
湖南 11 209 328.6
四川 12 197 143.0
河北 13 125 609.2
陕西 14 125 281.4
江西 15 124 784.6
重庆 16 123 446.4
辽宁 17 116 505.1
天津 18 102 985.5
云南 19 58 880.1
山西 20 57 228.1
广西 21 55 821.4
吉林 22 50 817.9
黑龙江 23 48 638.9
贵州 24 43 084.1
甘肃 25 33 254.7
内蒙古 26 26 426.7
新疆 27 19 243.5
宁夏 28 15 929.6
海南 29 13 457.3
青海 30 5204.2
西藏 31 1567.8
0 100 000 200 000 300 000 400 000 500 000 600 000 700 000 800 000 900 000 1 000 000

图B-1 11101 研究与试验发展全时人员当量（人年）

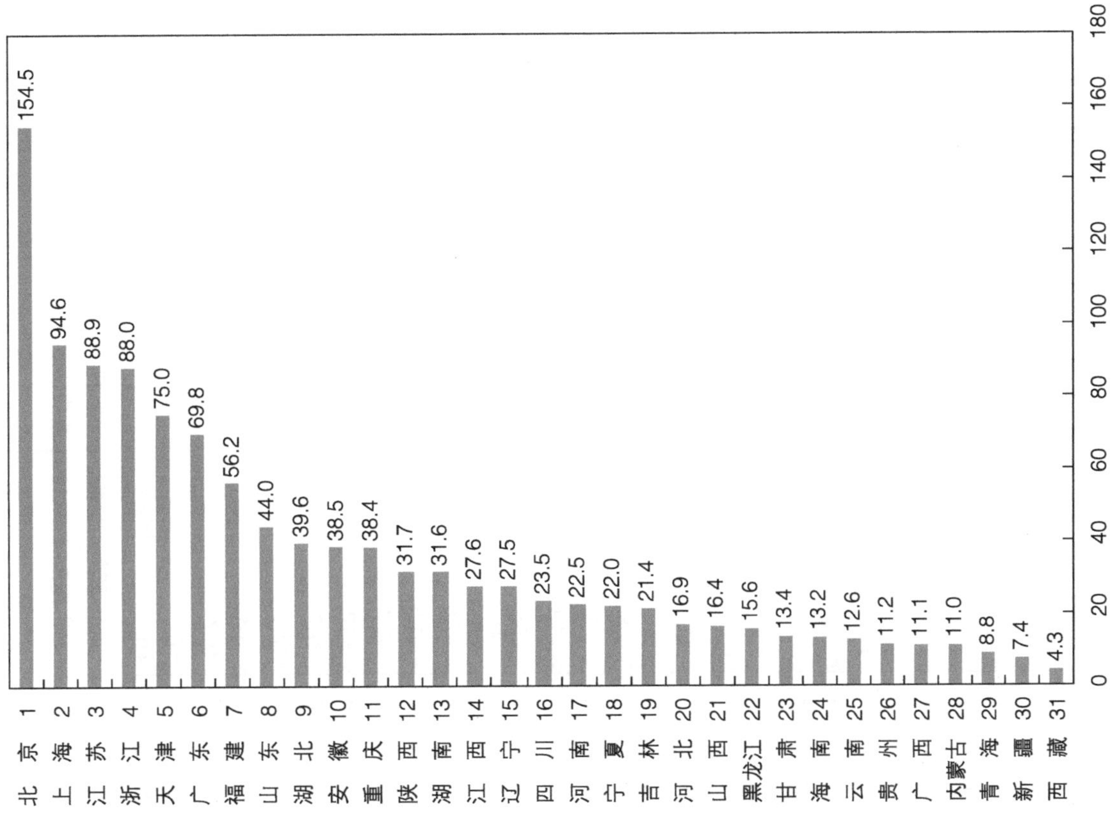

图B-2 11102 每万人平均研究与试验发展全时人员当量（人年/万人）

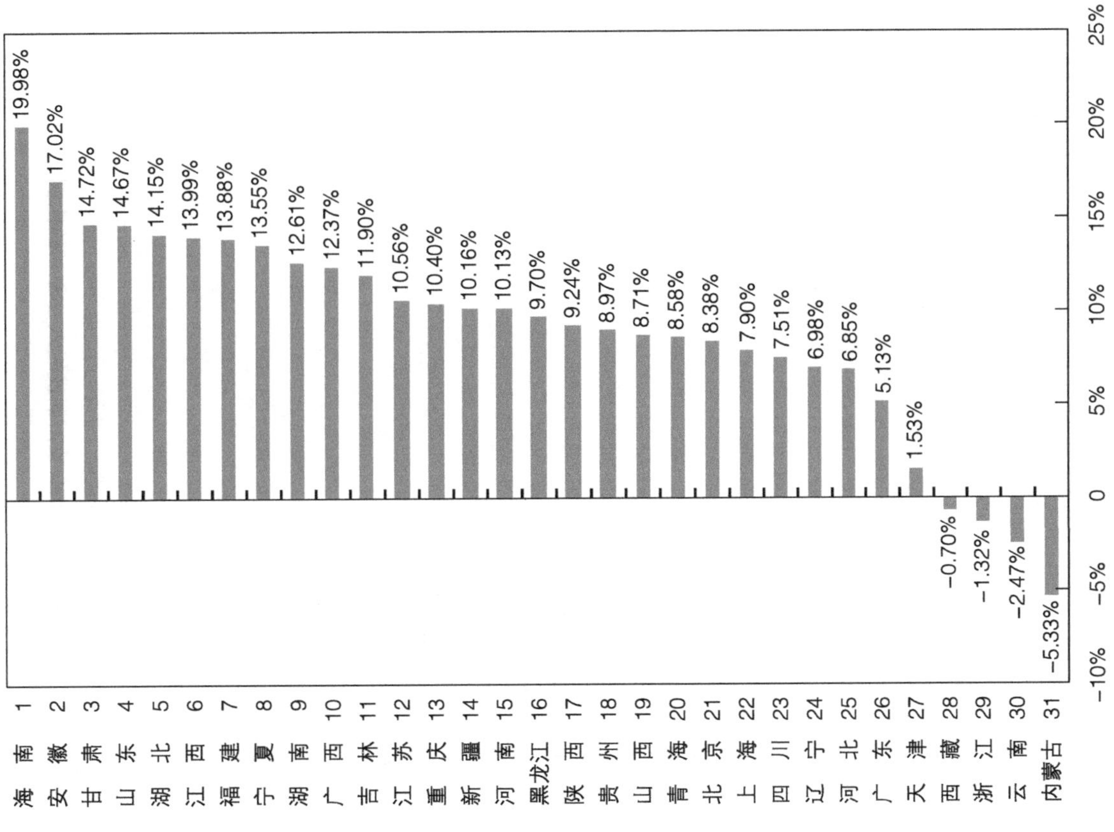

图B-3 11103 研究与试验发展全时人员当量增长率

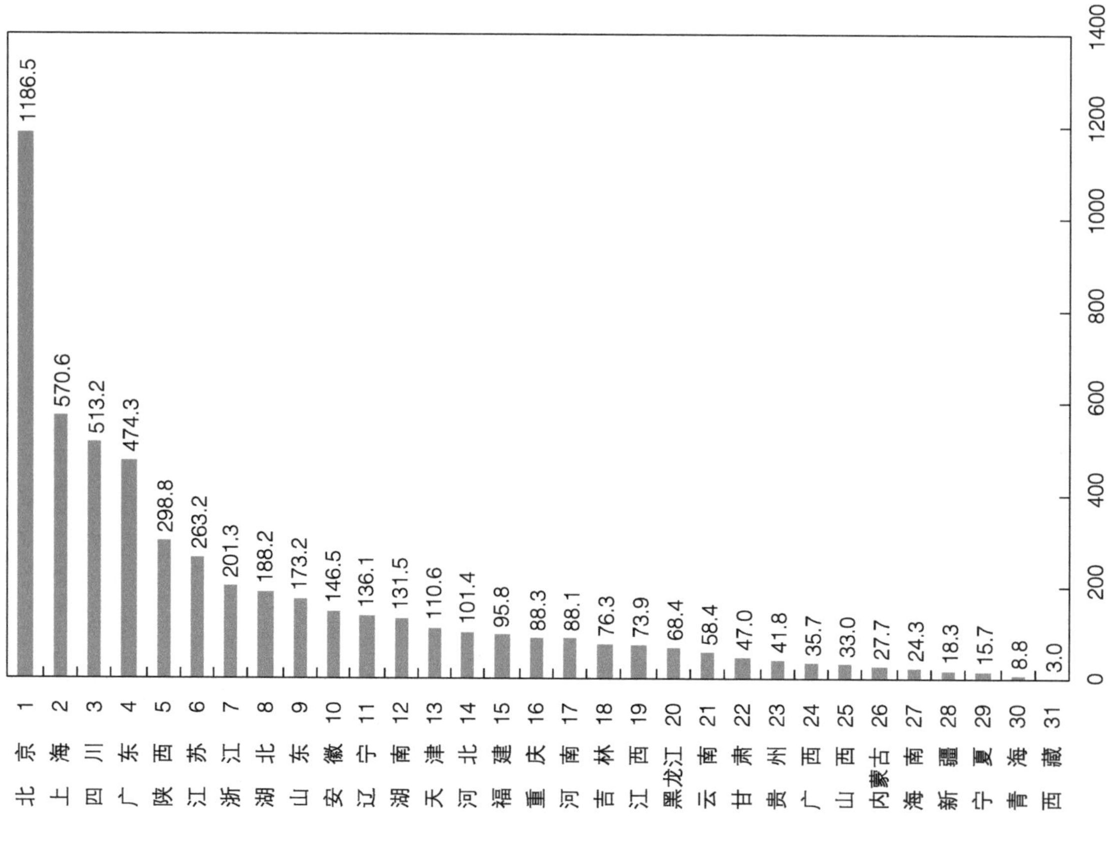

图B-4 11201 政府研发投入（亿元）

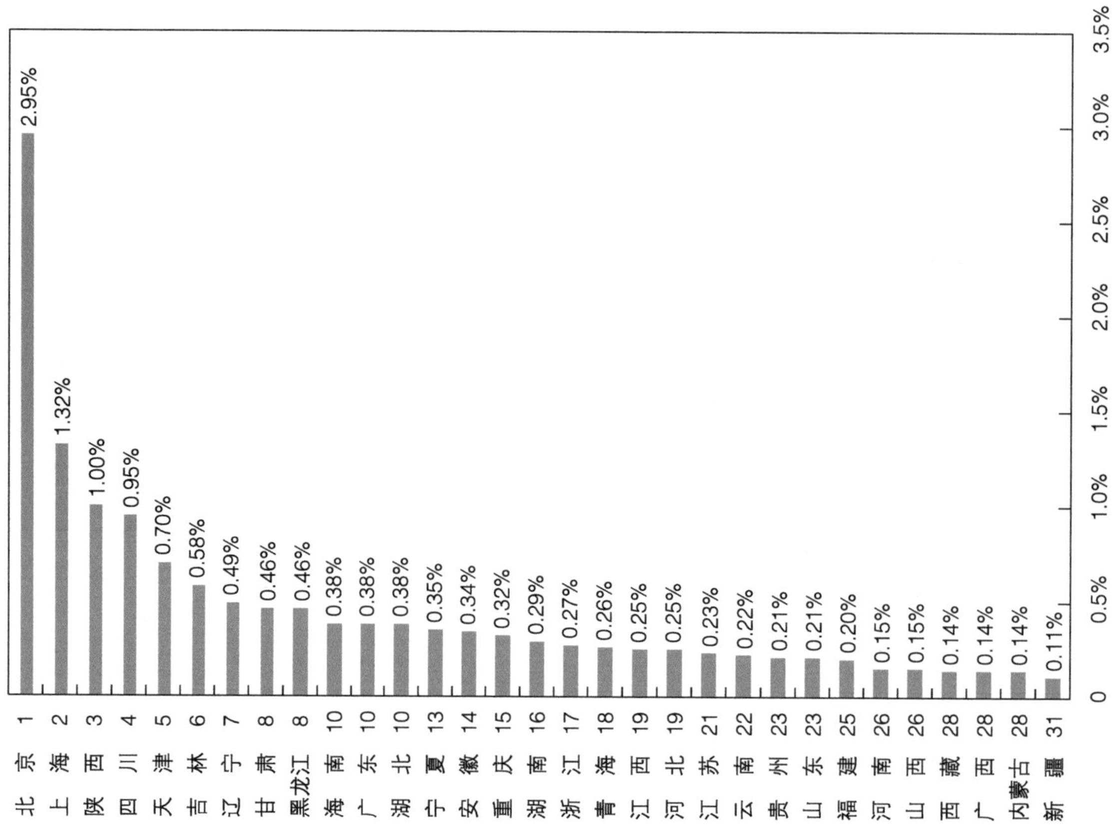

图B-5 11202 政府研发投入占GDP的比例

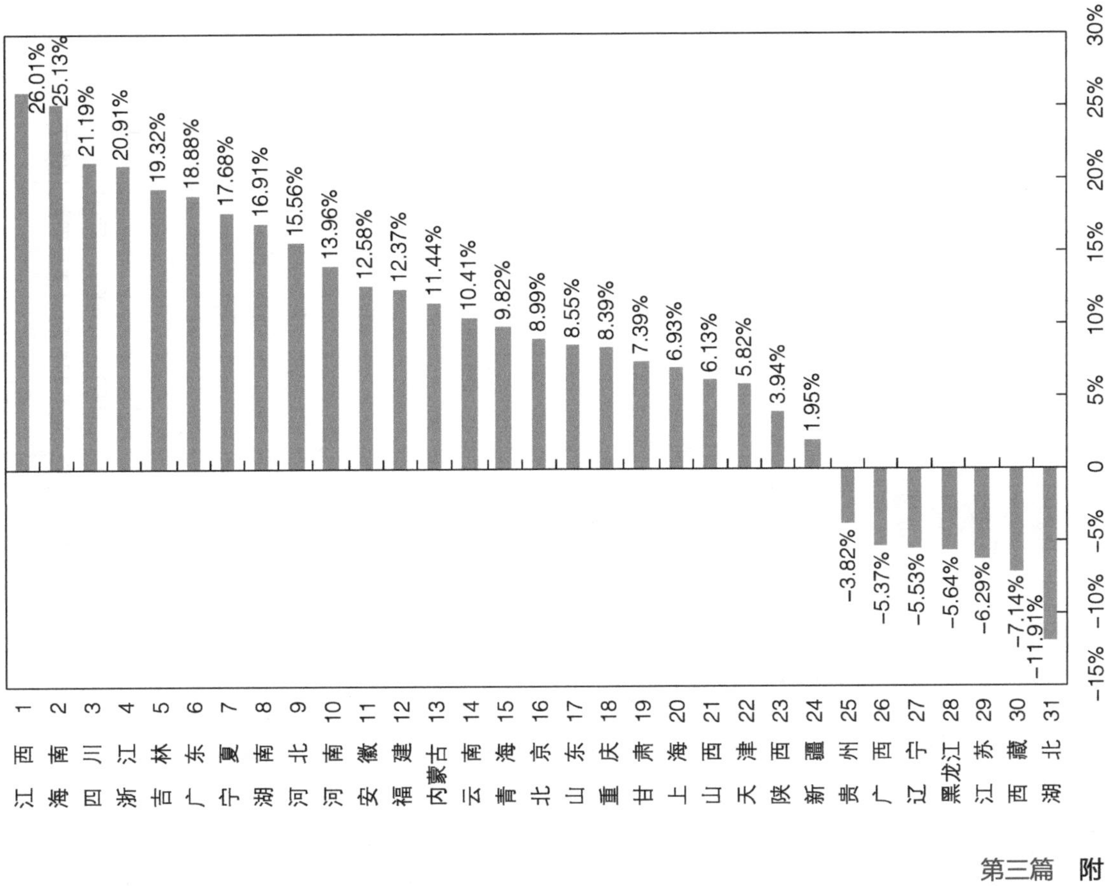

1 江西 26.01%
2 海南 25.13%
3 四川 21.19%
4 浙江 20.91%
5 吉林 19.32%
6 广东 18.88%
7 宁夏 17.68%
8 湖南 16.91%
9 河北 15.56%
10 河南 13.96%
11 安徽 12.58%
12 福建 12.37%
13 内蒙古 11.44%
14 云南 10.41%
15 青海 9.82%
16 北京 8.99%
17 山东 8.55%
18 重庆 8.39%
19 甘肃 7.39%
20 上海 6.93%
21 山西 6.13%
22 天津 5.82%
23 陕西 3.94%
24 新疆 1.95%
25 贵州 −3.82%
26 广西 −5.37%
27 辽宁 −5.53%
28 黑龙江 −5.64%
29 江苏 −6.29%
30 西藏 −7.14%
31 湖北 −11.91%
−15% −10% −5% 0 5% 10% 15% 20% 25% 30%

图B-6　11203 政府研发投入增长率

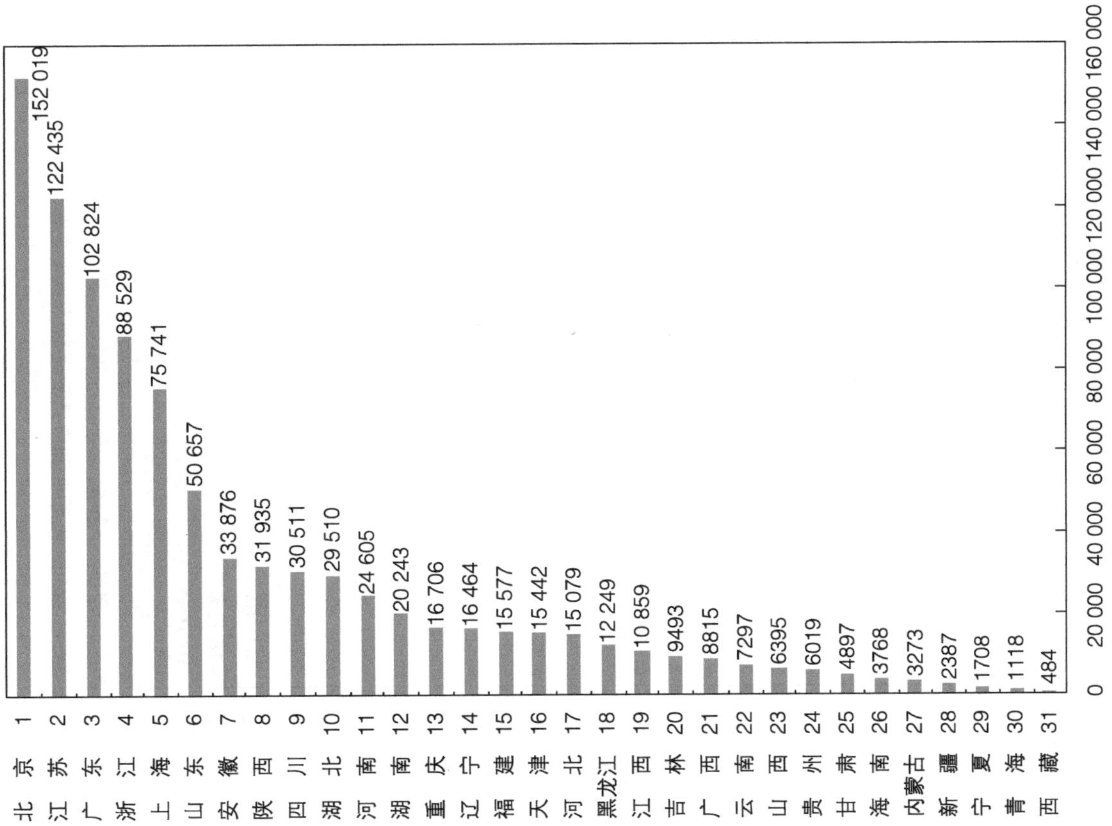

1 北京 152 019
2 江苏 122 435
3 广东 102 824
4 浙江 88 529
5 上海 75 741
6 山东 50 657
7 安徽 33 876
8 陕西 31 935
9 四川 30 511
10 湖北 29 510
11 河南 24 605
12 湖南 20 243
13 重庆 16 706
14 辽宁 16 464
15 福建 15 577
16 天津 15 442
17 河北 15 079
18 黑龙江 12 249
19 江西 10 859
20 吉林 9493
21 广西 8815
22 云南 7297
23 山西 6395
24 贵州 6019
25 甘肃 4897
26 海南 3768
27 内蒙古 3273
28 新疆 2387
29 宁夏 1708
30 青海 1118
31 西藏 484
0 20 000 40 000 60 000 80 000 100 000 120 000 140 000 160 000

图B-7　12101 发明专利申请受理数（不含企业）（件）

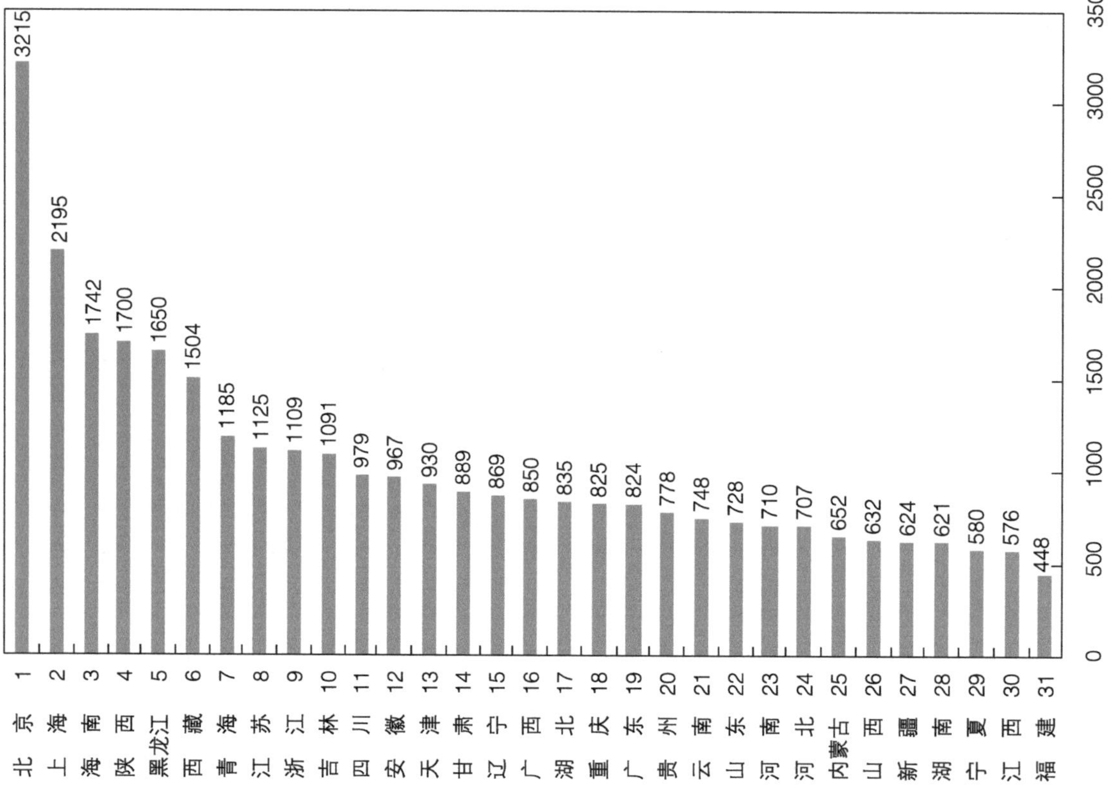

1 北京 3215
2 上海 2195
3 海南 1742
4 陕西 1700
5 黑龙江 1650
6 西藏 1504
7 青海 1185
8 江苏 1125
9 浙江 1109
10 吉林 1091
11 四川 979
12 安徽 967
13 天津 930
14 甘肃 889
15 辽宁 869
16 广西 850
17 湖北 835
18 重庆 825
19 广东 824
20 贵州 778
21 云南 748
22 山东 728
23 河南 710
24 河北 707
25 内蒙古 652
26 山西 632
27 新疆 624
28 湖南 621
29 宁夏 580
30 江西 576
31 福建 448
0
500
1000
1500
2000
2500
3000
3500

图B-8　12102 每万名研发人员发明专利申请受理数（件/万人）

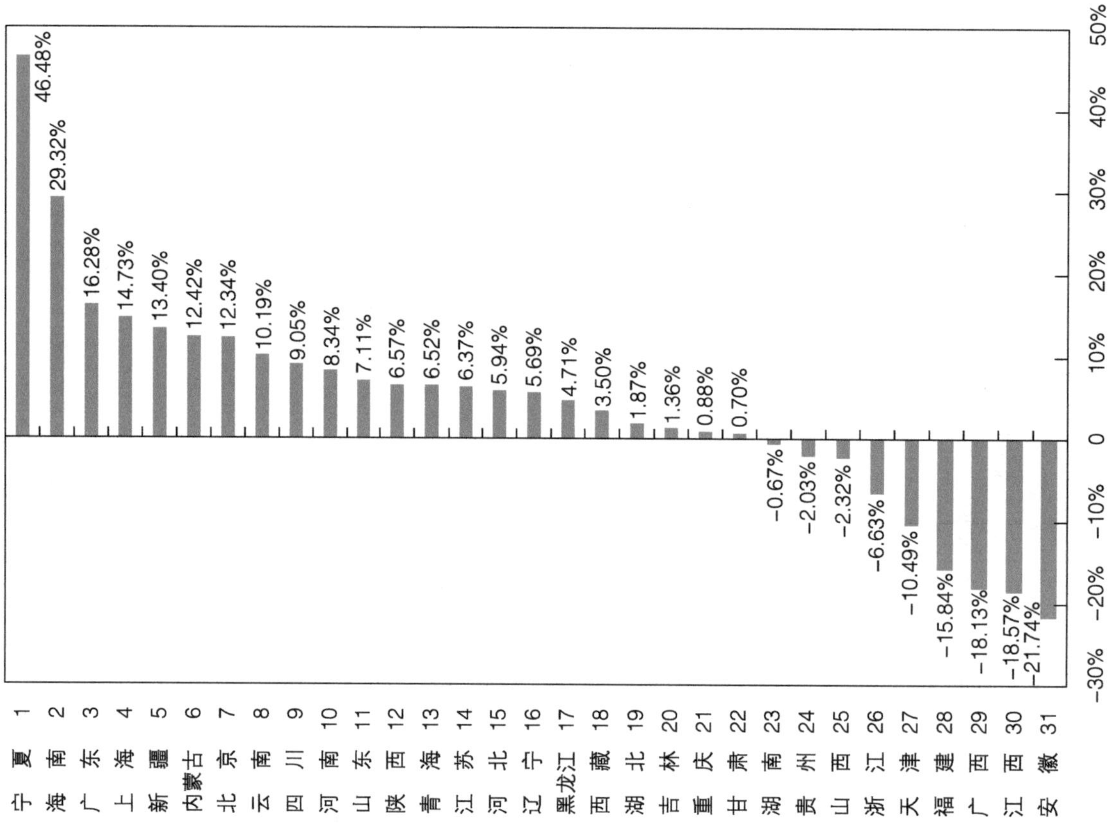

1 宁夏 46.48%
2 海南 29.32%
3 广东 16.28%
4 上海 14.73%
5 新疆 13.40%
6 内蒙古 12.42%
7 北京 12.34%
8 云南 10.19%
9 四川 9.05%
10 河南 8.34%
11 山东 7.11%
12 陕西 6.57%
13 青海 6.52%
14 江苏 6.37%
15 河北 5.94%
16 辽宁 5.69%
17 黑龙江 4.71%
18 西藏 3.50%
19 湖北 1.87%
20 吉林 1.36%
21 重庆 0.88%
22 甘肃 0.70%
23 湖南 −0.67%
24 贵州 −2.03%
25 山西 −2.32%
26 浙江 −6.63%
27 天津 −10.49%
28 福建 −15.84%
29 广西 −18.13%
30 江西 −18.57%
31 安徽 −21.74%
−30%
−20%
−10%
0
10%
20%
30%
40%
50%

图B-9　12103 发明专利申请受理数（不含企业）增长率

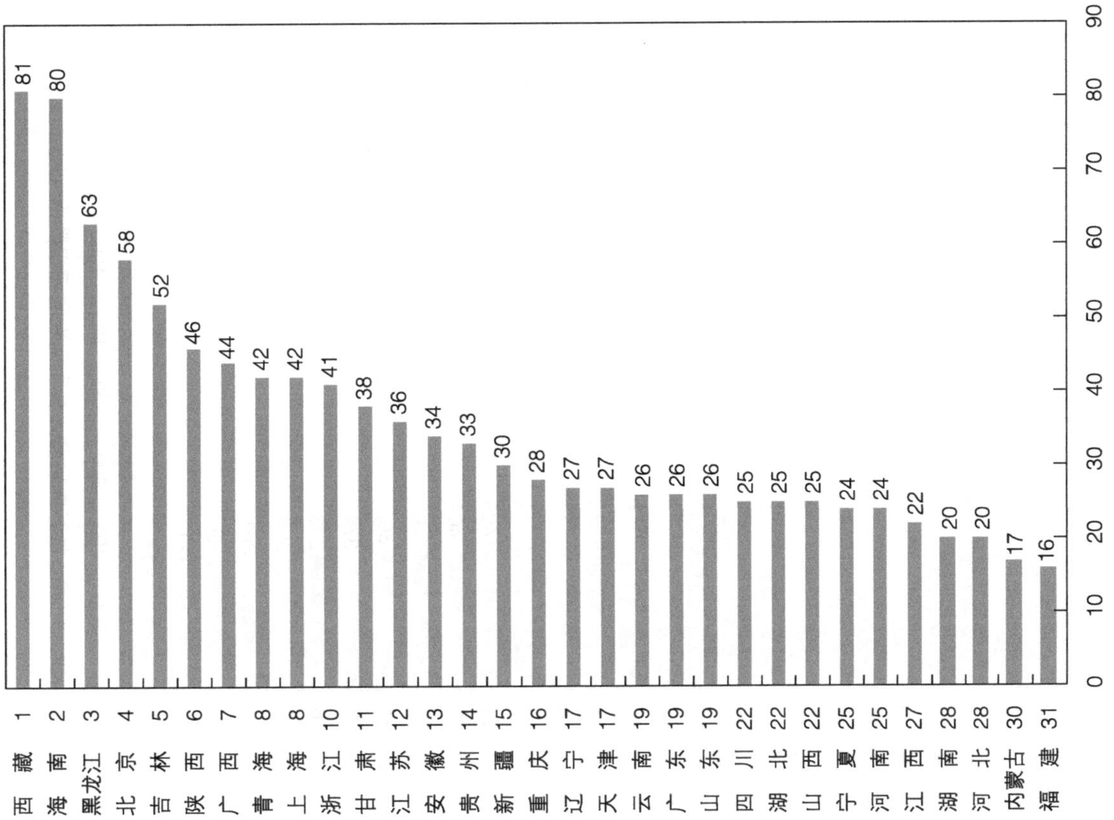

图B-10　12104 每亿元研发经费内部支出产生的发明专利申请数（件/亿元）

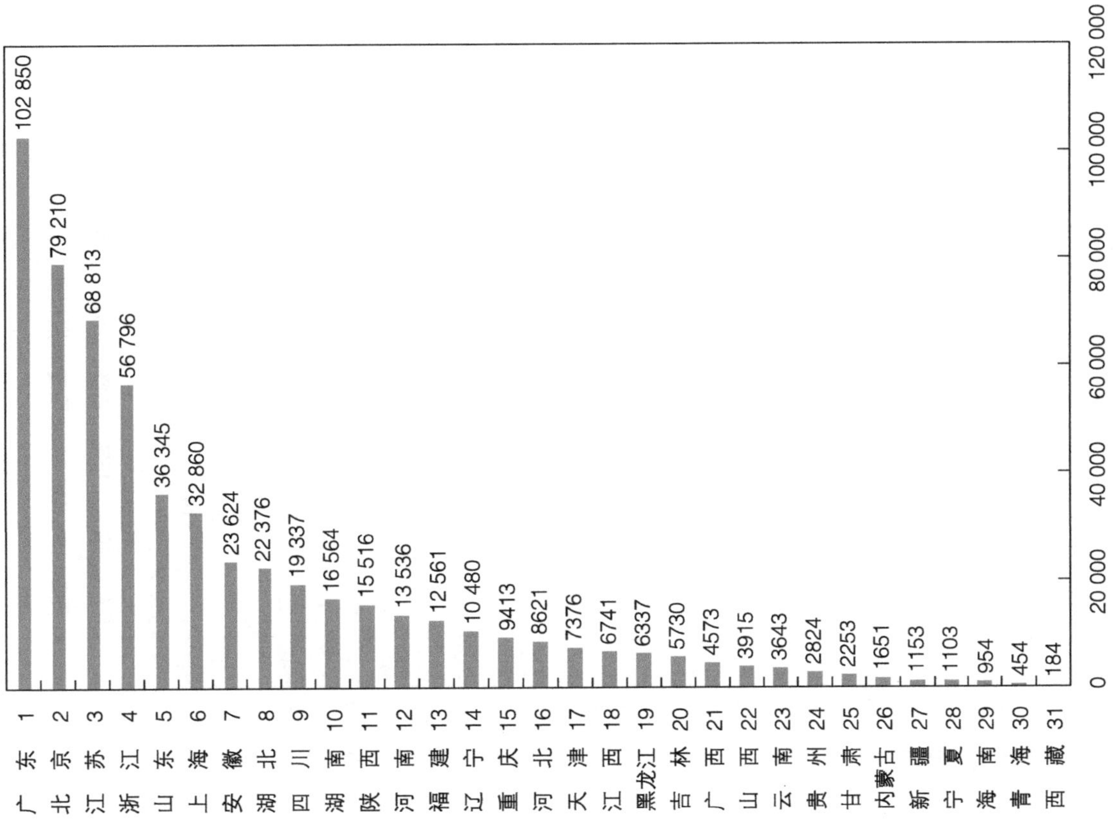

图B-11　12201 发明专利授权数（件）

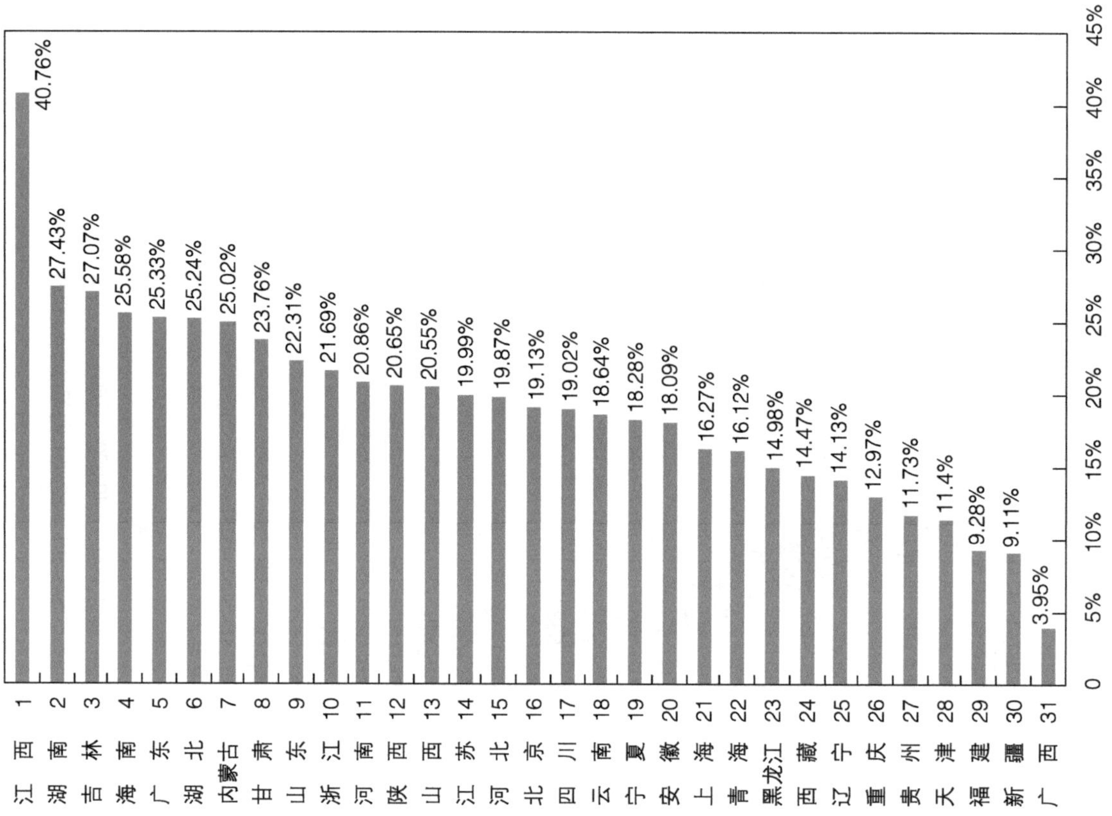

图B-13　12203 发明专利授权数增长率

江西 1 40.76%
湖南 2 27.43%
吉林 3 27.07%
海南 4 25.58%
广东 5 25.33%
湖北 6 25.24%
内蒙古 7 25.02%
甘肃 8 23.76%
山东 9 22.31%
浙江 10 21.69%
河南 11 20.86%
陕西 12 20.65%
山西 13 20.55%
江苏 14 19.99%
河北 15 19.87%
北京 16 19.13%
四川 17 19.02%
云南 18 18.64%
宁夏 19 18.28%
安徽 20 18.09%
上海 21 16.27%
青海 22 16.12%
黑龙江 23 14.98%
西藏 24 14.47%
辽宁 25 14.13%
重庆 26 12.97%
贵州 27 11.73%
天津 28 11.4%
福建 29 9.28%
新疆 30 9.11%
广西 31 3.95%

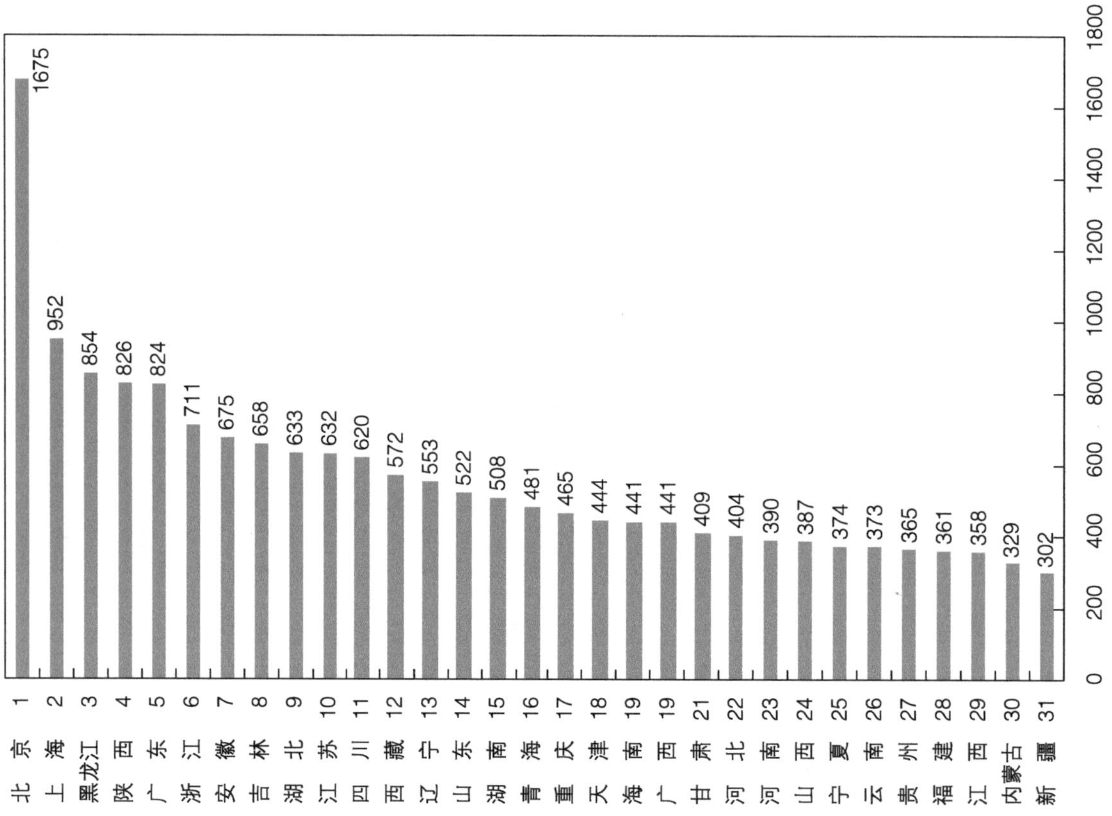

图B-12　12202 每万名研发人员发明专利授权数（件/万人）

北京 1 1675
上海 2 952
黑龙江 3 854
陕西 4 826
广东 5 824
浙江 6 711
安徽 7 675
吉林 8 658
湖北 9 633
江苏 10 632
四川 11 620
西藏 12 572
辽宁 13 553
山东 14 522
湖南 15 508
青海 16 481
重庆 17 465
天津 18 444
海南 19 441
广西 19 441
甘肃 21 409
河北 22 404
河南 23 390
山西 24 387
宁夏 25 374
云南 26 373
贵州 27 365
福建 28 361
江西 29 358
内蒙古 30 329
新疆 31 302

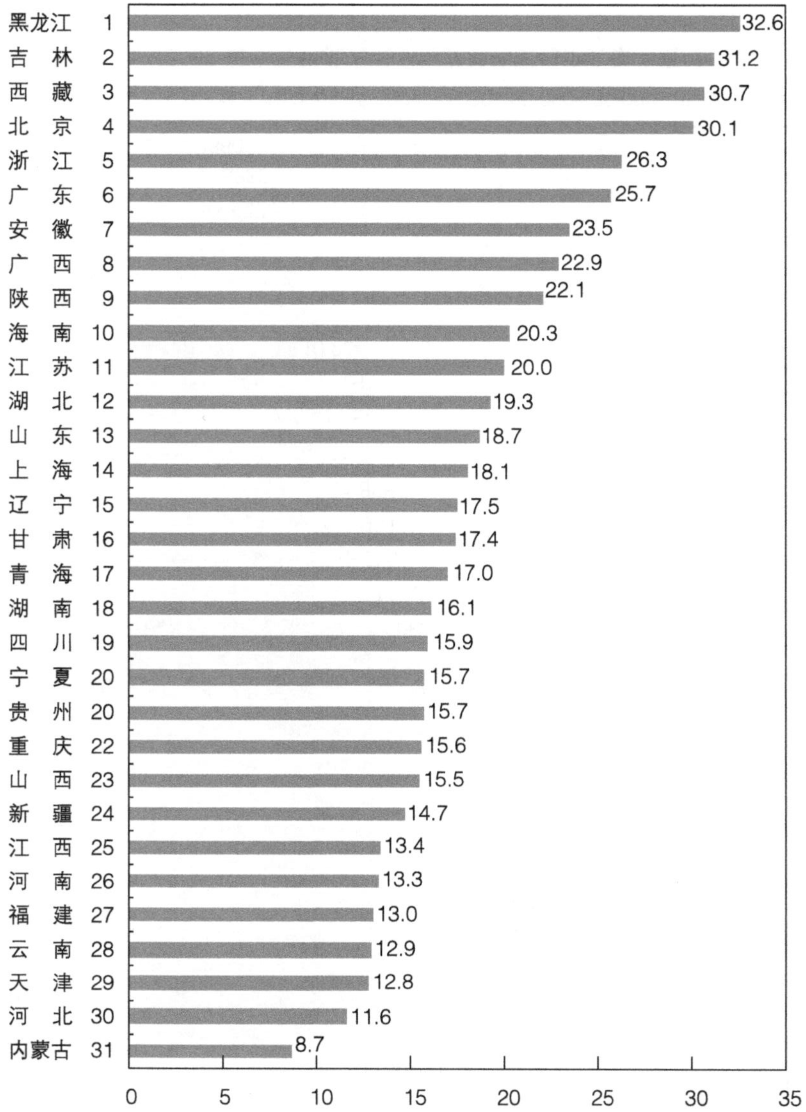

图B-14 12204 每亿元研发经费内部支出产生的发明专利授权数（件/亿元）

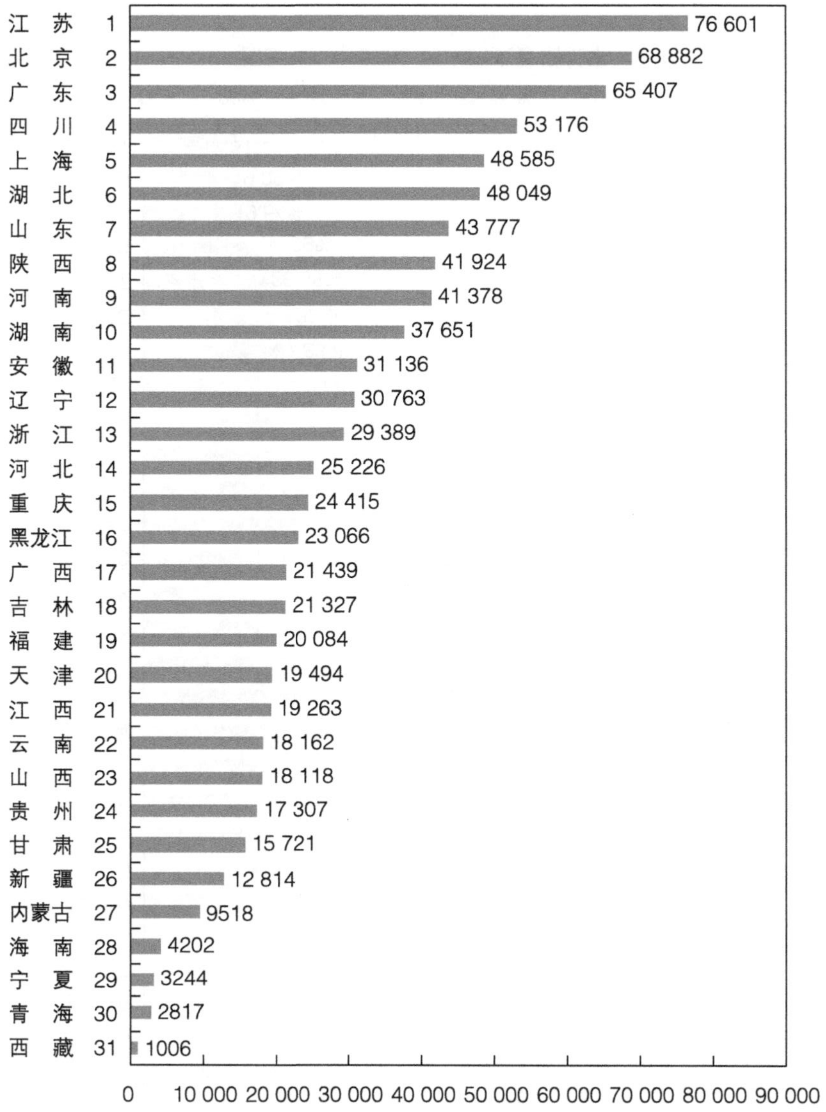

图B-15 13101 国内论文数（篇）

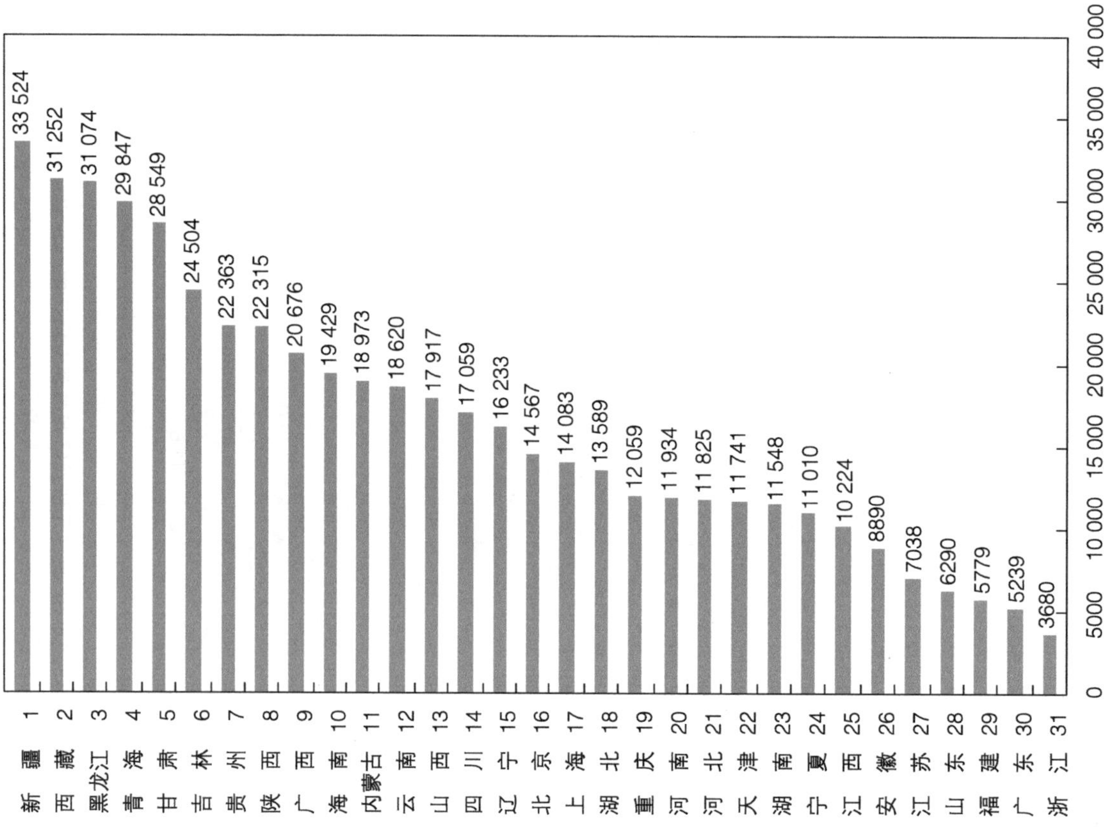

1 新疆 33 524
2 西藏 31 252
3 黑龙江 31 074
4 青海 29 847
5 甘肃 28 549
6 吉林 24 504
7 贵州 22 363
8 陕西 22 315
9 广西 20 676
10 海南 19 429
11 内蒙古 18 973
12 云南 18 620
13 山西 17 917
14 四川 17 059
15 辽宁 16 233
16 北京 14 567
17 上海 14 083
18 湖北 13 589
19 重庆 12 059
20 河南 11 934
21 河北 11 825
22 天津 11 741
23 湖南 11 548
24 宁夏 11 010
25 江西 10 224
26 安徽 8890
27 江苏 7038
28 山东 6290
29 福建 5779
30 广东 5239
31 浙江 3680
0
5000
10 000
15 000
20 000
25 000
30 000
35 000
40 000

图B-16 13102 每十万研发人员平均发表的国内论文数（篇/十万人）

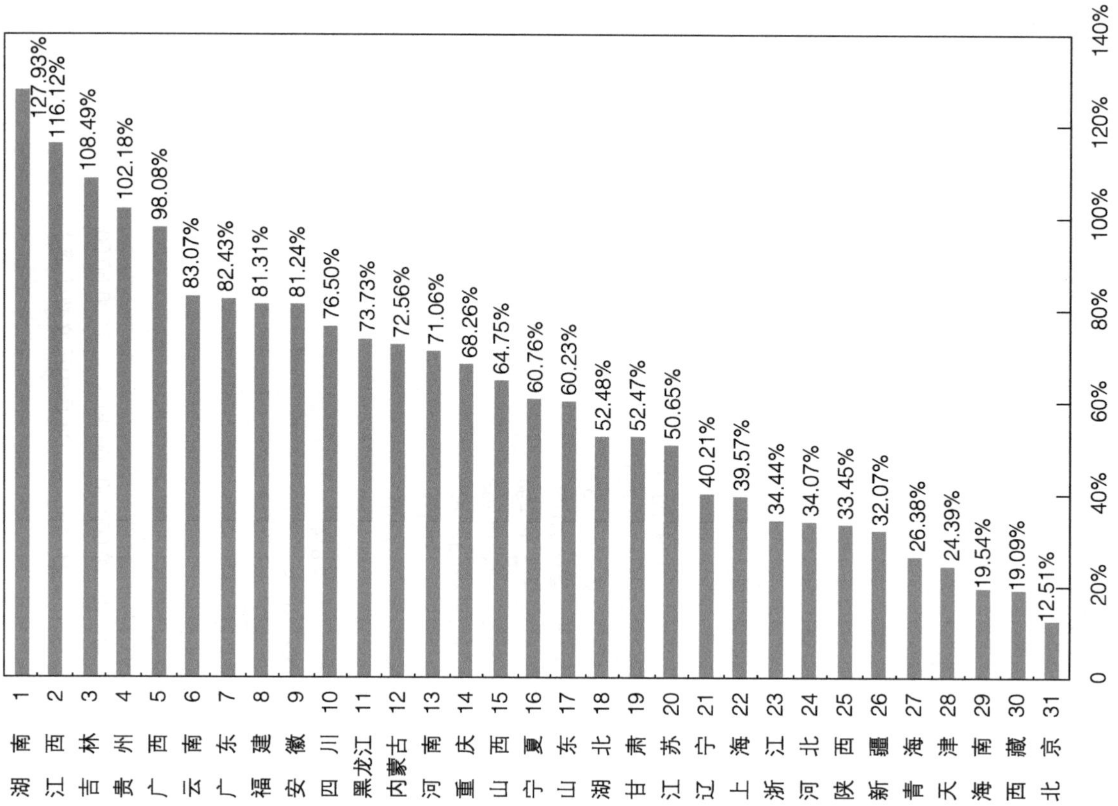

1 湖南 127.93%
2 江西 116.12%
3 吉林 108.49%
4 贵州 102.18%
5 广西 98.08%
6 云南 83.07%
7 广东 82.43%
8 福建 81.31%
9 安徽 81.24%
10 四川 76.50%
11 黑龙江 73.73%
12 内蒙古 72.56%
13 河南 71.06%
14 重庆 68.26%
15 山西 64.75%
16 宁夏 60.76%
17 山东 60.23%
18 湖北 52.48%
19 甘肃 52.47%
20 江苏 50.65%
21 辽宁 40.21%
22 上海 39.57%
23 浙江 34.44%
24 河北 34.07%
25 陕西 33.45%
26 新疆 32.07%
27 青海 26.38%
28 天津 24.39%
29 海南 19.54%
30 西藏 19.09%
31 北京 12.51%
0
20%
40%
60%
80%
100%
120%
140%

图B-17 13103 国内论文数增长率

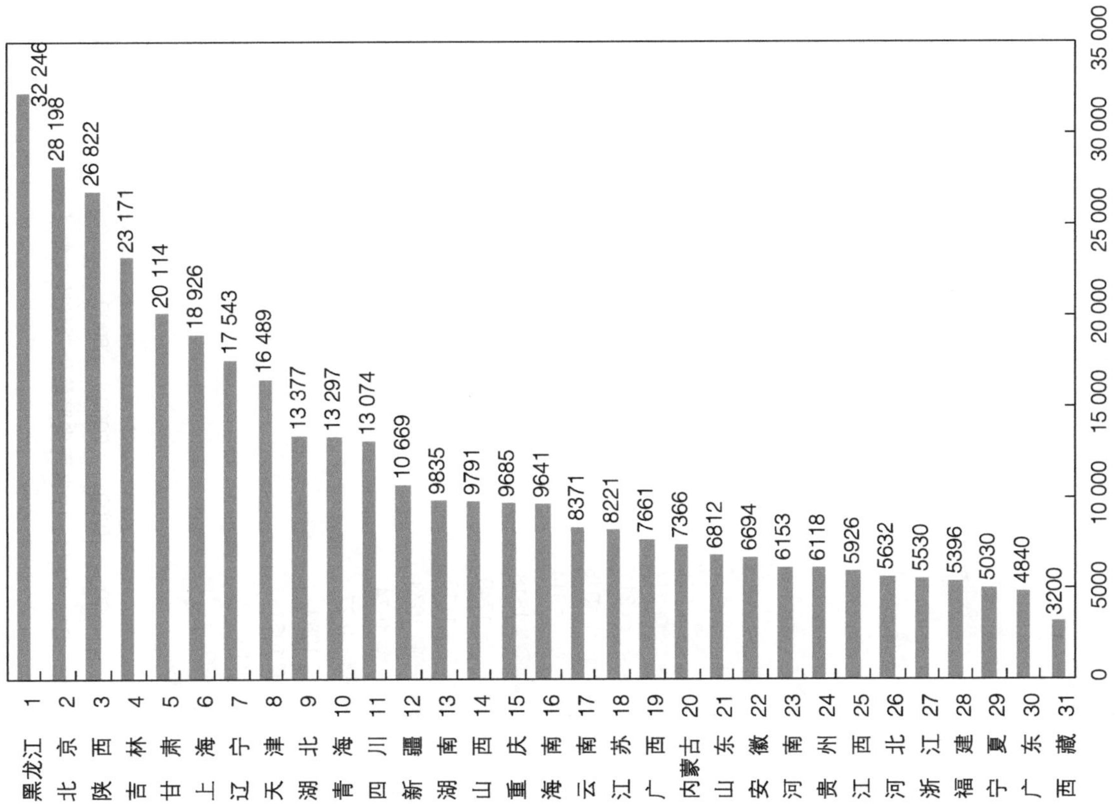

图B-19 13202 每十万研发人员平均发表的国际论文数（篇/十万人）

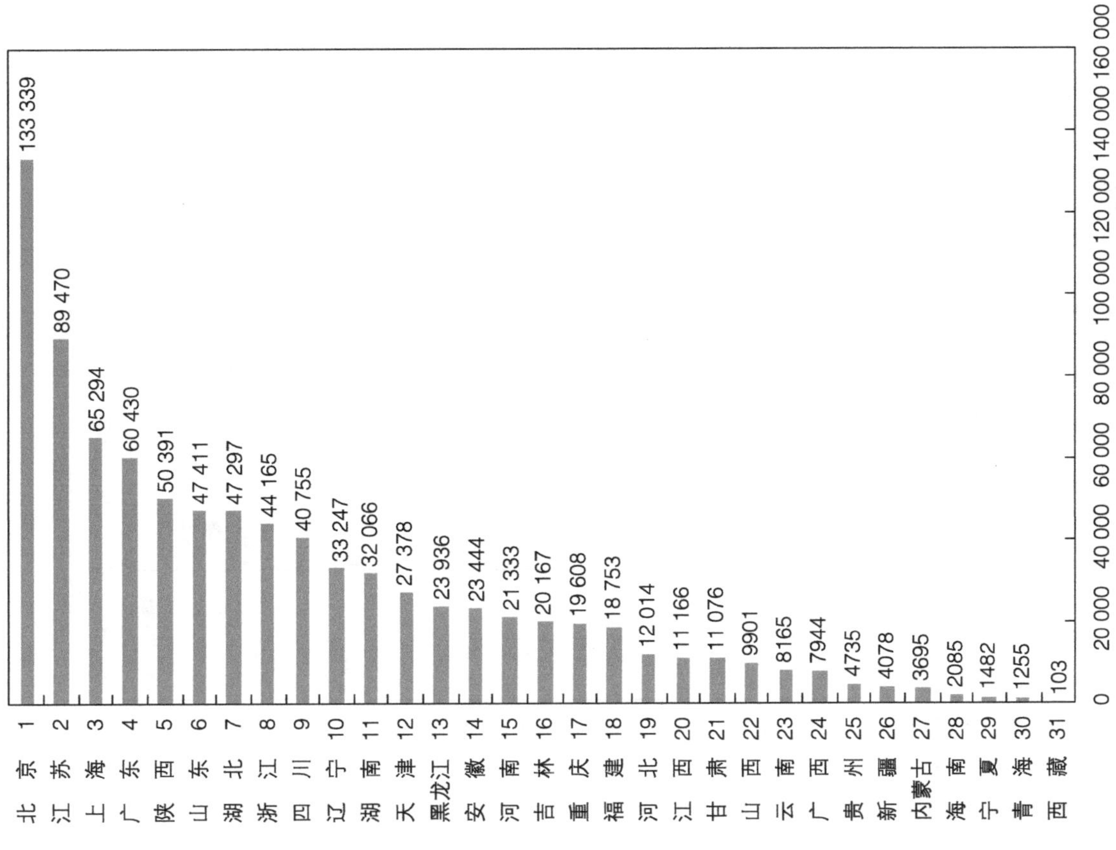

图B-18 13201 国际论文数（篇）

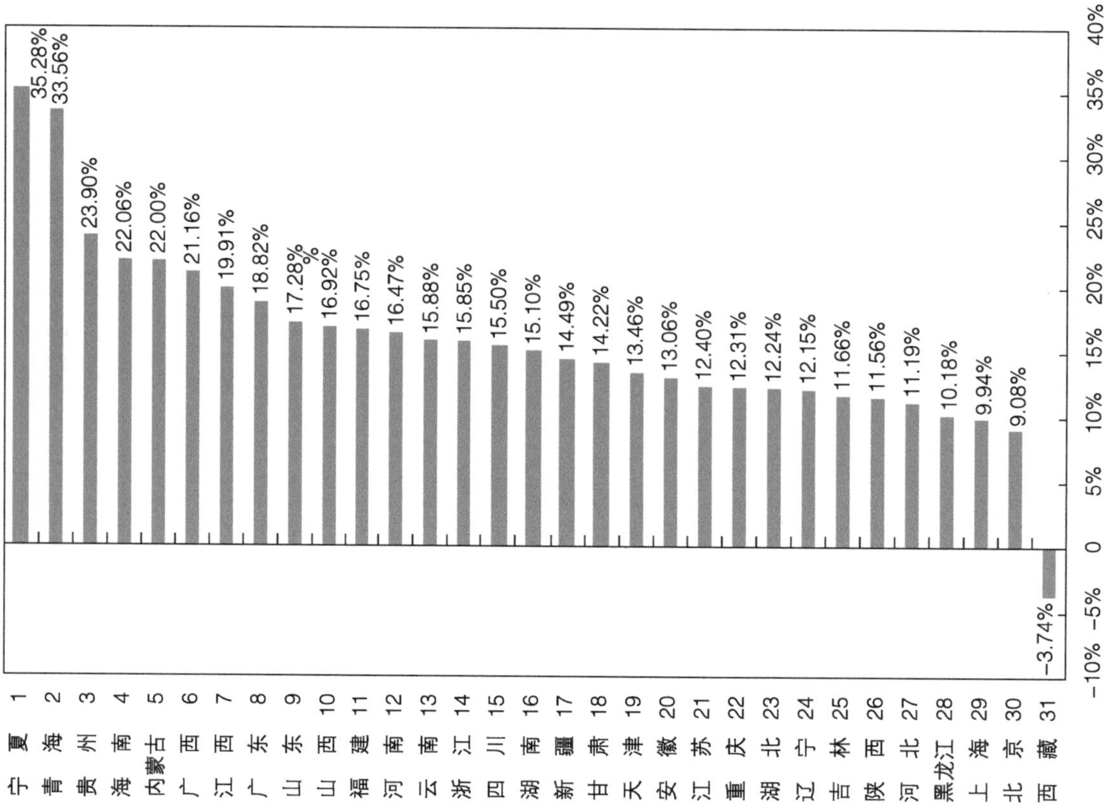
1 宁夏 35.28%
2 青海 33.56%
3 贵州 23.90%
4 海南 22.06%
5 内蒙古 22.00%
6 广西 21.16%
7 江西 19.91%
8 广东 18.82%
9 山东 17.28%
10 山西 16.92%
11 福建 16.75%
12 河南 16.47%
13 云南 15.88%
14 浙江 15.85%
15 四川 15.50%
16 湖南 15.10%
17 新疆 14.49%
18 甘肃 14.22%
19 天津 13.46%
20 安徽 13.06%
21 江苏 12.40%
22 重庆 12.31%
23 湖北 12.24%
24 辽宁 12.15%
25 吉林 11.66%
26 陕西 11.56%
27 河北 11.19%
28 黑龙江 10.18%
29 上海 9.94%
30 北京 9.08%
31 西藏 −3.74%
−10%
−5%
0
5%
10%
15%
20%
25%
30%
35%
40%
图B-20 13203 国际论文数增长率

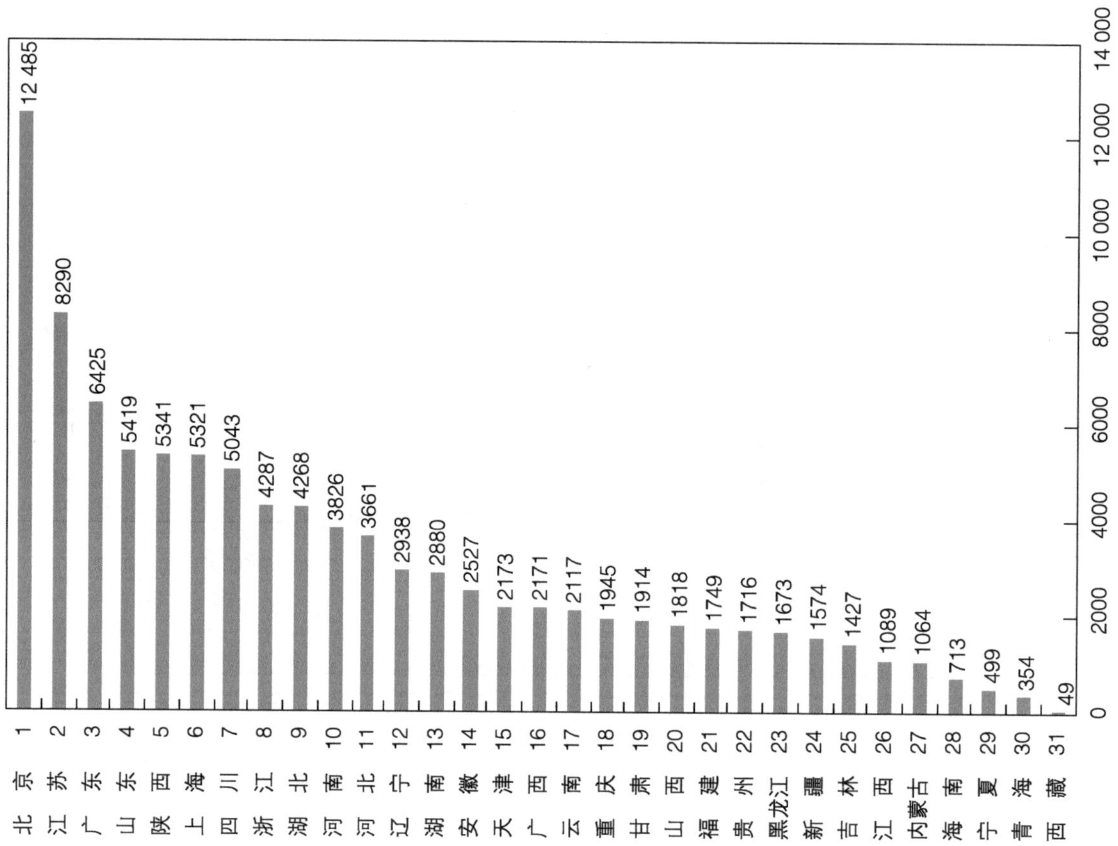
1 北京 12 485
2 江苏 8290
3 广东 6425
4 山东 5419
5 陕西 5341
6 上海 5321
7 四川 5043
8 浙江 4287
9 湖北 4268
10 河南 3826
11 河北 3661
12 辽宁 2938
13 湖南 2880
14 安徽 2527
15 天津 2173
16 广西 2171
17 云南 2117
18 重庆 1945
19 甘肃 1914
20 山西 1818
21 福建 1749
22 贵州 1716
23 黑龙江 1673
24 新疆 1574
25 吉林 1427
26 江西 1089
27 内蒙古 1064
28 海南 713
29 宁夏 499
30 青海 354
31 西藏 49
0
2000
4000
6000
8000
10 000
12 000
14 000
图B-21 21111 作者同省异单位科技论文数（篇）

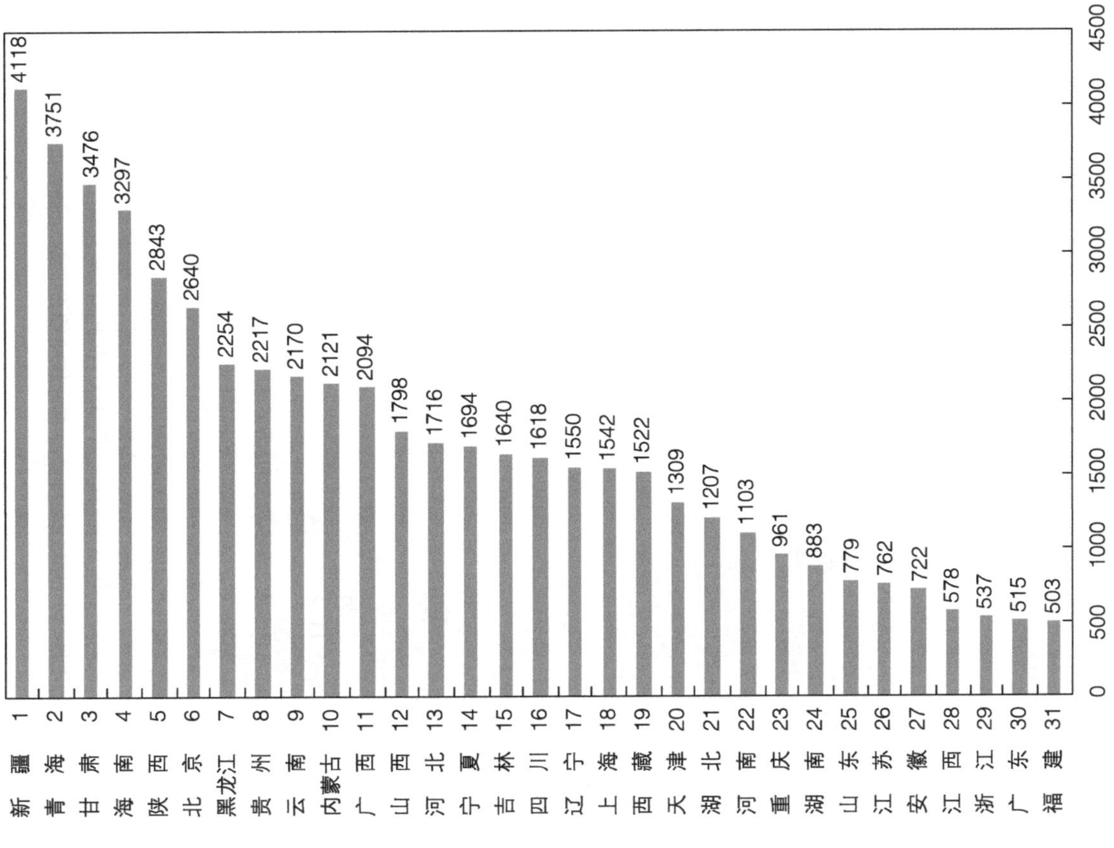

图B-22 21112 每十万研发人员作者同省异单位科技论文数（篇/十万人）

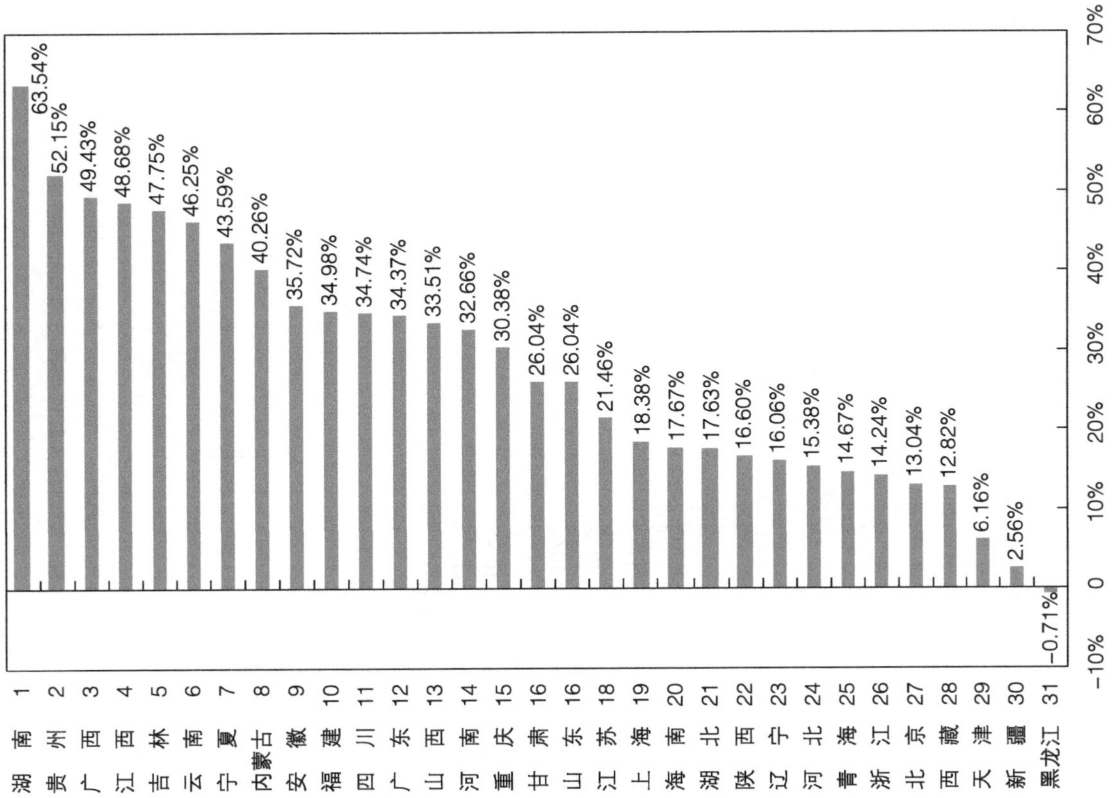

图B-23 21113 同省异单位科技论文数增长率

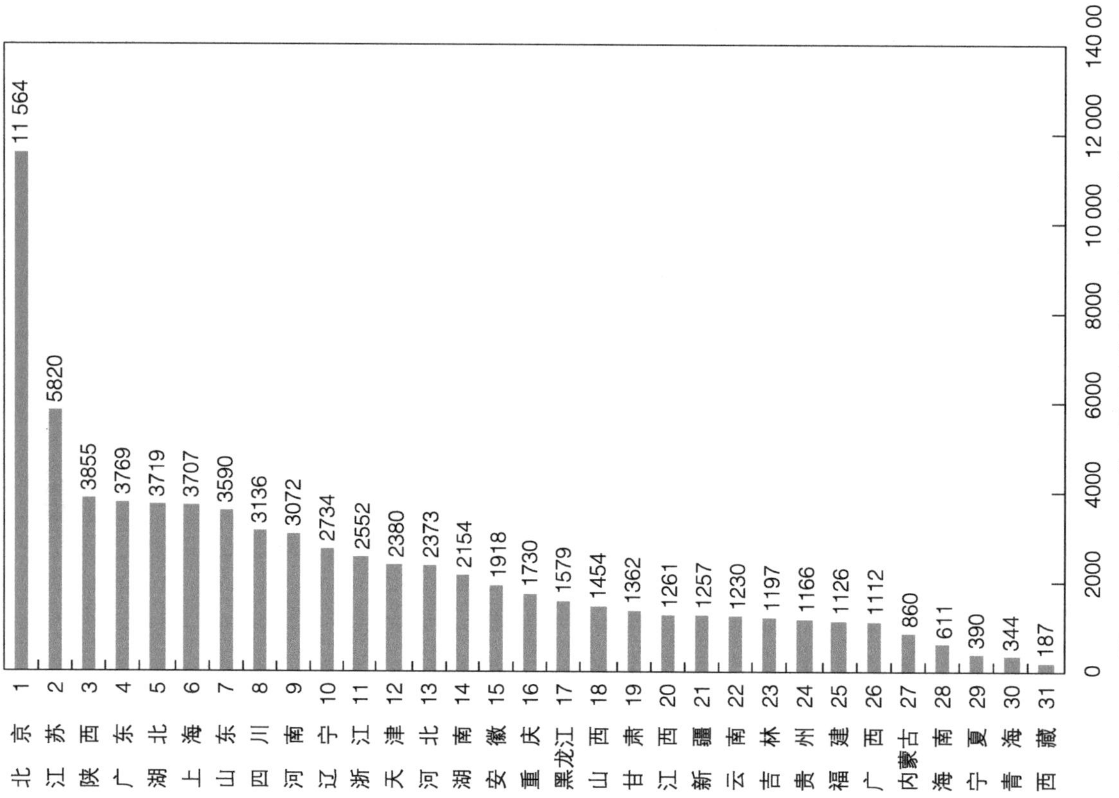
1 北京 11 564
2 江苏 5820
3 陕西 3855
4 广东 3769
5 湖北 3719
6 上海 3707
7 山东 3590
8 四川 3136
9 河南 3072
10 辽宁 2734
11 浙江 2552
12 天津 2380
13 河北 2373
14 湖南 2154
15 安徽 1918
16 重庆 1730
17 黑龙江 1579
18 山西 1454
19 甘肃 1362
20 江西 1261
21 新疆 1257
22 云南 1230
23 吉林 1197
24 贵州 1166
25 福建 1126
26 广西 1112
27 内蒙古 860
28 海南 611
29 宁夏 390
30 青海 344
31 西藏 187
0
2000
4000
6000
8000
10 000
12 000
14 000

图B-24 21121 作者异省合作科技论文数（篇）

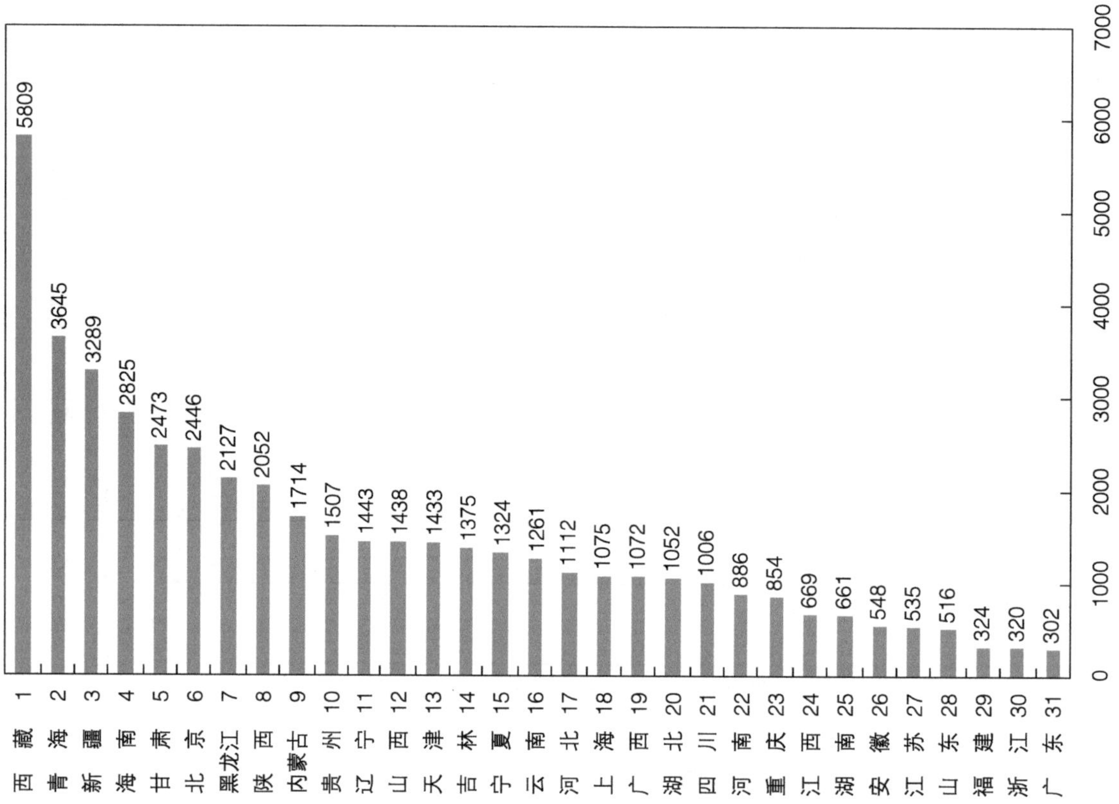
1 西藏 5809
2 青海 3645
3 新疆 3289
4 海南 2825
5 甘肃 2473
6 北京 2446
7 黑龙江 2127
8 陕西 2052
9 内蒙古 1714
10 贵州 1507
11 辽宁 1443
12 山西 1438
13 天津 1433
14 吉林 1375
15 宁夏 1324
16 云南 1261
17 河北 1112
18 上海 1075
19 广西 1072
20 湖北 1052
21 四川 1006
22 河南 886
23 重庆 854
24 江西 669
25 湖南 661
26 安徽 548
27 江苏 535
28 山东 516
29 福建 324
30 浙江 320
31 广东 302
0
1000
2000
3000
4000
5000
6000
7000

图B-25 21122 每十万研发人员作者异省科技论文数（篇/十万人）

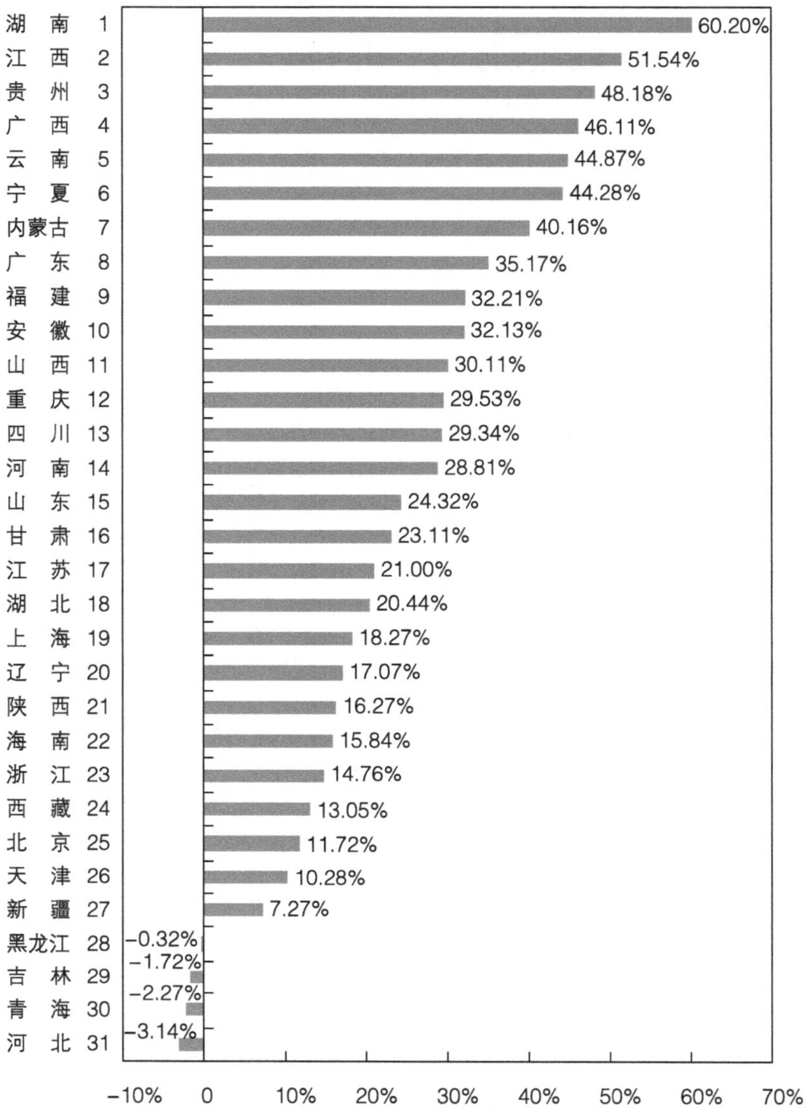

图B-26　21123 作者异省科技论文数增长率

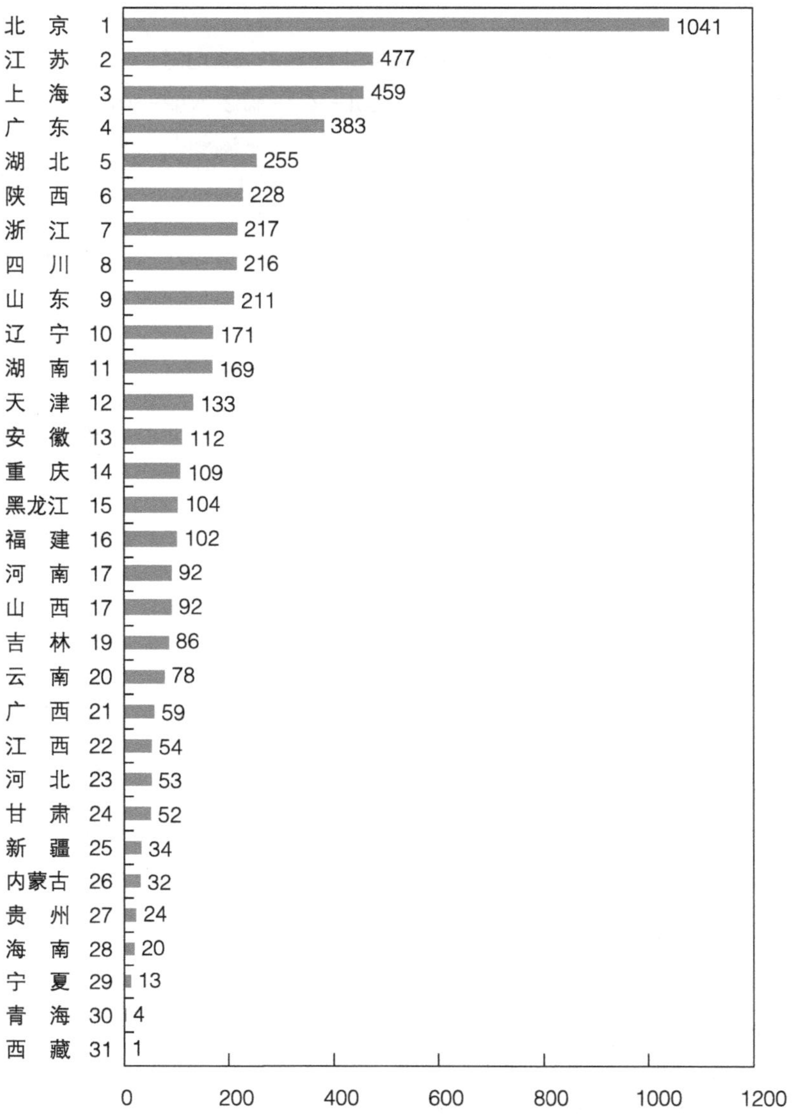

图B-27　21131 作者异国合作科技论文数（篇）

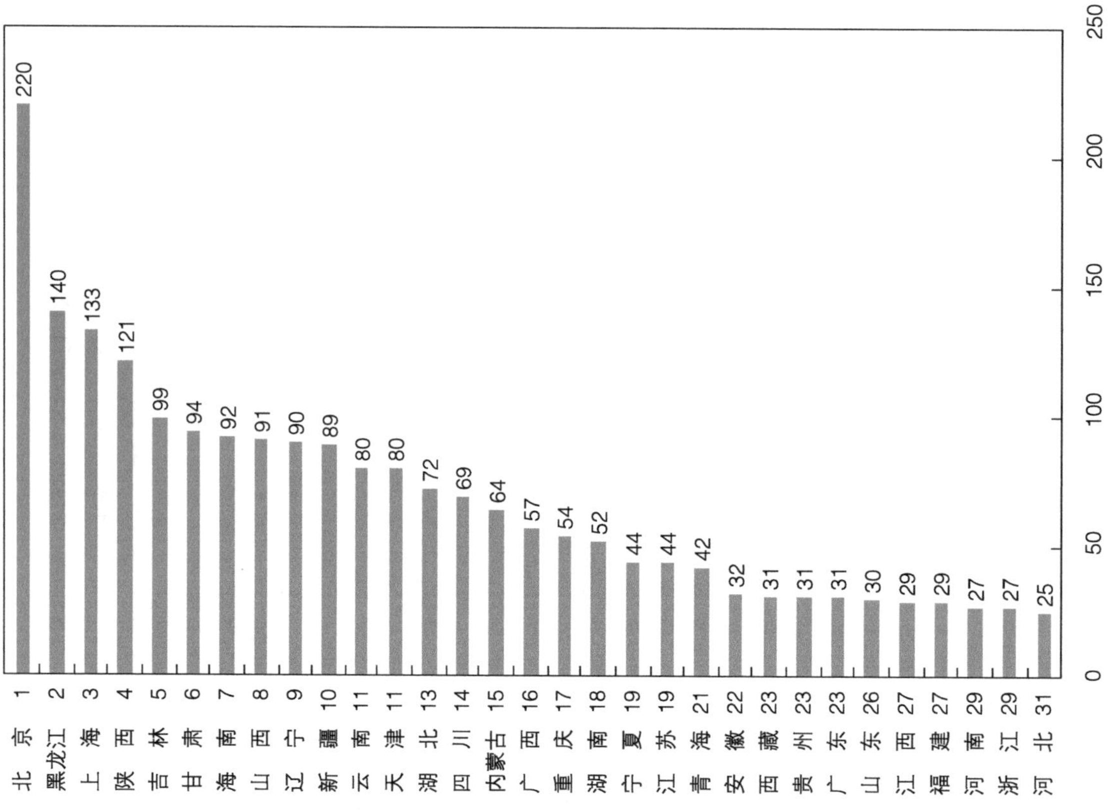

图B-28 21132 每十万研发人员作者异国科技论文数（篇/十万人）

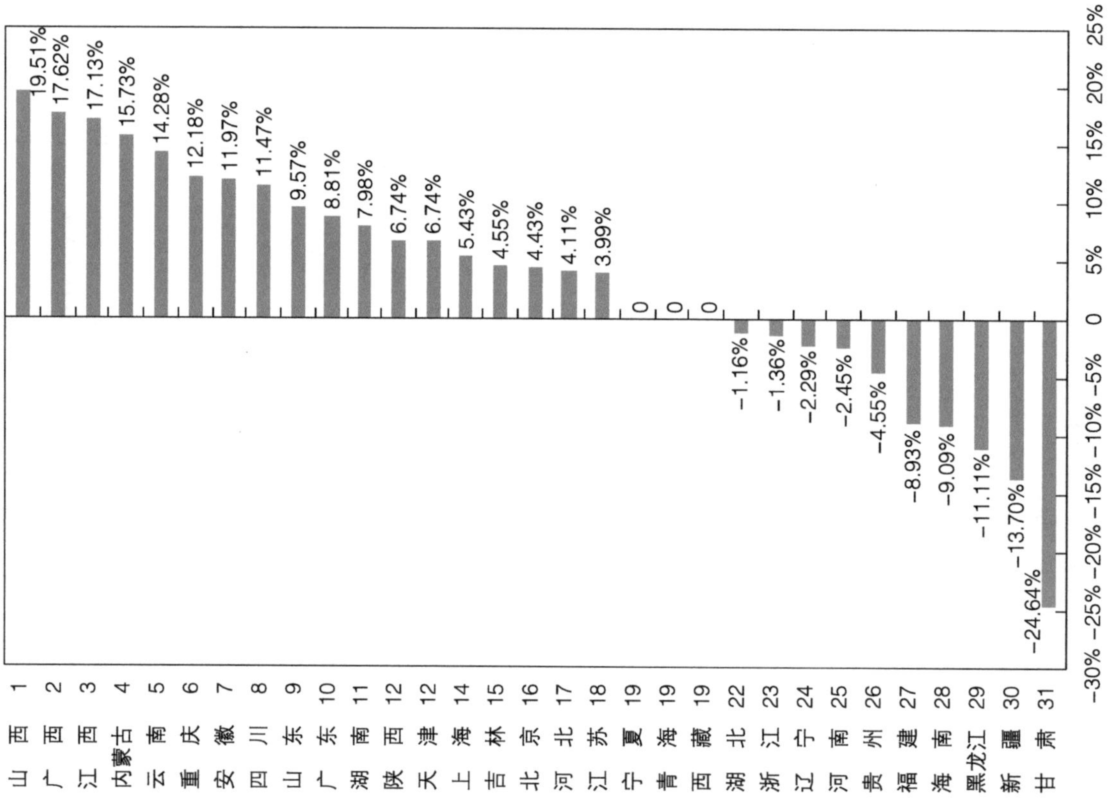

图B-29 21133 作者异国科技论文数增长率

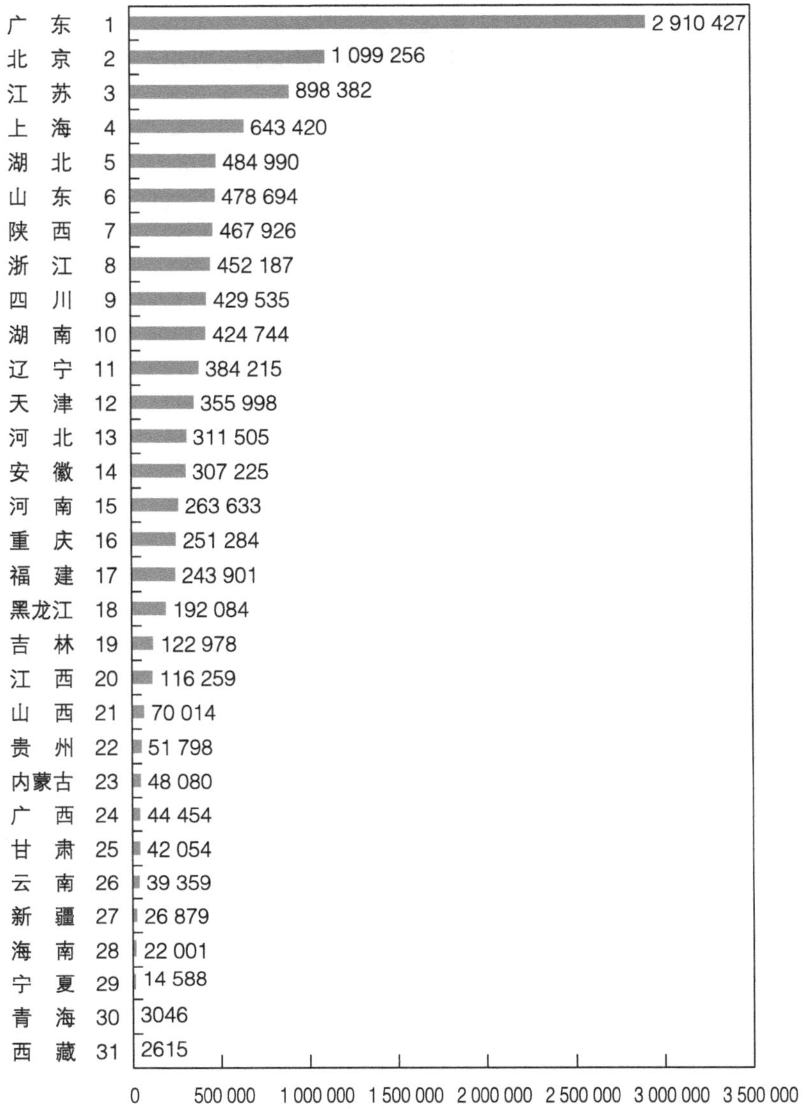

图B-30　21201 高校和科研院所研发经费内部支出额中来自企业的资金（万元）

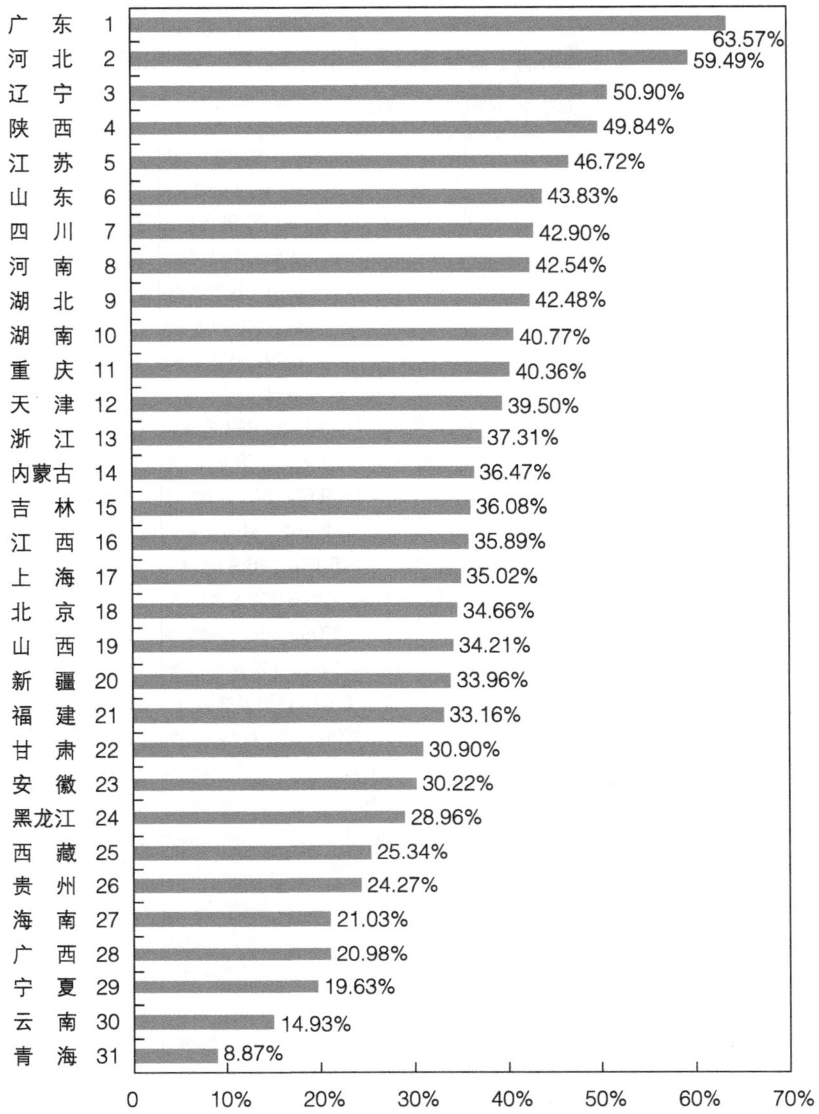

图B-31　21202 高校和科研院所研发经费内部支出额中来自企业资金的比例

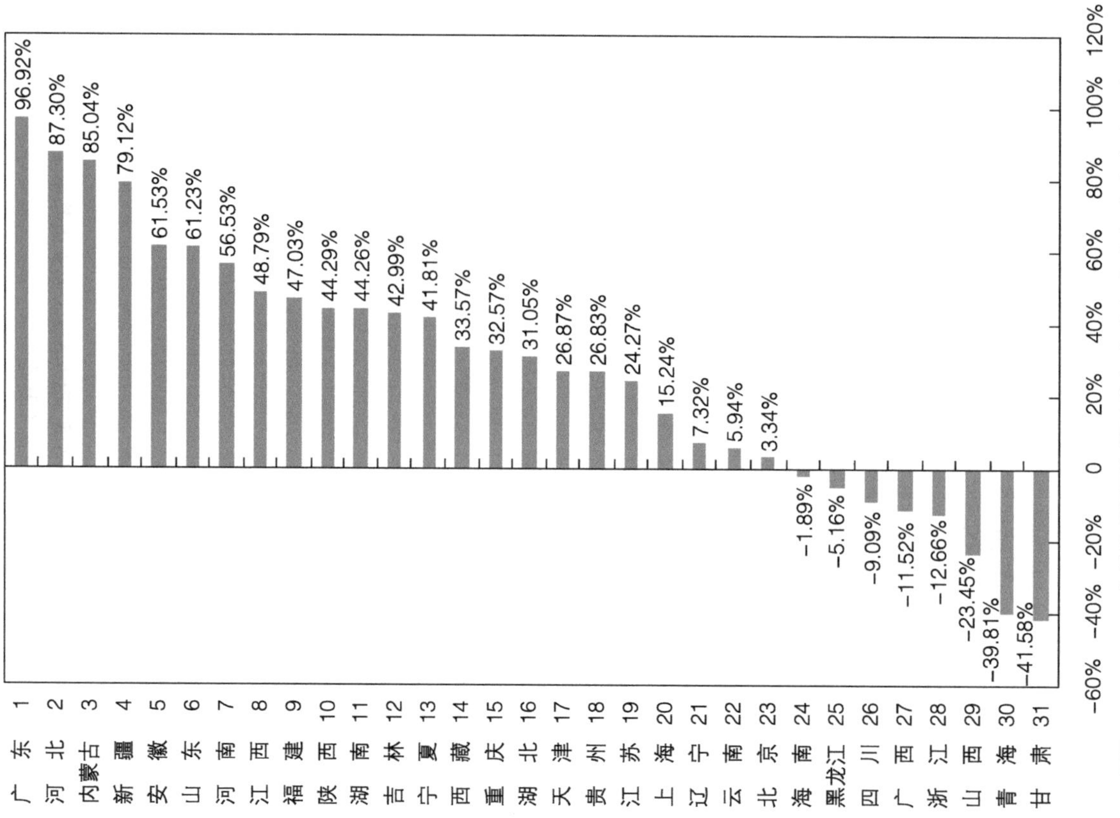

1 广东 96.92%
2 河北 87.30%
3 内蒙古 85.04%
4 新疆 79.12%
5 安徽 61.53%
6 山东 61.23%
7 河南 56.53%
8 江西 48.79%
9 福建 47.03%
10 陕西 44.29%
11 湖南 44.26%
12 吉林 42.99%
13 宁夏 41.81%
14 西藏 33.57%
15 重庆 32.57%
16 湖北 31.05%
17 天津 26.87%
18 贵州 26.83%
19 江苏 24.27%
20 上海 15.24%
21 辽宁 7.32%
22 云南 5.94%
23 北京 3.34%
24 海南 −1.89%
25 黑龙江 −5.16%
26 四川 −9.09%
27 广西 −11.52%
28 浙江 −12.66%
29 山西 −23.45%
30 青海 −39.81%
31 甘肃 −41.58%
−60% −40% −20% 0 20% 40% 60% 80% 100% 120%

图B−32 21203 高校和科研院所研发经费内部支出额中来自企业资金增长率

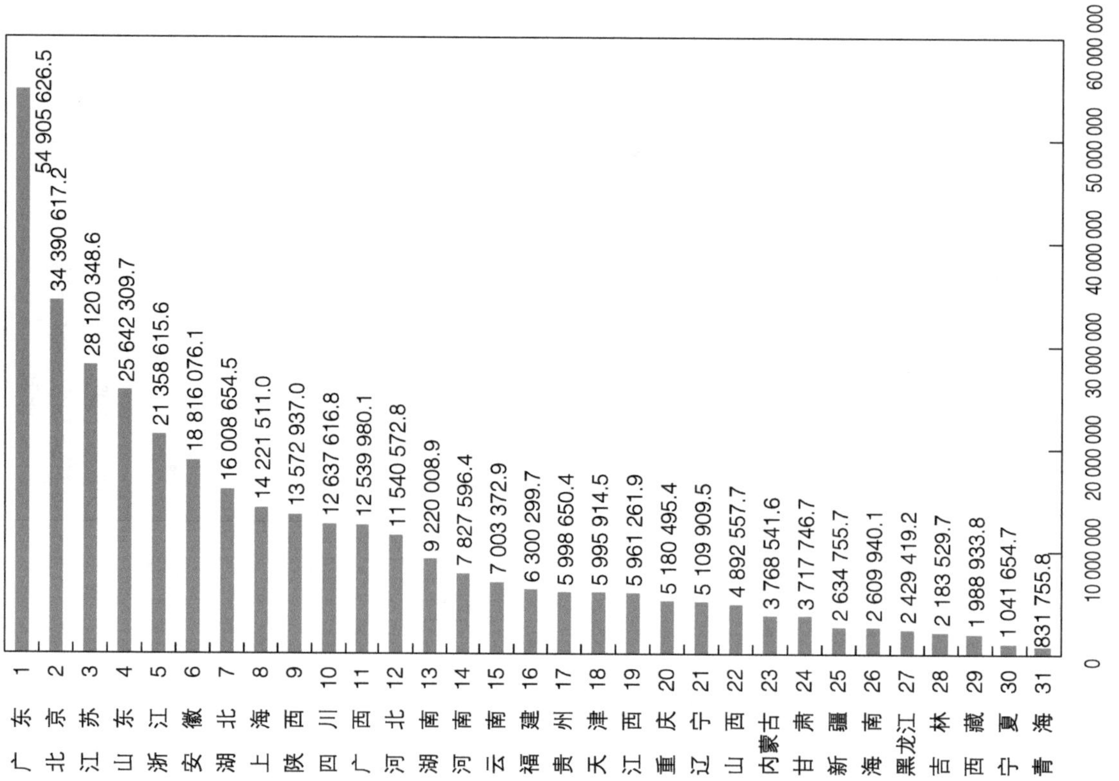

1 广东 54 905 626.5
2 北京 34 390 617.2
3 江苏 28 120 348.6
4 山东 25 642 309.7
5 浙江 21 358 615.6
6 安徽 18 816 076.1
7 湖北 16 008 654.5
8 上海 14 221 511.0
9 陕西 13 572 937.0
10 四川 12 637 616.8
11 广西 12 539 980.1
12 河北 11 540 572.8
13 湖南 9 220 008.9
14 河南 7 827 596.4
15 云南 7 003 372.9
16 福建 6 300 299.7
17 贵州 5 998 650.4
18 天津 5 995 914.5
19 江西 5 961 261.9
20 重庆 5 180 495.4
21 辽宁 5 109 909.5
22 山西 4 892 557.7
23 内蒙古 3 768 541.6
24 甘肃 3 717 746.7
25 新疆 2 634 755.7
26 海南 2 609 940.1
27 黑龙江 2 429 419.2
28 吉林 2 183 529.7
29 西藏 1 988 933.8
30 宁夏 1 041 654.7
31 青海 831 755.8
0 10 000 000 20 000 000 30 000 000 40 000 000 50 000 000 60 000 000

图B−33 22101 技术市场交易金额（按流向）（万元）

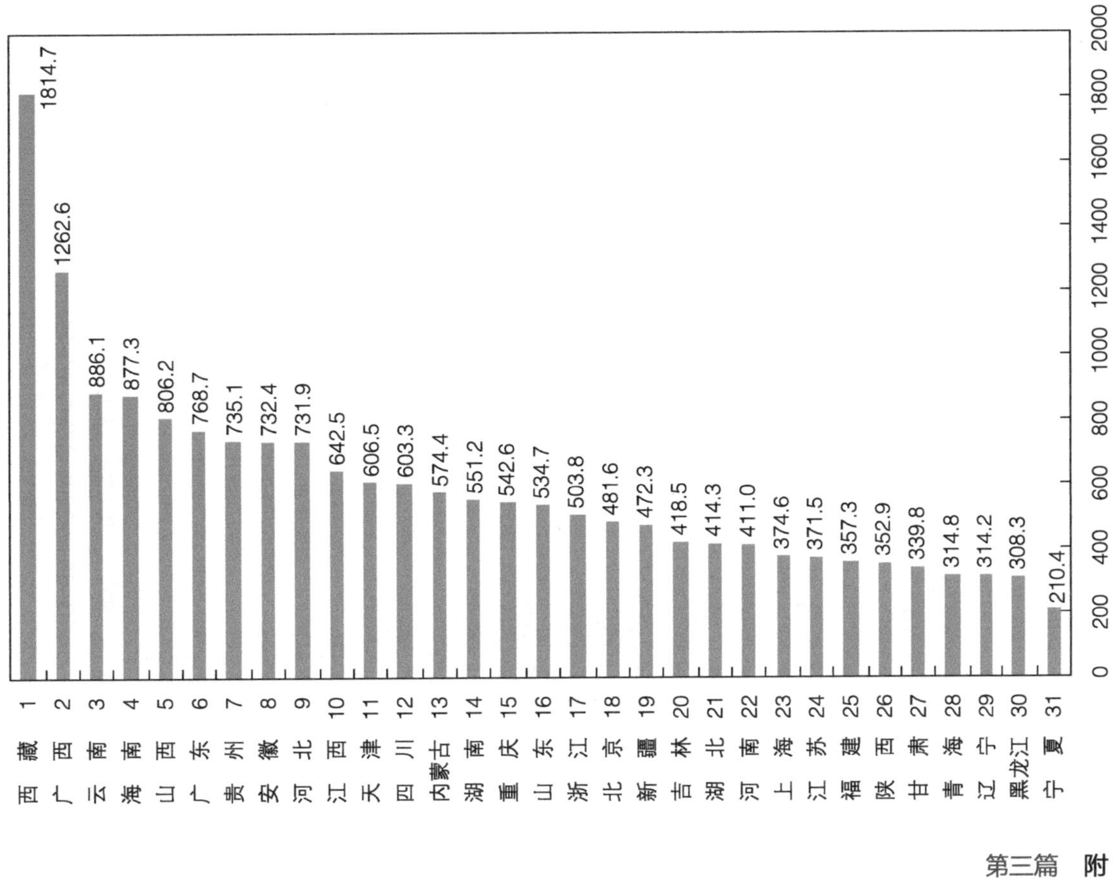
1 西藏 1814.7
2 广西 1262.6
3 云南 886.1
4 海南 877.3
5 山西 806.2
6 广东 768.7
7 贵州 735.1
8 安徽 732.4
9 河北 731.9
10 江西 642.5
11 天津 606.5
12 四川 603.3
13 内蒙古 574.4
14 湖南 551.2
15 重庆 542.6
16 山东 534.7
17 浙江 503.8
18 北京 481.6
19 新疆 472.3
20 吉林 418.5
21 湖北 414.3
22 河南 411.0
23 上海 374.6
24 江苏 371.5
25 福建 357.3
26 陕西 352.9
27 甘肃 339.8
28 青海 314.8
29 辽宁 314.2
30 黑龙江 308.3
31 宁夏 210.4
0 200 400 600 800 1000 1200 1400 1600 1800 2000

图B-34 22102 技术市场企业平均交易额（按流向）（万元/项）

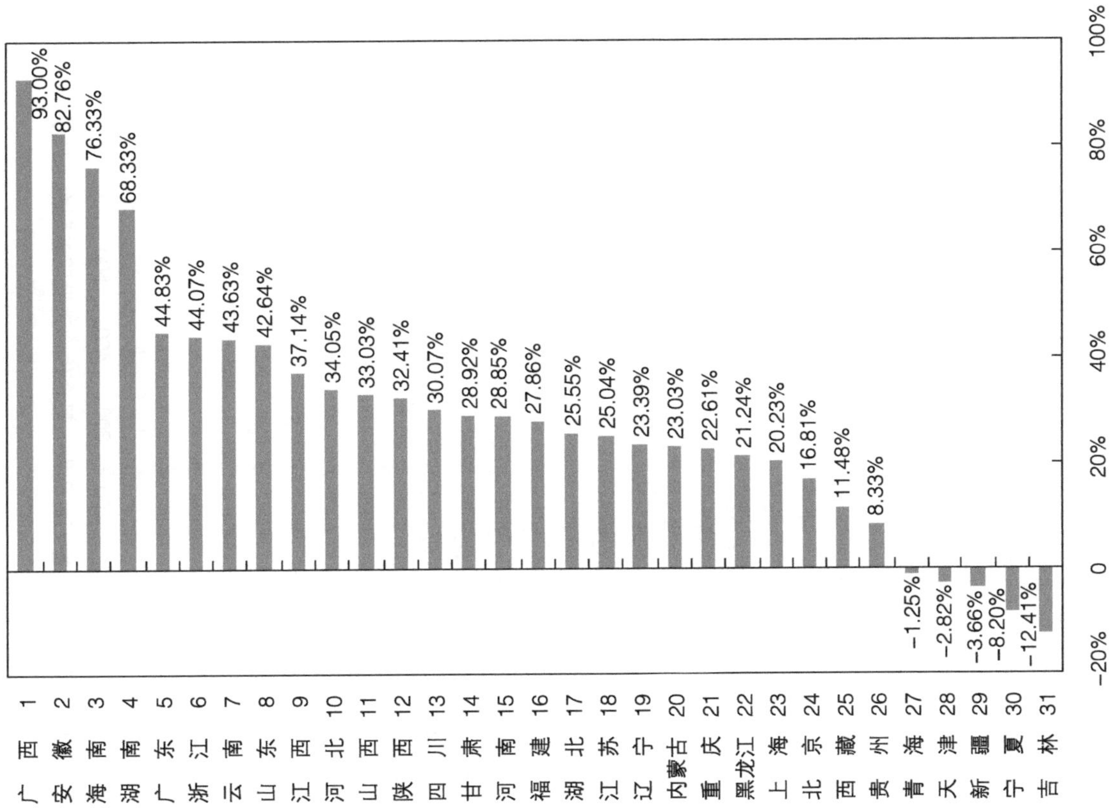
1 广西 93.00%
2 安徽 82.76%
3 海南 76.33%
4 湖南 68.33%
5 广东 44.83%
6 浙江 44.07%
7 云南 43.63%
8 山东 42.64%
9 江西 37.14%
10 河北 34.05%
11 山西 33.03%
12 陕西 32.41%
13 四川 30.07%
14 甘肃 28.92%
15 河南 28.85%
16 福建 27.86%
17 湖北 25.55%
18 江苏 25.04%
19 辽宁 23.39%
20 内蒙古 23.03%
21 重庆 22.61%
22 黑龙江 21.24%
23 上海 20.23%
24 北京 16.81%
25 西藏 11.48%
26 贵州 8.33%
27 青海 −1.25%
28 天津 −2.82%
29 新疆 −3.66%
30 宁夏 −8.20%
31 吉林 −12.41%
−20% 0 20% 40% 60% 80% 100%

图B-35 22103 技术市场交易金额的增长率（按流向）

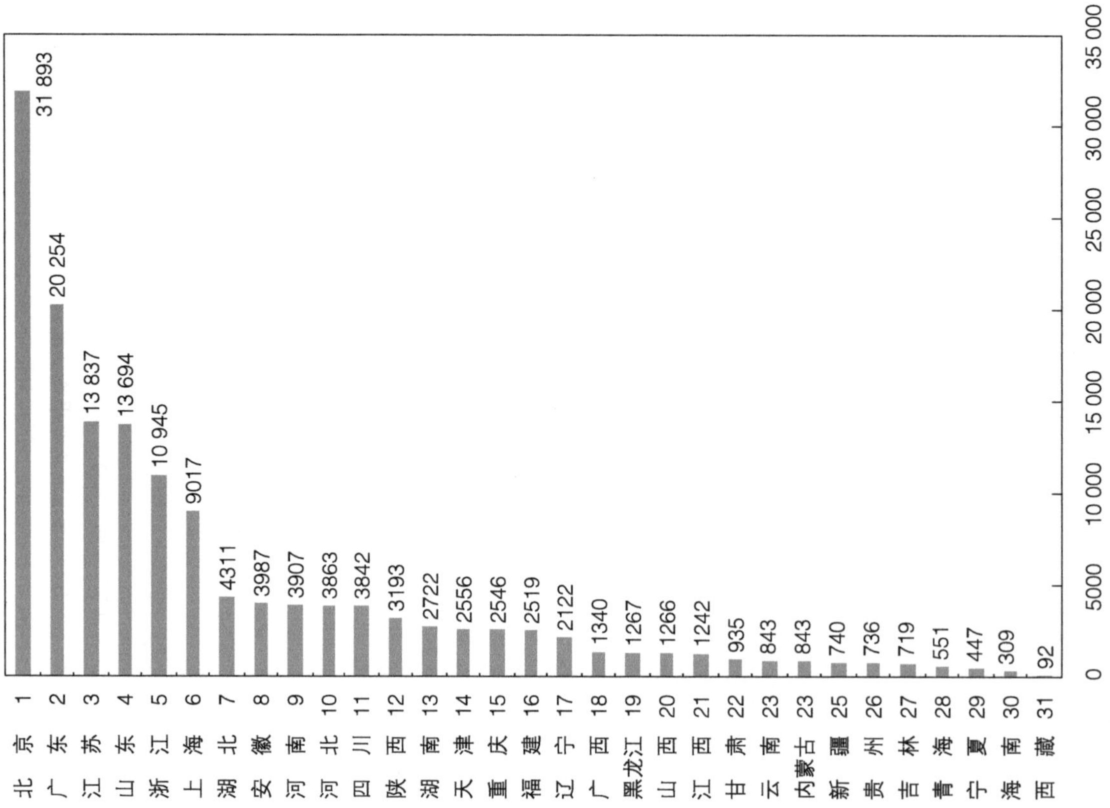

图B-36　22201 合作申请发明专利数（件）

排名	地区	数值
1	北京	31 893
2	广东	20 254
3	江苏	13 837
4	山东	13 694
5	浙江	10 945
6	上海	9017
7	湖北	4311
8	安徽	3987
9	河南	3907
10	河北	3863
11	四川	3842
12	陕西	3193
13	湖南	2722
14	天津	2556
15	重庆	2546
16	福建	2519
17	辽宁	2122
18	广西	1340
19	黑龙江	1267
20	山西	1266
21	江西	1242
22	甘肃	935
23	云南	843
23	内蒙古	843
25	新疆	740
26	贵州	736
27	吉林	719
28	青海	551
29	宁夏	447
30	海南	309
31	西藏	92

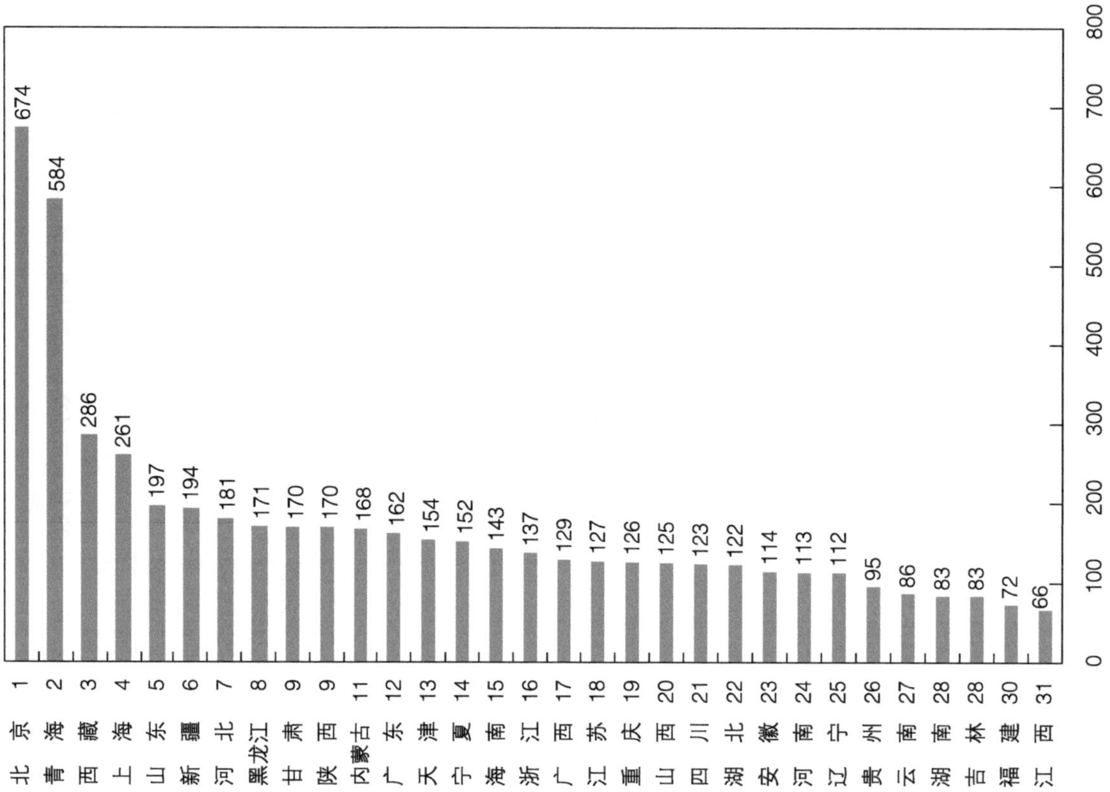

图B-37　22202 每万名研发人员合作申请发明专利数（件/万人）

排名	地区	数值
1	北京	674
2	青海	584
3	西藏	286
4	上海	261
5	山东	197
6	新疆	194
7	河北	181
8	黑龙江	171
9	甘肃	170
9	陕西	170
11	内蒙古	168
12	广东	162
13	天津	154
14	宁夏	152
15	海南	143
16	浙江	137
17	广西	129
18	江苏	127
19	重庆	126
20	山西	125
21	四川	123
22	湖北	122
23	安徽	114
24	河南	113
25	辽宁	112
26	贵州	95
27	云南	86
28	湖南	83
28	吉林	83
30	福建	72
31	江西	66

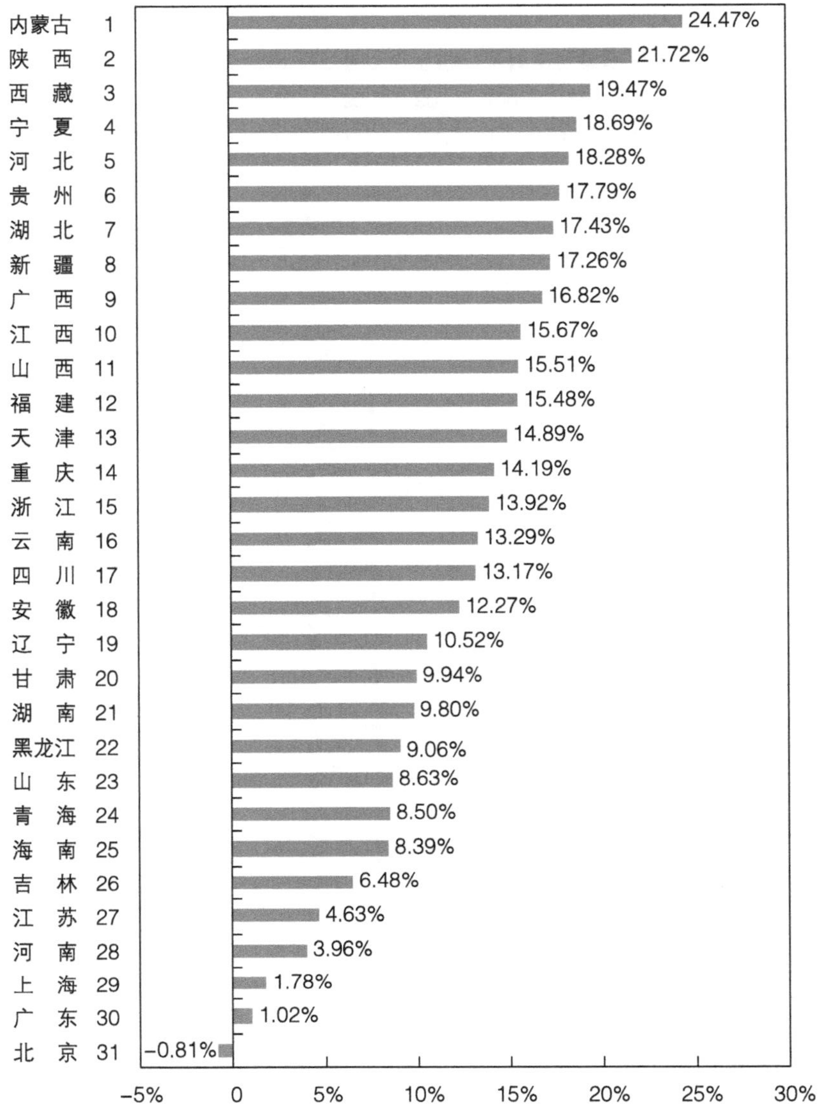

图B-38　22203 合作申请发明专利数增长率

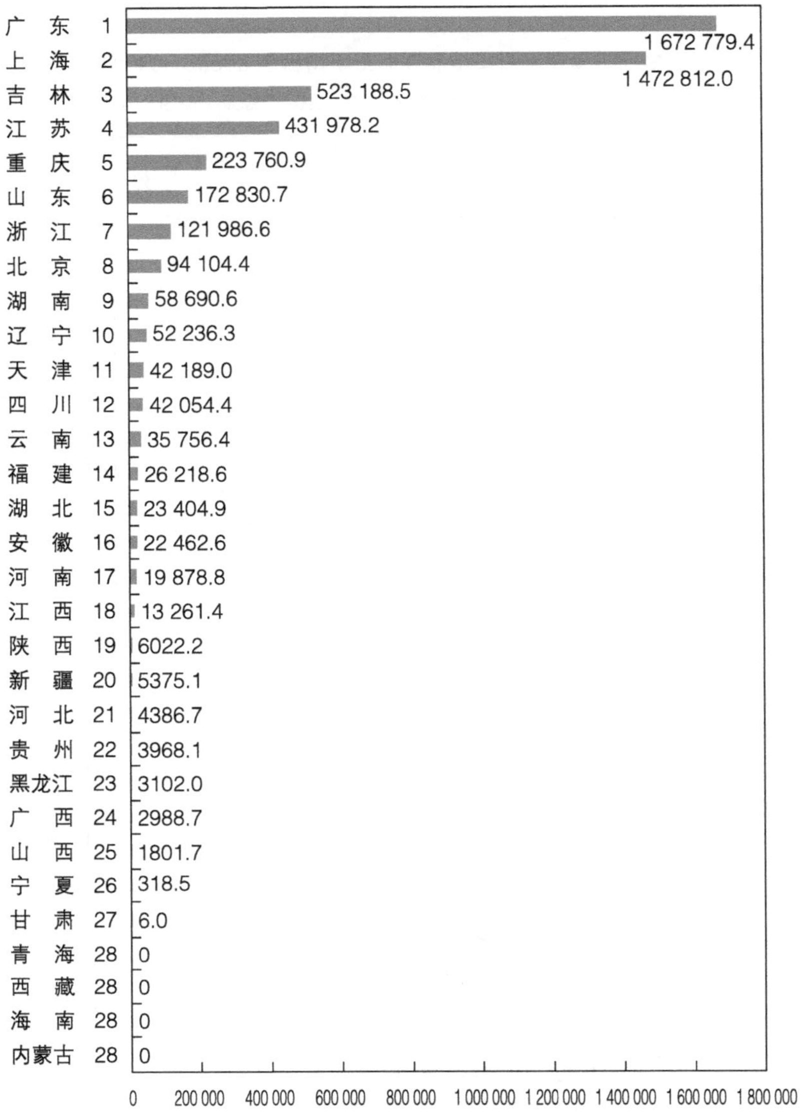

图B-39　22301 规模以上工业企业国外技术引进金额（万元）

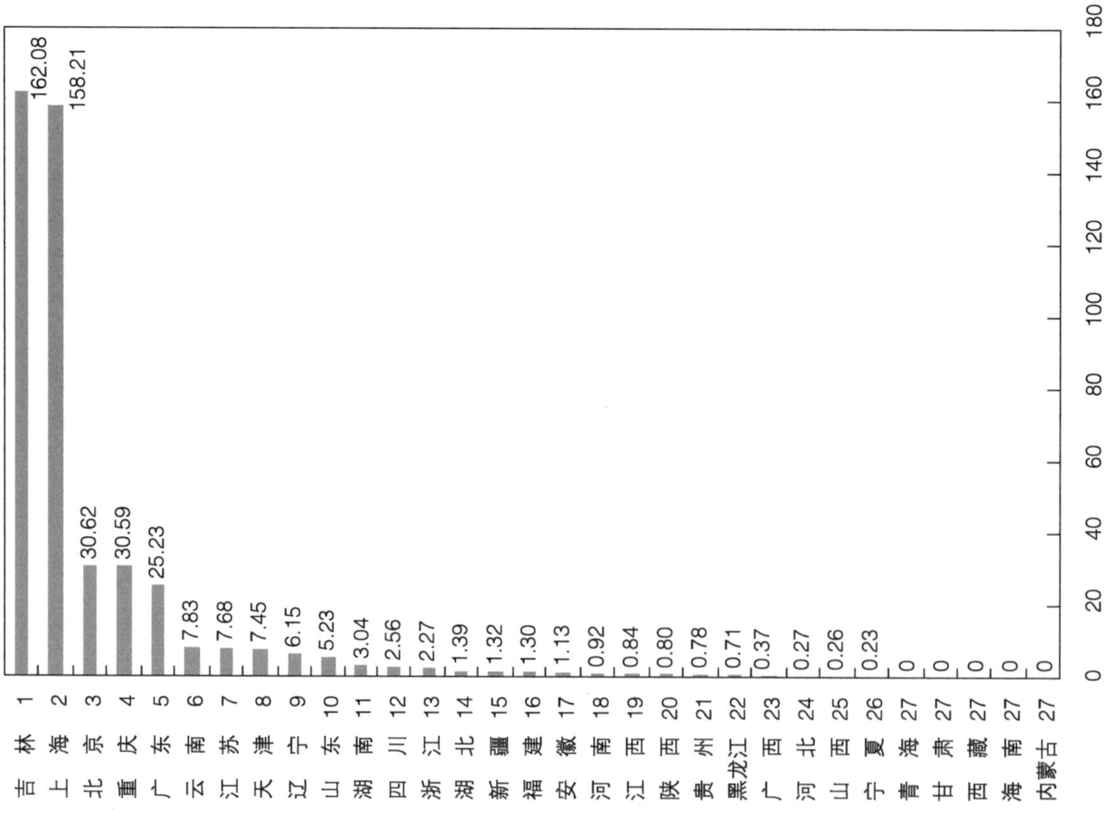

图B-40　22302 规模以上工业企业平均引进技术经费支出（万元/项）

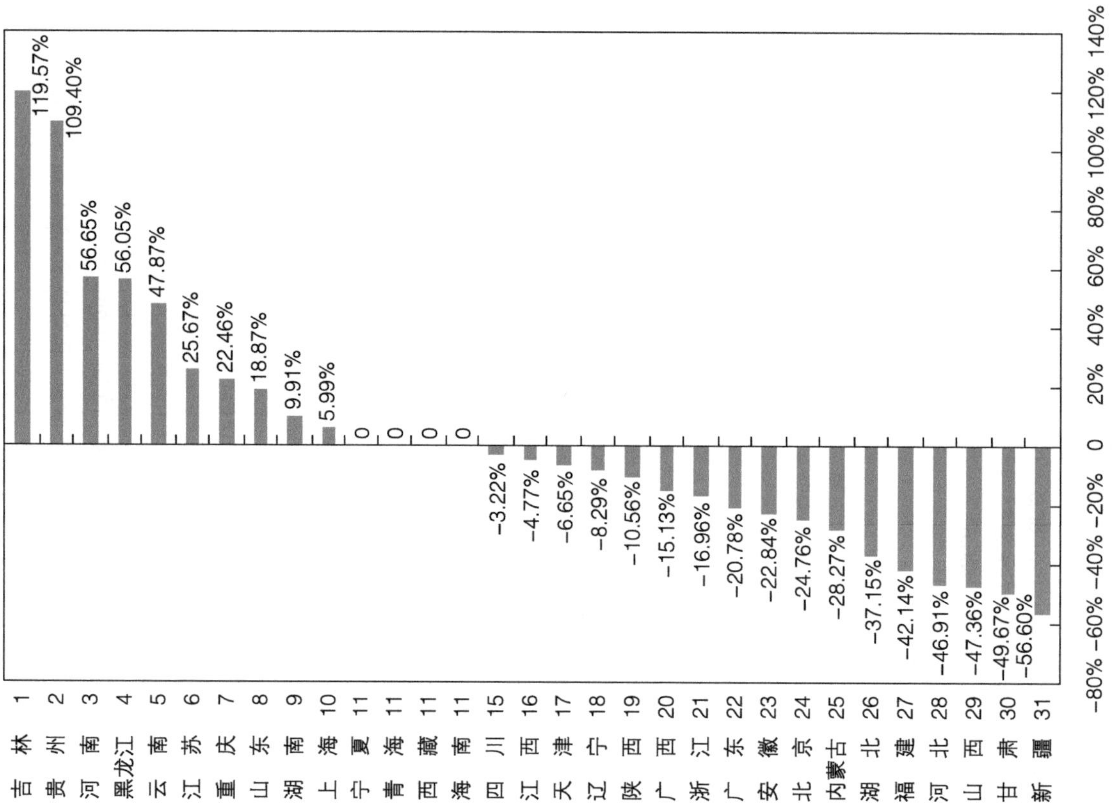

图B-41　22303 规模以上工业企业引进技术经费支出增长率

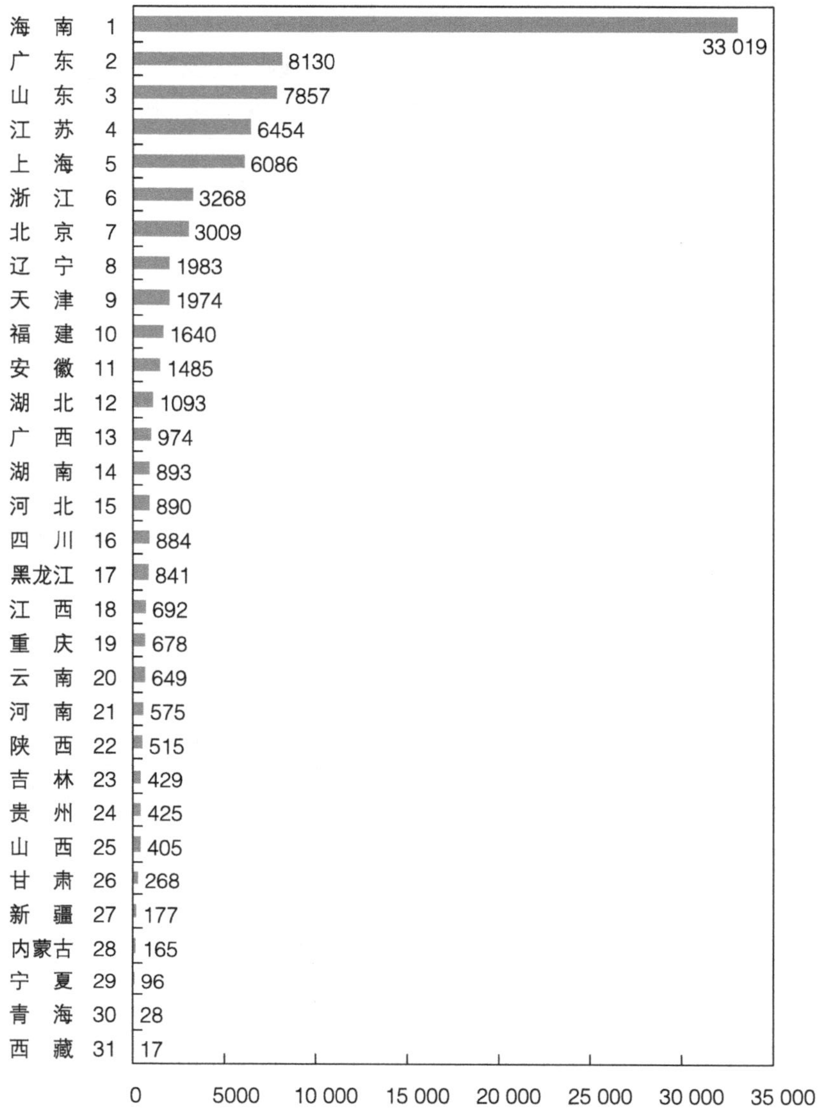

图B-42 23001 外商投资企业年底注册资金中外资部分（亿美元）

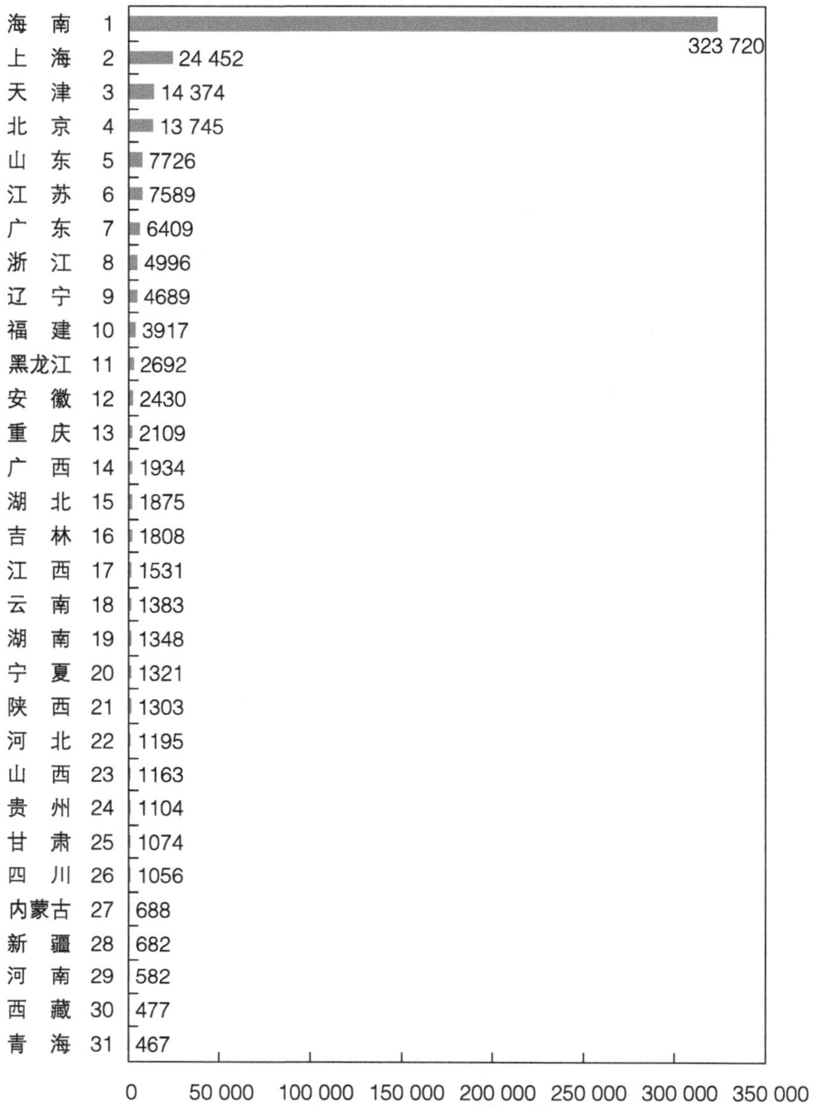

图B-43 23002 人均外商投资企业年底注册资金中外资部分（万美元/人）

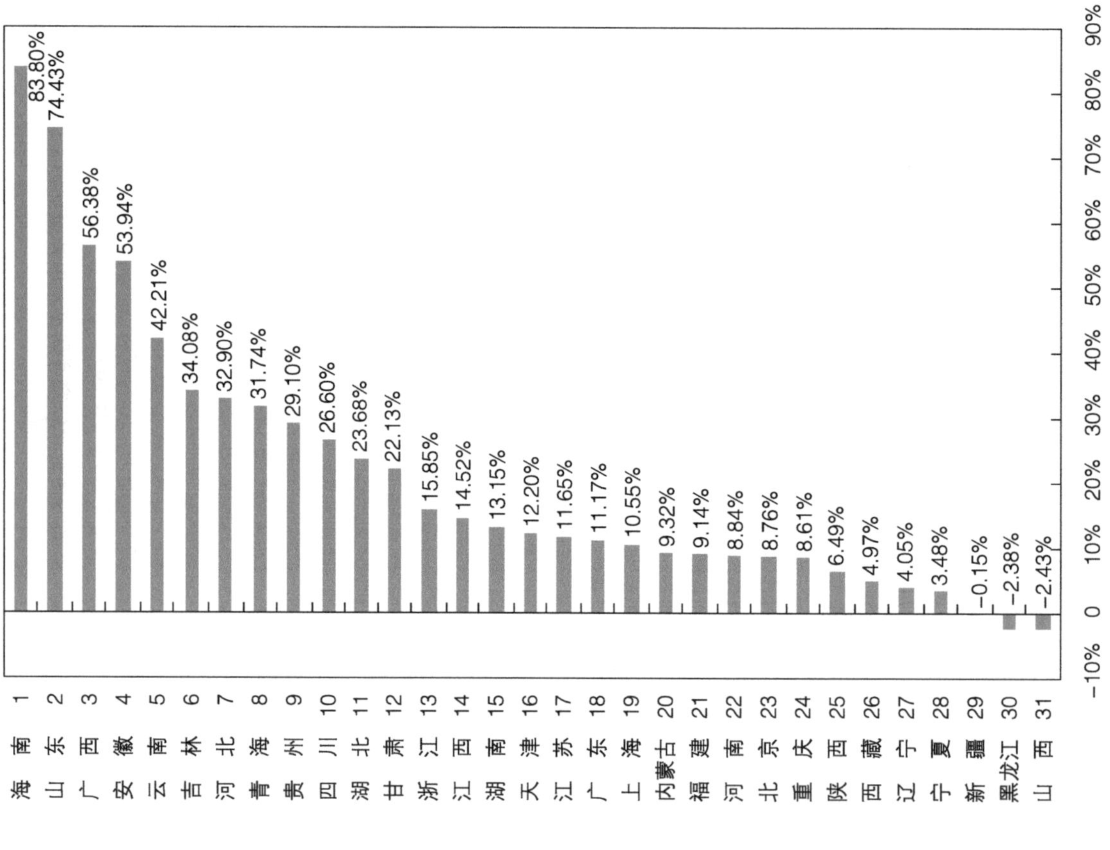

图B-44 23003 外商投资企业年底注册资金中外资部分增长率

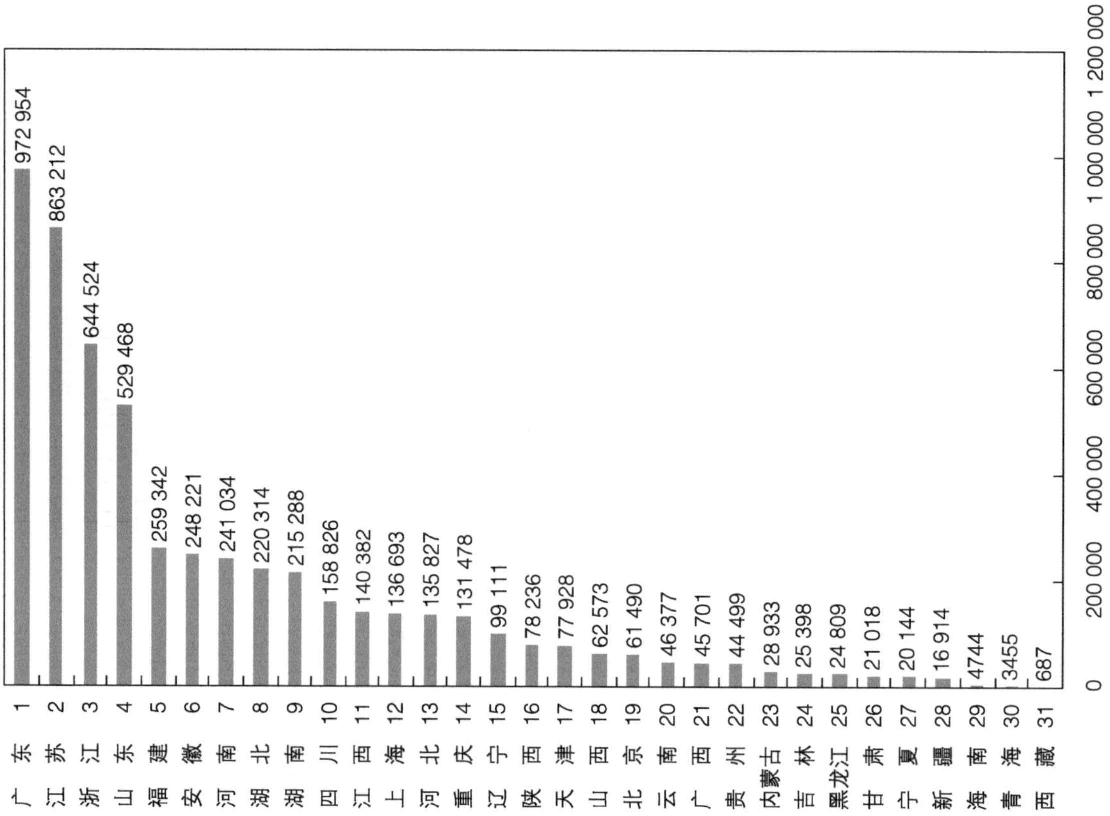

图B-45 31101 规模以上工业企业研发人员数（万人）

排名	地区	数值
1	广东	972 954
2	江苏	863 212
3	浙江	644 524
4	山东	529 468
5	福建	259 342
6	安徽	248 221
7	河南	241 034
8	湖北	220 314
9	湖南	215 288
10	四川	158 826
11	江西	140 382
12	上海	136 693
13	河北	135 827
14	重庆	131 478
15	宁夏	99 111
16	陕西	78 236
17	天津	77 928
18	山西	62 573
19	北京	61 490
20	云南	46 377
21	广西	45 701
22	贵州	44 499
23	内蒙古	28 933
24	吉林	25 398
25	黑龙江	24 809
26	甘肃	21 018
27	宁夏	20 144
28	新疆	16 914
29	海南	4744
30	青海	3455
31	西藏	687

排名	地区	数值
1	海南	83.80%
2	山东	74.43%
3	广西	56.38%
4	安徽	53.94%
5	云南	42.21%
6	吉林	34.08%
7	河北	32.90%
8	青海	31.74%
9	贵州	29.10%
10	四川	26.60%
11	湖北	23.68%
12	甘肃	22.13%
13	浙江	15.85%
14	江西	14.52%
15	湖南	13.15%
16	天津	12.20%
17	江苏	11.65%
18	广东	11.17%
19	上海	10.55%
20	内蒙古	9.32%
21	福建	9.14%
22	河南	8.84%
23	北京	8.76%
24	重庆	8.61%
25	陕西	6.49%
26	西藏	4.97%
27	辽宁	4.05%
28	宁夏	3.48%
29	新疆	-0.15%
30	黑龙江	-2.38%
31	山西	-2.43%

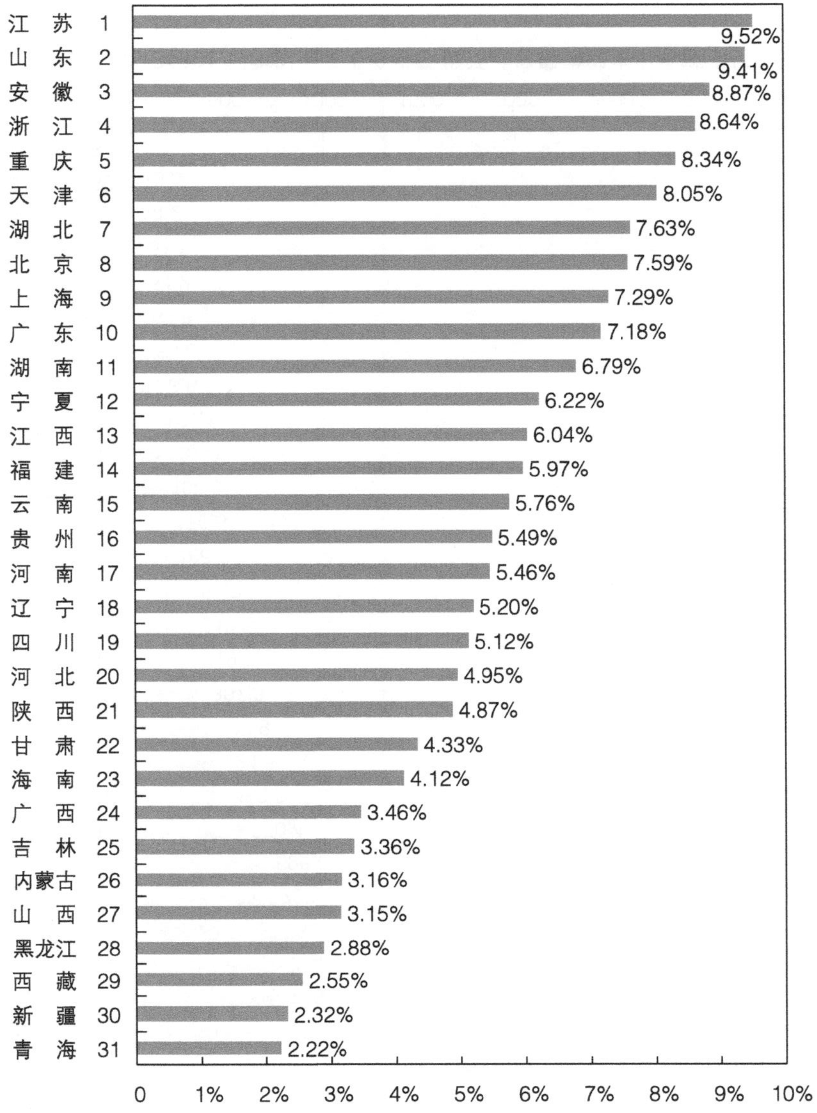

图B-46 31102 规模以上工业企业就业人员中研发人员比例

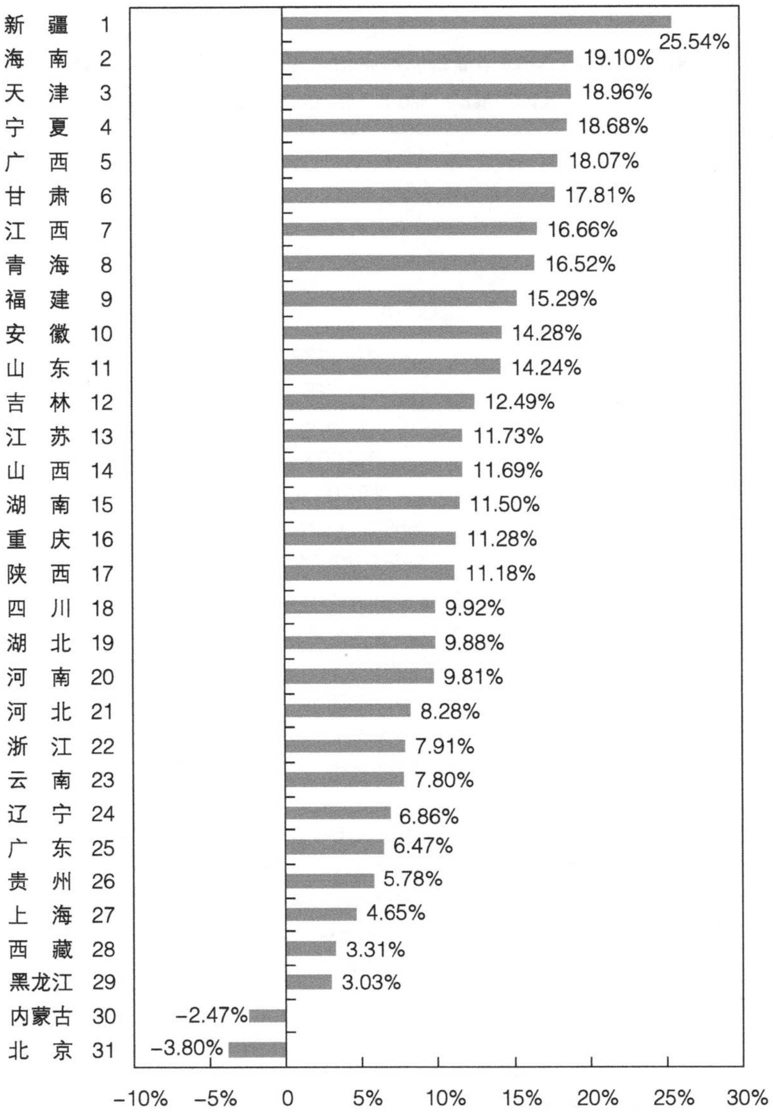

图B-47 31103 规模以上工业企业研发人员增长率

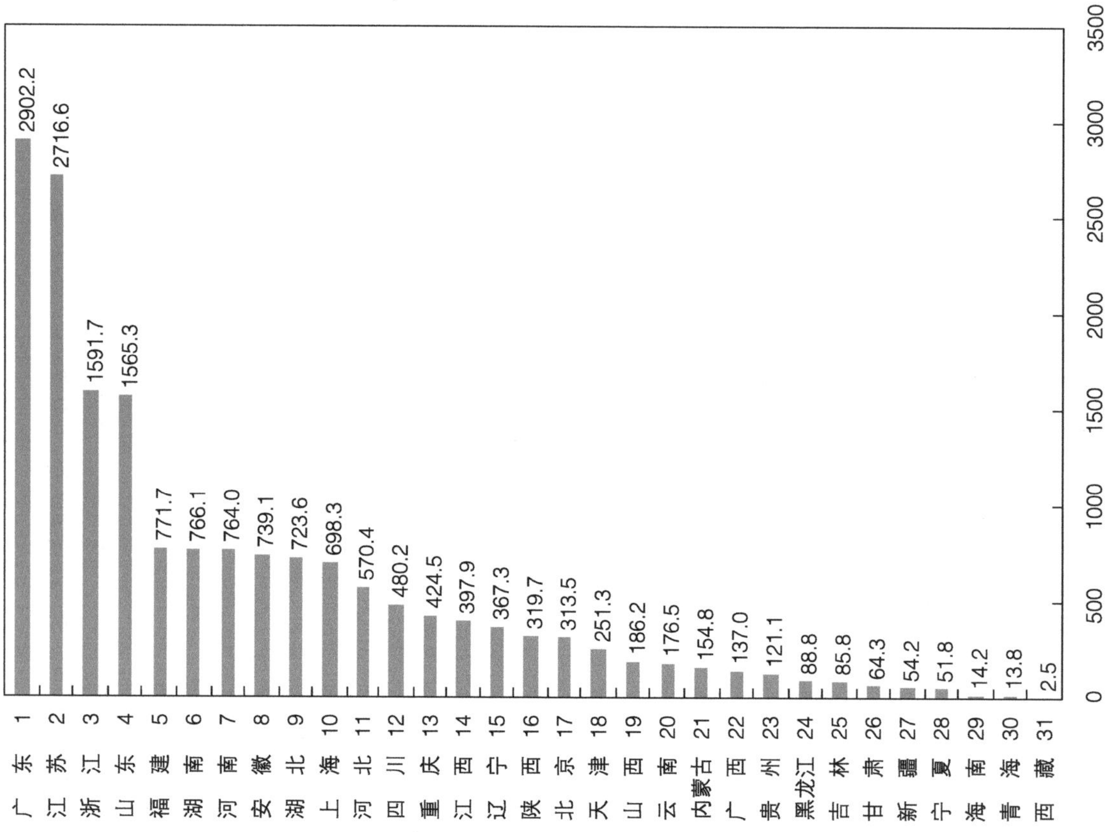

图B-48　31201 规模以上工业企业研发活动经费内部支出总额（亿元）

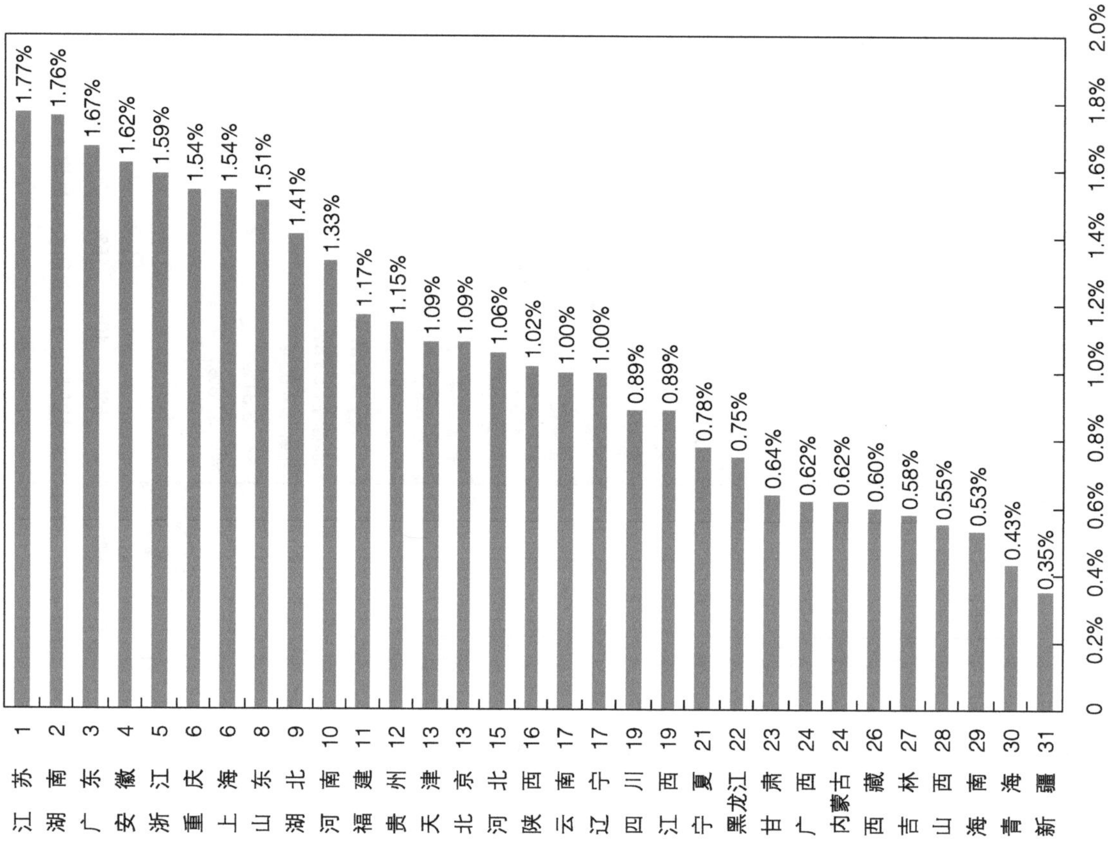

图B-49　31202 规模以上工业企业研发活动经费内部支出总额占销售收入的比例

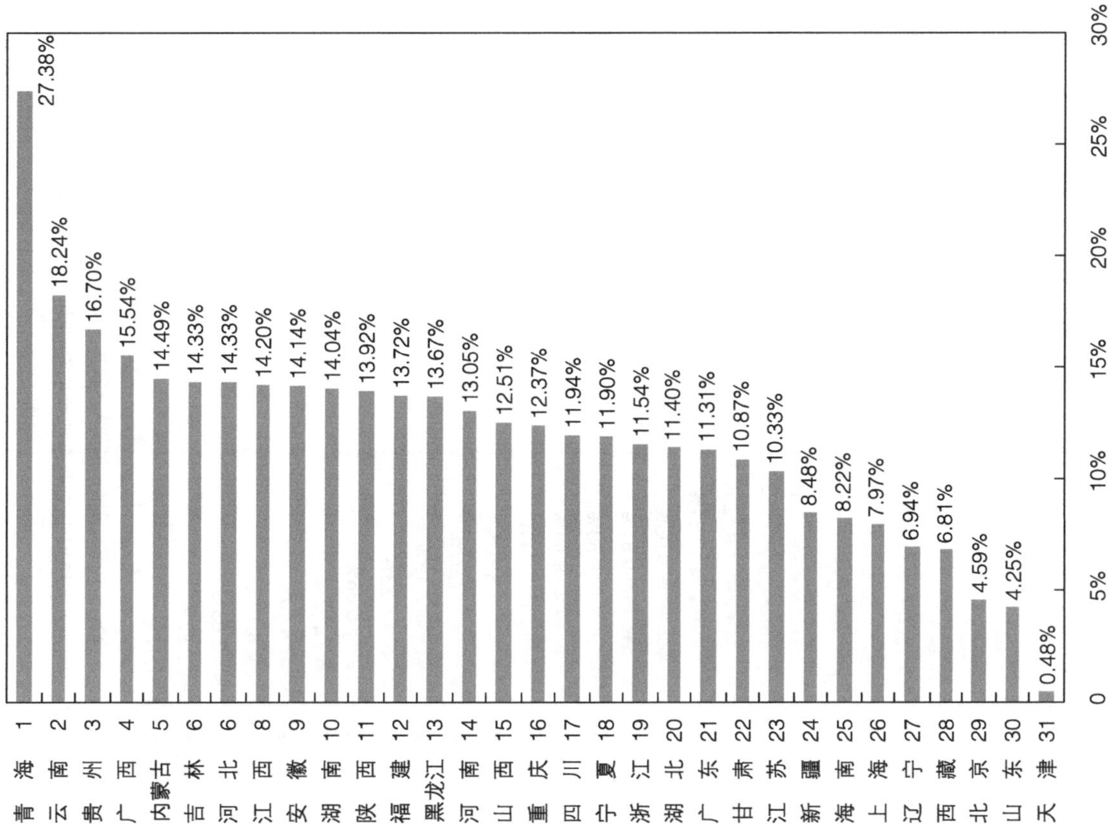

青海 1 27.38%
云南 2 18.24%
贵州 3 16.70%
广西 4 15.54%
内蒙古 5 14.49%
吉林 6 14.33%
河北 6 14.33%
江西 8 14.20%
安徽 9 14.14%
湖南 10 14.04%
陕西 11 13.92%
福建 12 13.72%
黑龙江 13 13.67%
河南 14 13.05%
山西 15 12.51%
重庆 16 12.37%
四川 17 11.94%
宁夏 18 11.90%
浙江 19 11.54%
湖北 20 11.40%
广东 21 11.31%
甘肃 22 10.87%
江苏 23 10.33%
新疆 24 8.48%
海南 25 8.22%
上海 26 7.97%
辽宁 27 6.94%
西藏 28 6.81%
北京 29 4.59%
山东 30 4.25%
天津 31 0.48%
0
5%
10%
15%
20%
25%
30%

图B-50 31203 规模以上工业企业研发活动经费内部支出总额增长率

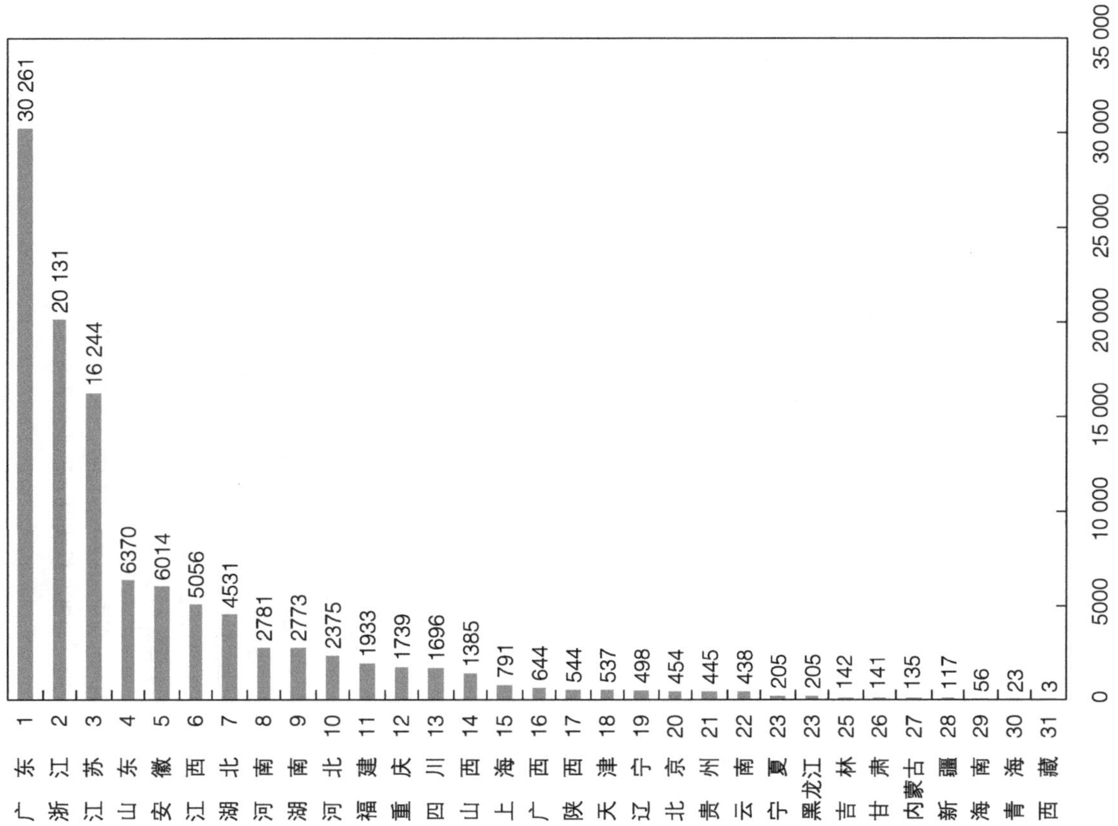

广东 1 30 261
浙江 2 20 131
江苏 3 16 244
山东 4 6370
安徽 5 6014
江西 6 5056
湖北 7 4531
河南 8 2781
湖南 9 2773
河北 10 2375
福建 11 1933
重庆 12 1739
四川 13 1696
山西 14 1385
上海 15 791
广西 16 644
陕西 17 544
天津 18 537
辽宁 19 498
北京 20 454
贵州 21 445
云南 22 438
宁夏 23 205
黑龙江 23 205
吉林 25 142
甘肃 26 141
内蒙古 27 135
新疆 28 117
海南 29 56
青海 30 23
西藏 31 3
0
5000
10 000
15 000
20 000
25 000
30 000
35 000

图B-51 31301 规模以上工业企业有研发机构的企业数（家）

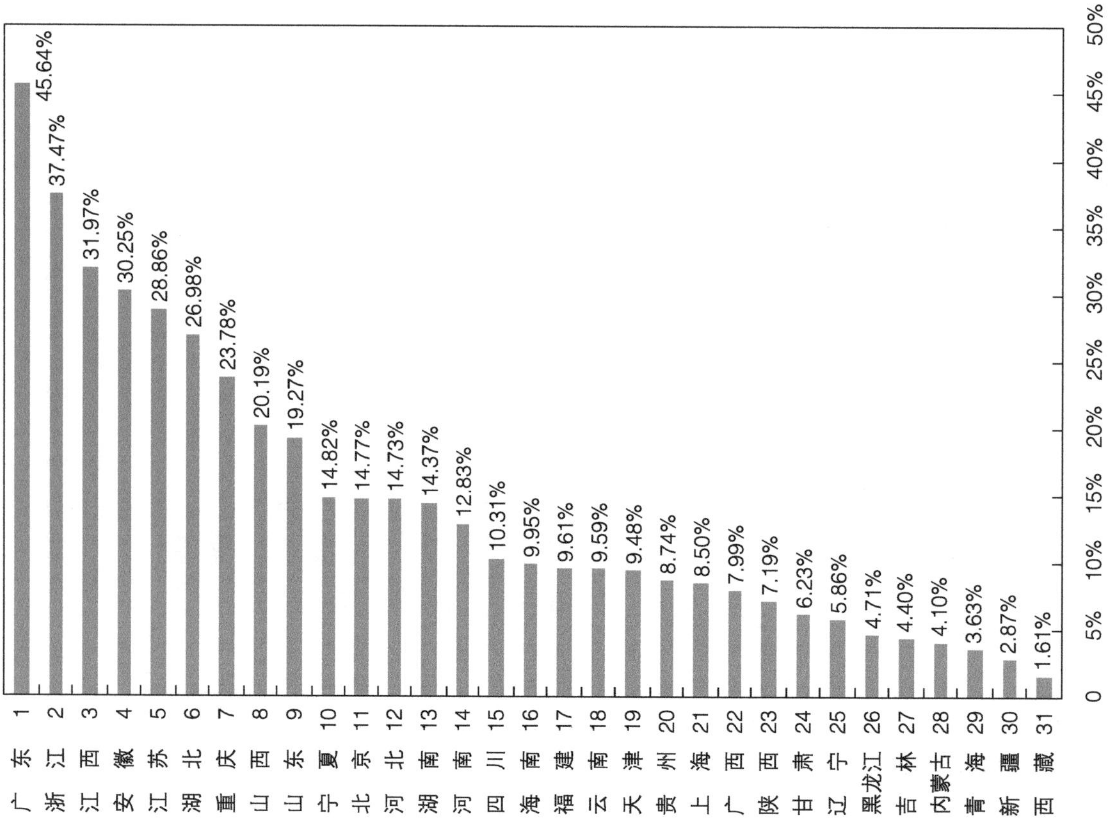

图B–52　31302 规模以上工业企业中有研发机构的企业占总企业数的比例

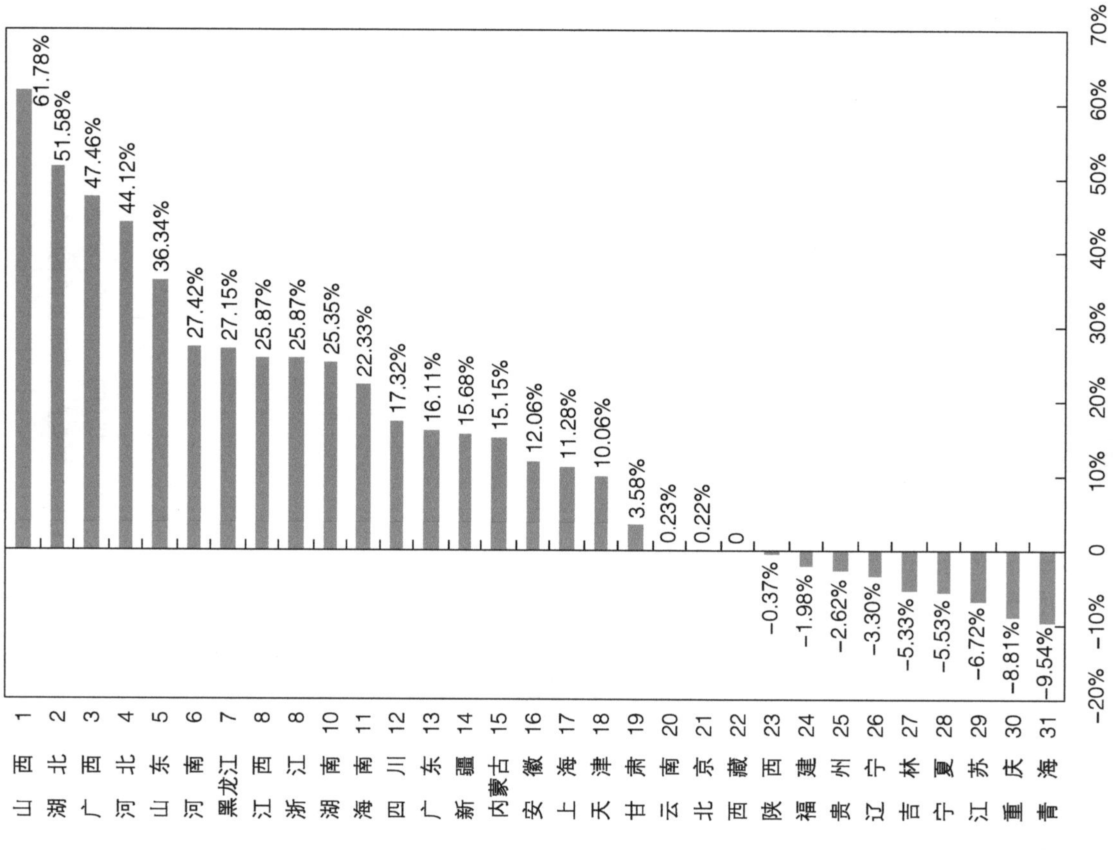

图B–53　31303 规模以上工业企业有研发机构的企业数量增长率

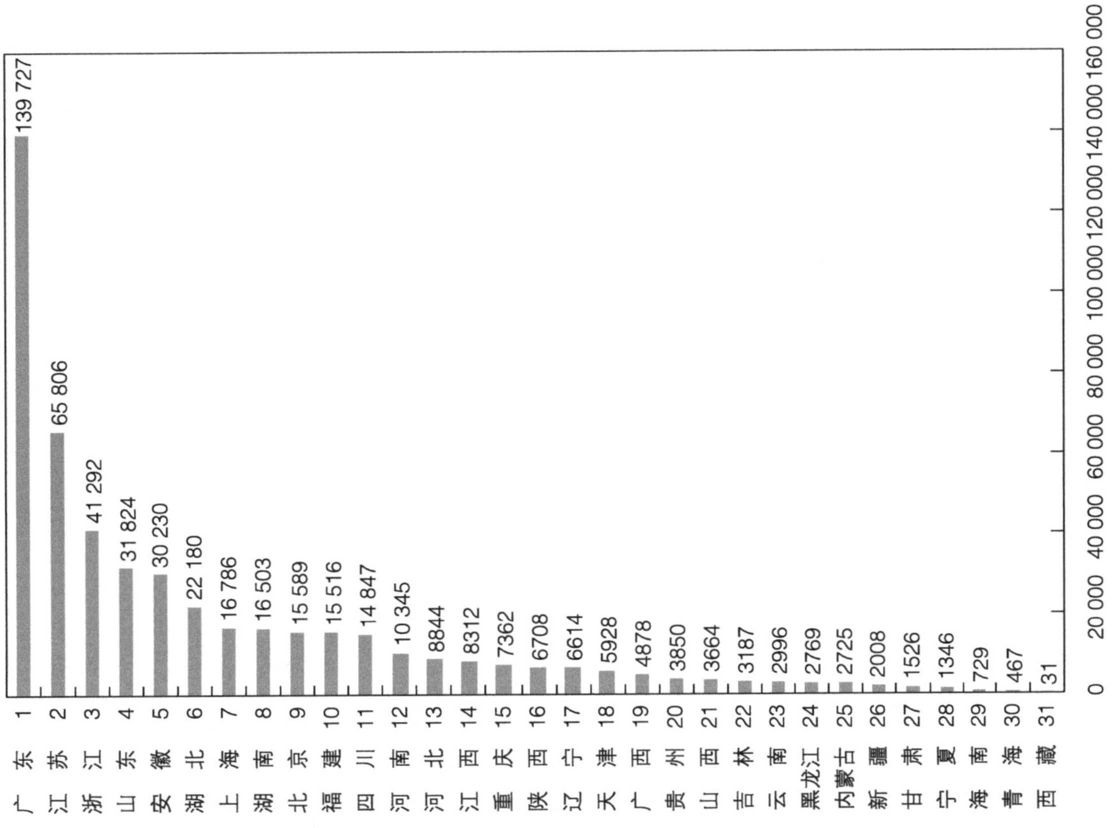

图B-54 32101 规模以上工业企业发明专利申请数（件）

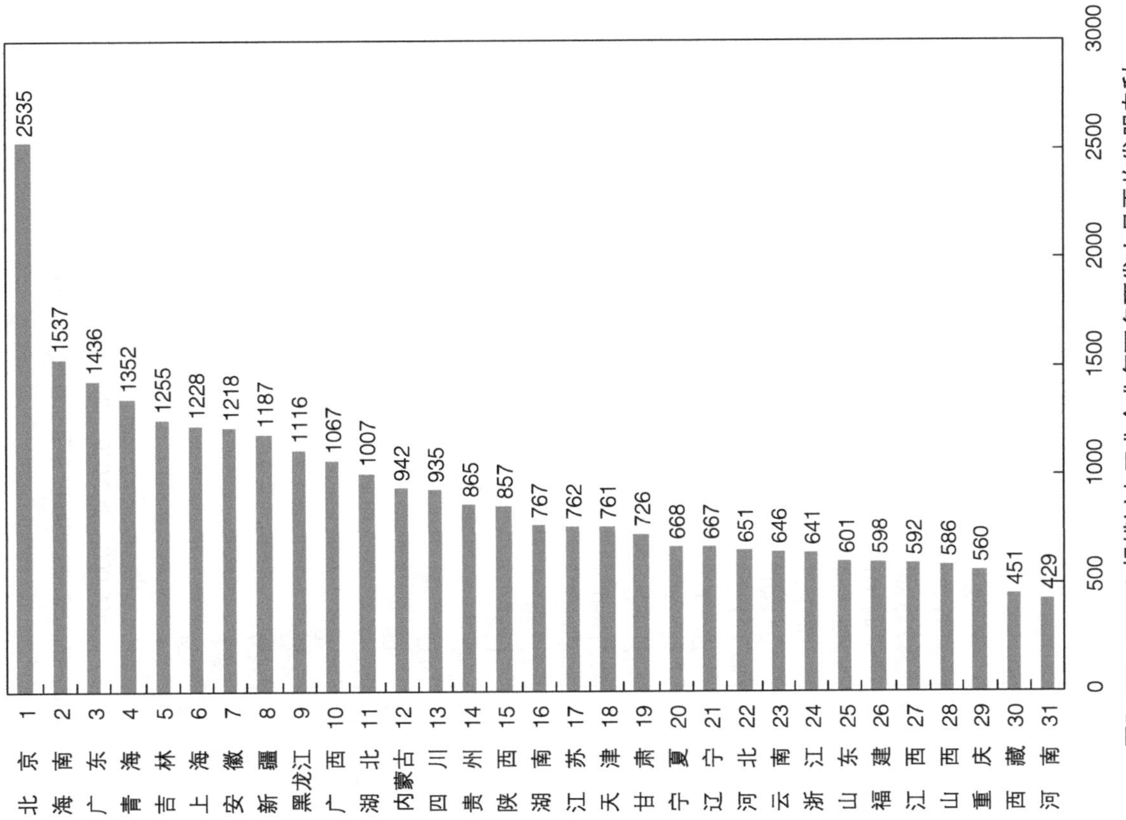

图B-55 32102 规模以上工业企业每万名研发人员平均发明专利申请数（件/万人）

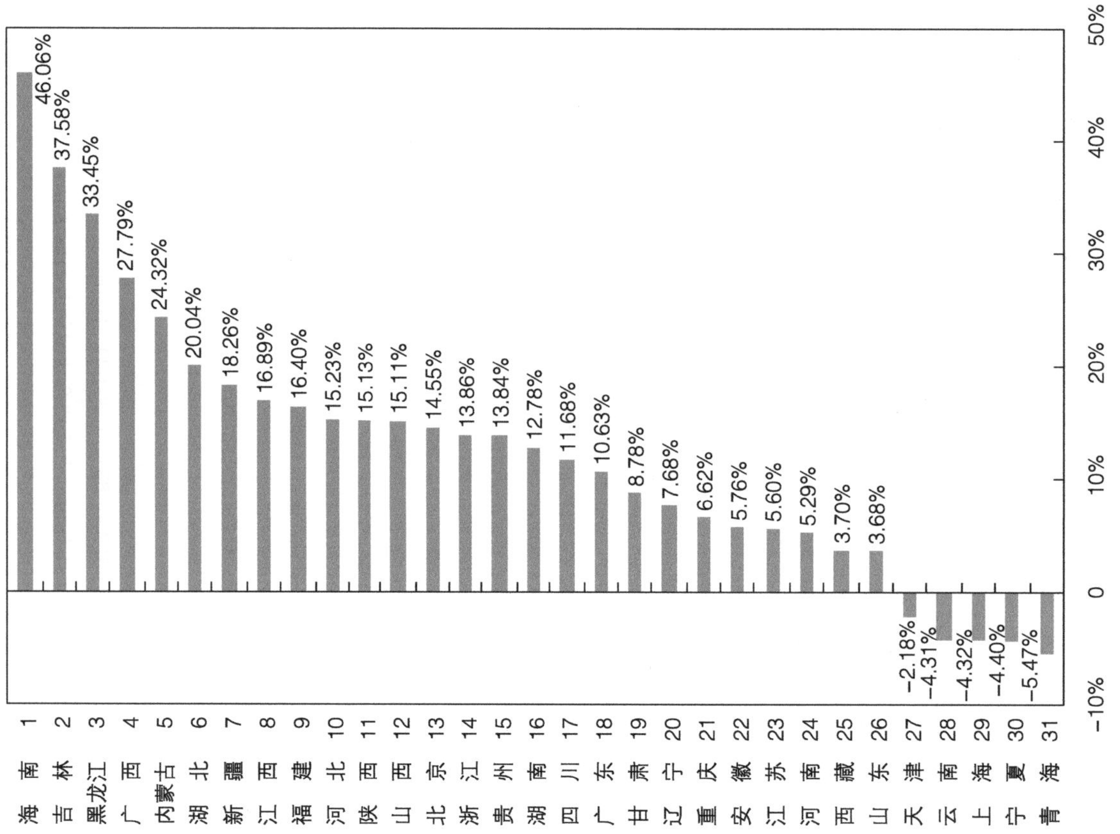

图B-56 32103 规模以上工业企业发明专利申请增长率

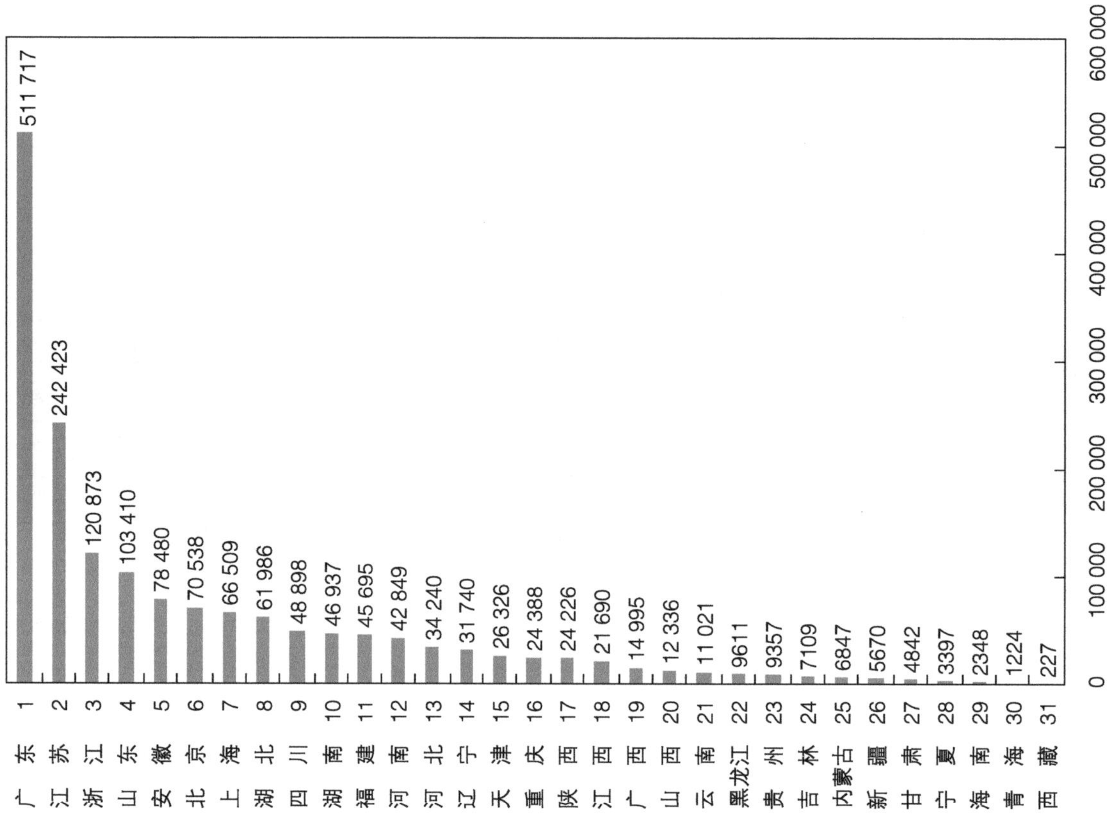

图B-57 32201 规模以上工业企业有效发明专利数（件）

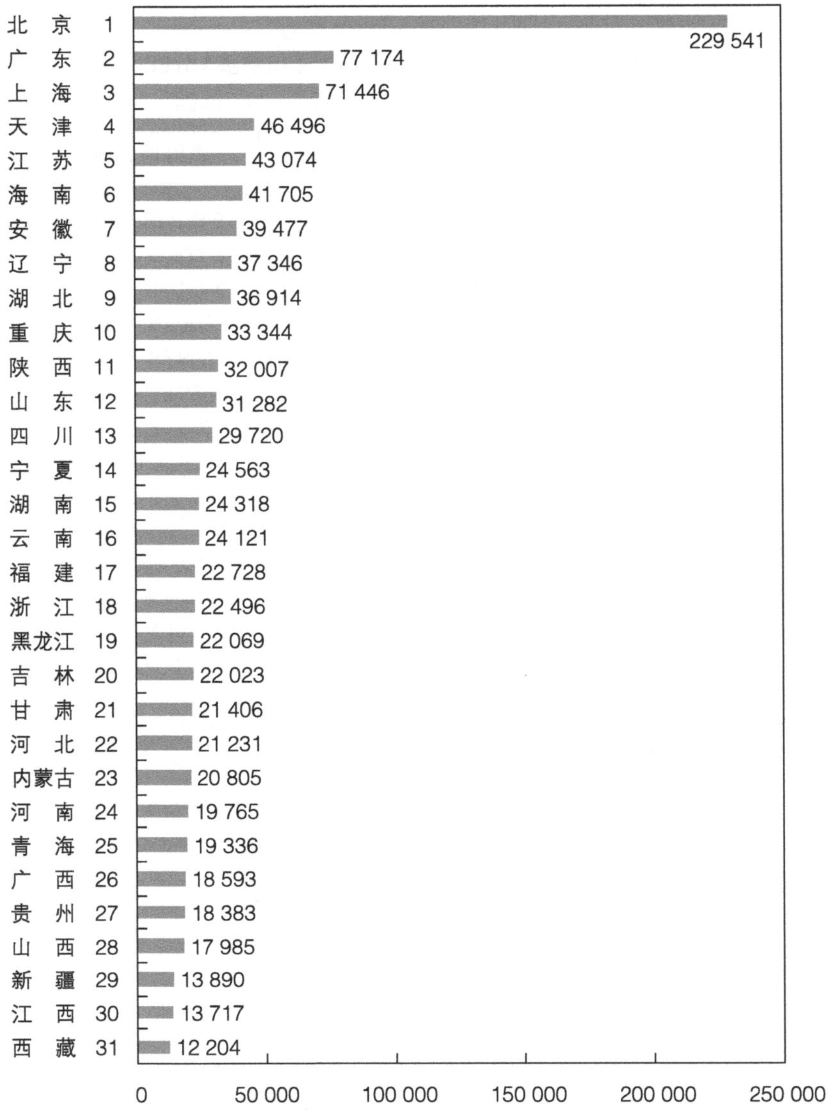

图B-58　32202 每万家规模以上工业企业平均有效发明专利数（件/万家）

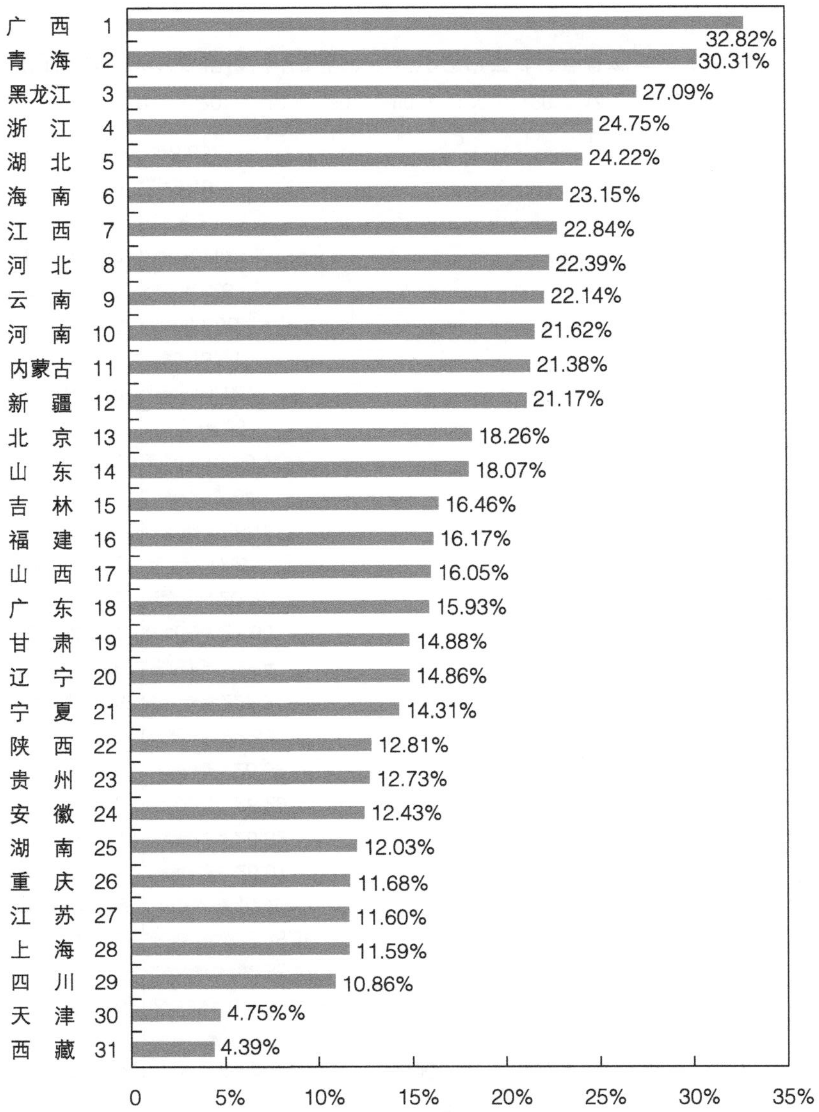

图B-59　32203 规模以上工业企业有效发明专利增长率

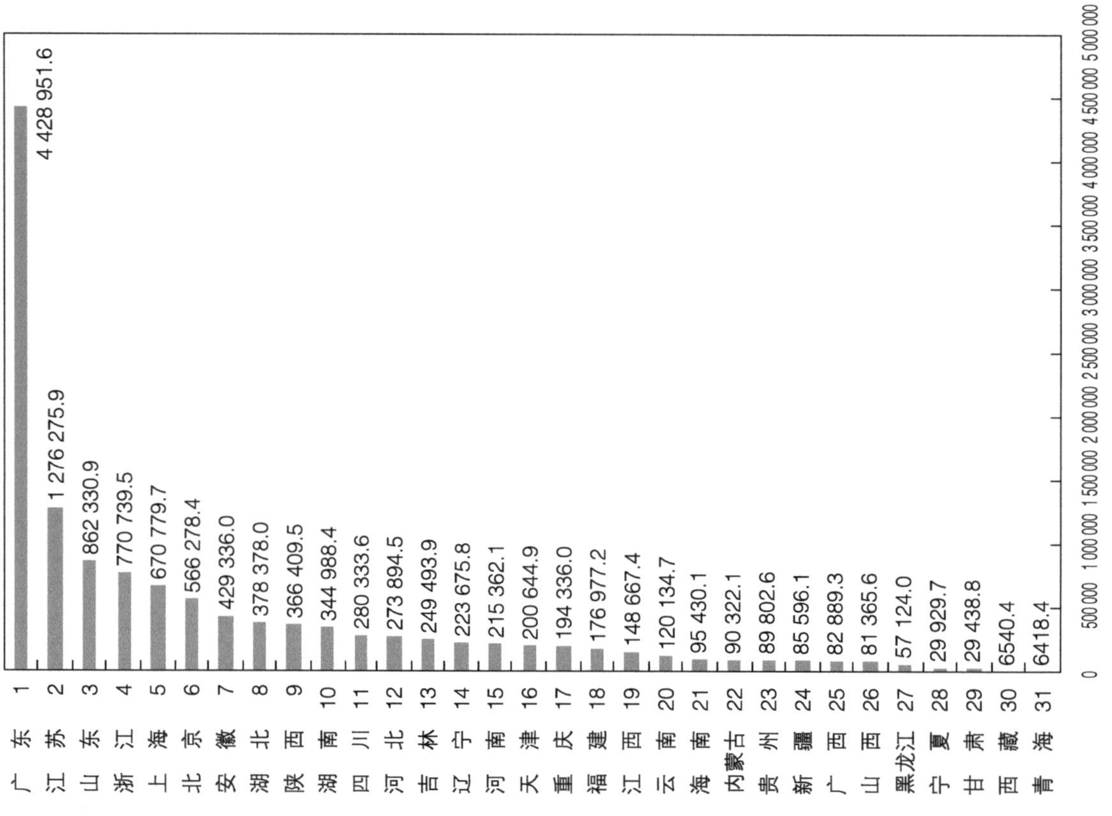

图B-60　33101 规模以上工业企业研发活动经费外部支出（万元）

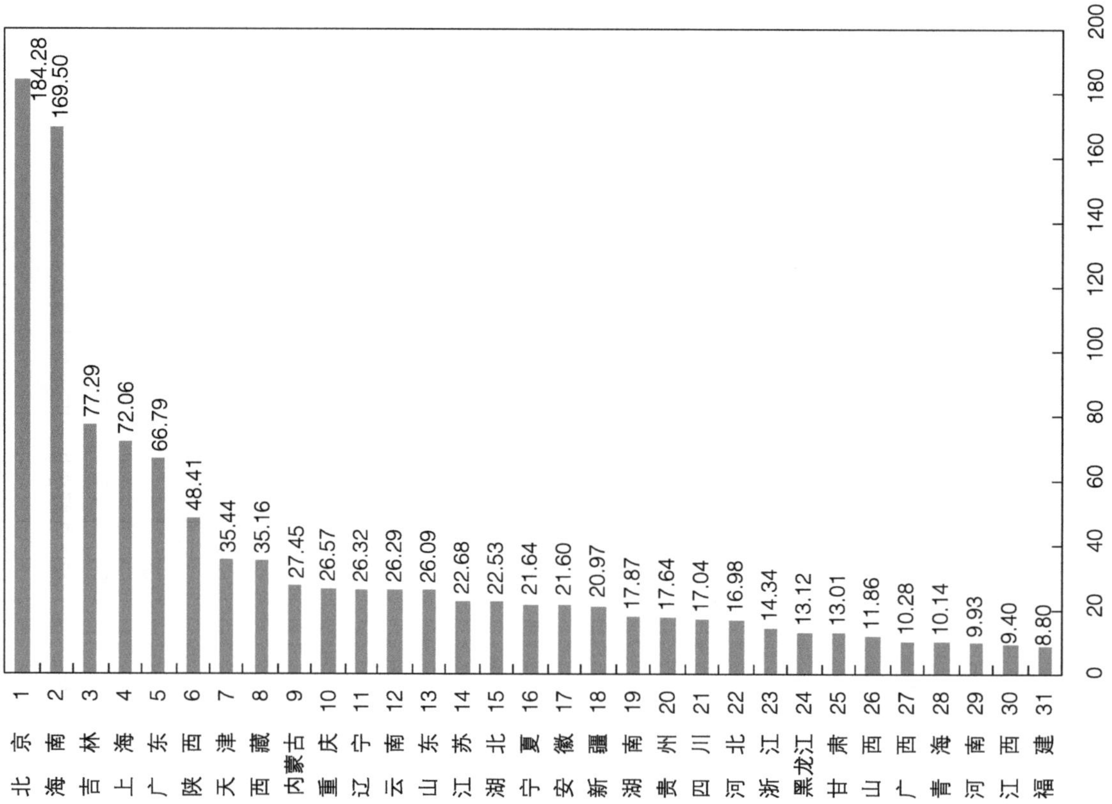

图B-61　33102 规模以上工业企业平均研发活动经费外部支出（万元/家）

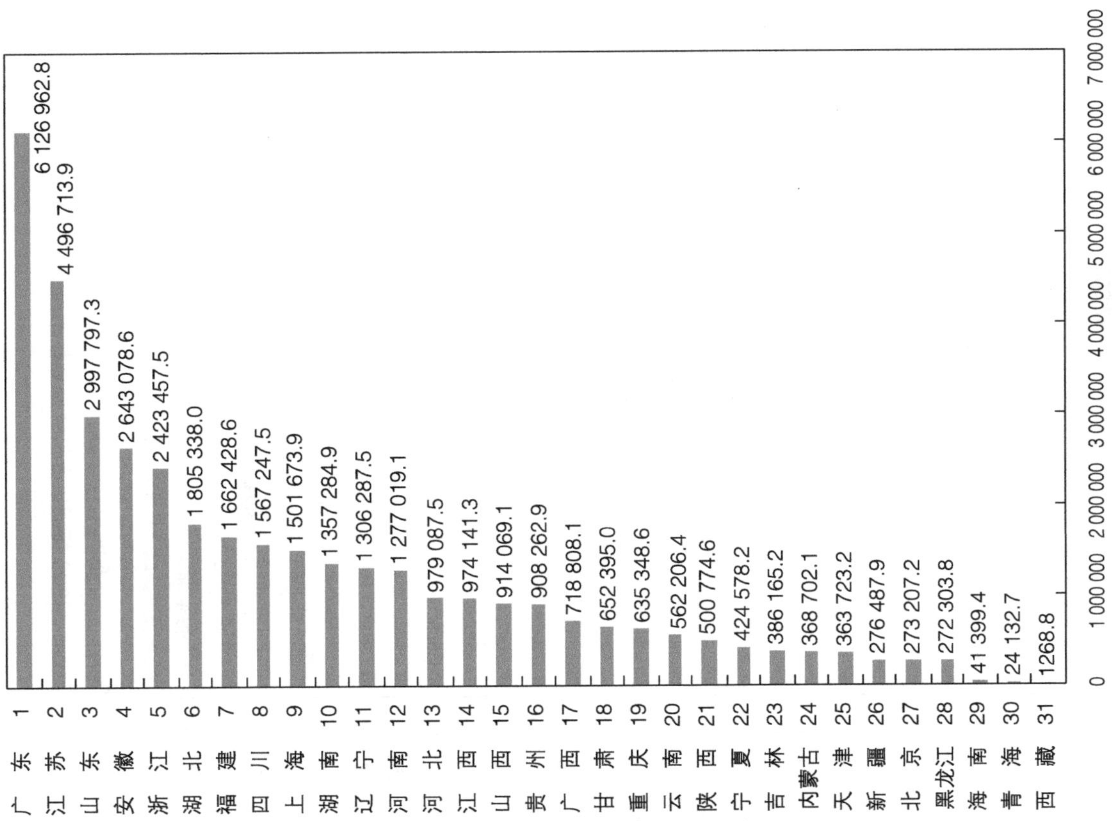

图B-63 33201 规模以上工业企业技术改造经费支出（万元）

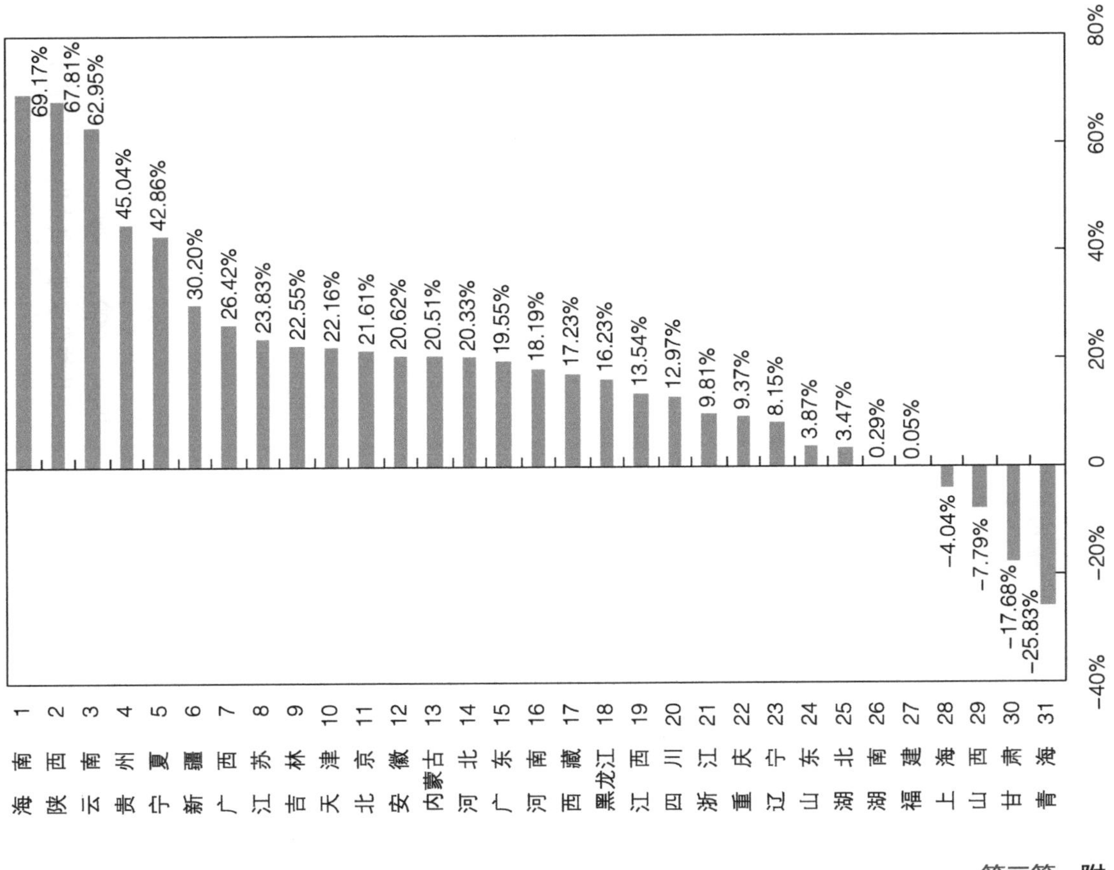

图B-62 33103 规模以上工业企业研发活动经费外部支出增长率

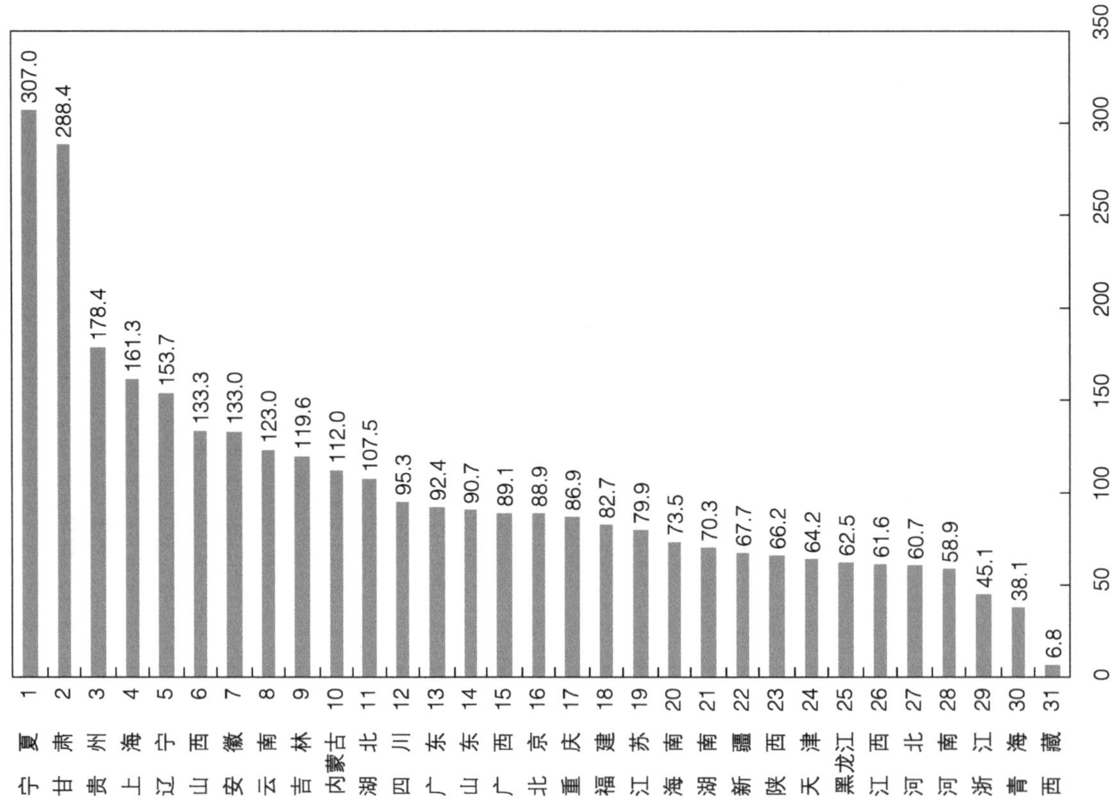

图B-64 33202 规模以上工业企业平均技术改造经费支出（万元/家）

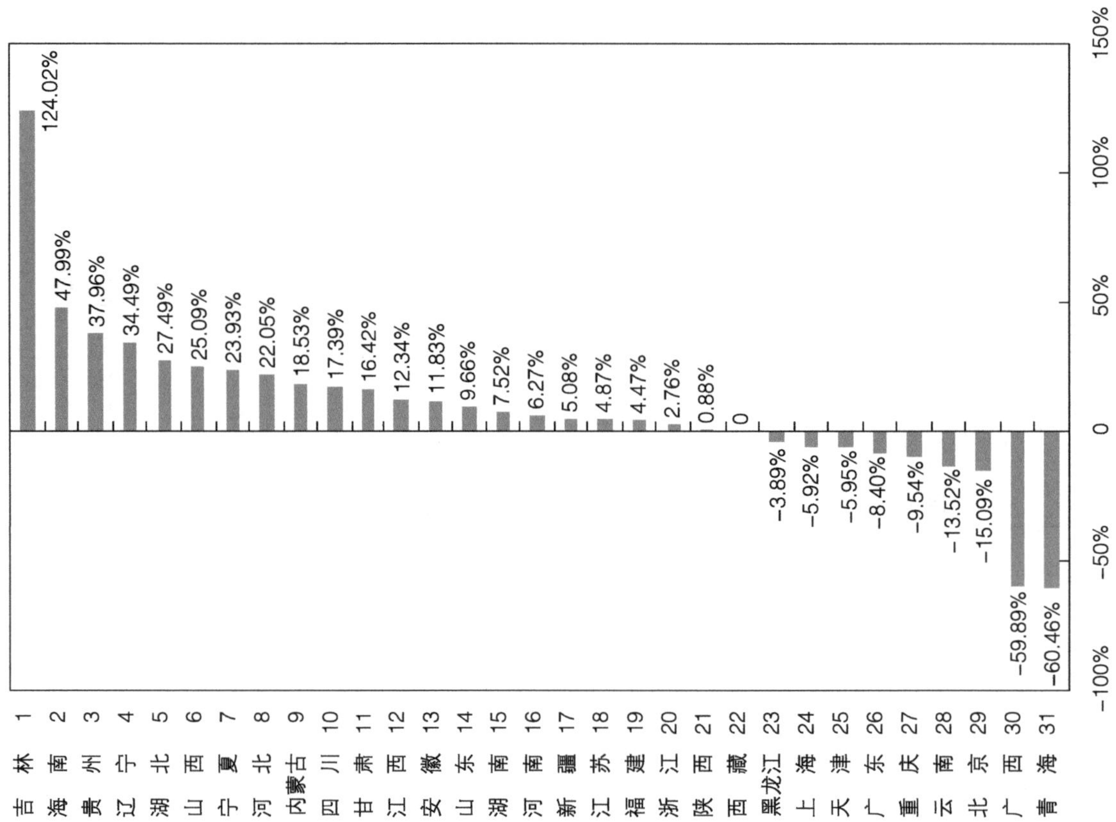

图B-65 33203 规模以上工业企业技术改造经费支出增长率

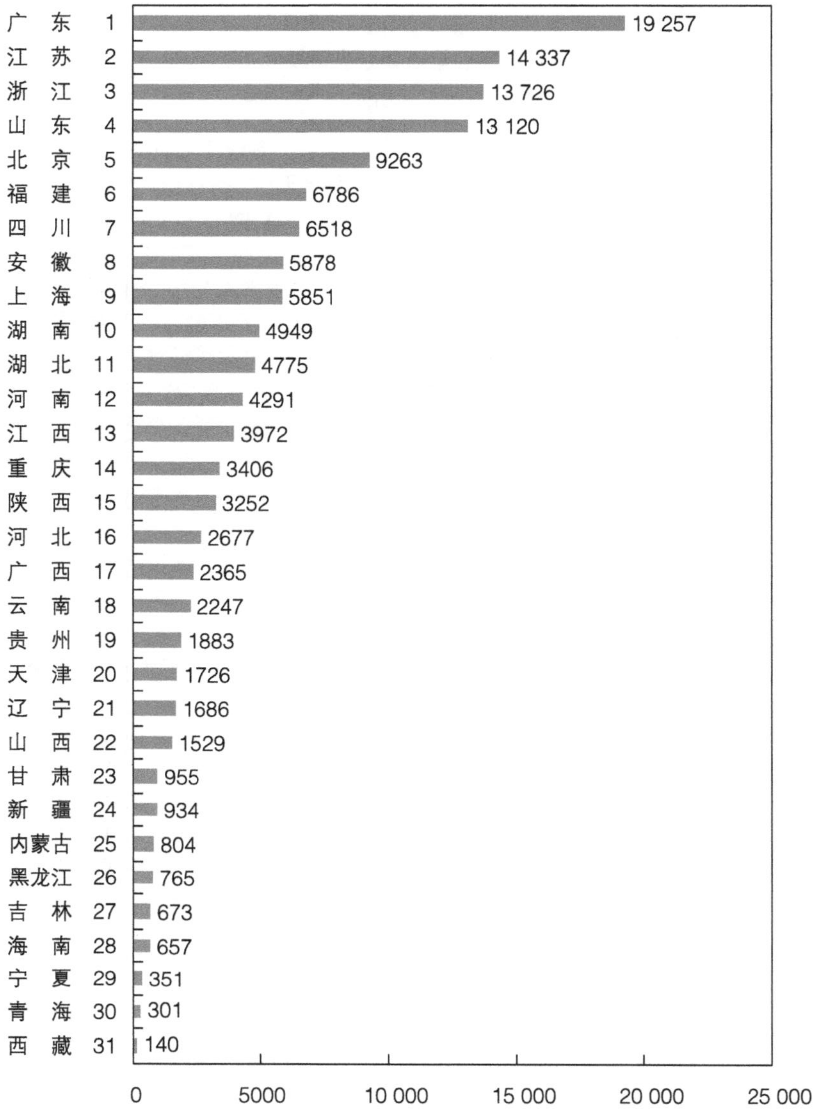

图B-66　33301 有电子商务交易活动的企业数（家）

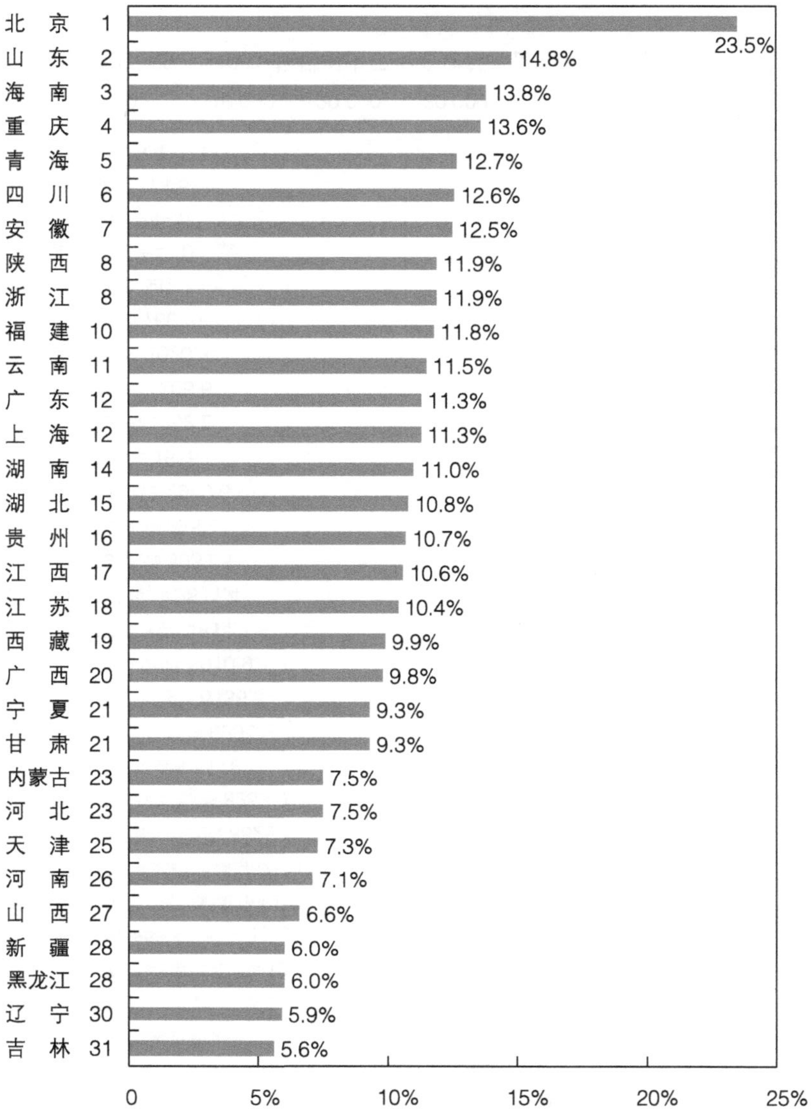

图B-67　33302 有电子商务交易活动的企业数占总企业数的比例

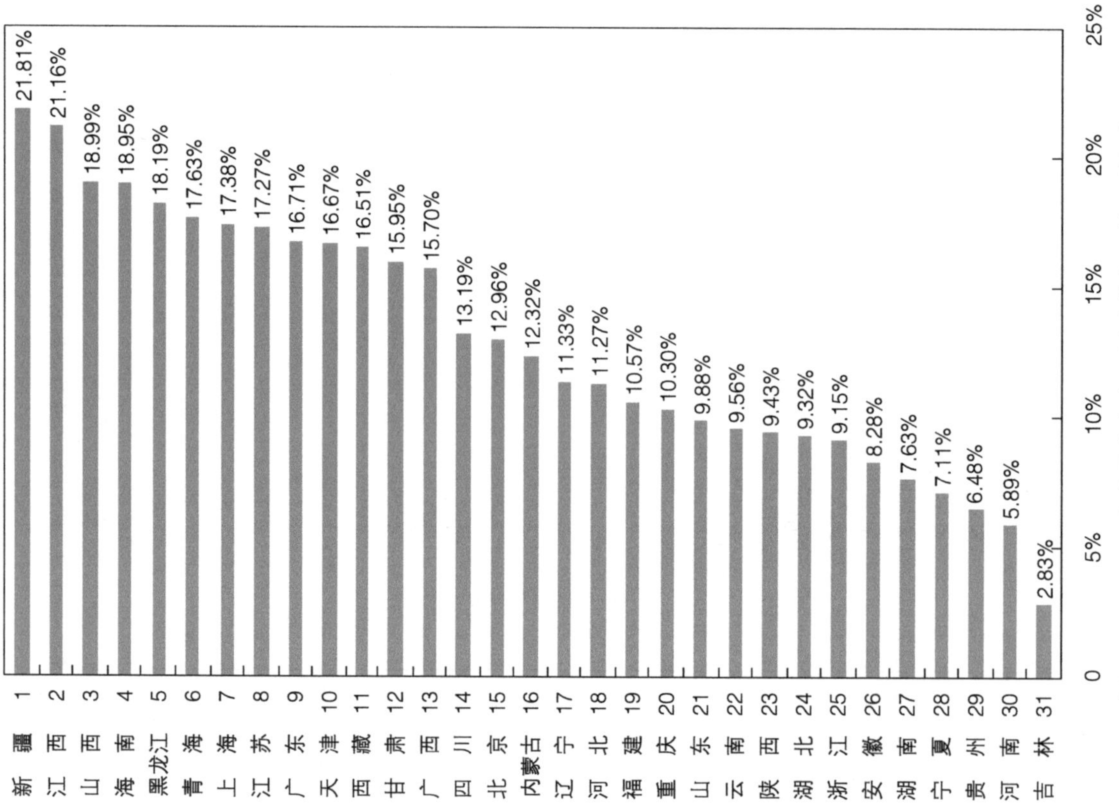

1 新疆 21.81%
2 江西 21.16%
3 山西 18.99%
4 海南 18.95%
5 黑龙江 18.19%
6 青海 17.63%
7 上海 17.38%
8 江苏 17.27%
9 广东 16.71%
10 天津 16.67%
11 西藏 16.51%
12 甘肃 15.95%
13 广西 15.70%
14 四川 13.19%
15 北京 12.96%
16 内蒙古 12.32%
17 辽宁 11.33%
18 河北 11.27%
19 福建 10.57%
20 重庆 10.30%
21 山东 9.88%
22 云南 9.56%
23 陕西 9.43%
24 湖北 9.32%
25 浙江 9.15%
26 安徽 8.28%
27 湖南 7.63%
28 宁夏 7.11%
29 贵州 6.48%
30 河南 5.89%
31 吉林 2.83%
0
5%
10%
15%
20%
25%

图B-68 33303 有电子商务交易活动的企业数量增长率

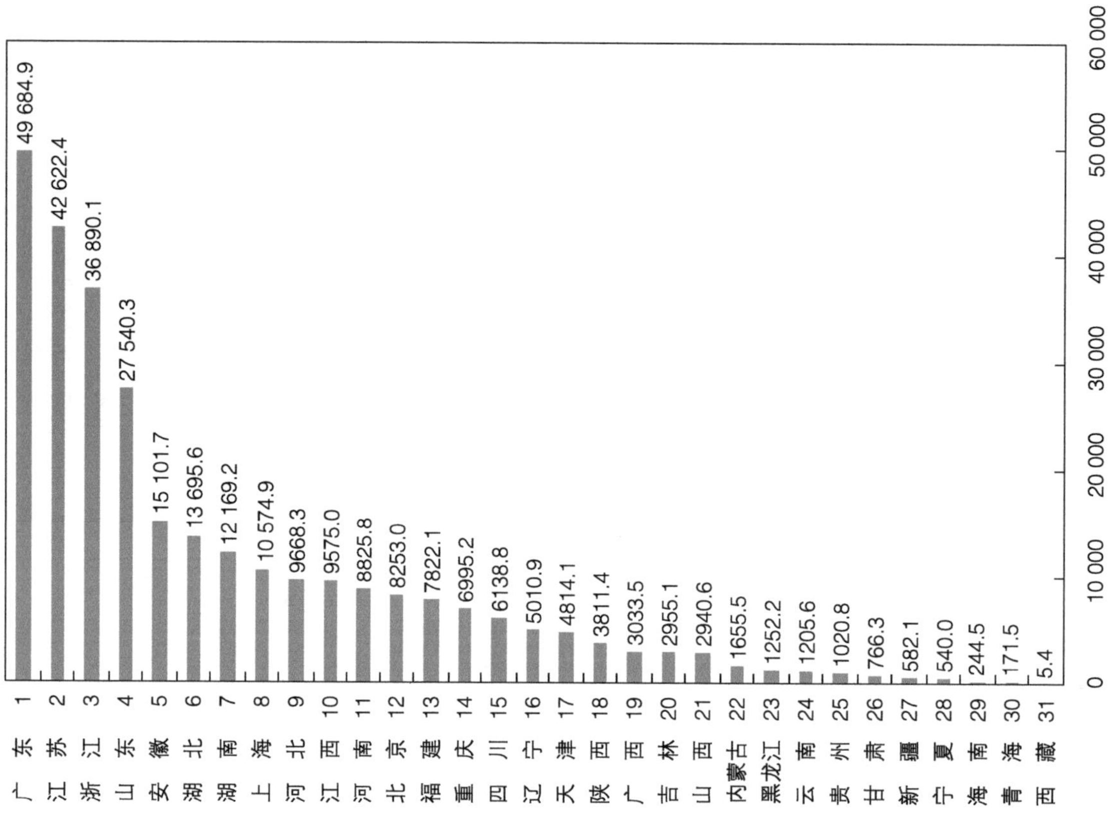

1 广东 49 684.9
2 江苏 42 622.4
3 浙江 36 890.1
4 山东 27 540.3
5 安徽 15 101.7
6 湖北 13 695.6
7 湖南 12 169.2
8 上海 10 574.9
9 河北 9668.3
10 江西 9575.0
11 河南 8825.8
12 北京 8253.0
13 福建 7822.1
14 重庆 6995.2
15 四川 6138.8
16 辽宁 5010.9
17 天津 4814.1
18 陕西 3811.4
19 广西 3033.5
20 吉林 2955.1
21 山西 2940.6
22 内蒙古 1655.5
23 黑龙江 1252.2
24 云南 1205.6
25 贵州 1020.8
26 甘肃 766.3
27 新疆 582.1
28 宁夏 540.0
29 海南 244.5
30 青海 171.5
31 西藏 5.4
0
10 000
20 000
30 000
40 000
50 000
60 000

图B-69 34001 规模以上工业企业新产品销售收入（亿元）

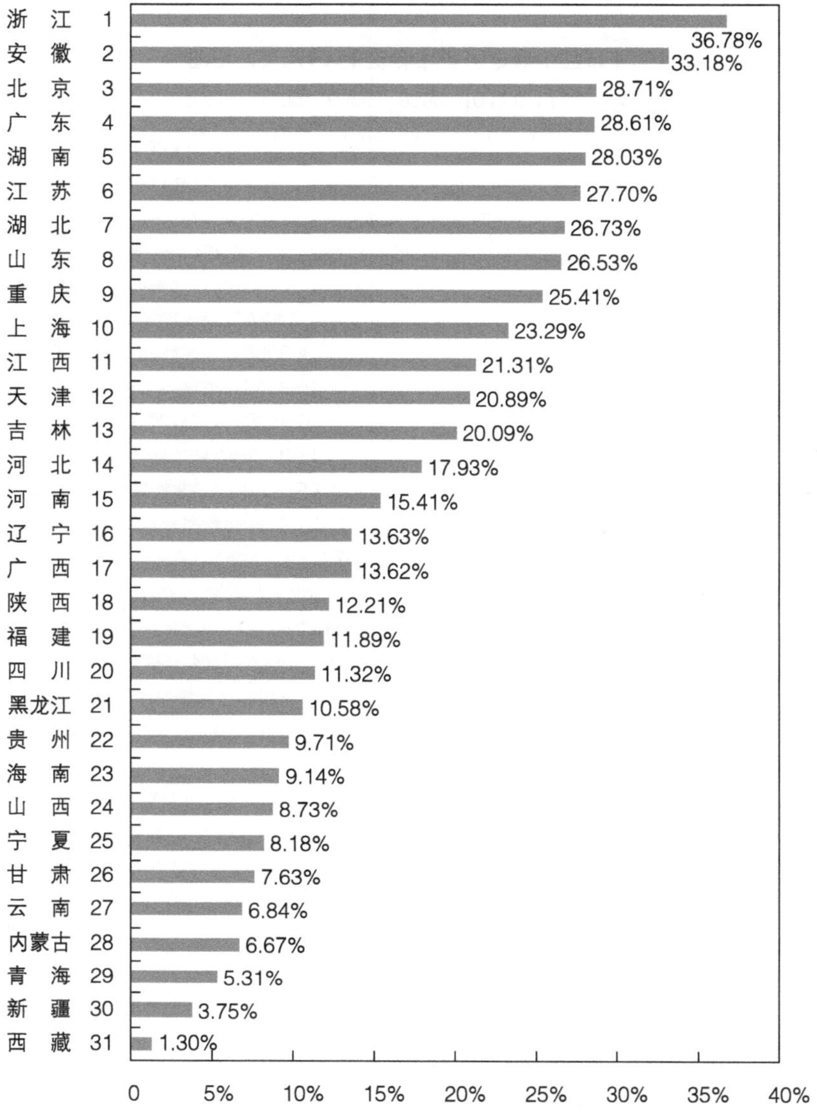

图B-70 34002 规模以上工业企业新产品销售收入占营业收入的比重

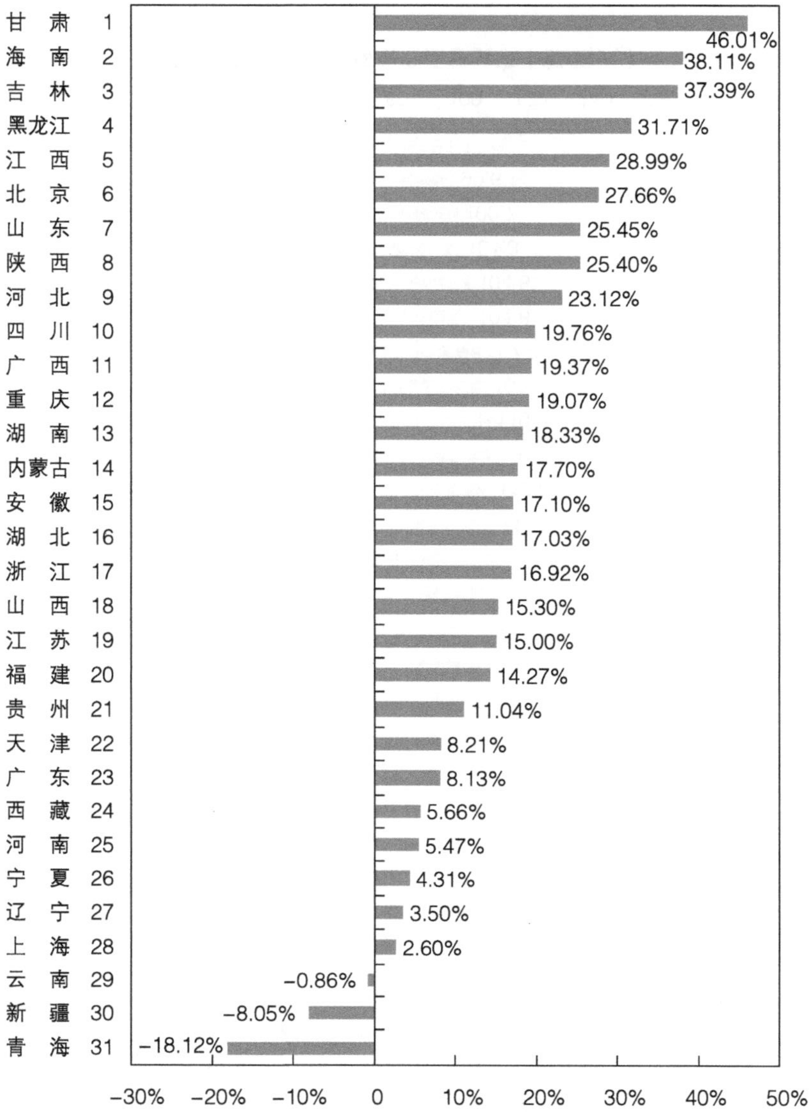

图B-71 34003 规模以上工业企业新产品销售收入增长率

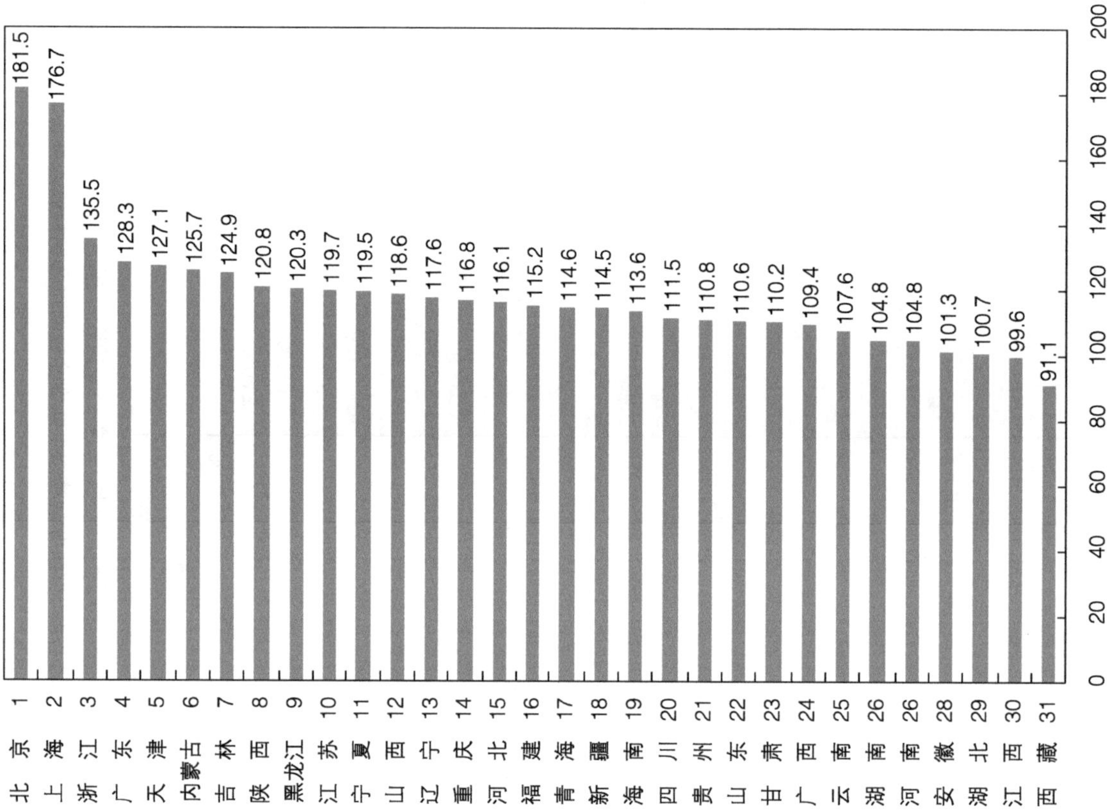

1 北京 181.5
2 上海 176.7
3 浙江 135.5
4 广东 128.3
5 天津 127.1
6 内蒙古 125.7
7 吉林 124.9
8 陕西 120.8
9 黑龙江 120.3
10 江苏 119.7
11 宁夏 119.5
12 山西 118.6
13 辽宁 117.6
14 重庆 116.8
15 河北 116.1
16 福建 115.2
17 青海 114.6
18 新疆 114.5
19 海南 113.6
20 四川 111.5
21 贵州 110.8
22 山东 110.6
23 甘肃 110.2
24 广西 109.4
25 云南 107.6
26 湖南 104.8
26 河南 104.8
28 安徽 101.3
29 湖北 100.7
30 江西 99.6
31 西藏 91.1
0 20 40 60 80 100 120 140 160 180 200

图B-73 41112 移动电话普及率（部/百人）

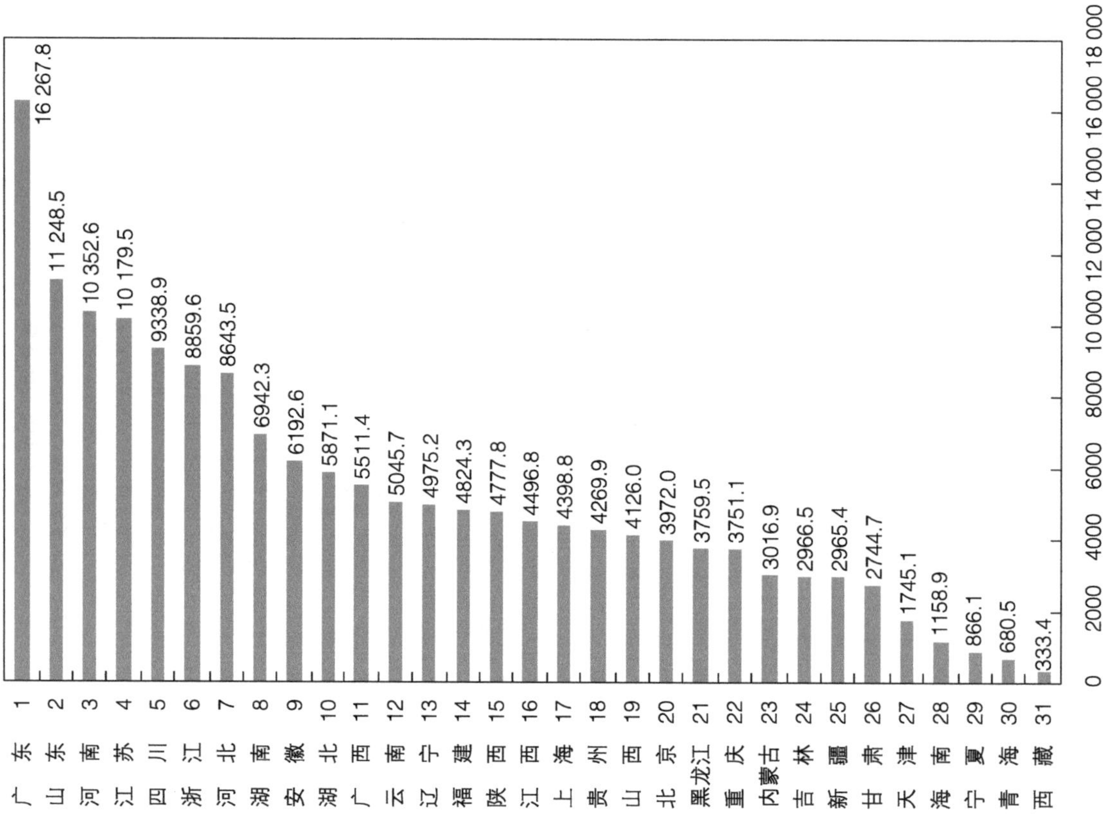

1 广东 16 267.8
2 山东 11 248.5
3 河南 10 352.6
4 江苏 10 179.5
5 四川 9338.9
6 浙江 8859.6
7 河北 8643.5
8 湖南 6942.3
9 安徽 6192.6
10 湖北 5871.1
11 广西 5511.4
12 云南 5045.7
13 辽宁 4975.2
14 福建 4824.3
15 陕西 4777.8
16 江西 4496.8
17 上海 4398.8
18 贵州 4269.9
19 山西 4126.0
20 北京 3972.0
21 黑龙江 3759.5
22 重庆 3751.1
23 内蒙古 3016.9
24 吉林 2966.5
25 新疆 2965.4
26 甘肃 2744.7
27 天津 1745.1
28 海南 1158.9
29 宁夏 866.1
30 青海 680.5
31 西藏 333.4
0 2000 4000 6000 8000 10 000 12 000 14 000 16 000 18 000

图B-72 41111 移动电话用户数（万户）

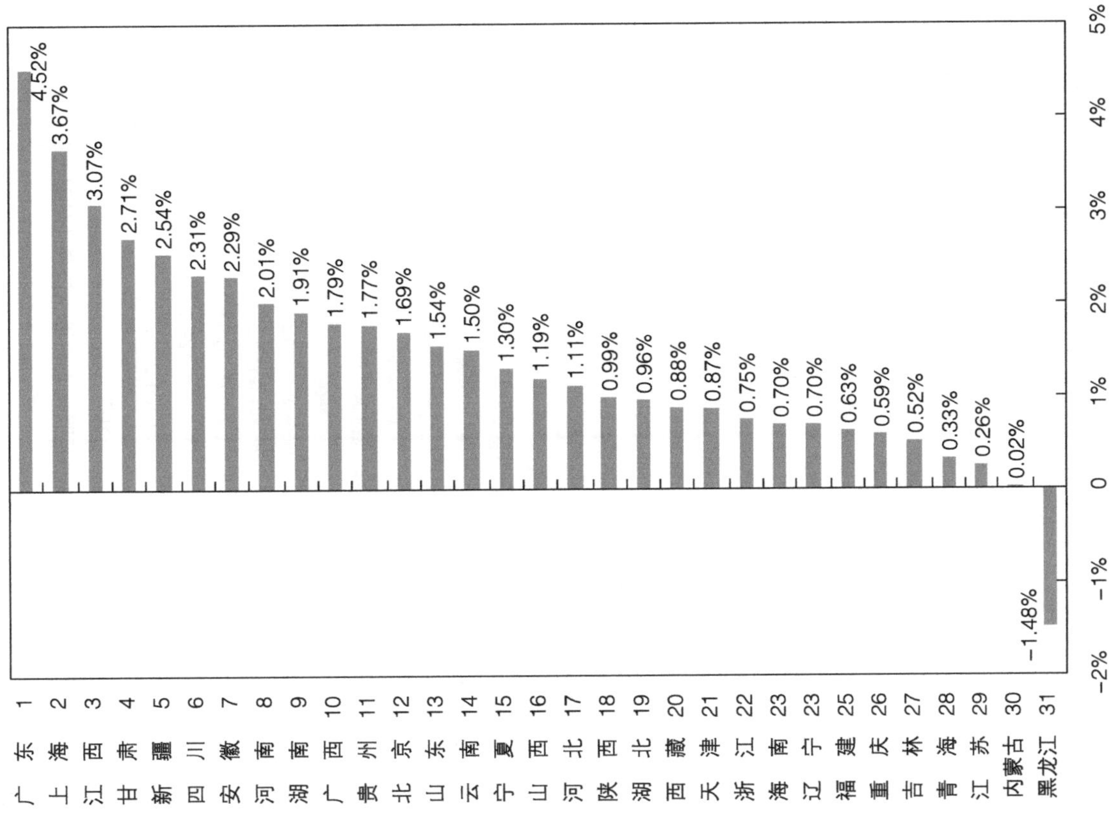
1 广东 4.52%
2 上海 3.67%
3 江西 3.07%
4 甘肃 2.71%
5 新疆 2.54%
6 四川 2.31%
7 安徽 2.29%
8 河南 2.01%
9 湖南 1.91%
10 广西 1.79%
11 贵州 1.77%
12 北京 1.69%
13 山东 1.54%
14 云南 1.50%
15 宁夏 1.30%
16 山西 1.19%
17 河北 1.11%
18 陕西 0.99%
19 湖北 0.96%
20 西藏 0.88%
21 天津 0.87%
22 浙江 0.75%
23 海南 0.70%
23 辽宁 0.70%
25 福建 0.63%
26 重庆 0.59%
27 吉林 0.52%
28 青海 0.33%
29 江苏 0.26%
30 内蒙古 0.02%
31 黑龙江 −1.48%
−2% −1% 0 1% 2% 3% 4% 5%

图B-74 41113 移动电话用户数增长率

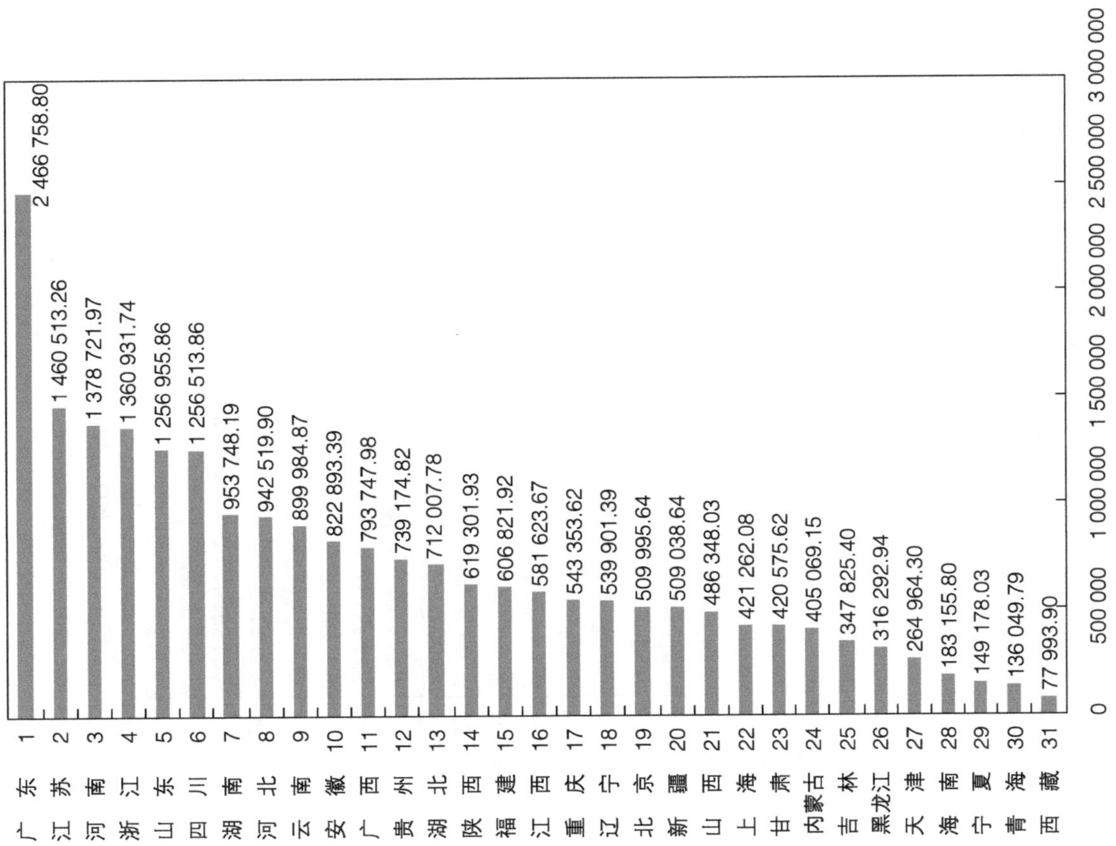
1 广东 2 466 758.80
2 江苏 1 460 513.26
3 河南 1 378 721.97
4 浙江 1 360 931.74
5 山东 1 256 955.86
6 四川 1 256 513.86
7 湖南 953 748.19
8 河北 942 519.90
9 云南 899 984.87
10 安徽 822 893.39
11 广西 793 747.98
12 贵州 739 174.82
13 湖北 712 007.78
14 陕西 619 301.93
15 福建 606 821.92
16 江西 581 623.67
17 重庆 543 353.62
18 辽宁 539 901.39
19 北京 509 995.64
20 新疆 509 038.64
21 山西 486 348.03
22 上海 421 262.08
23 甘肃 420 575.62
24 内蒙古 405 069.15
25 吉林 347 825.40
26 黑龙江 316 292.94
27 天津 264 964.30
28 海南 183 155.80
29 宁夏 149 178.03
30 青海 136 049.79
31 西藏 77 993.90
0 500 000 1 000 000 1 500 000 2 000 000 2 500 000 3 000 000

图B-75 41121 移动互联网接入流量（万GB）

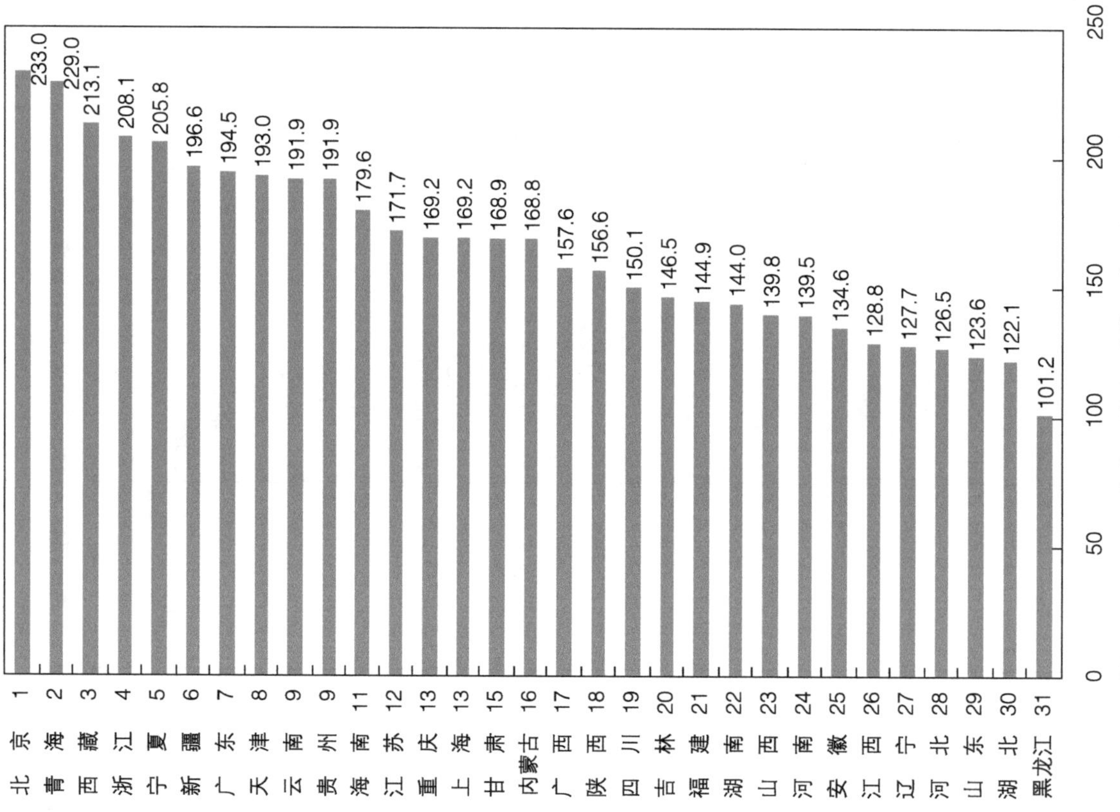

图B-76　41122 移动互联网人均接入流量（GB/人）

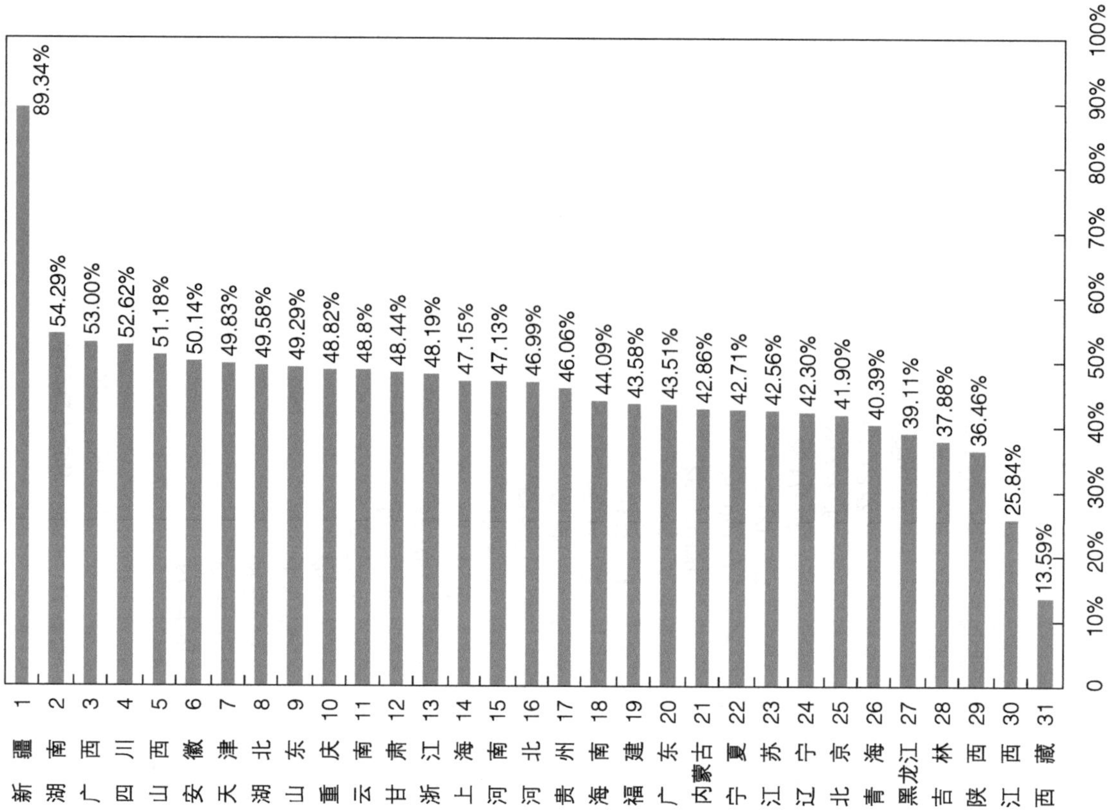

图B-77　41123 移动互联网接入流量增长率

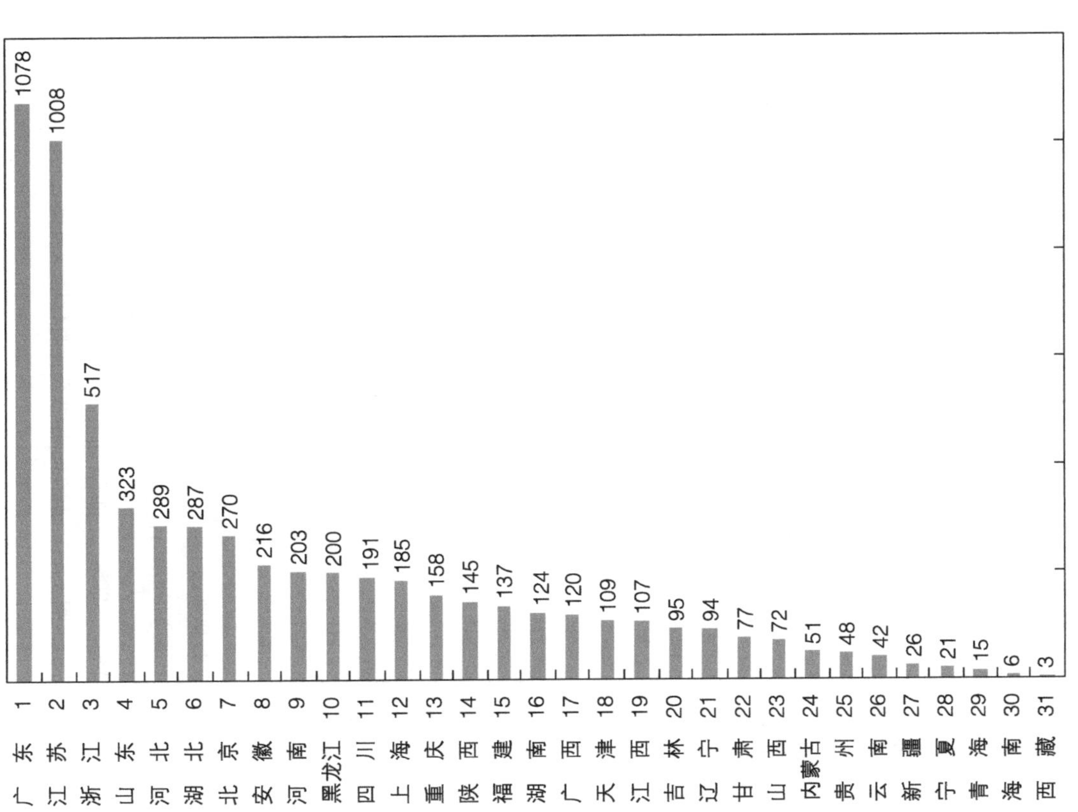

图B-78 41211 科技企业孵化器数量（个）

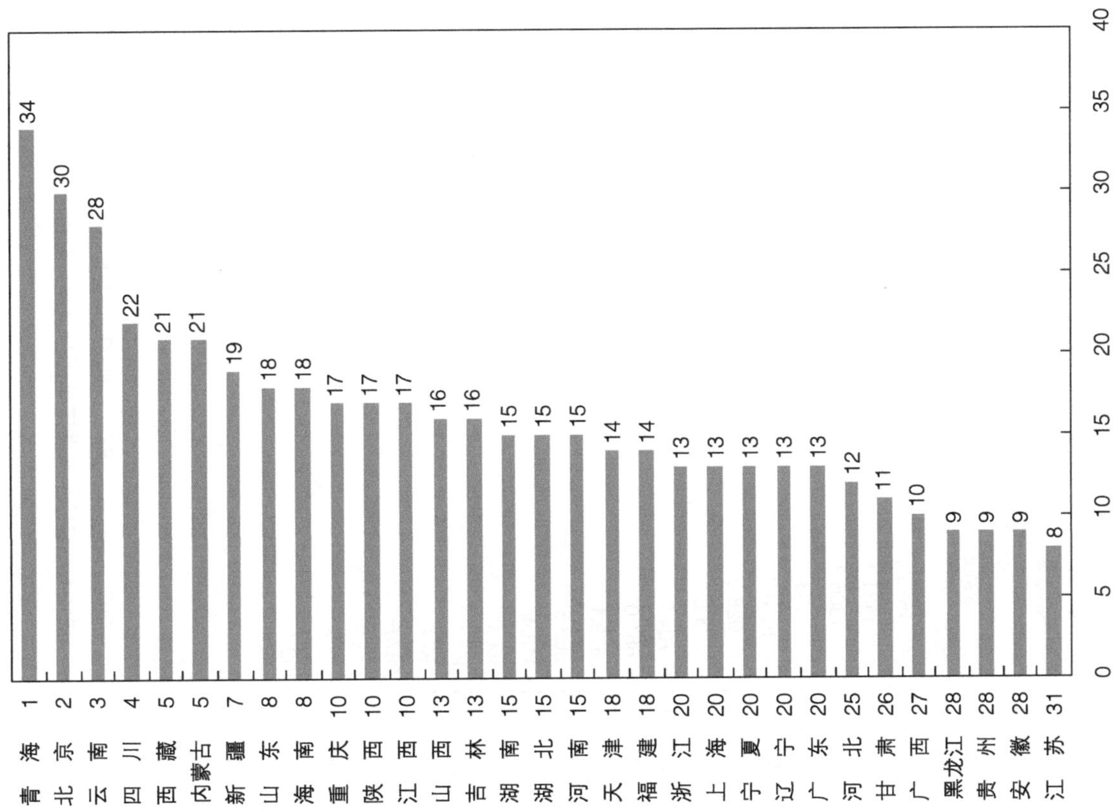

图B-79 41212 平均每个科技企业孵化器创业导师人数（人/个）

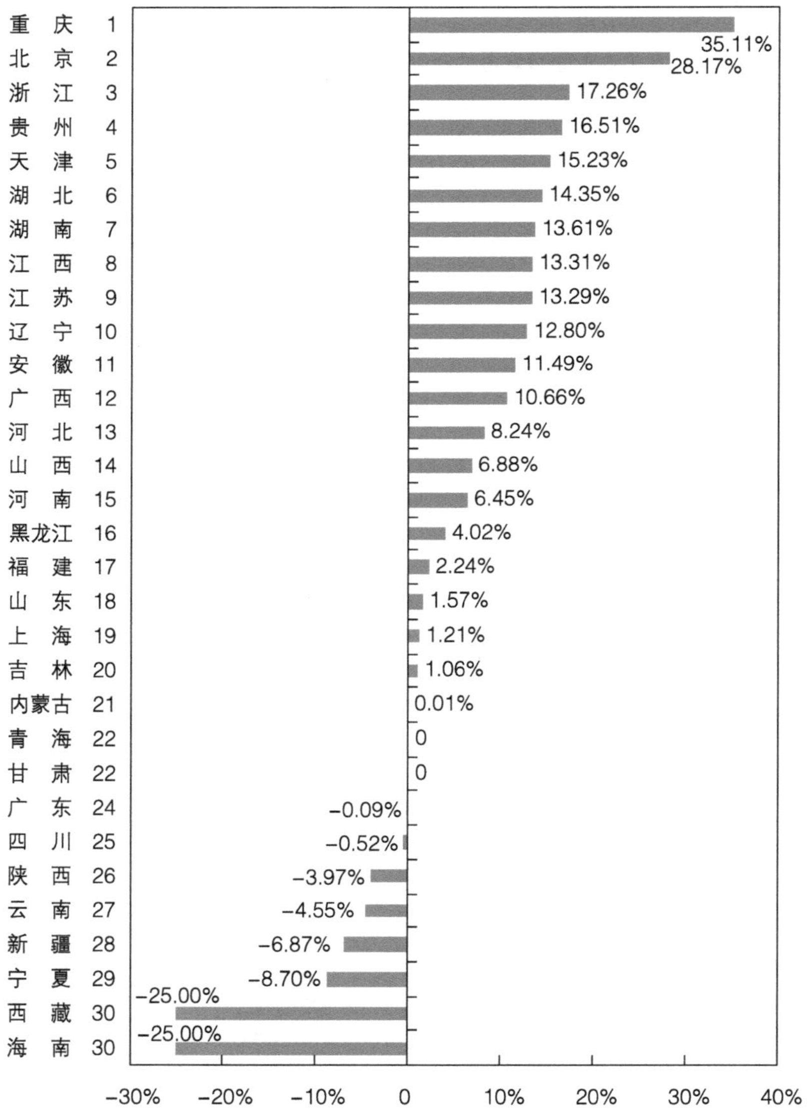

图B-80 41213 科技企业孵化器增长率

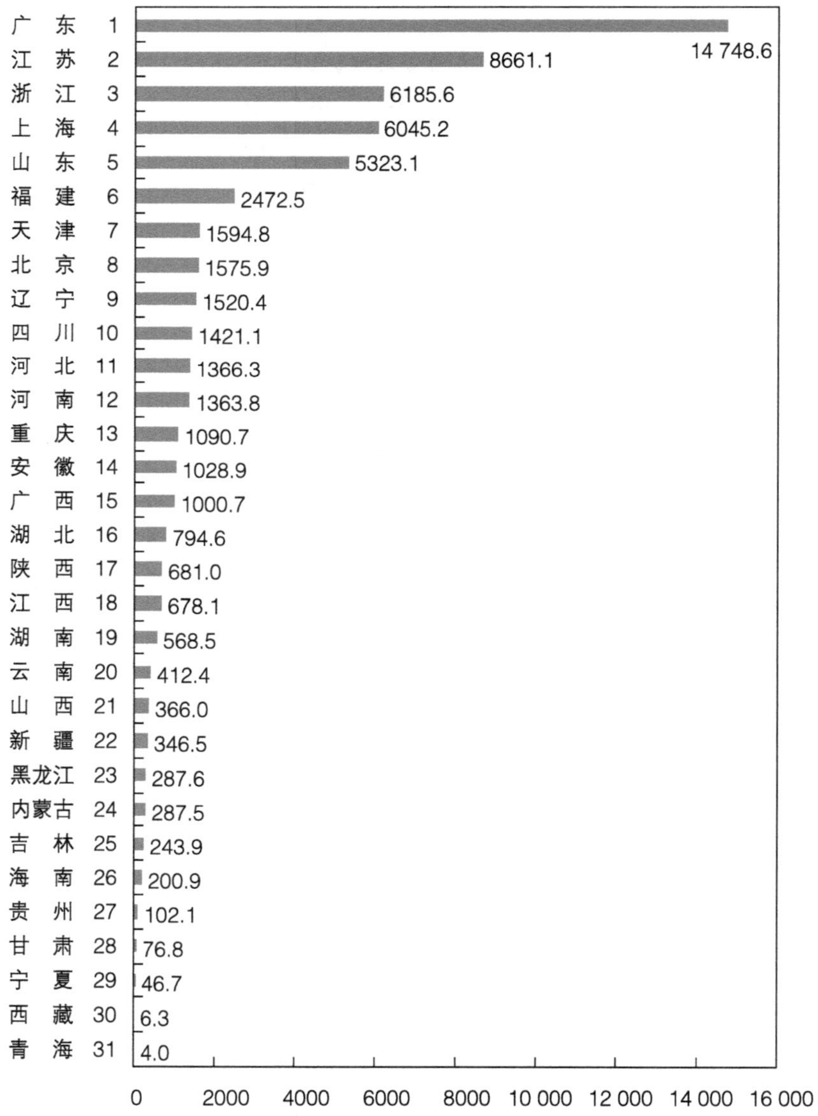

图B-81 42101 按目的地和货源地划分进出口总额（亿美元）

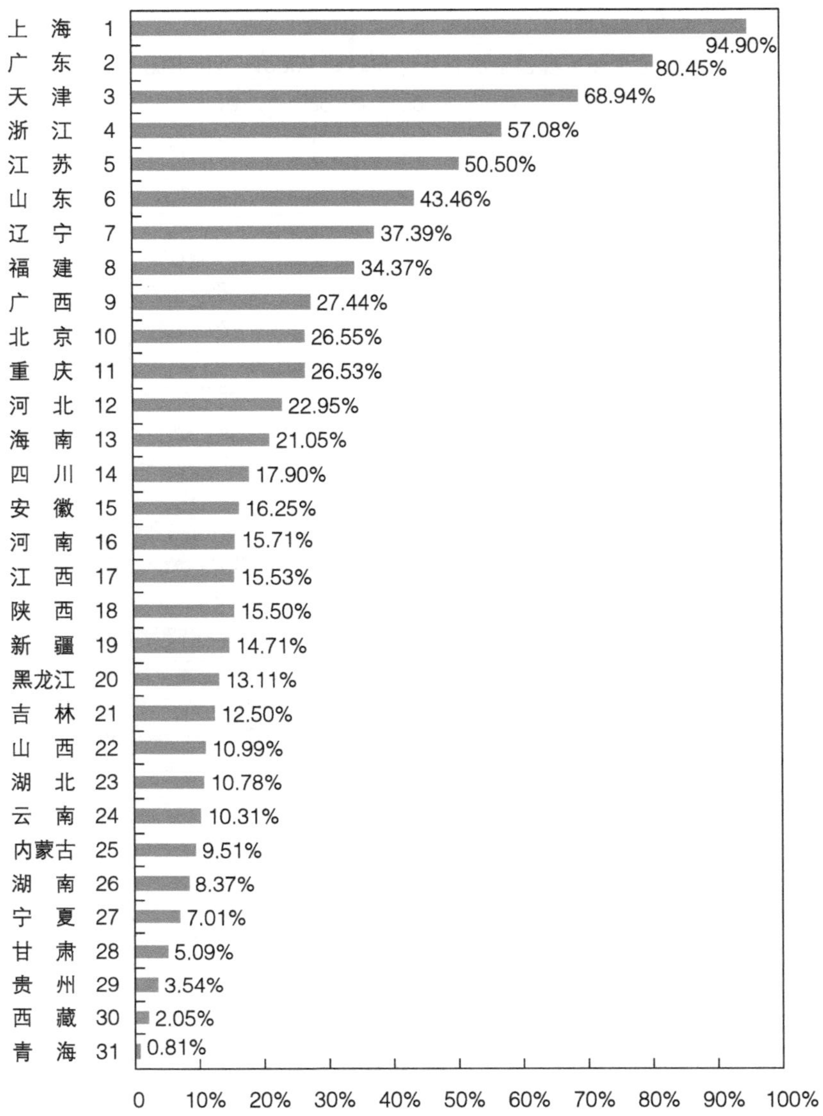

图B-82　42102 按目的地和货源地划分进出口总额占GDP比重

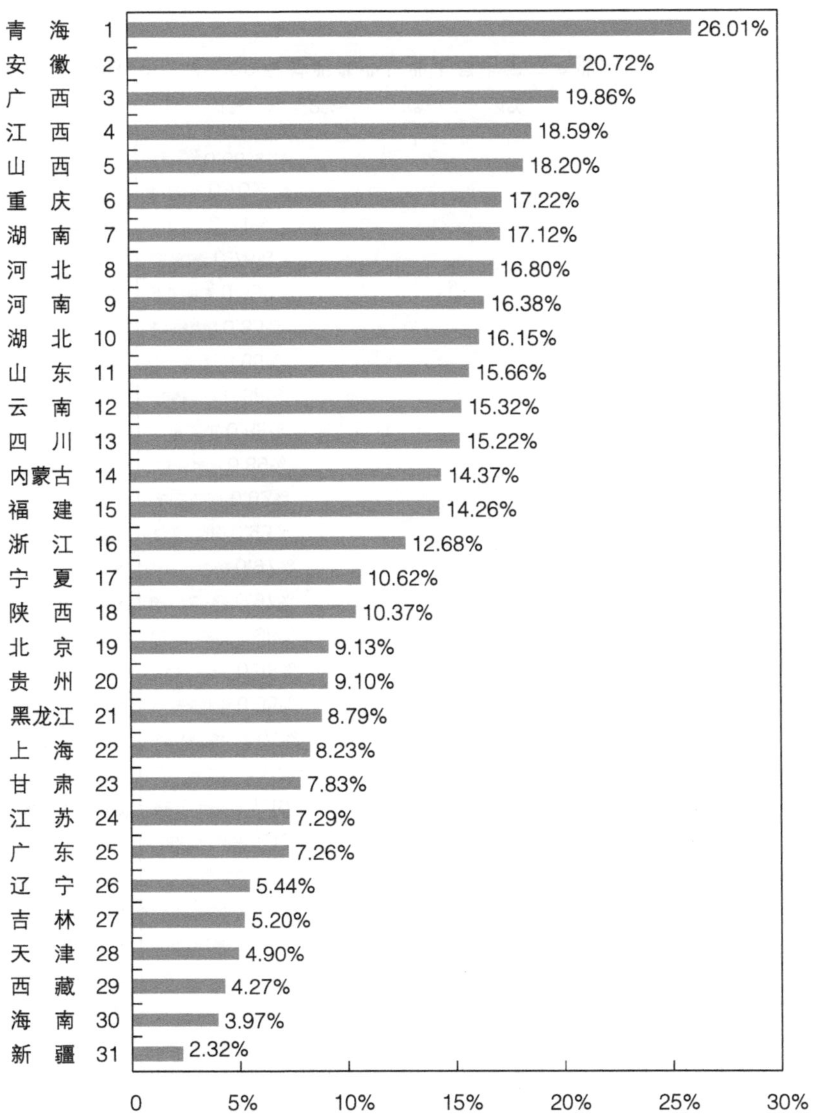

图B-83　42103 按目的地和货源地划分进出口总额增长率

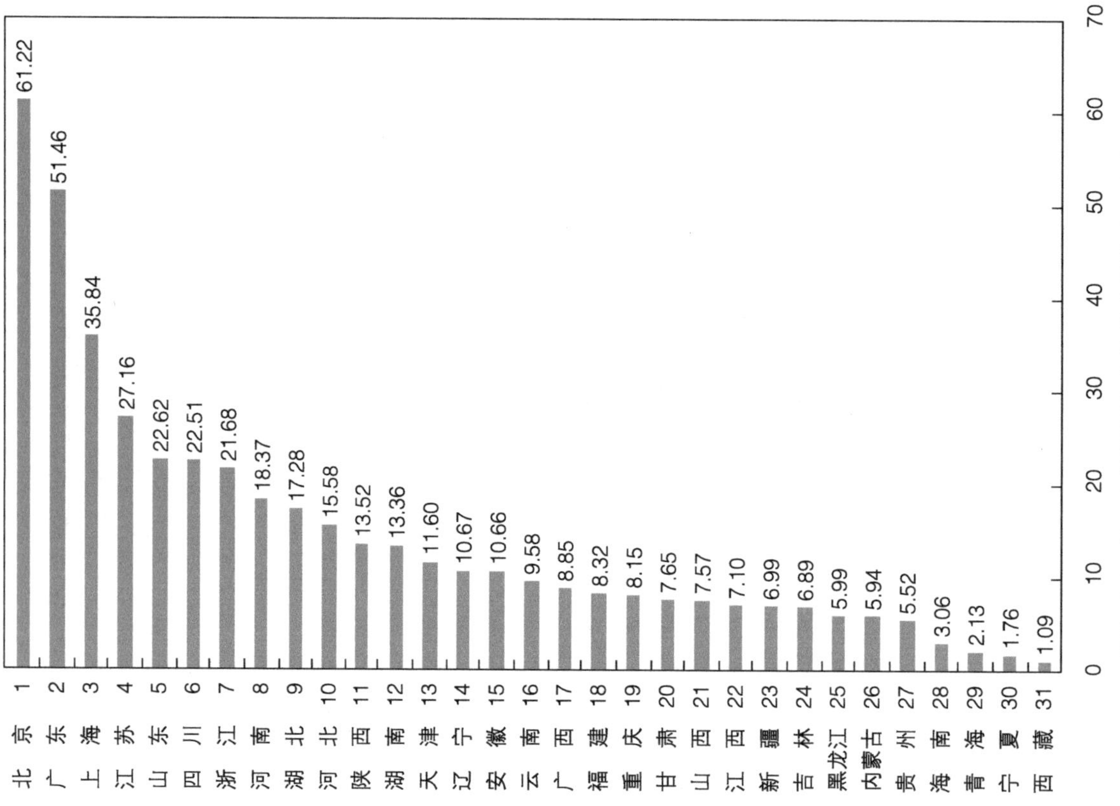

图B-84 42201 科技服务业从业人员数（万人）

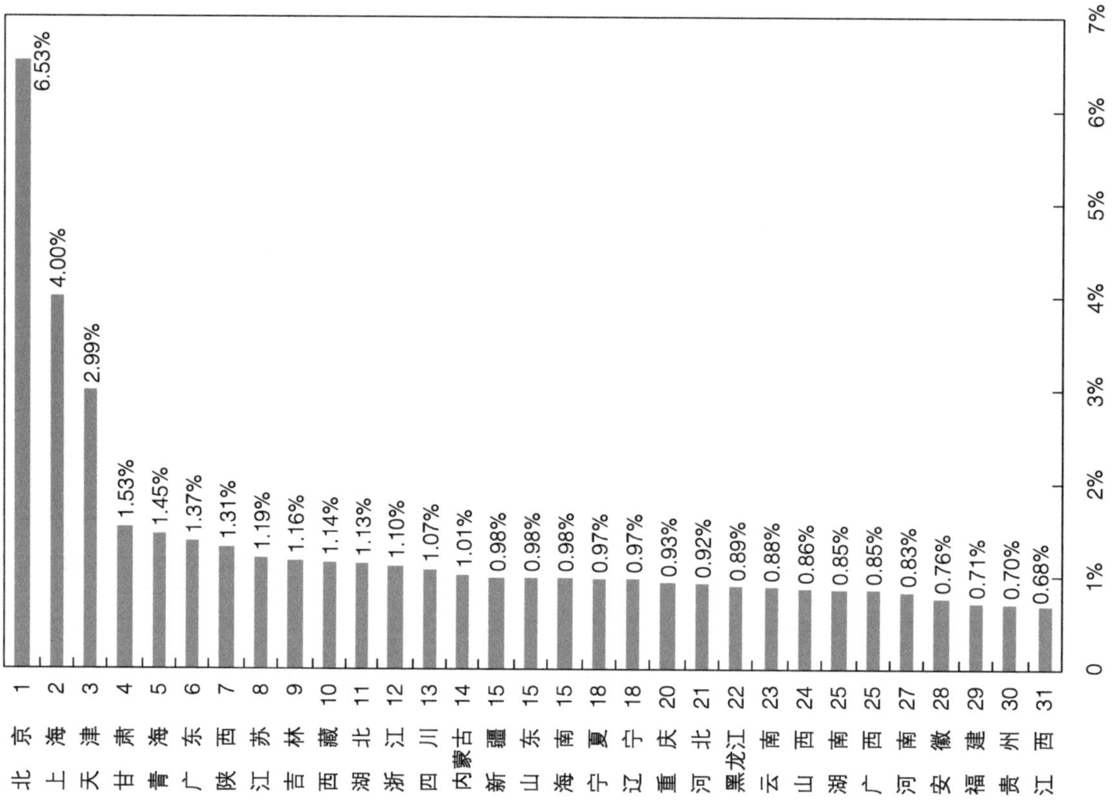

图B-85 42202 科技服务业从业人员占第三产业从业人员比重

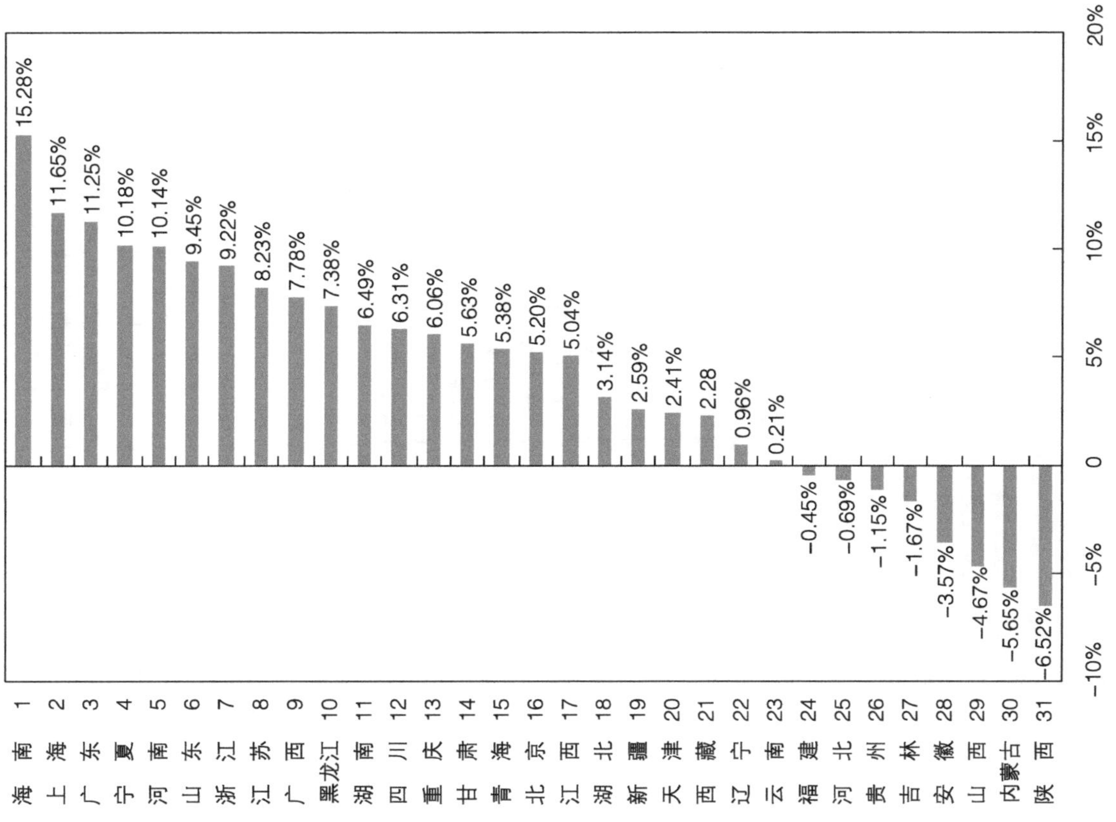

图B-86 42203 科技服务业从业人员增长率

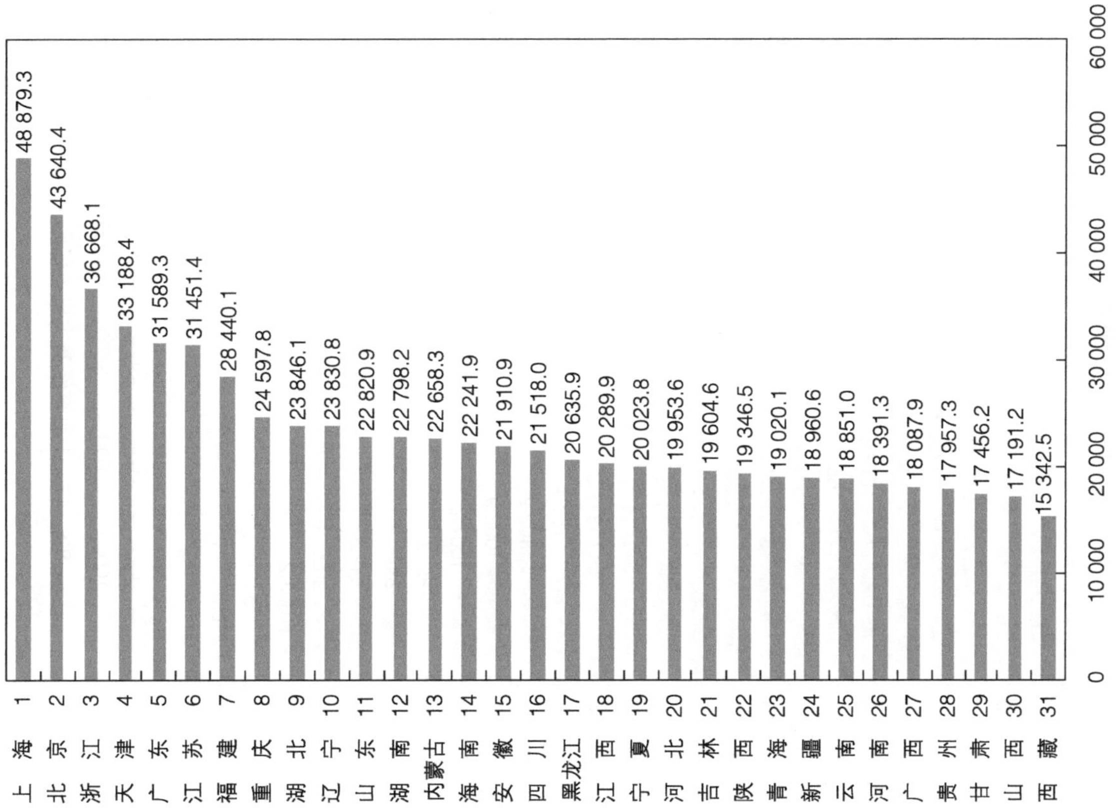

图B-87 42301 居民消费水平（元）

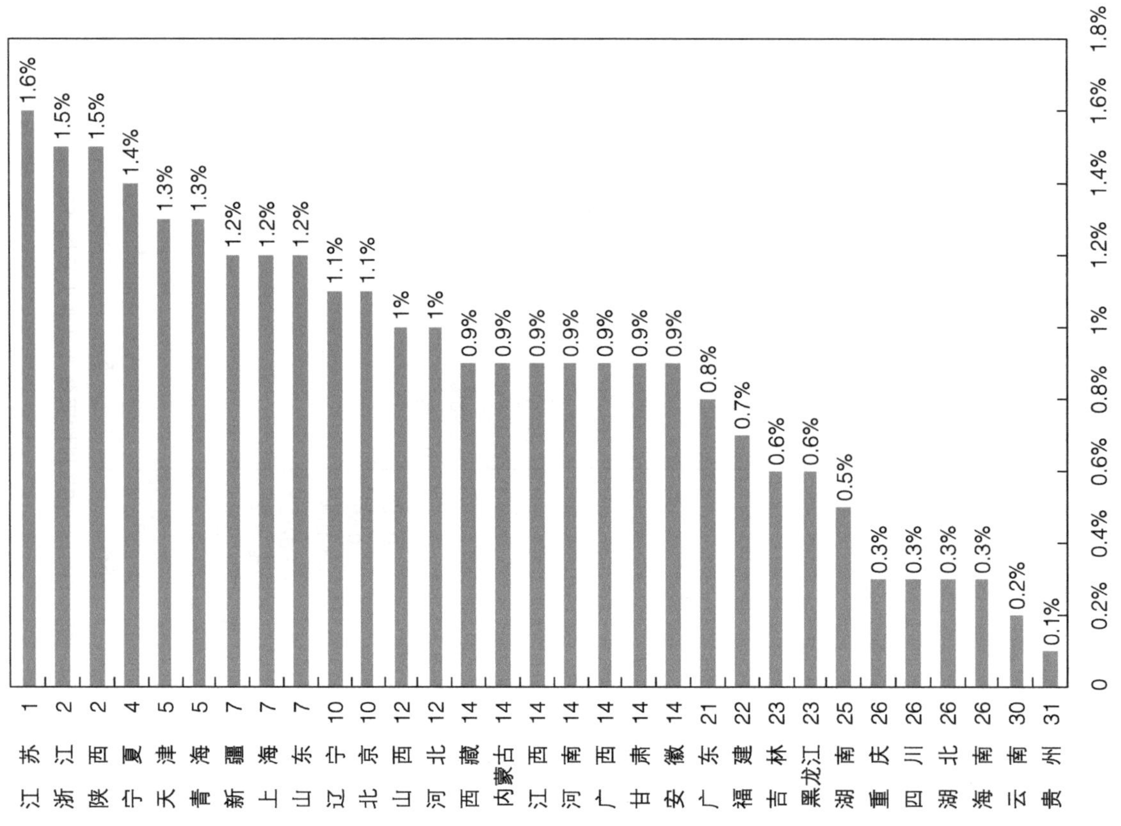

图B-88 42303 居民人均消费支出增长率

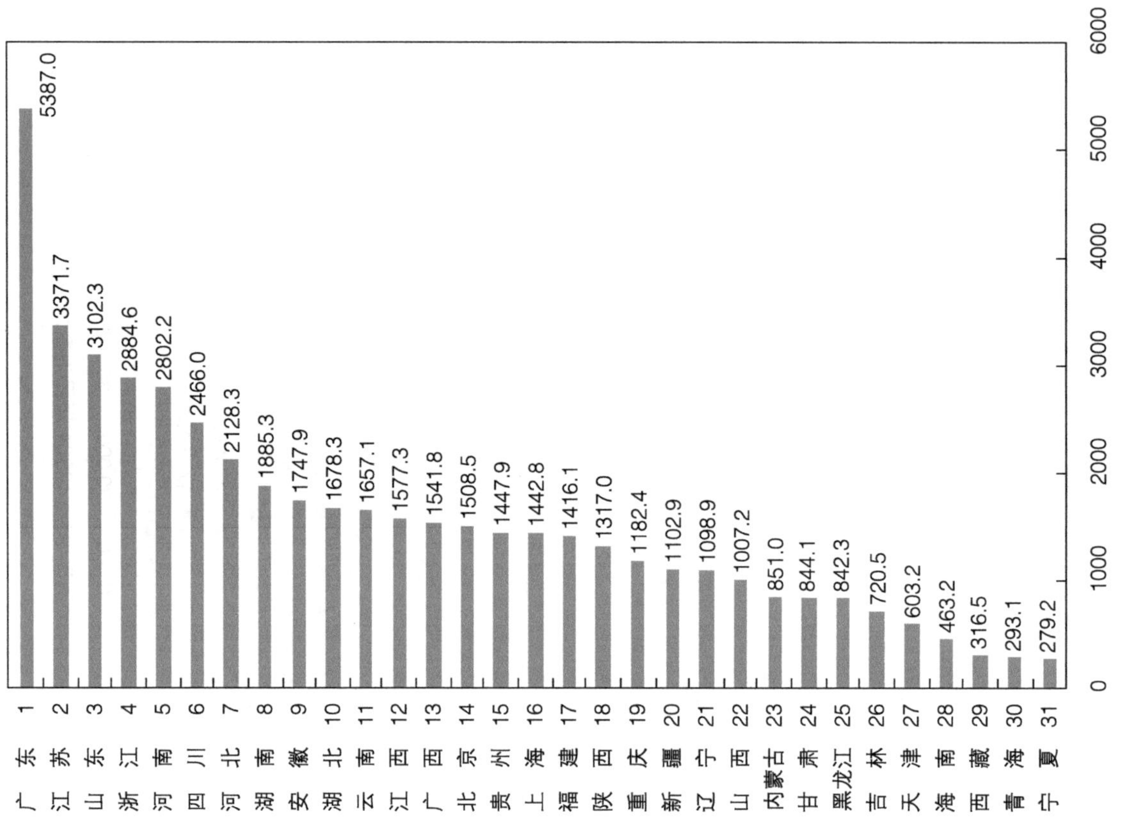

图B-89 43101 教育经费支出（亿元）

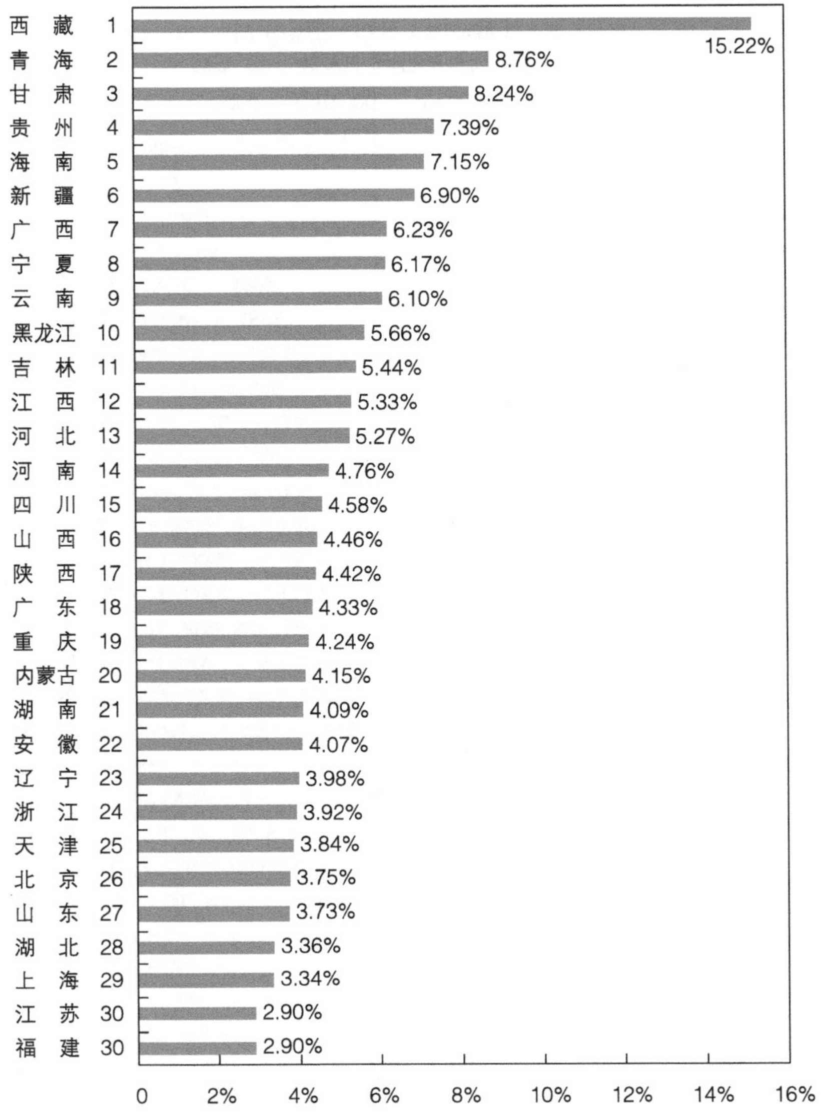

图B-90 43102 教育经费支出占GDP的比例

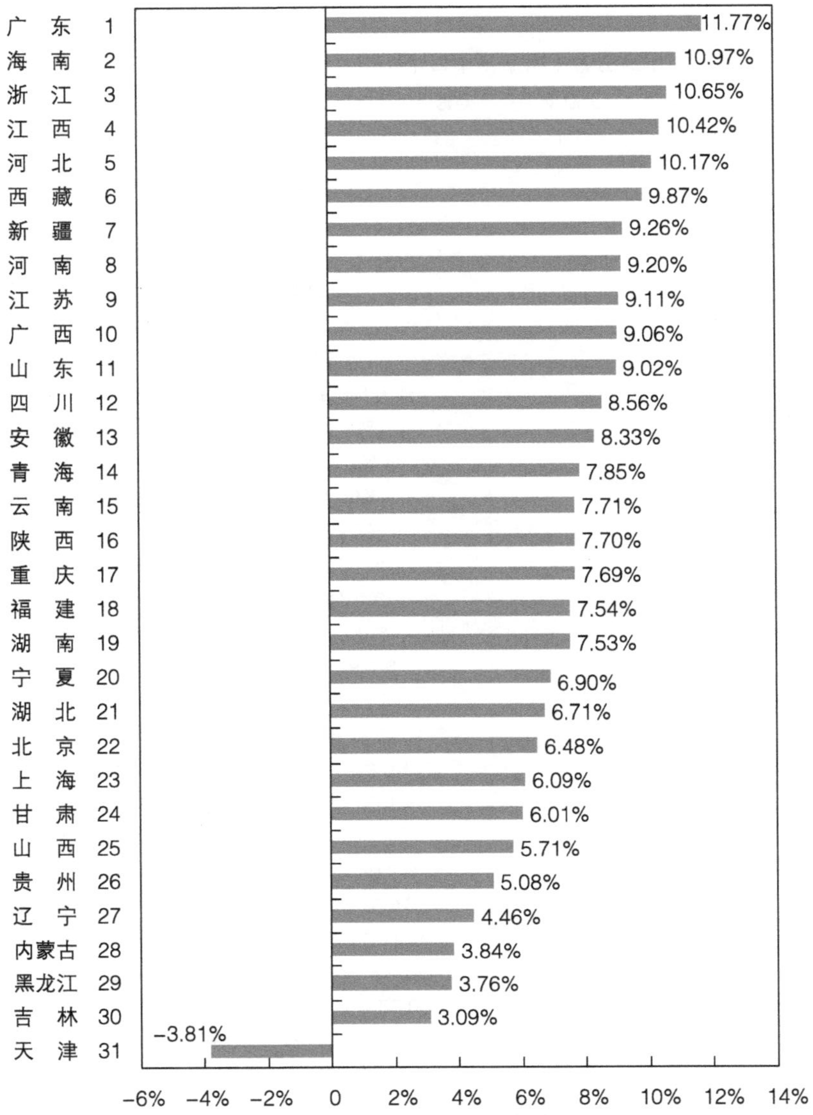

图B-91 43103 教育经费支出增长率

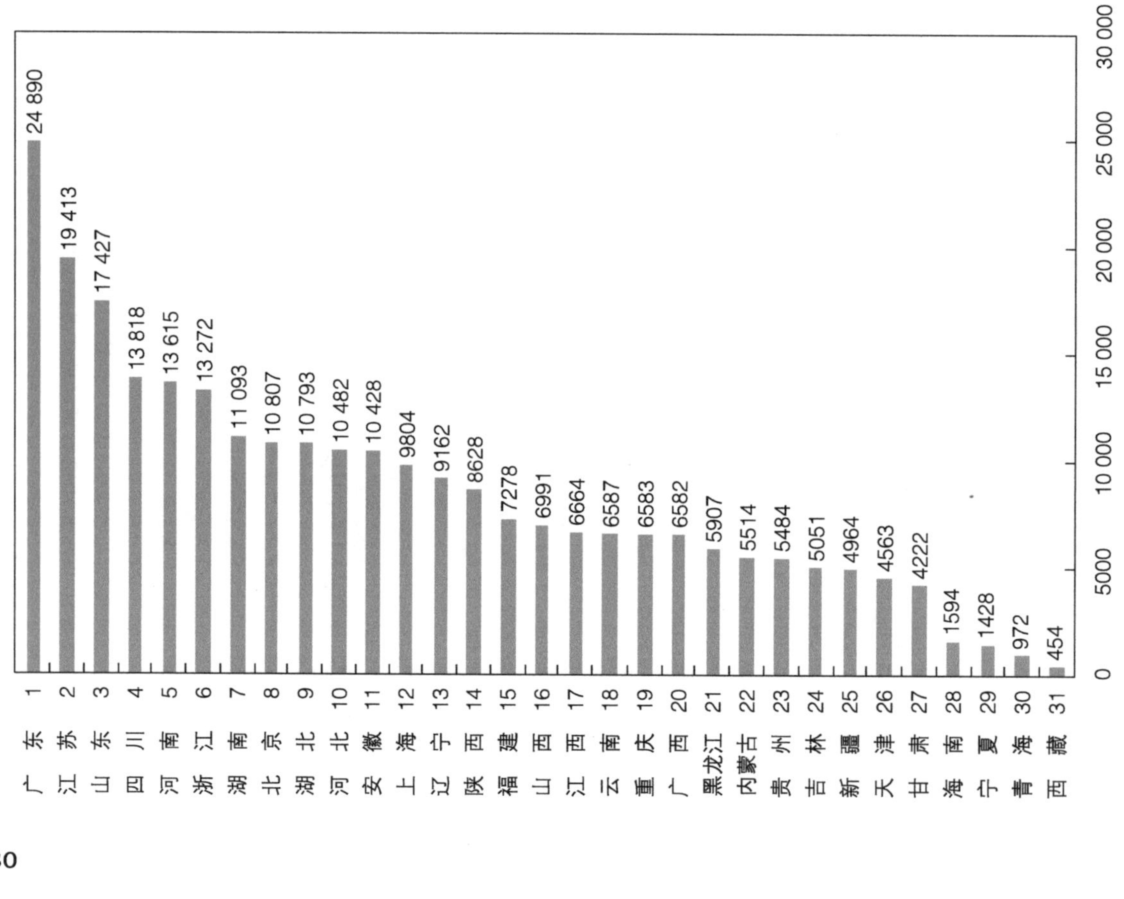

1 广东 24 890
2 江苏 19 413
3 山东 17 427
4 四川 13 818
5 河南 13 615
6 浙江 13 272
7 湖南 11 093
8 北京 10 807
9 湖北 10 793
10 河北 10 482
11 安徽 10 428
12 上海 9804
13 辽宁 9162
14 陕西 8628
15 福建 7278
16 山西 6991
17 江西 6664
18 云南 6587
19 重庆 6583
20 广西 6582
21 黑龙江 5907
22 内蒙古 5514
23 贵州 5484
24 吉林 5051
25 新疆 4964
26 天津 4563
27 甘肃 4222
28 海南 1594
29 宁夏 1428
30 青海 972
31 西藏 454
0
5000
10 000
15 000
20 000
25 000
30 000

图B-92　43201 6岁及6岁以上人口中大专以上学历人口数（抽样数）（人）

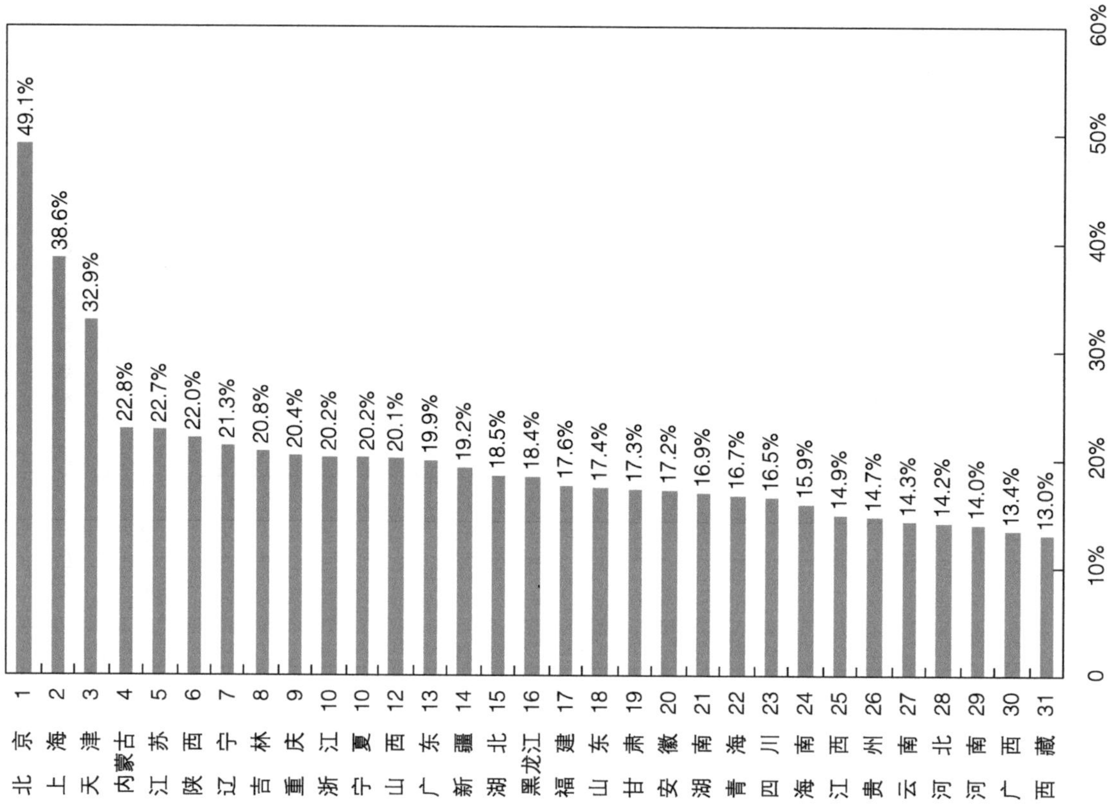

1 北京 49.1%
2 上海 38.6%
3 天津 32.9%
4 内蒙古 22.8%
5 江苏 22.7%
6 陕西 22.0%
7 辽宁 21.3%
8 吉林 20.8%
9 重庆 20.4%
10 浙江 20.2%
10 宁夏 20.2%
12 山西 20.1%
13 广东 19.9%
14 新疆 19.2%
15 湖北 18.5%
16 黑龙江 18.4%
17 福建 17.6%
18 山东 17.4%
19 甘肃 17.3%
20 安徽 17.2%
21 湖南 16.9%
22 青海 16.7%
23 四川 16.5%
24 海南 15.9%
25 江西 14.9%
26 贵州 14.7%
27 云南 14.3%
28 河北 14.2%
29 河南 14.0%
30 广西 13.4%
31 西藏 13.0%
0
10%
20%
30%
40%
50%
60%

图B-93　43202 6岁及6岁以上人口中大专以上学历所占的比例

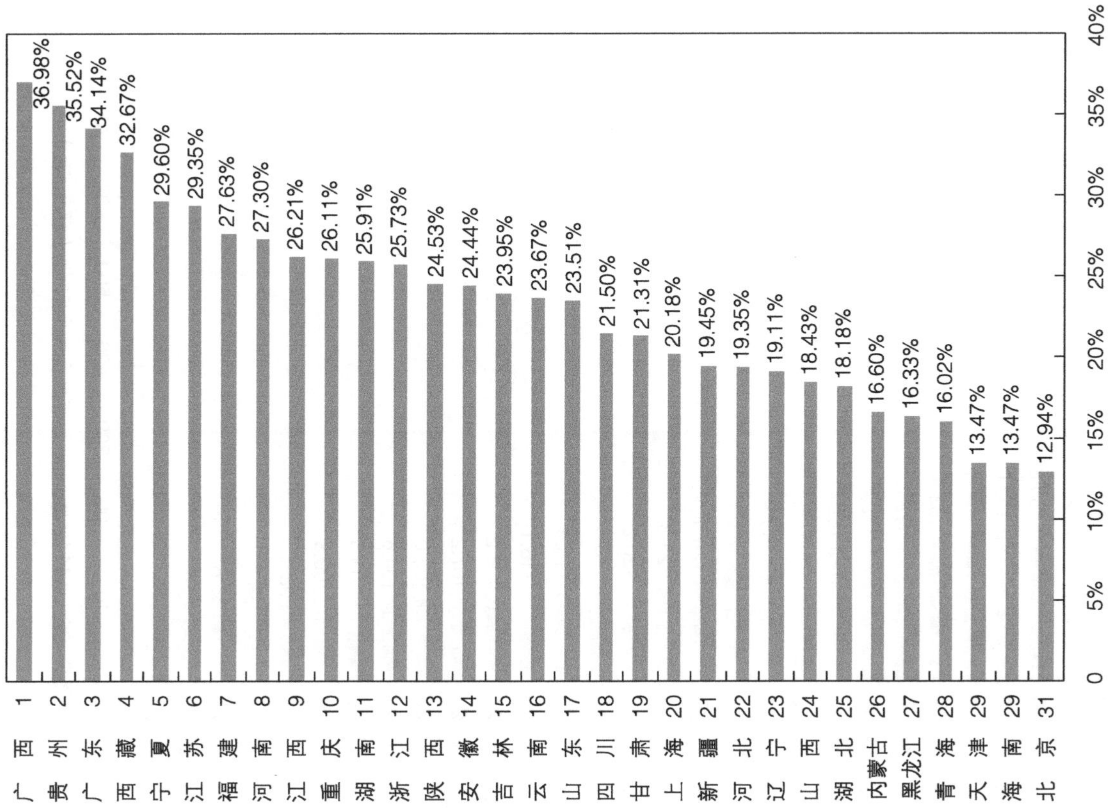

图B-94 43203 6岁及6岁以上人口中大专以上学历人口增长率

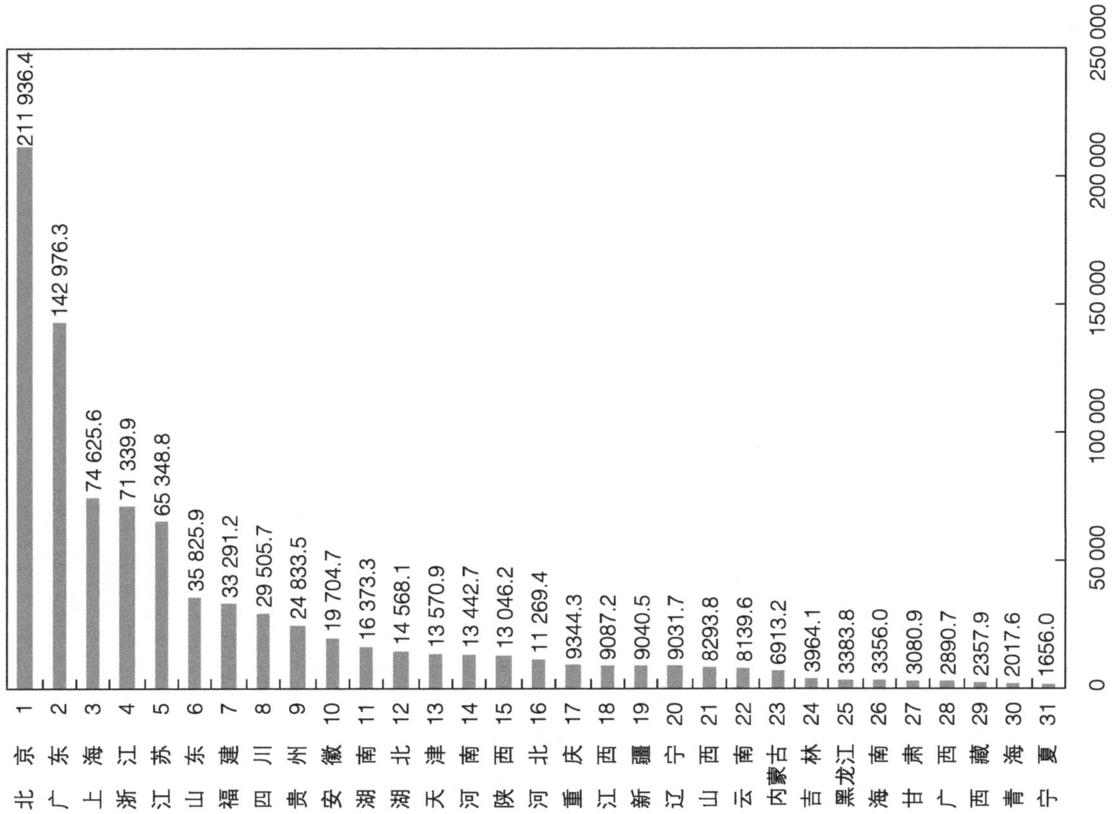

图B-95 44111 本地区上市公司市值（亿元）

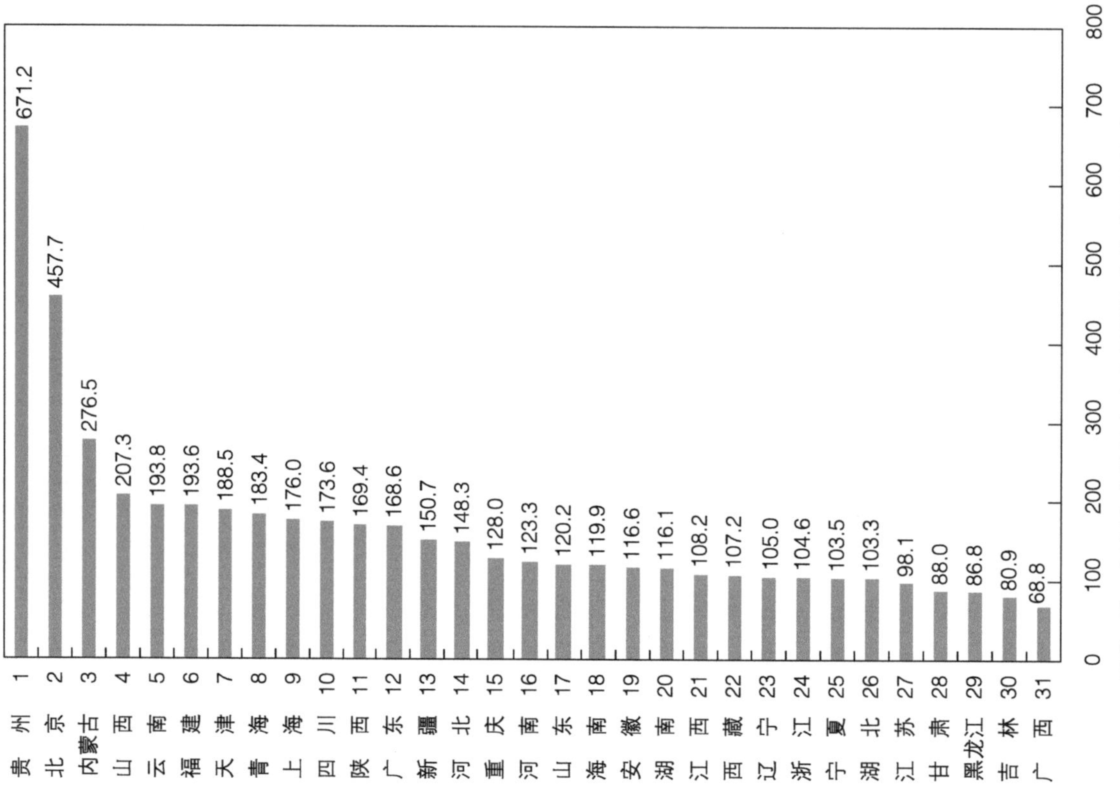

1 贵州 671.2
2 北京 457.7
3 内蒙古 276.5
4 山西 207.3
5 云南 193.8
6 福建 193.6
7 天津 188.5
8 青海 183.4
9 上海 176.0
10 四川 173.6
11 陕西 169.4
12 广东 168.6
13 新疆 150.7
14 河北 148.3
15 重庆 128.0
16 河南 123.3
17 山东 120.2
18 海南 119.9
19 安徽 116.6
20 湖南 116.1
21 江西 108.2
22 西藏 107.2
23 辽宁 105.0
24 浙江 104.6
25 宁夏 103.5
26 湖北 103.3
27 江苏 98.1
28 甘肃 88.0
29 黑龙江 86.8
30 吉林 80.9
31 广西 68.8
0 100 200 300 400 500 600 700 800

图B-96 44112 本地区上市公司平均市值（亿元/家）

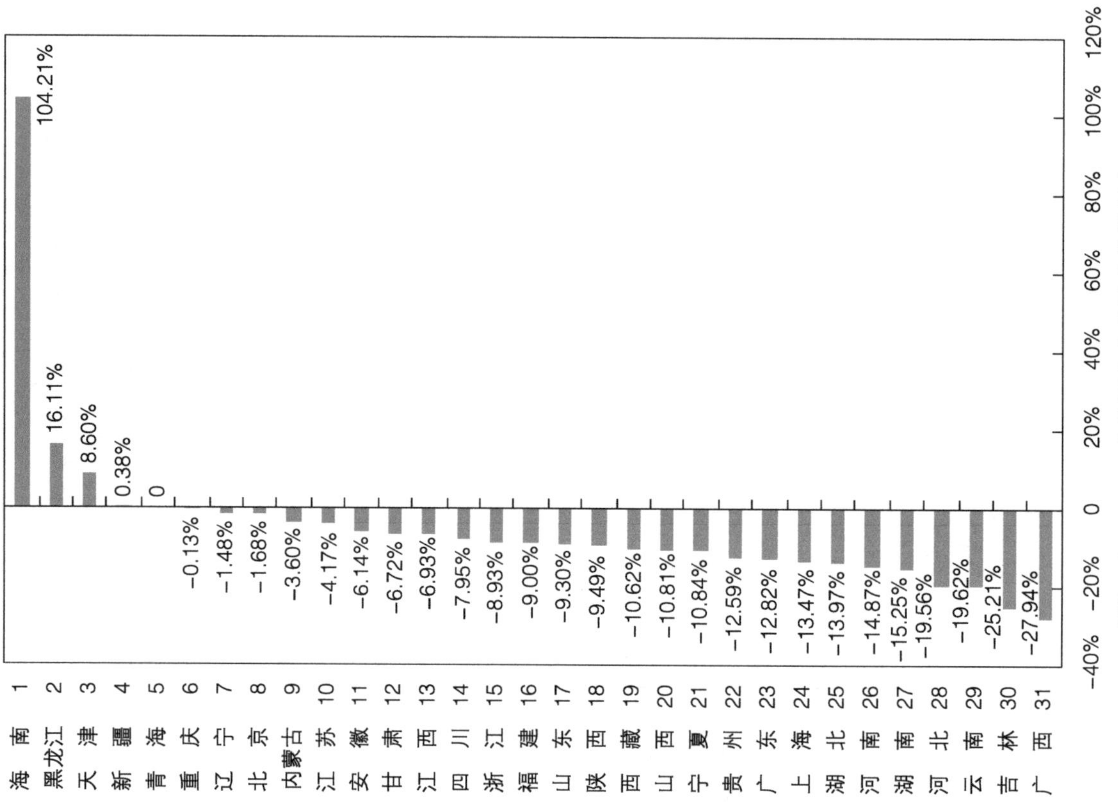

1 海南 104.21%
2 黑龙江 16.11%
3 天津 8.60%
4 新疆 0.38%
5 青海 0
6 重庆 -0.13%
7 辽宁 -1.48%
8 北京 -1.68%
9 内蒙古 -3.60%
10 江苏 -4.17%
11 安徽 -6.14%
12 甘肃 -6.72%
13 江西 -6.93%
14 四川 -7.95%
15 浙江 -8.93%
16 福建 -9.00%
17 山东 -9.30%
18 陕西 -9.49%
19 西藏 -10.62%
20 山西 -10.81%
21 宁夏 -10.84%
22 贵州 -12.59%
23 广东 -12.82%
24 上海 -13.47%
25 湖北 -13.97%
26 河南 -14.87%
27 湖南 -15.25%
28 河北 -19.56%
29 云南 -19.62%
30 吉林 -25.21%
31 广西 -27.94%
-40% -20% 0 20% 40% 60% 80% 100% 120%

图B-97 44113 本地区上市公司市值增长率

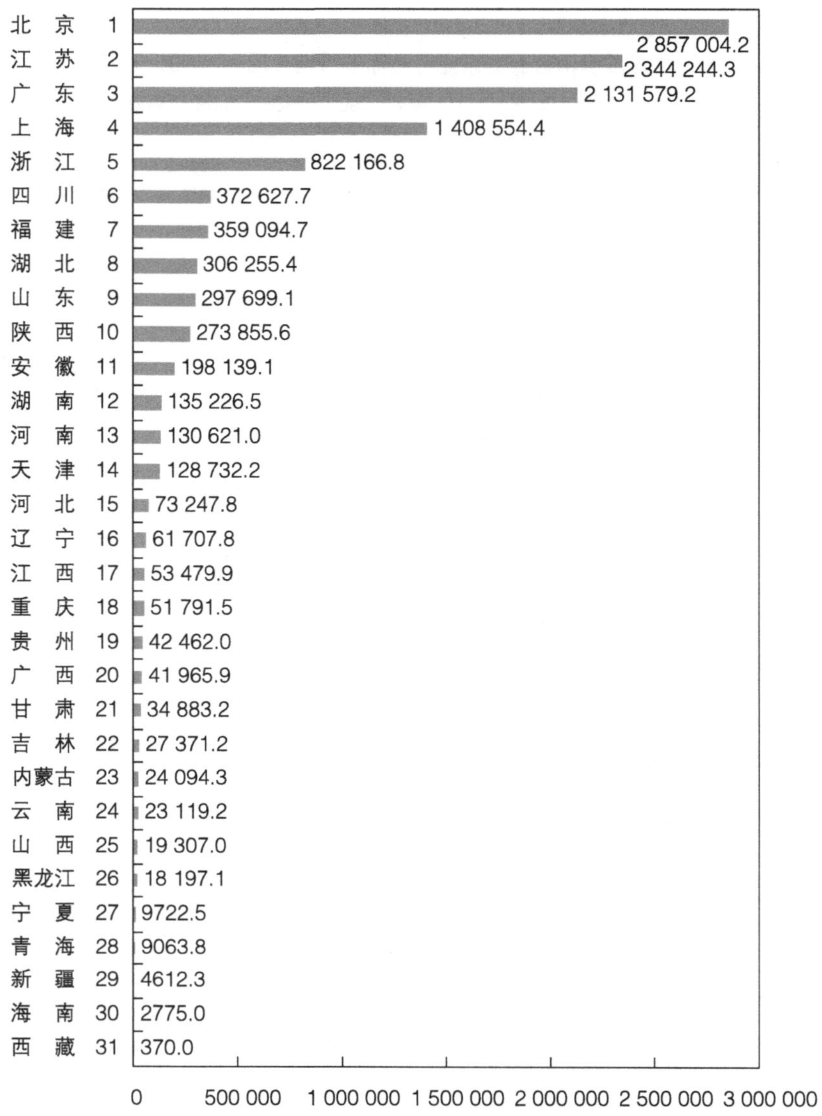

图B-98 44211 科技企业孵化器当年获风险投资额（万元）

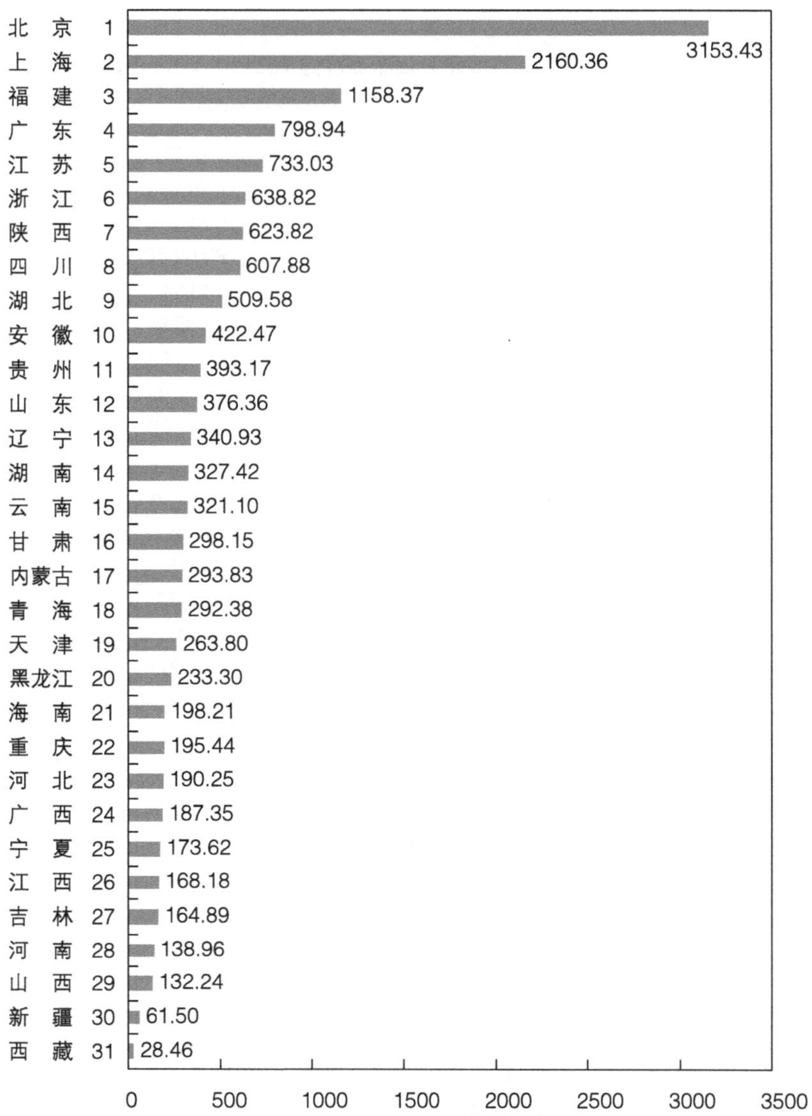

图B-99 44212 科技企业孵化器当年风险投资强度（万元/项）

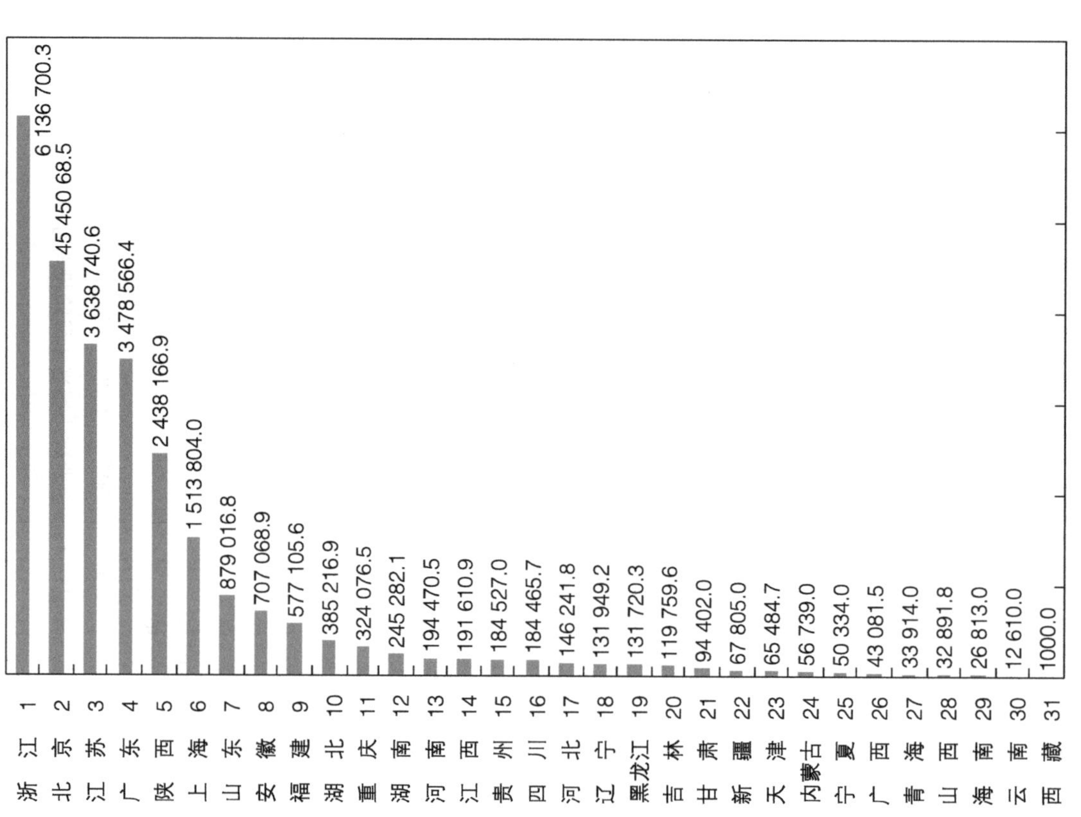
浙江 1 6 136 700.3
北京 2 45 450 68.5
江苏 3 3 638 740.6
广东 4 3 478 566.4
陕西 5 2 438 166.9
上海 6 1 513 804.0
山东 7 879 016.8
安徽 8 707 068.9
福建 9 577 105.6
湖北 10 385 216.9
重庆 11 324 076.5
湖南 12 245 282.1
河南 13 194 470.5
江西 14 191 610.9
贵州 15 184 527.0
四川 16 184 465.7
河北 17 146 241.8
辽宁 18 131 949.2
黑龙江 19 131 720.3
吉林 20 119 759.6
甘肃 21 94 402.0
新疆 22 67 805.0
天津 23 65 484.7
内蒙古 24 56 739.0
宁夏 25 50 334.0
广西 26 43 081.5
青海 27 33 914.0
山西 28 32 891.8
海南 29 26 813.0
云南 30 12 610.0
西藏 31 1000.0
0 1 000 000 2 000 000 3 000 000 4 000 000 5 000 000 6 000 000 7 000 000

图B-101　44221 科技企业孵化器孵化基金总额（万元）

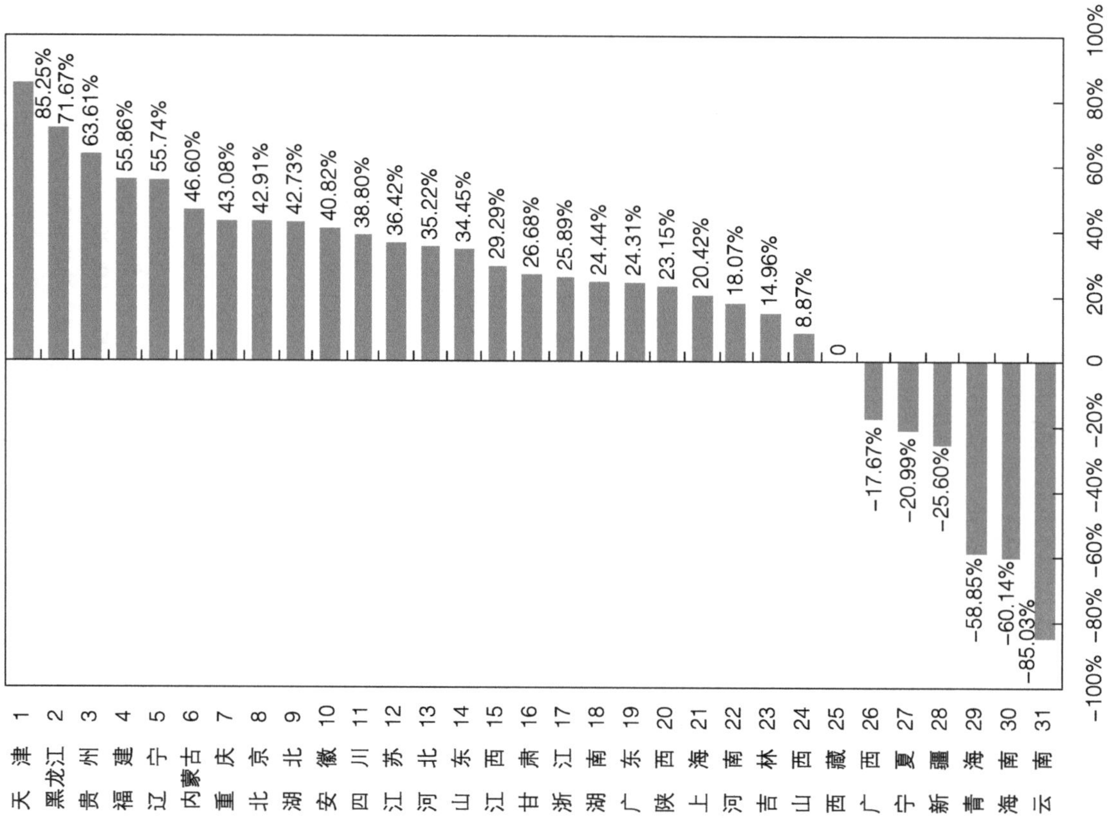
天津 1 85.25%
黑龙江 2 71.67%
贵州 3 63.61%
福建 4 55.86%
辽宁 5 55.74%
内蒙古 6 46.60%
重庆 7 43.08%
北京 8 42.91%
湖北 9 42.73%
安徽 10 40.82%
四川 11 38.80%
江苏 12 36.42%
河北 13 35.22%
山东 14 34.45%
江西 15 29.29%
甘肃 16 26.68%
浙江 17 25.89%
湖南 18 24.44%
广东 19 24.31%
陕西 20 23.15%
上海 21 20.42%
河南 22 18.07%
吉林 23 14.96%
山西 24 8.87%
西藏 25 0
广西 26 −17.67%
宁夏 27 −20.99%
新疆 28 −25.60%
青海 29 −58.85%
海南 30 −60.14%
云南 31 −85.03%
−100% −80% −60% −40% −20% 0 20% 40% 60% 80% 100%

图B-100　44213 科技企业孵化器当年获风险投资额增长率

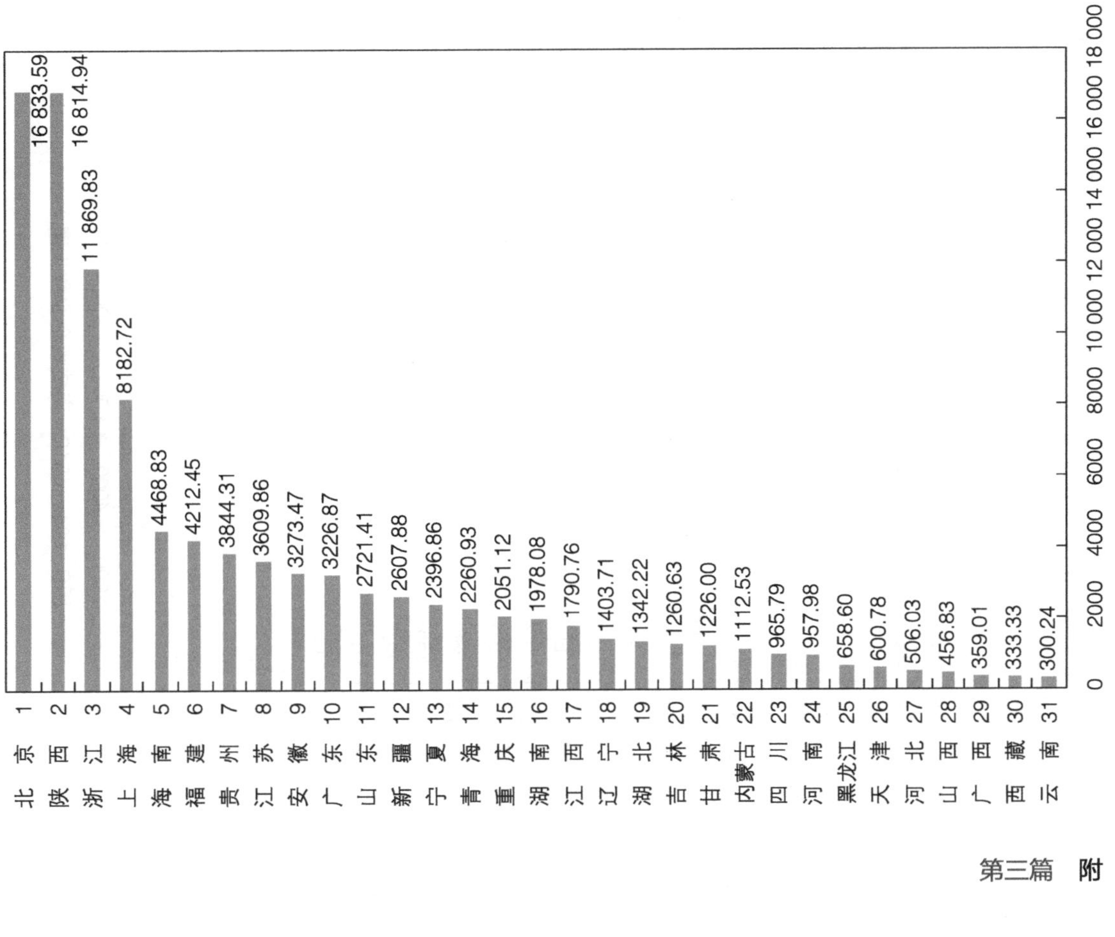

图B-102 44222 平均每个科技企业孵化器孵化基金额（万元/个）

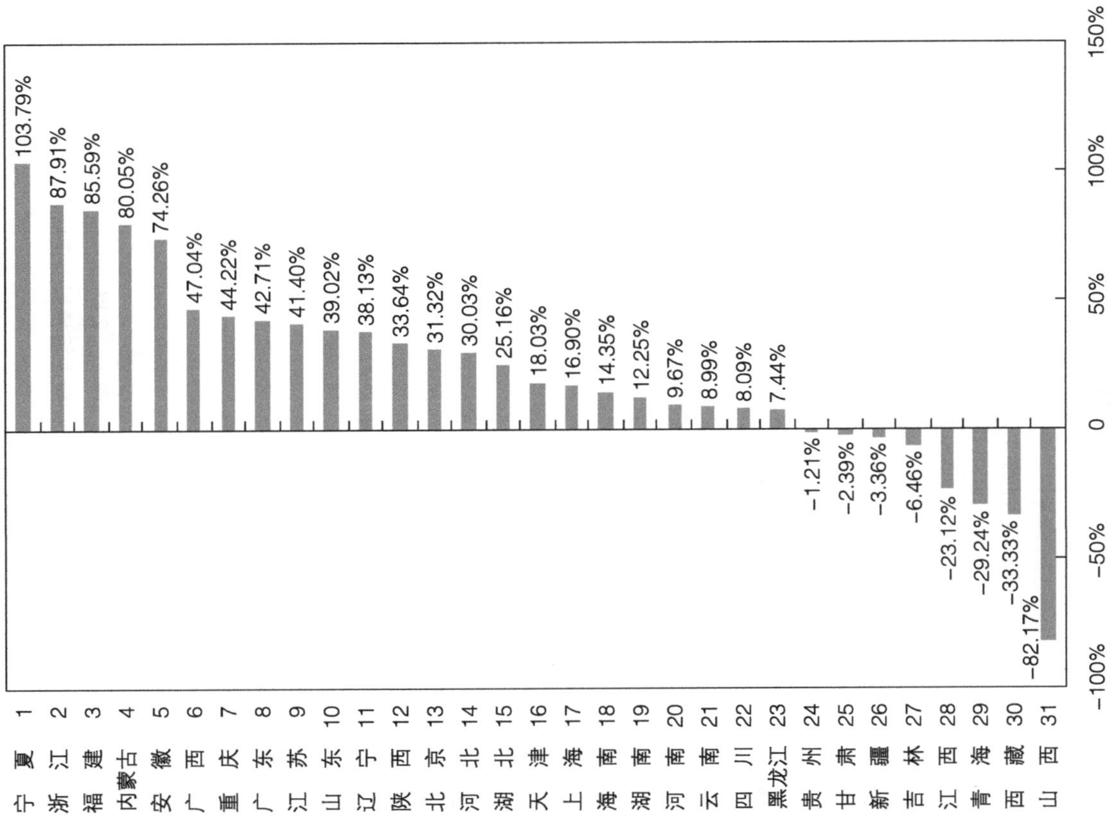

图B-103 44223 科技企业孵化器孵化基金总额增长率

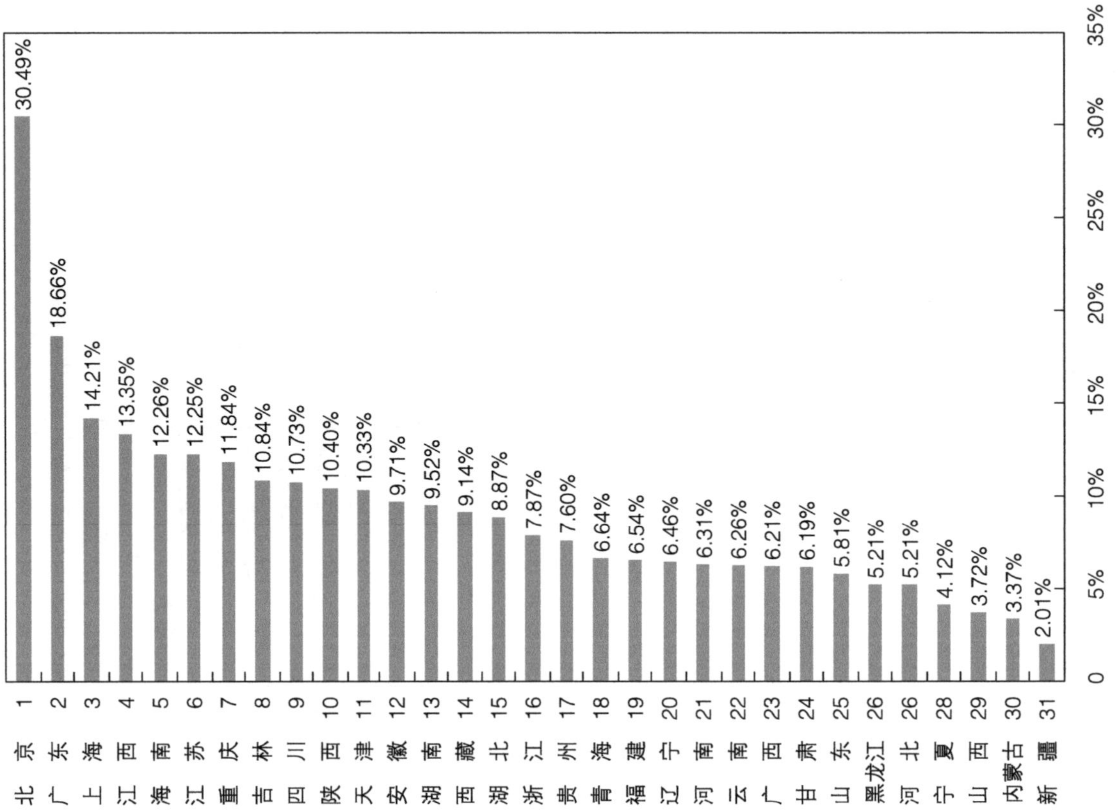

1 北京 30.49%
2 广东 18.66%
3 上海 14.21%
4 江西 13.35%
5 海南 12.26%
6 江苏 12.25%
7 重庆 11.84%
8 吉林 10.84%
9 四川 10.73%
10 陕西 10.40%
11 天津 10.33%
12 安徽 9.71%
13 湖南 9.52%
14 西藏 9.14%
15 湖北 8.87%
16 浙江 7.87%
17 贵州 7.60%
18 青海 6.64%
19 福建 6.54%
20 辽宁 6.46%
21 河南 6.31%
22 云南 6.26%
23 广西 6.21%
24 甘肃 6.19%
25 山东 5.81%
26 黑龙江 5.21%
26 河北 5.21%
28 宁夏 4.12%
29 山西 3.72%
30 内蒙古 3.37%
31 新疆 2.01%
0
5%
10%
15%
20%
25%
30%
35%

图B-105 45102 高技术企业数占规模以上工业企业数比重

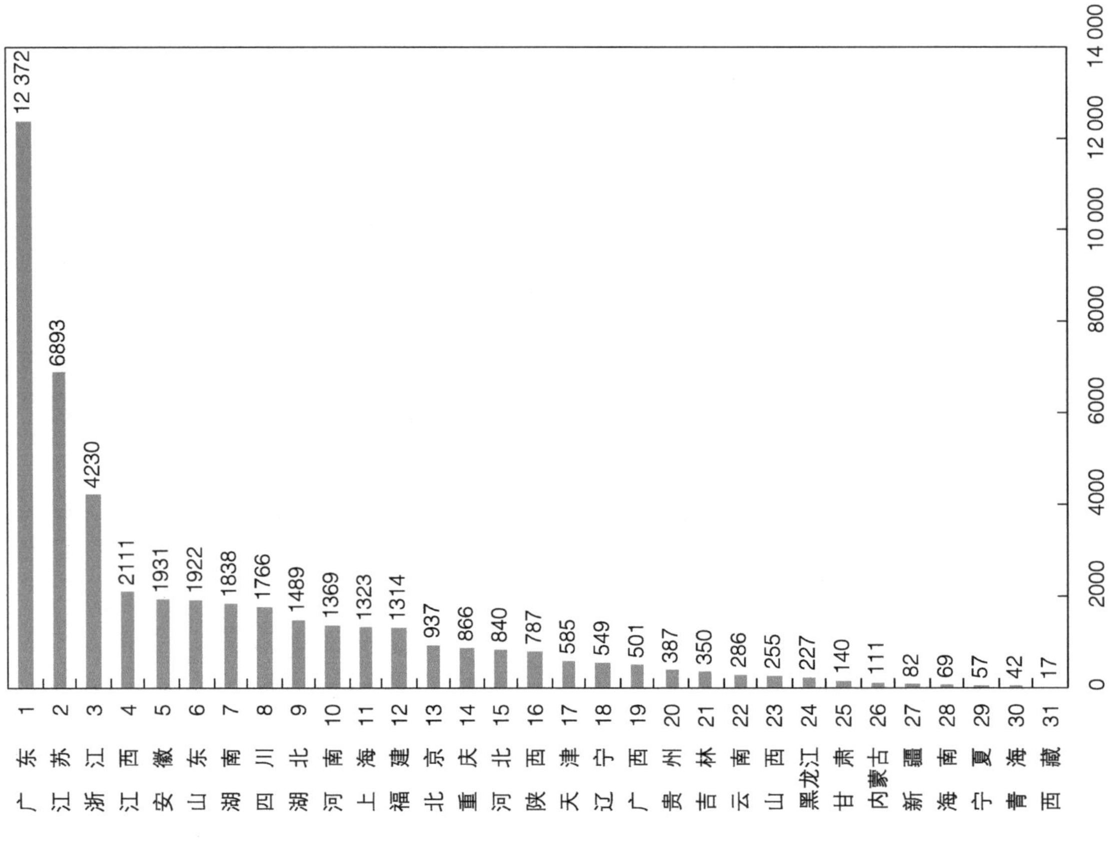

1 广东 12 372
2 江苏 6893
3 浙江 4230
4 江西 2111
5 安徽 1931
6 山东 1922
7 湖南 1838
8 四川 1766
9 湖北 1489
10 河南 1369
11 上海 1323
12 福建 1314
13 北京 937
14 重庆 866
15 河北 840
16 陕西 787
17 天津 585
18 辽宁 549
19 广西 501
20 贵州 387
21 吉林 350
22 云南 286
23 山西 255
24 黑龙江 227
25 甘肃 140
26 内蒙古 111
27 新疆 82
28 海南 69
29 宁夏 57
30 青海 42
31 西藏 17
0
2000
4000
6000
8000
10 000
12 000
14 000

图B-104 45101 高技术企业数（家）

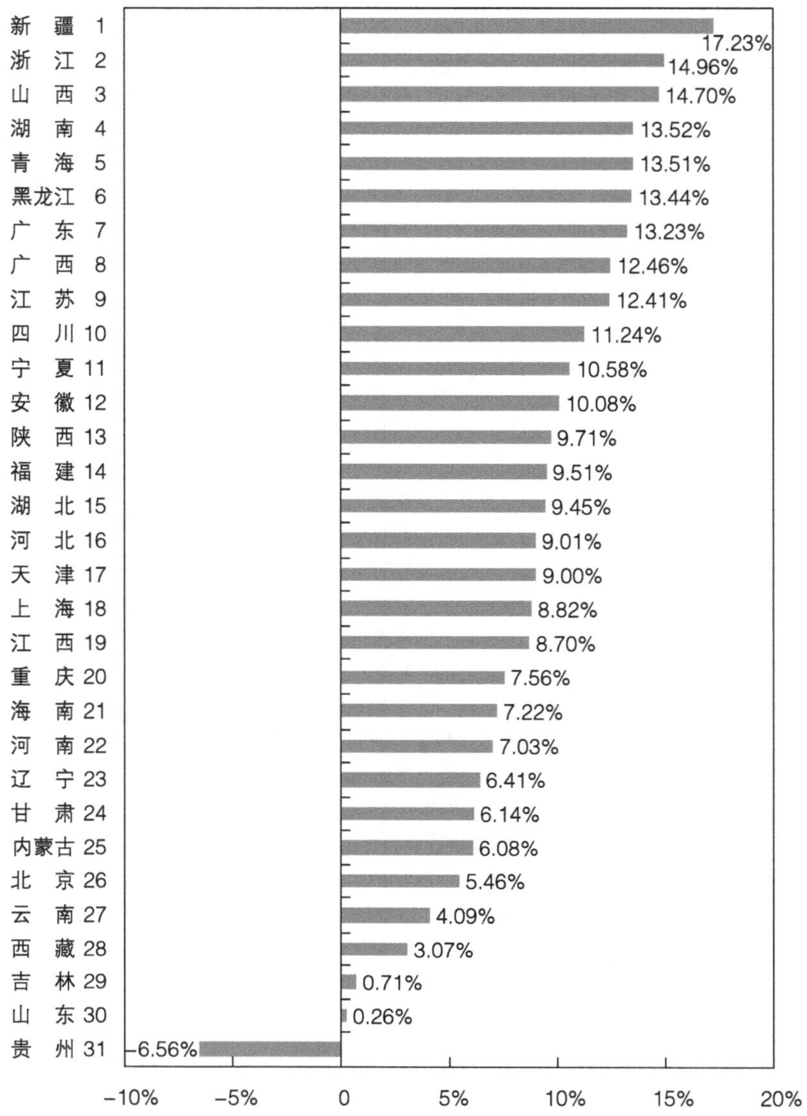

图B-106　45103 高技术企业数增长率

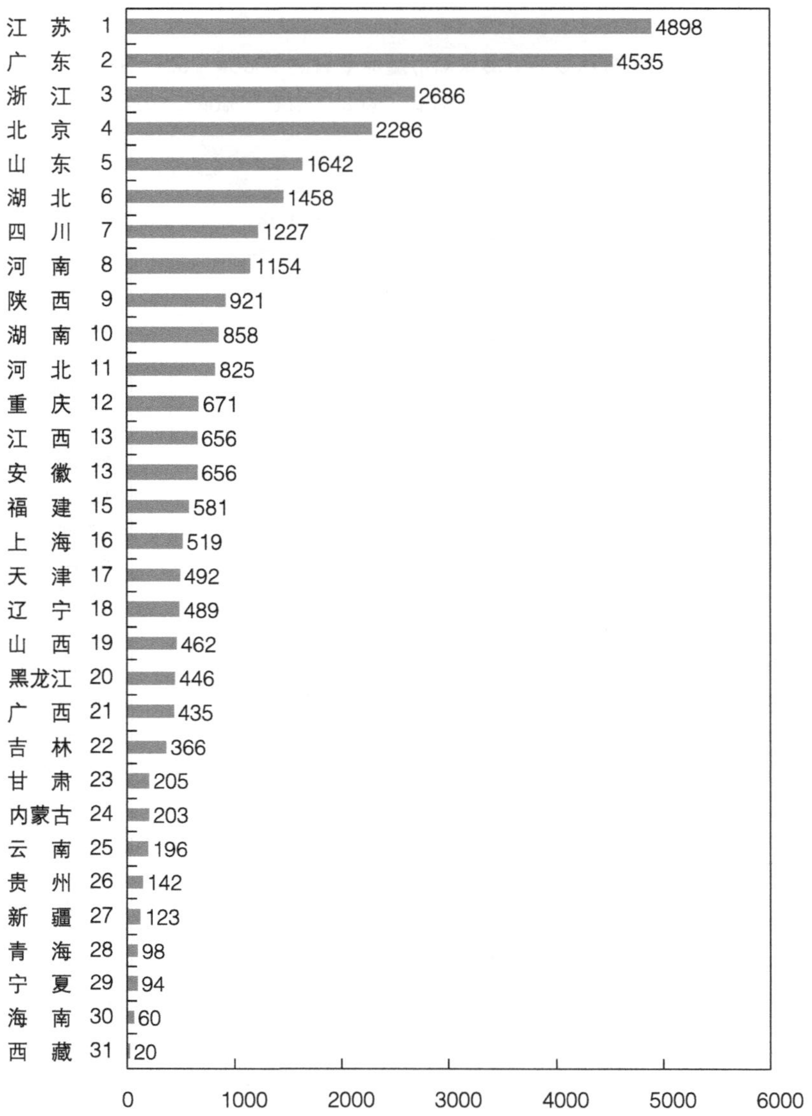

图B-107　45201 科技企业孵化器当年毕业企业数（家）

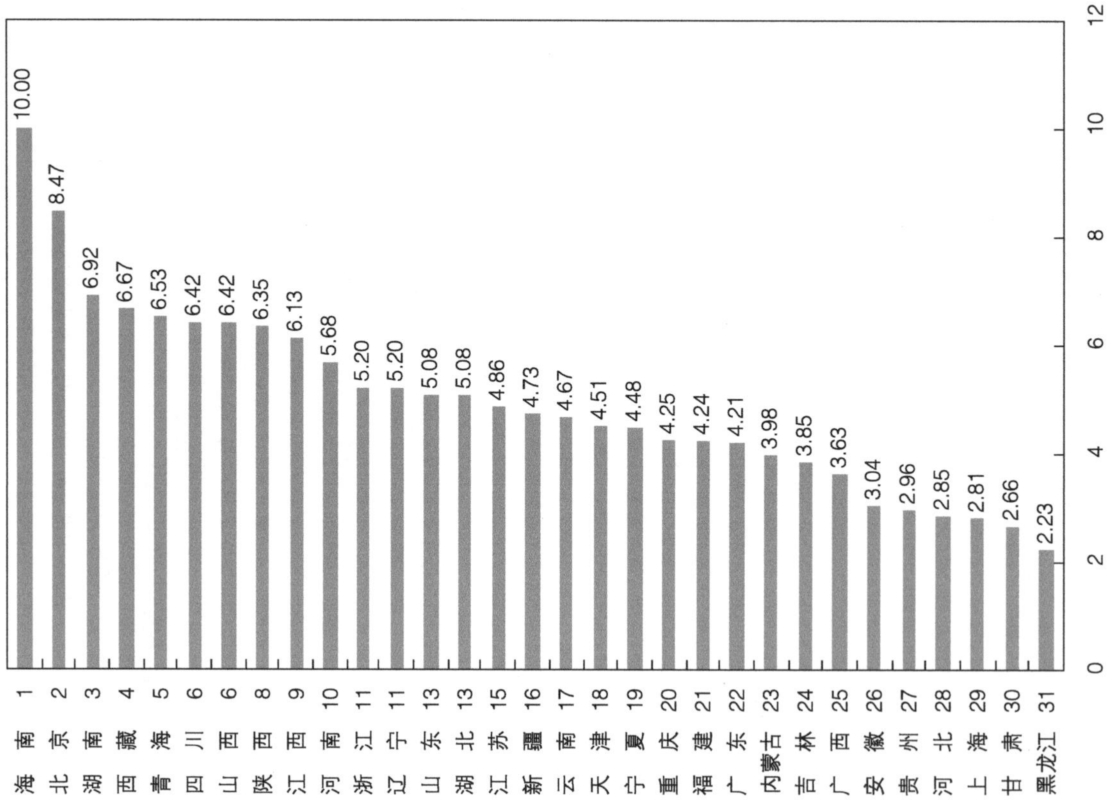

图B-108 45202 平均每个科技企业孵化器当年毕业企业数（家/个）

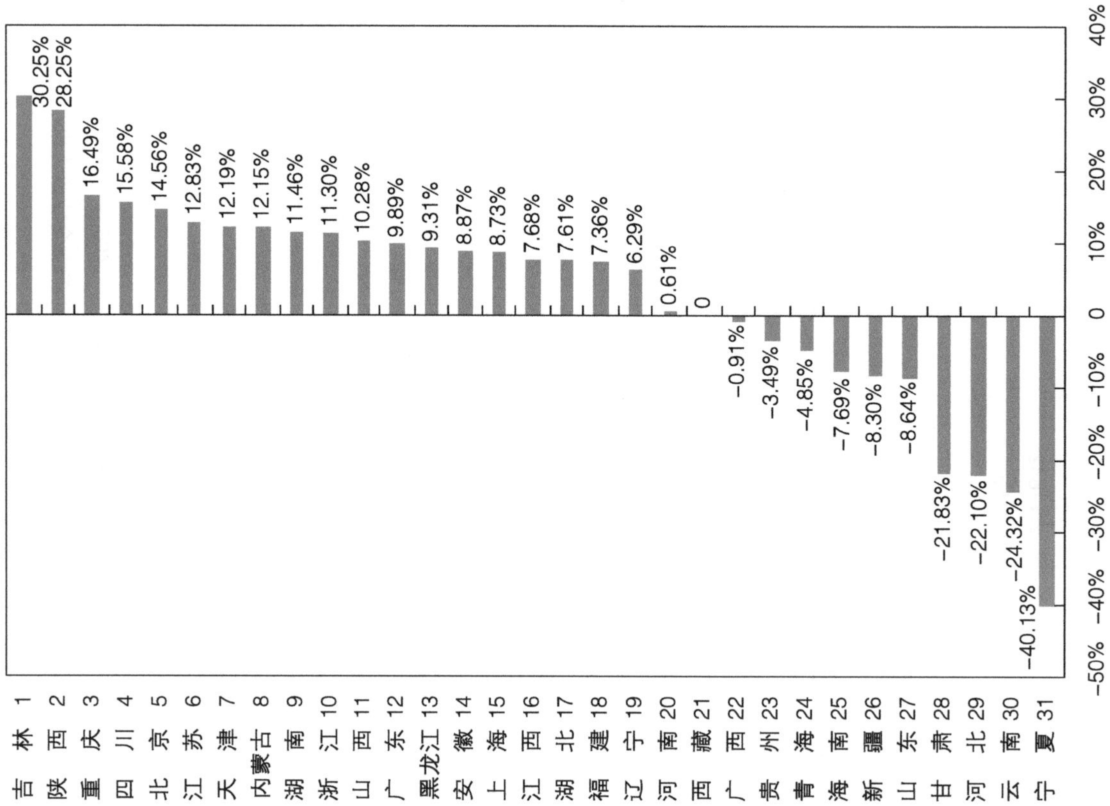

图B-109 45203 科技企业孵化器当年毕业企业数量增长率

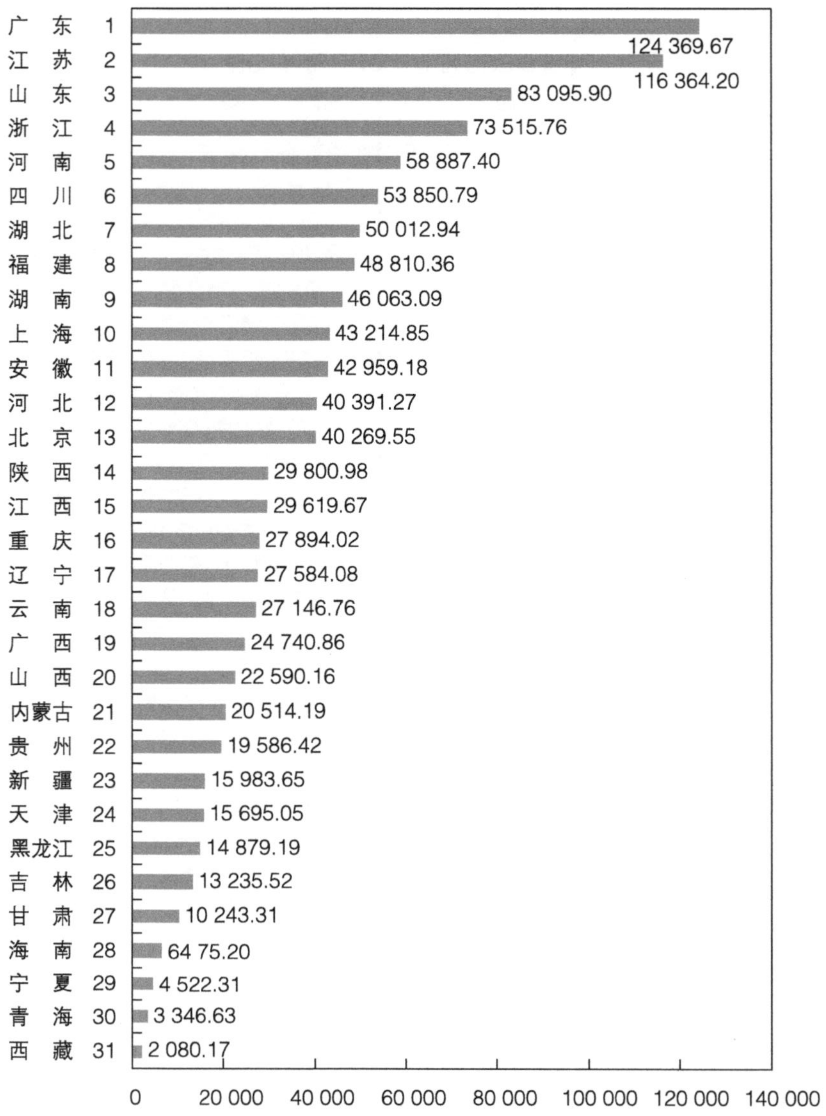

图B-110　51001 地区GDP（亿元）

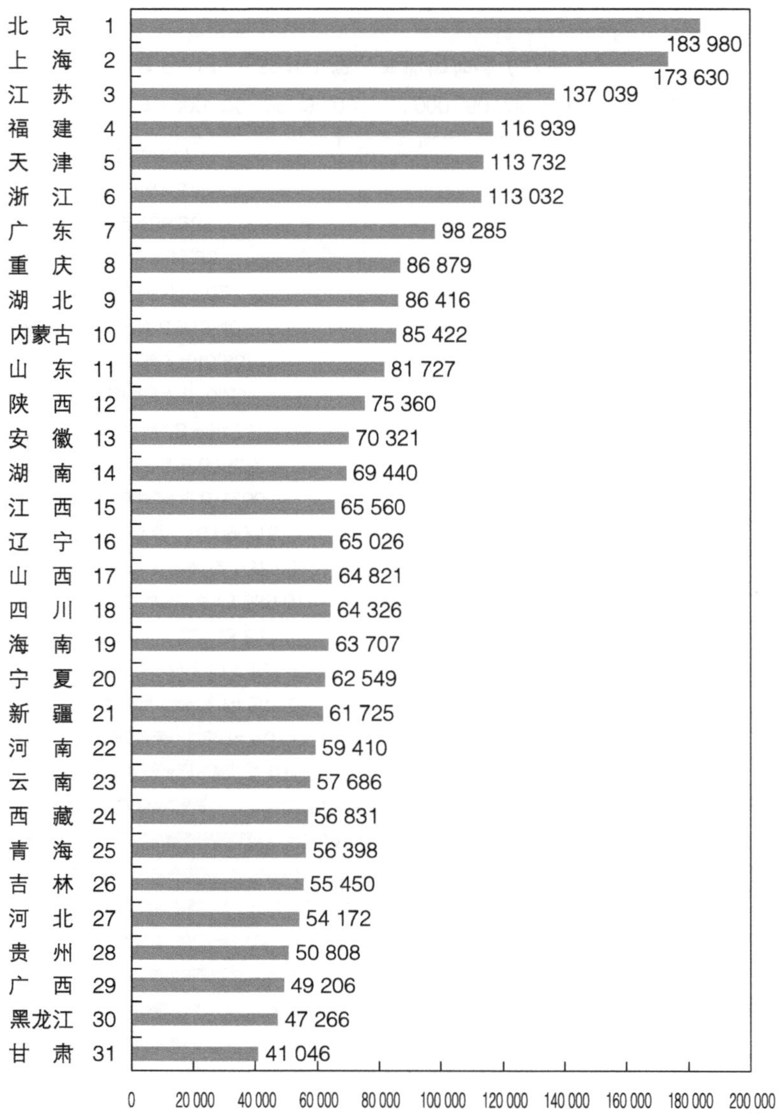

图B-111　51002 人均GDP水平（元/人）

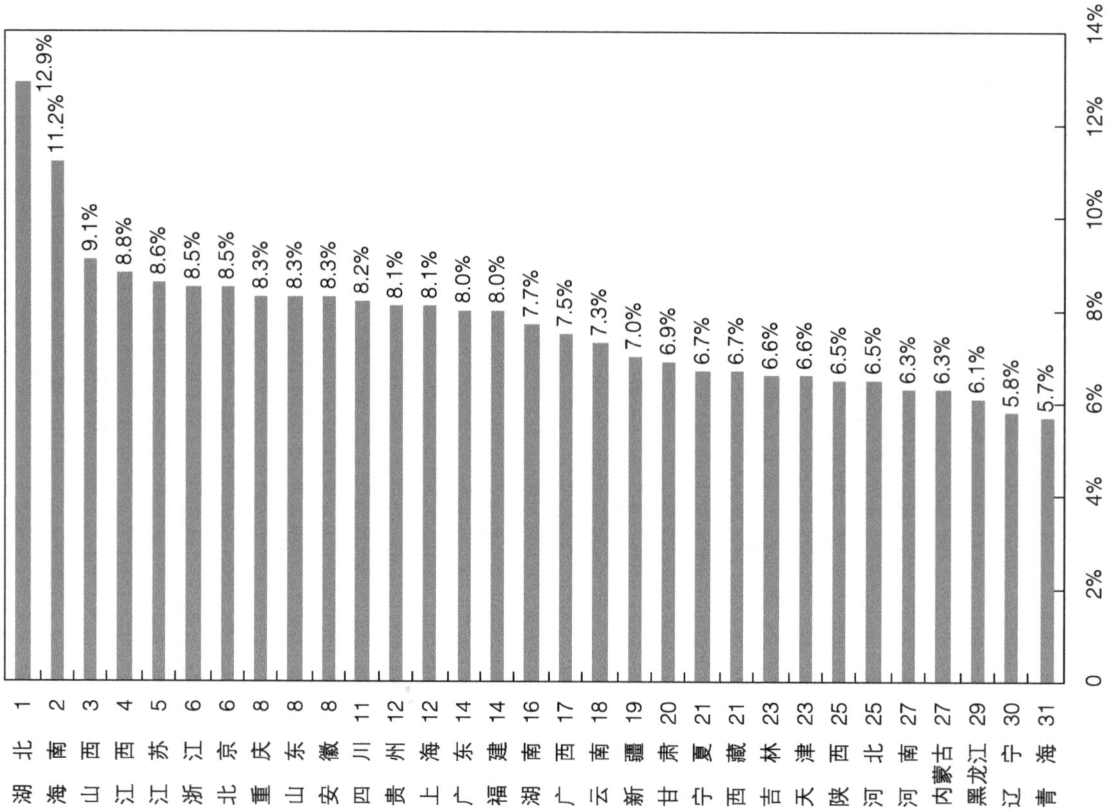

图B-112 51003 地区GDP增长率

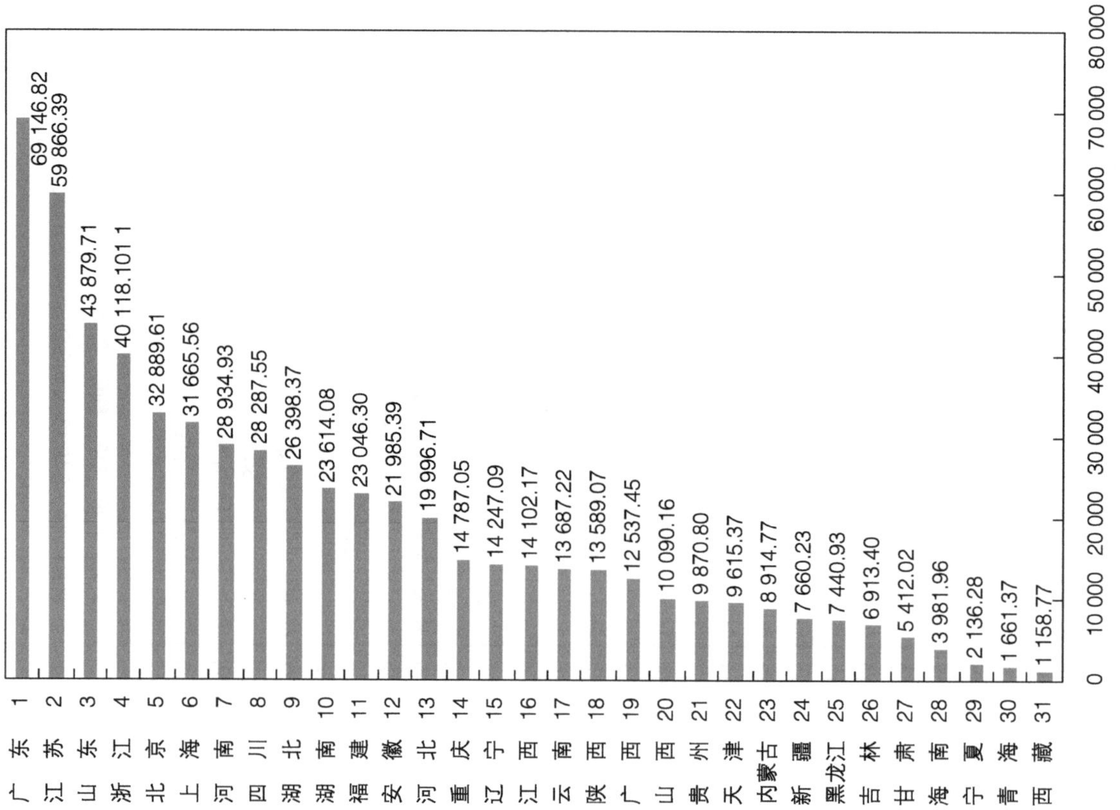

图B-113 52101 第三产业增加值（亿元）

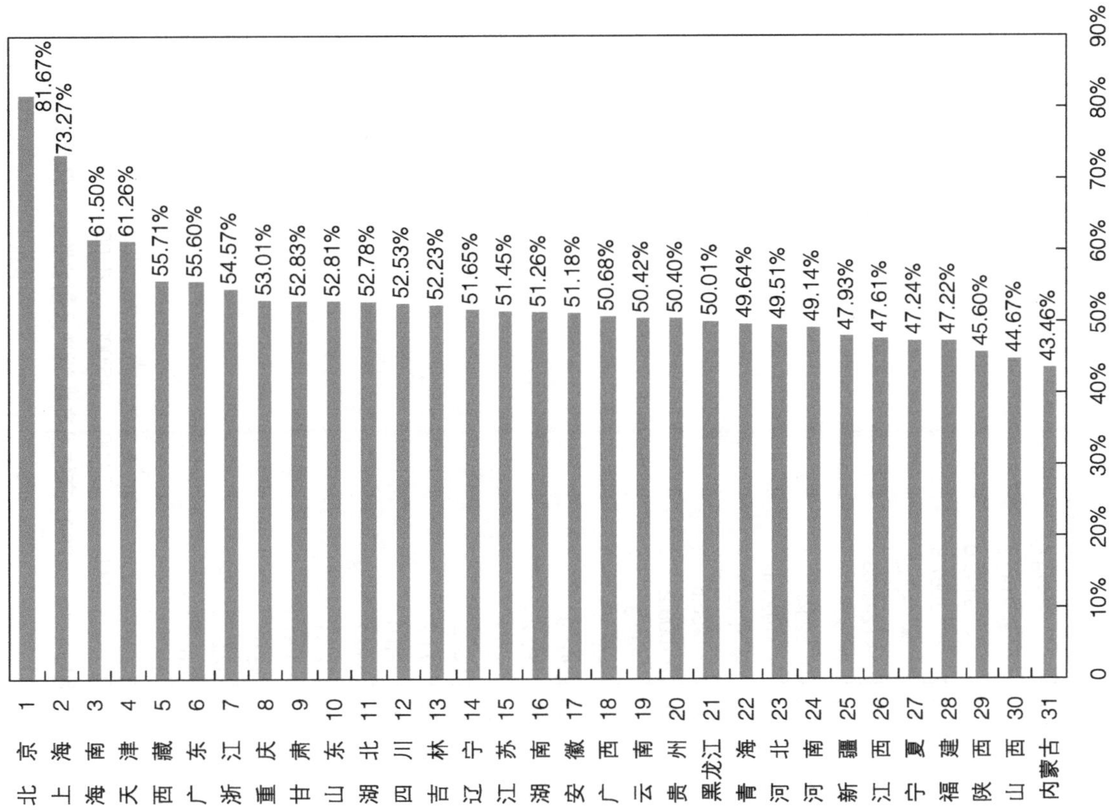

图B-114　52102 第三产业增加值占GDP的比例

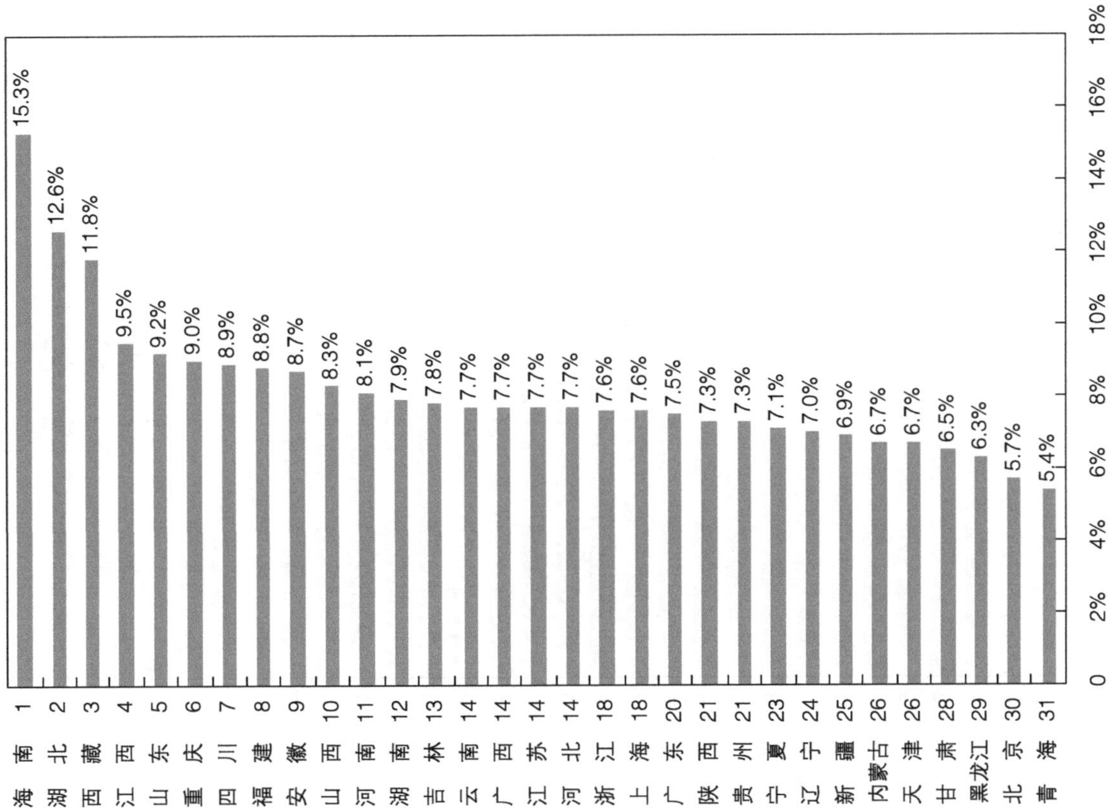

图B-115　52103 第三产业增加值增长率

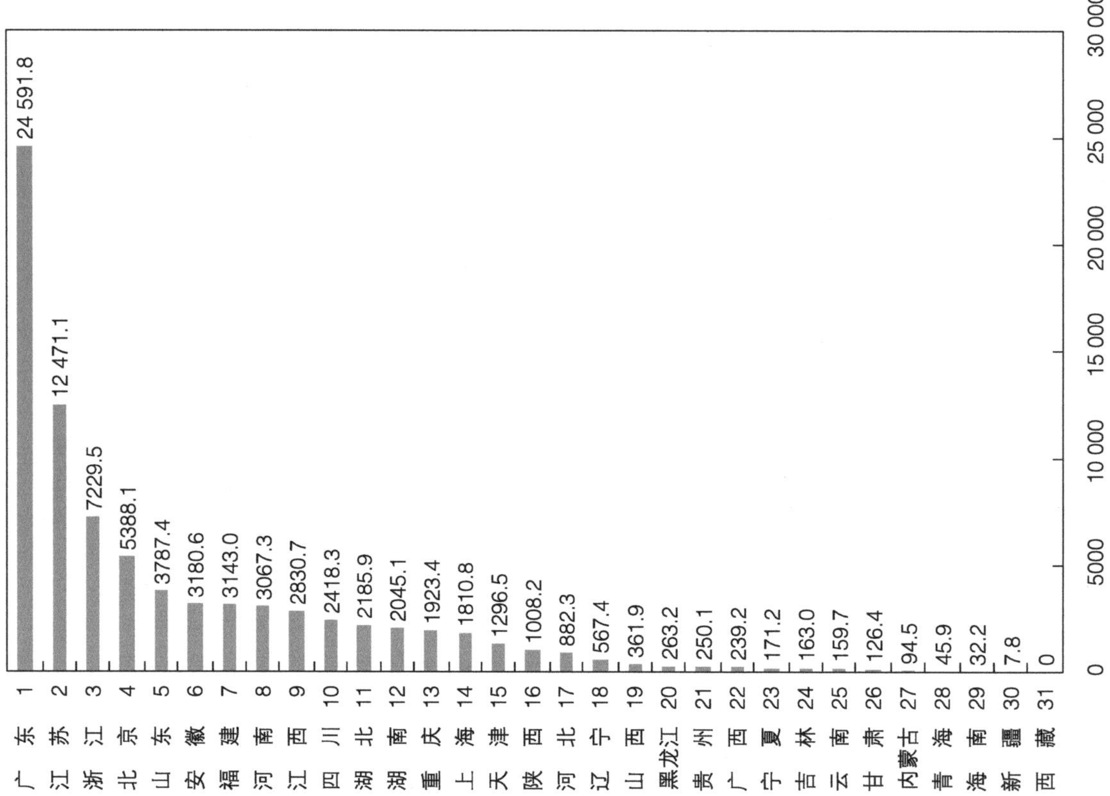
1 广东 24 591.8
2 江苏 12 471.1
3 浙江 7229.5
4 北京 5388.1
5 山东 3787.4
6 安徽 3180.6
7 福建 3143.0
8 河南 3067.3
9 江西 2830.7
10 四川 2418.3
11 湖北 2185.9
12 湖南 2045.1
13 重庆 1923.4
14 上海 1810.8
15 天津 1296.5
16 陕西 1008.2
17 河北 882.3
18 辽宁 567.4
19 山西 361.9
20 黑龙江 263.2
21 贵州 250.1
22 广西 239.2
23 宁夏 171.2
24 吉林 163.0
25 云南 159.7
26 甘肃 126.4
27 内蒙古 94.5
28 青海 45.9
29 海南 32.2
30 新疆 7.8
31 西藏 0
0
5000
10 000
15 000
20 000
25 000
30 000
图B-116　52201 高技术产业新产品销售收入（亿元）

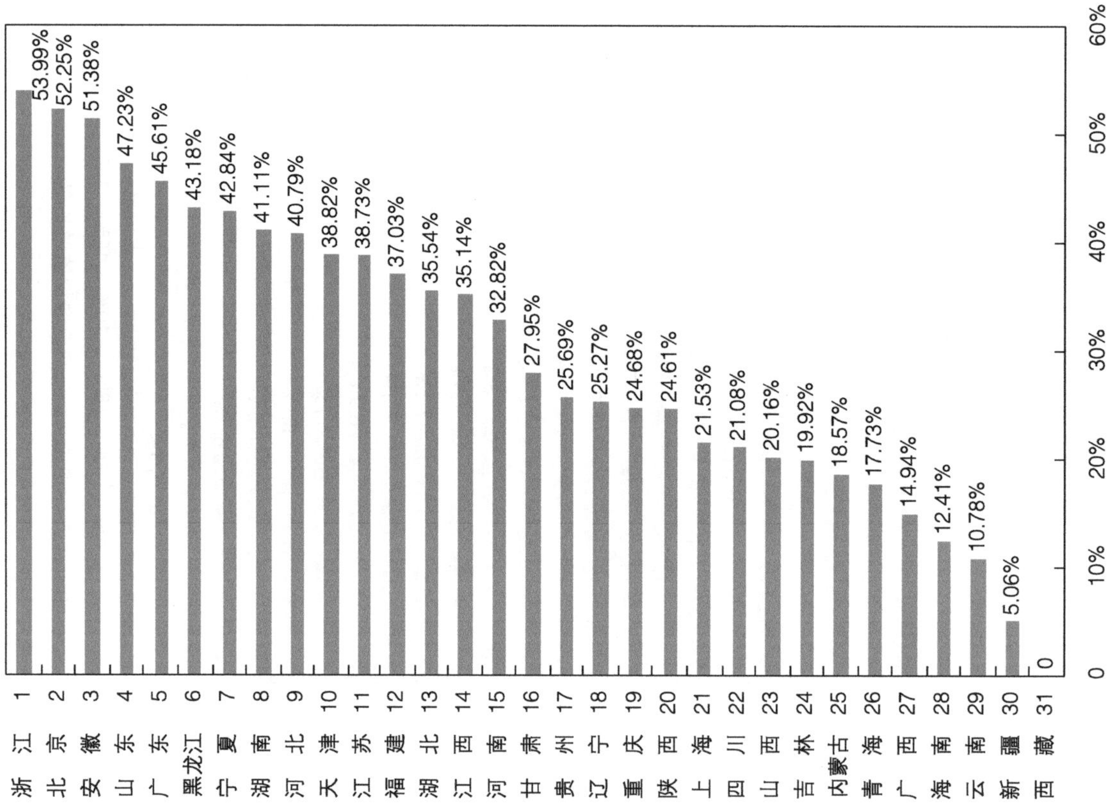
1 浙江 53.99%
2 北京 52.25%
3 安徽 51.38%
4 山东 47.23%
5 广东 45.61%
6 黑龙江 43.18%
7 宁夏 42.84%
8 湖南 41.11%
9 河北 40.79%
10 天津 38.82%
11 江苏 38.73%
12 福建 37.03%
13 湖北 35.54%
14 江西 35.14%
15 河南 32.82%
16 甘肃 27.95%
17 贵州 25.69%
18 辽宁 25.27%
19 重庆 24.68%
20 陕西 24.61%
21 上海 21.53%
22 四川 21.08%
23 山西 20.16%
24 吉林 19.92%
25 内蒙古 18.57%
26 青海 17.73%
27 广西 14.94%
28 海南 12.41%
29 云南 10.78%
30 新疆 5.06%
31 西藏 0
0
10%
20%
30%
40%
50%
60%
图B-117　52202 高技术产业新产品销售收入占主营业务收入比重

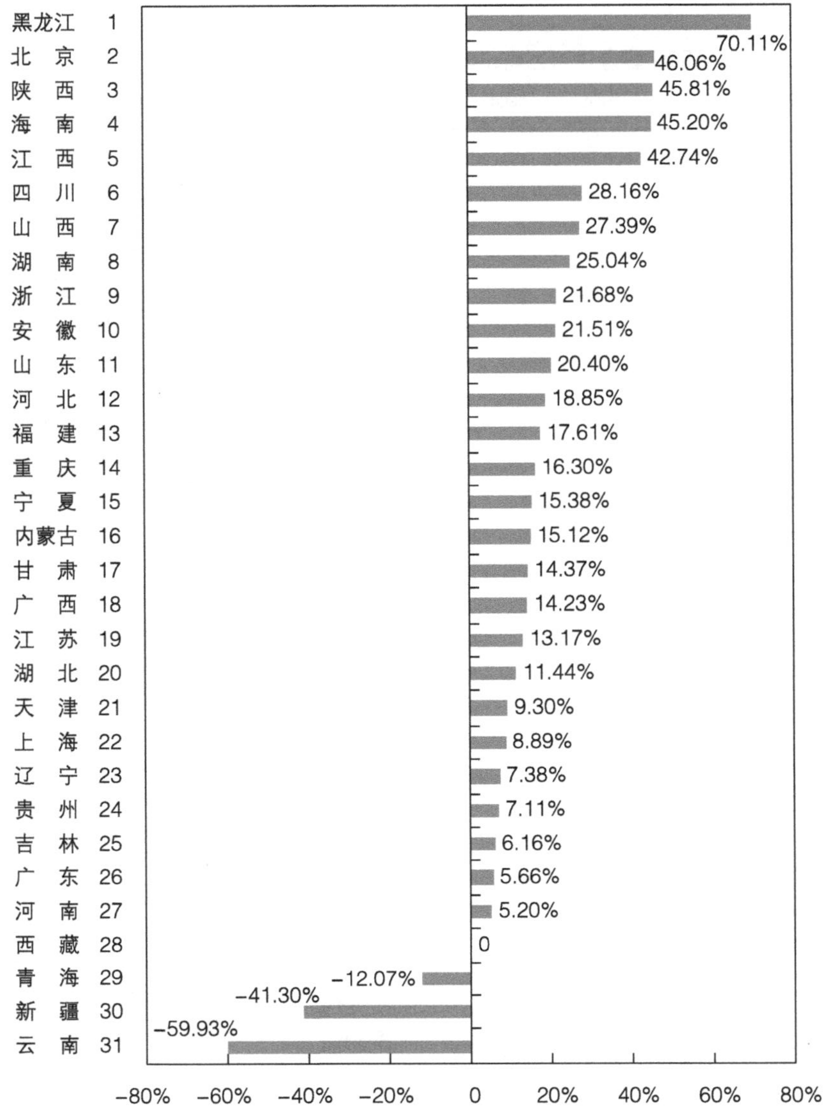

图B-118 52203 高技术产业新产品销售收入增长率

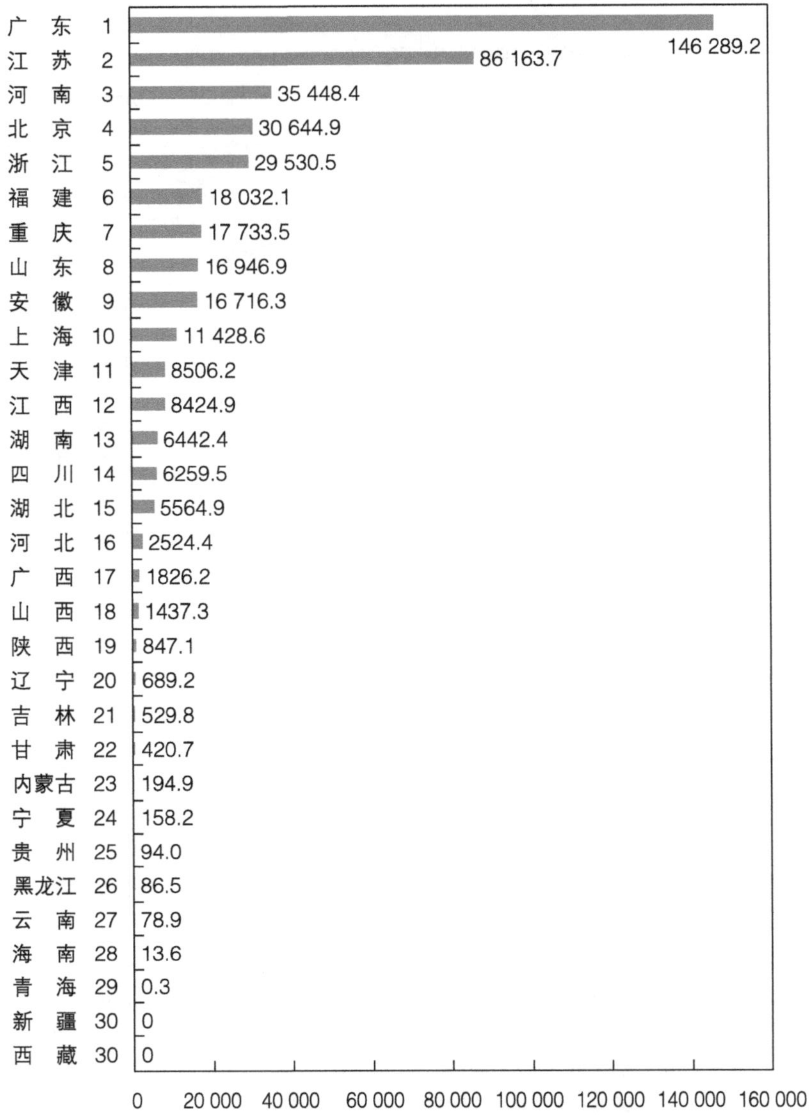

序号	地区	增长率
1	黑龙江	70.11%
2	北京	46.06%
3	陕西	45.81%
4	海南	45.20%
5	江西	42.74%
6	四川	28.16%
7	山西	27.39%
8	湖南	25.04%
9	浙江	21.68%
10	安徽	21.51%
11	山东	20.40%
12	河北	18.85%
13	福建	17.61%
14	重庆	16.30%
15	宁夏	15.38%
16	内蒙古	15.12%
17	甘肃	14.37%
18	广西	14.23%
19	江苏	13.17%
20	湖北	11.44%
21	天津	9.30%
22	上海	8.89%
23	辽宁	7.38%
24	贵州	7.11%
25	吉林	6.16%
26	广东	5.66%
27	河南	5.20%
28	西藏	0
29	青海	−12.07%
30	新疆	−41.30%
31	云南	−59.93%

图B-119 53001 高技术产品出口额（百万美元）

序号	地区	出口额
1	广东	146 289.2
2	江苏	86 163.7
3	河南	35 448.4
4	北京	30 644.9
5	浙江	29 530.5
6	福建	18 032.1
7	重庆	17 733.5
8	山东	16 946.9
9	安徽	16 716.3
10	上海	11 428.6
11	天津	8506.2
12	江西	8424.9
13	湖南	6442.4
14	四川	6259.5
15	湖北	5564.9
16	河北	2524.4
17	广西	1826.2
18	山西	1437.3
19	陕西	847.1
20	辽宁	689.2
21	吉林	529.8
22	甘肃	420.7
23	内蒙古	194.9
24	宁夏	158.2
25	贵州	94.0
26	黑龙江	86.5
27	云南	78.9
28	海南	13.6
29	青海	0.3
30	新疆	0
30	西藏	0

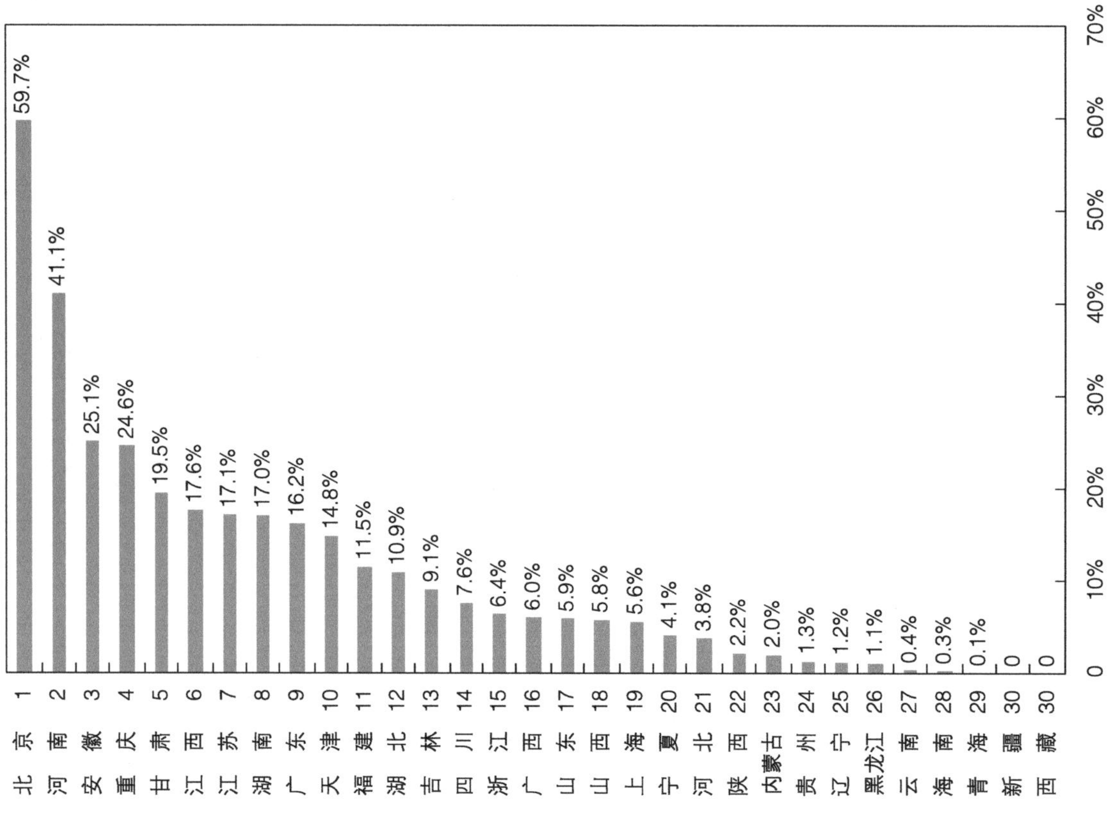
北京 1 59.7%
河南 2 41.1%
安徽 3 25.1%
重庆 4 24.6%
甘肃 5 19.5%
江西 6 17.6%
江苏 7 17.1%
湖南 8 17.0%
广东 9 16.2%
天津 10 14.8%
福建 11 11.5%
湖北 12 10.9%
吉林 13 9.1%
四川 14 7.6%
浙江 15 6.4%
广西 16 6.0%
山东 17 5.9%
山西 18 5.8%
上海 19 5.6%
宁夏 20 4.1%
河北 21 3.8%
陕西 22 2.2%
内蒙古 23 2.0%
贵州 24 1.3%
辽宁 25 1.2%
黑龙江 26 1.1%
云南 27 0.4%
海南 28 0.3%
青海 29 0.1%
新疆 30 0
西藏 30 0
0 10% 20% 30% 40% 50% 60% 70%

图B-120 53002 高技术产品出口额占地区出口总额的比重

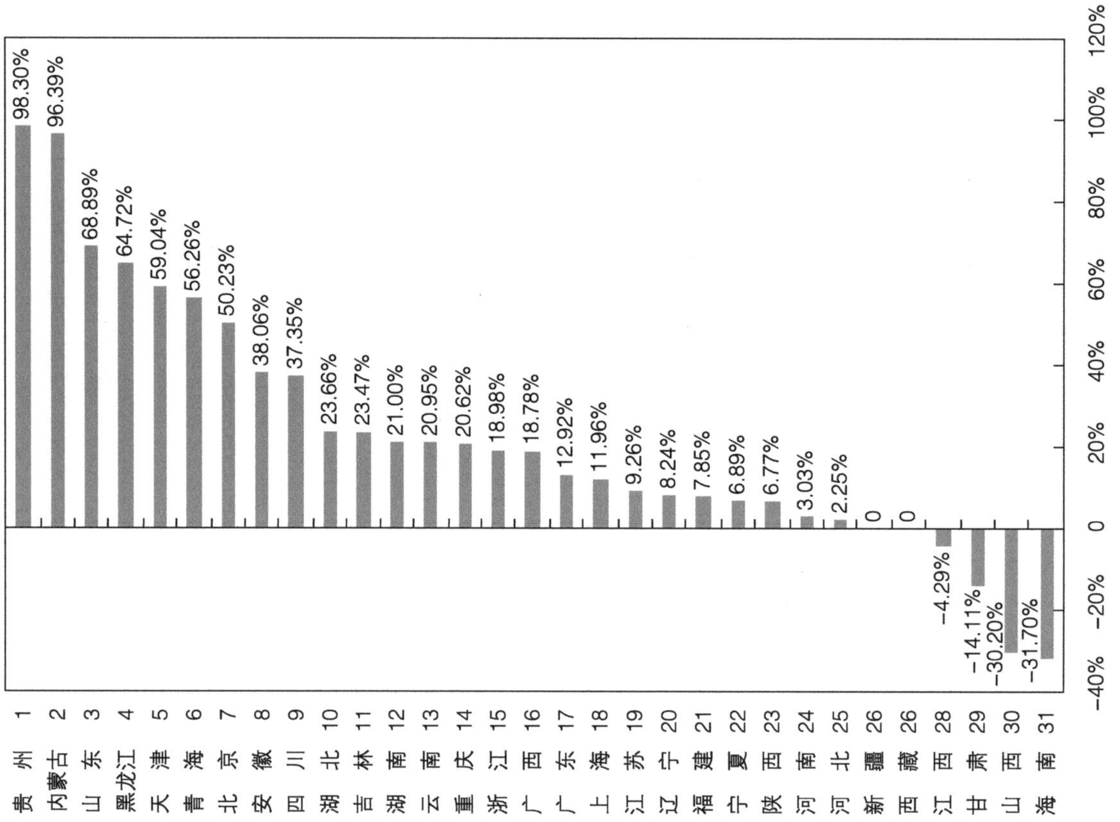
贵州 1 98.30%
内蒙古 2 96.39%
山东 3 68.89%
黑龙江 4 64.72%
天津 5 59.04%
青海 6 56.26%
北京 7 50.23%
安徽 8 38.06%
四川 9 37.35%
湖北 10 23.66%
吉林 11 23.47%
湖南 12 21.00%
云南 13 20.95%
重庆 14 20.62%
浙江 15 18.98%
广西 16 18.78%
广东 17 12.92%
上海 18 11.96%
江苏 19 9.26%
辽宁 20 8.24%
福建 21 7.85%
宁夏 22 6.89%
陕西 23 6.77%
河南 24 3.03%
河北 25 2.25%
新疆 26 0
西藏 26 0
江西 28 -4.29%
甘肃 29 -14.11%
山西 30 -30.20%
海南 31 -31.70%
-40% -20% 0 20% 40% 60% 80% 100% 120%

图B-121 53003 高技术产品出口额增长率

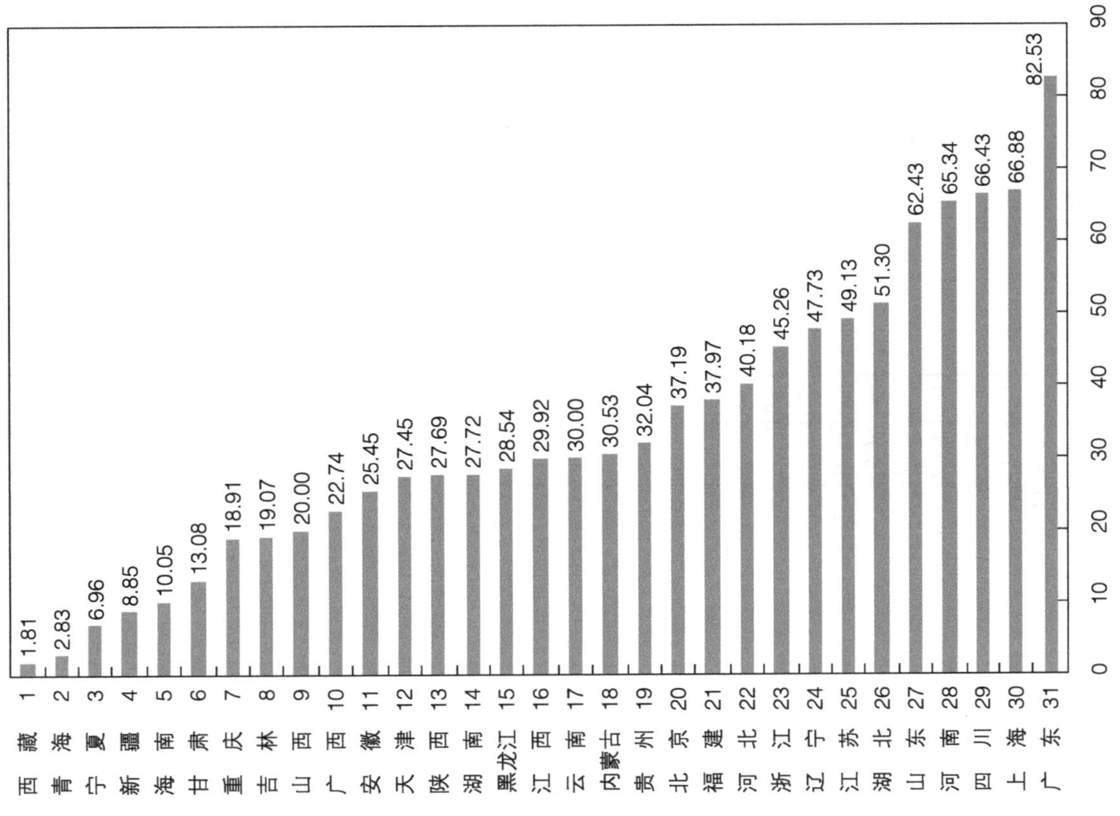

图B-122 54101 城镇登记失业人员（万人）

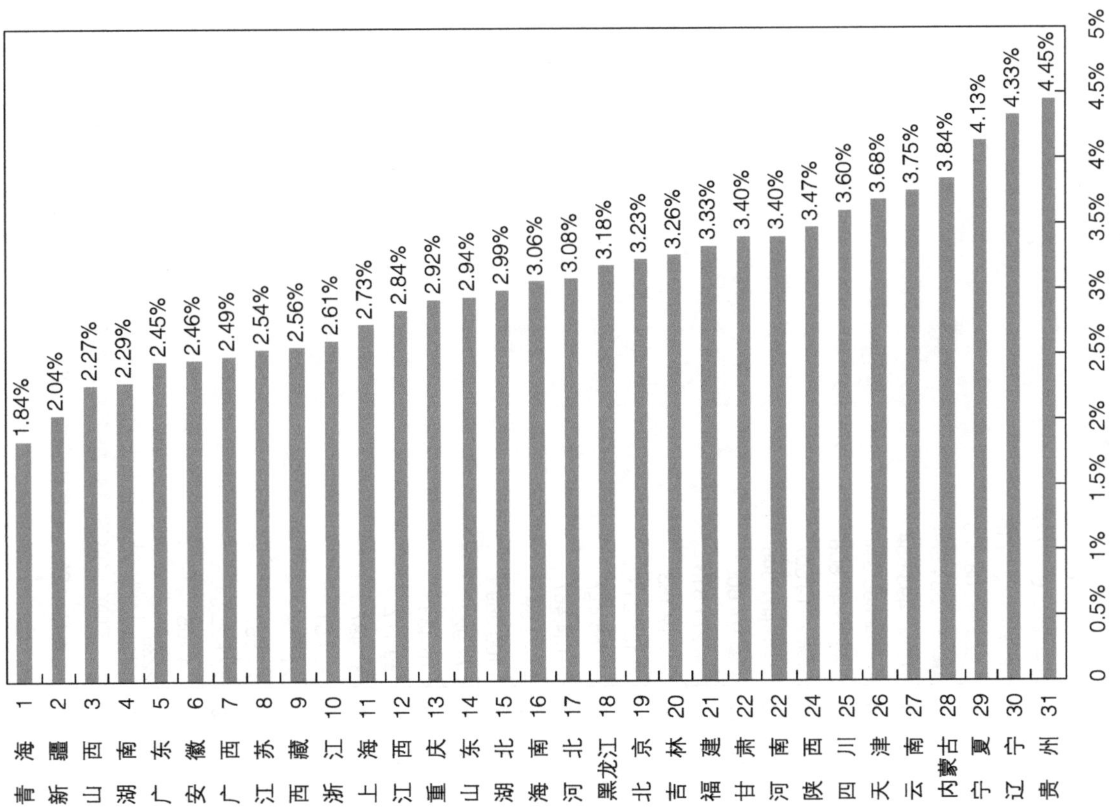

图B-123 54102 城镇登记失业率

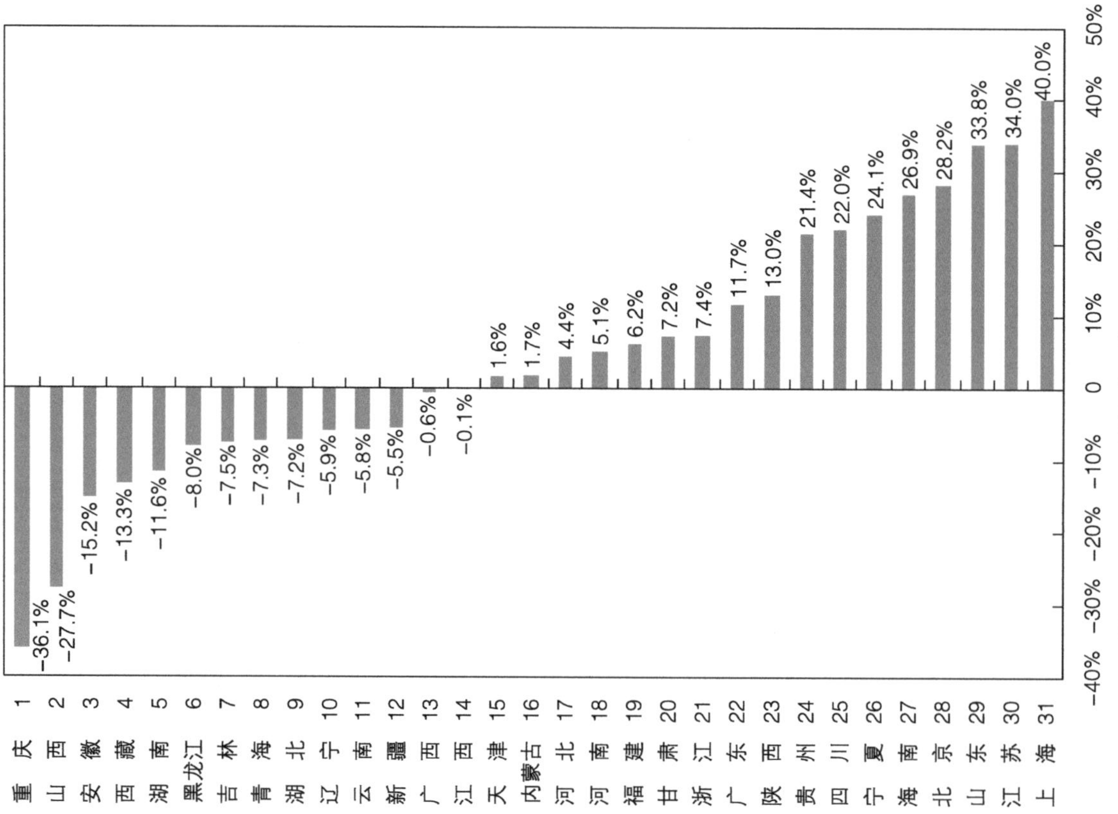

图B-124 54103 城镇登记失业人员增长率

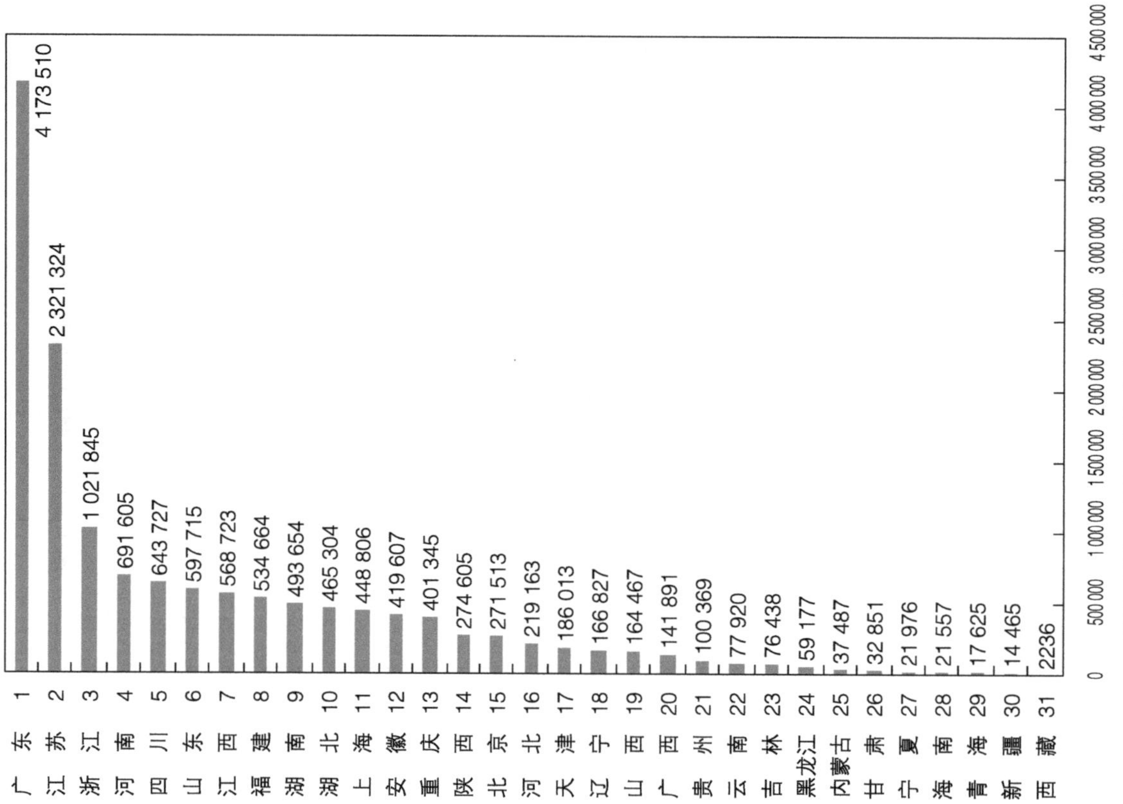

图B-125 54201 高技术产业就业人数（人）

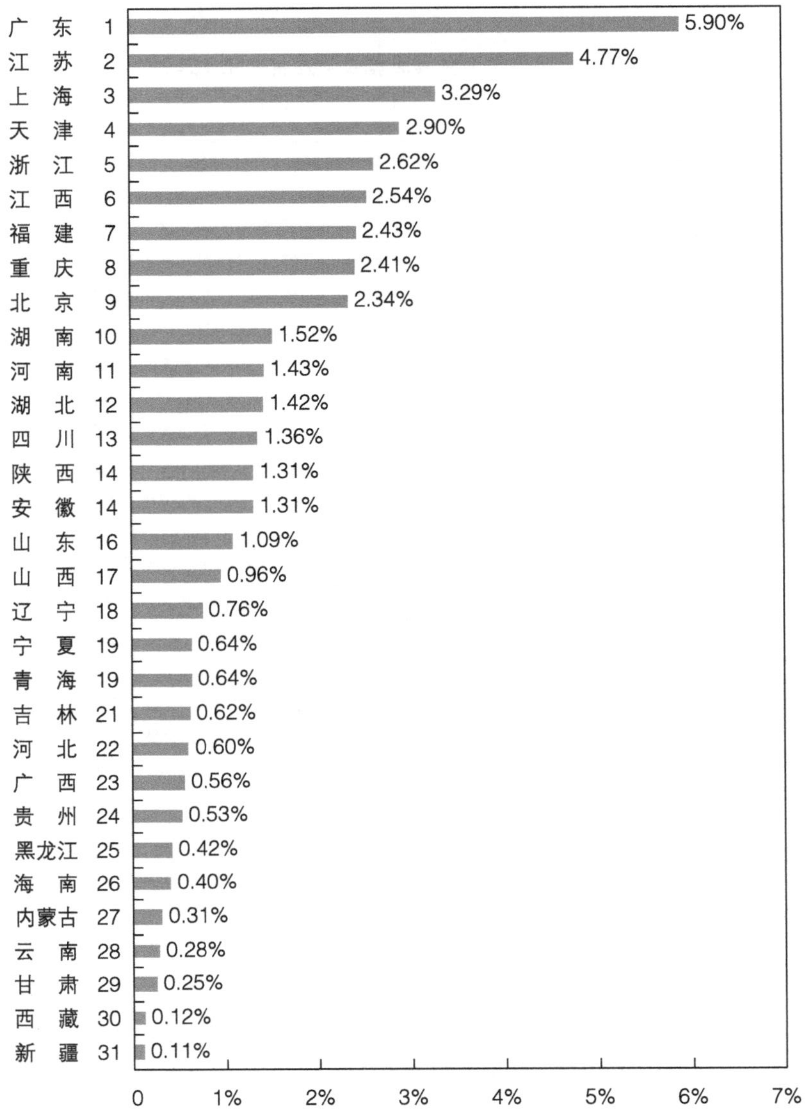

图B-126　54202 高技术产业就业人数占总就业人数的比例

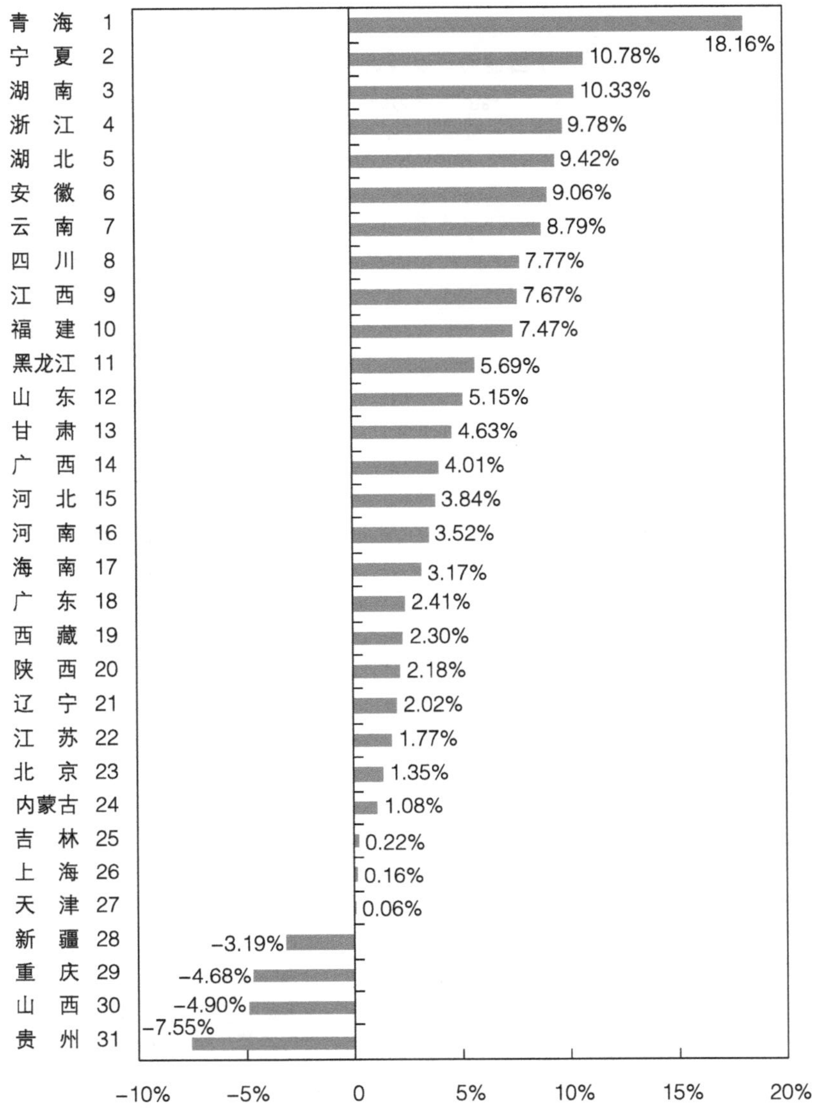

图B-127　54203 高技术产业就业人数增长率

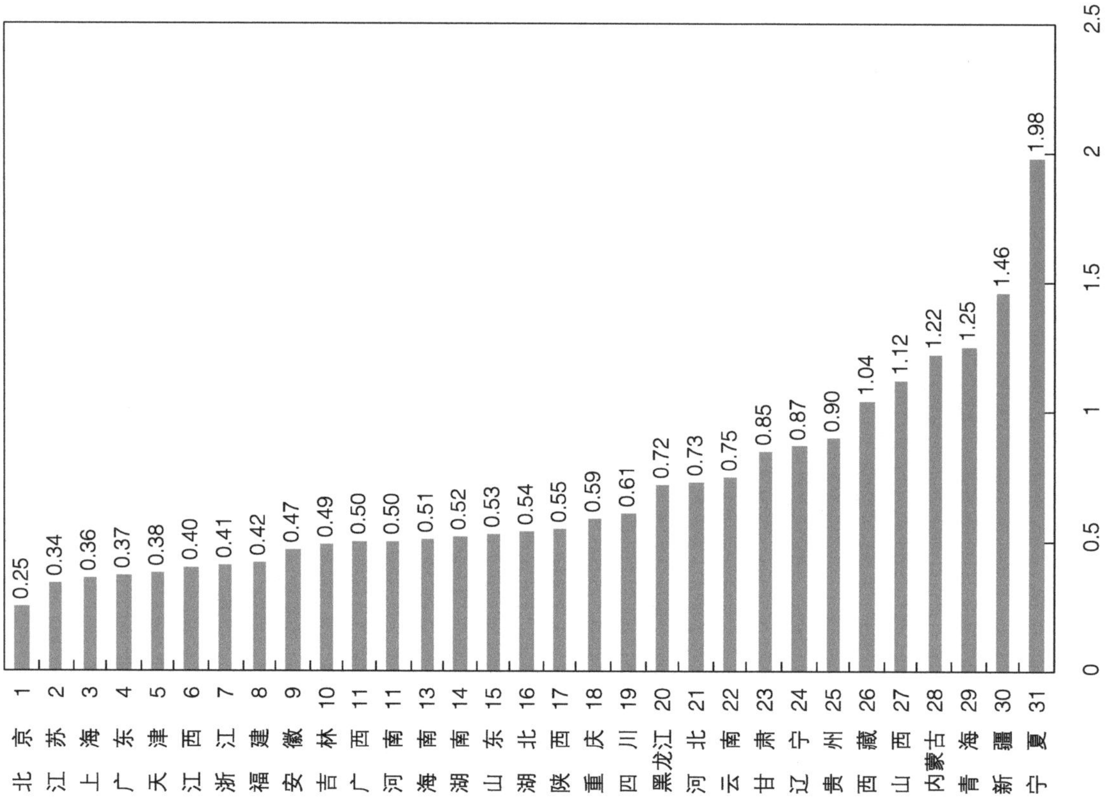

图B-128 55101 万元地区生产总值能耗（等价值）（吨标准煤/万元）

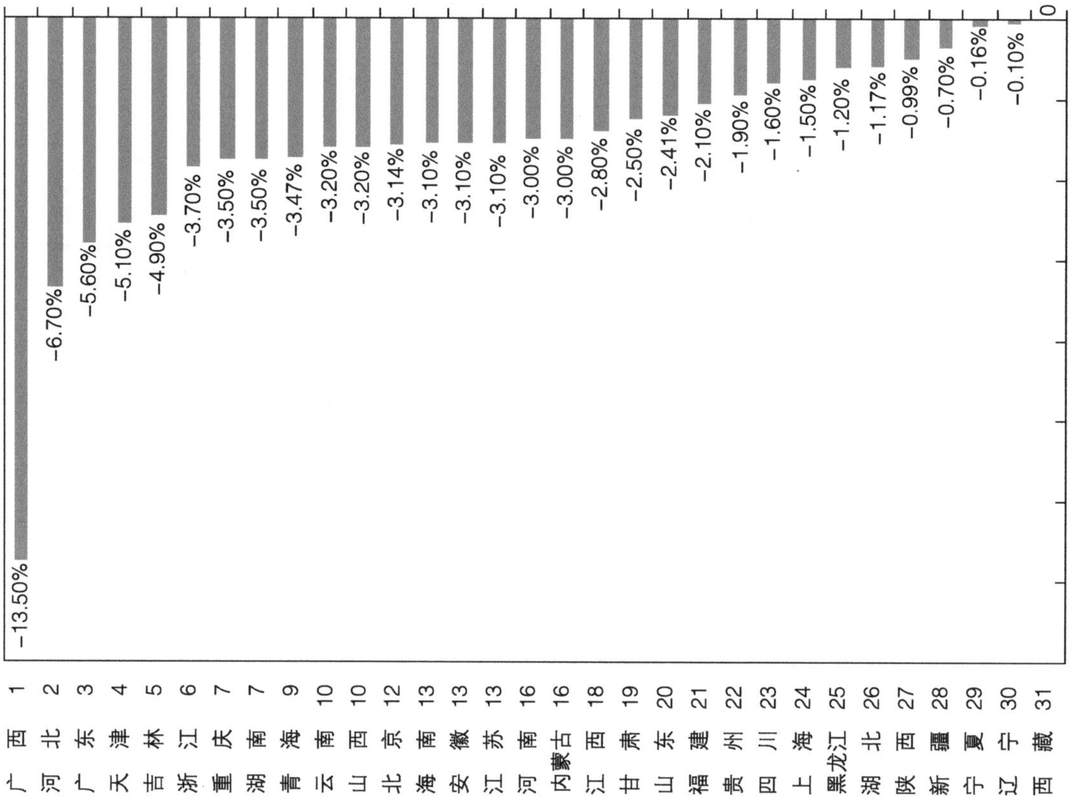

图B-129 55103 万元地区生产总值能耗（等价值）增长率

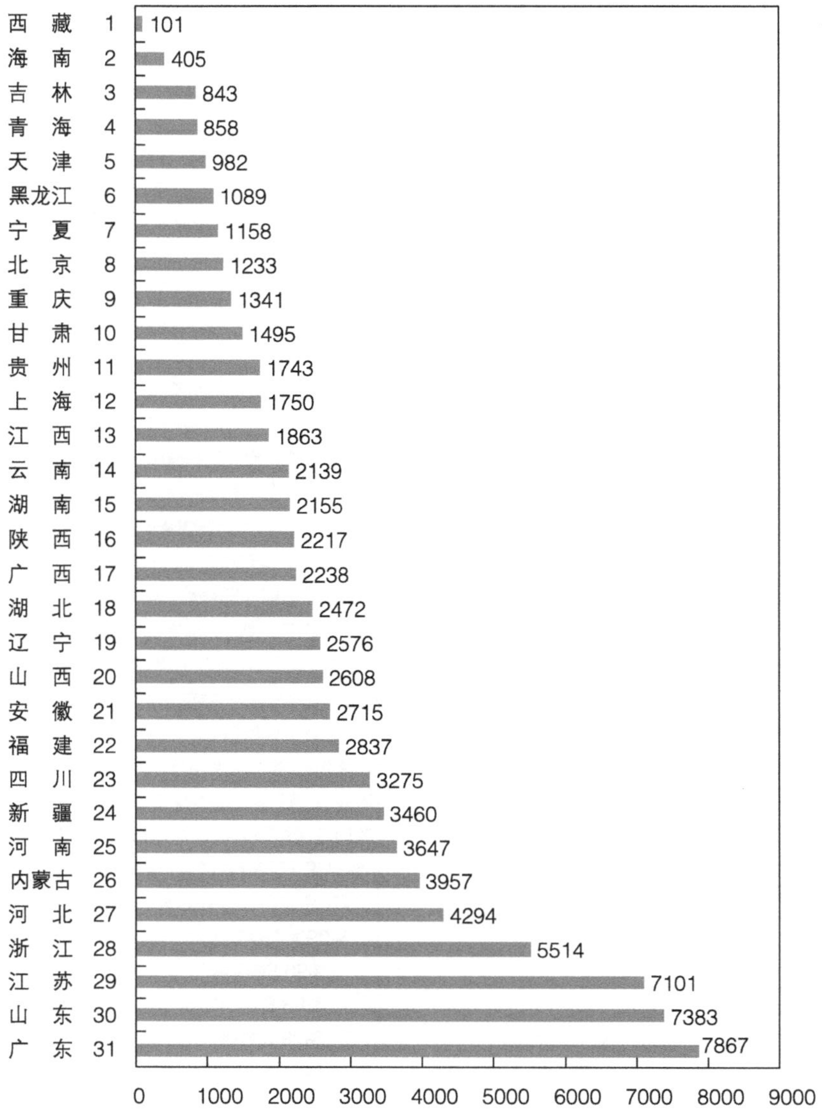

图B-130　55201 电耗总量（亿千瓦时）

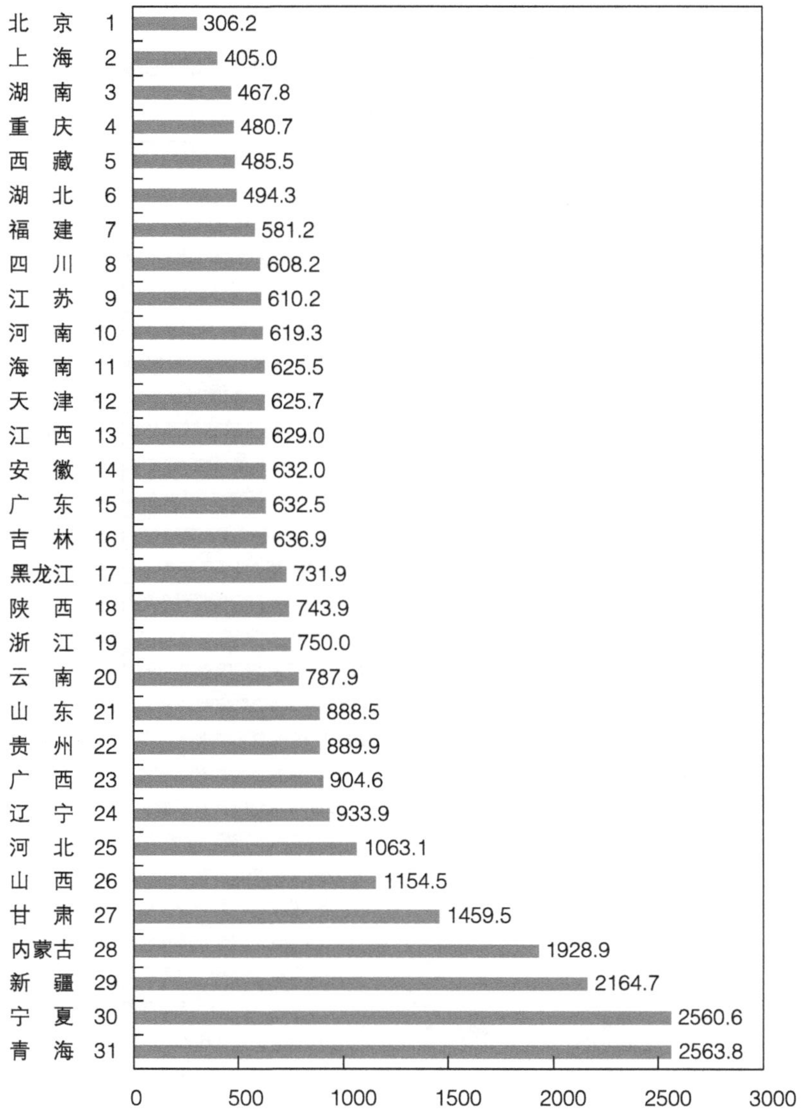

图B-131　55202 每万元GDP电耗总量（千瓦时/万元）

序号	地区	数值
1	北京	306.2
2	上海	405.0
3	湖南	467.8
4	重庆	480.7
5	西藏	485.5
6	湖北	494.3
7	福建	581.2
8	四川	608.2
9	江苏	610.2
10	河南	619.3
11	海南	625.5
12	天津	625.7
13	江西	629.0
14	安徽	632.0
15	广东	632.5
16	吉林	636.9
17	黑龙江	731.9
18	陕西	743.9
19	浙江	750.0
20	云南	787.9
21	山东	888.5
22	贵州	889.9
23	广西	904.6
24	辽宁	933.9
25	河北	1063.1
26	山西	1154.5
27	甘肃	1459.5
28	内蒙古	1928.9
29	新疆	2164.7
30	宁夏	2560.6
31	青海	2563.8

序号	地区	数值
1	西藏	101
2	海南	405
3	吉林	843
4	青海	858
5	天津	982
6	黑龙江	1089
7	宁夏	1158
8	北京	1233
9	重庆	1341
10	甘肃	1495
11	贵州	1743
12	上海	1750
13	江西	1863
14	云南	2139
15	湖南	2155
16	陕西	2217
17	广西	2238
18	湖北	2472
19	辽宁	2576
20	山西	2608
21	安徽	2715
22	福建	2837
23	四川	3275
24	新疆	3460
25	河南	3647
26	内蒙古	3957
27	河北	4294
28	浙江	5514
29	江苏	7101
30	山东	7383
31	广东	7867

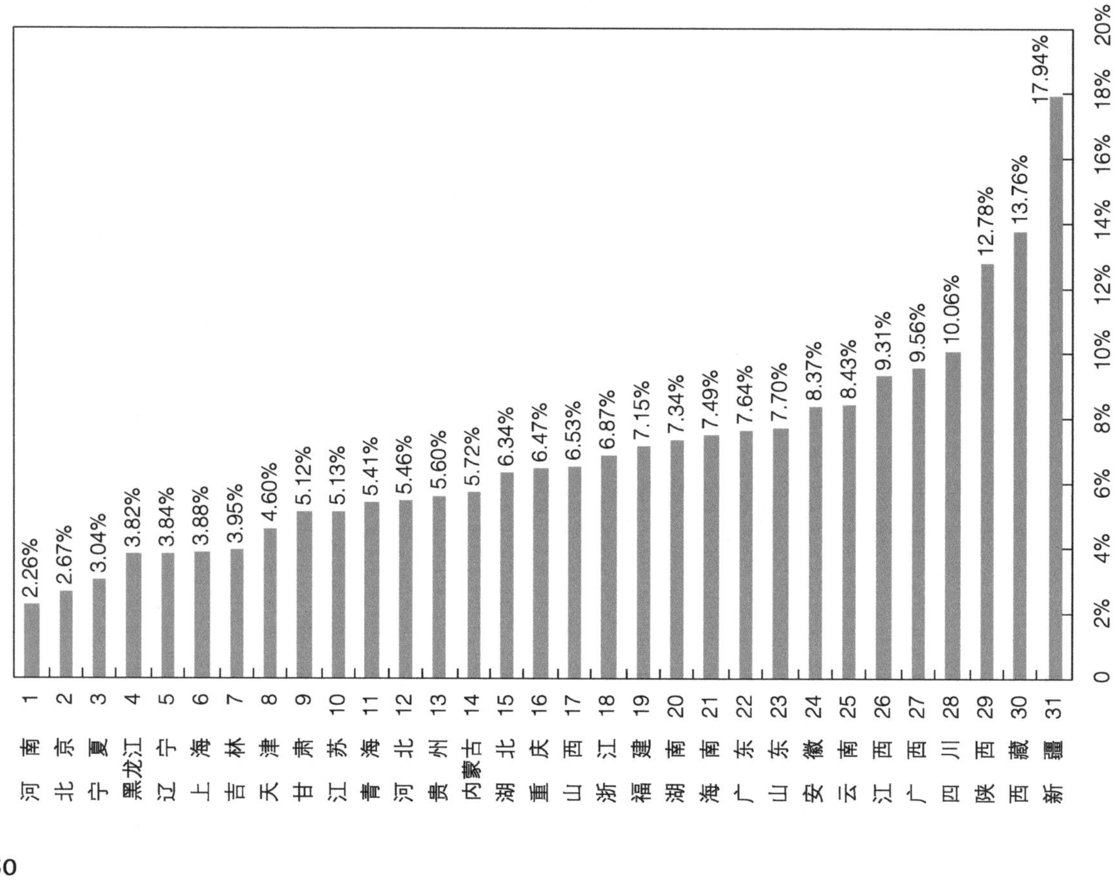

图B-132 55203 电耗总量增长率

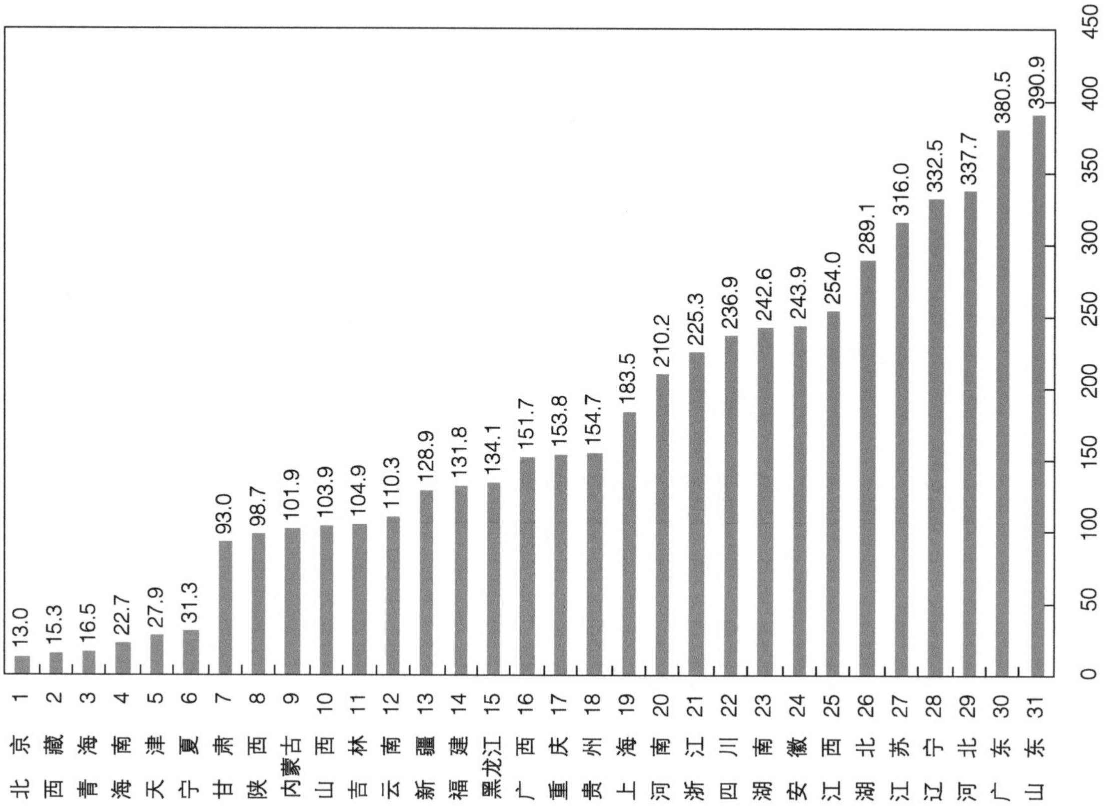

图B-133 55301 废水中主要污染物排放量（万吨）

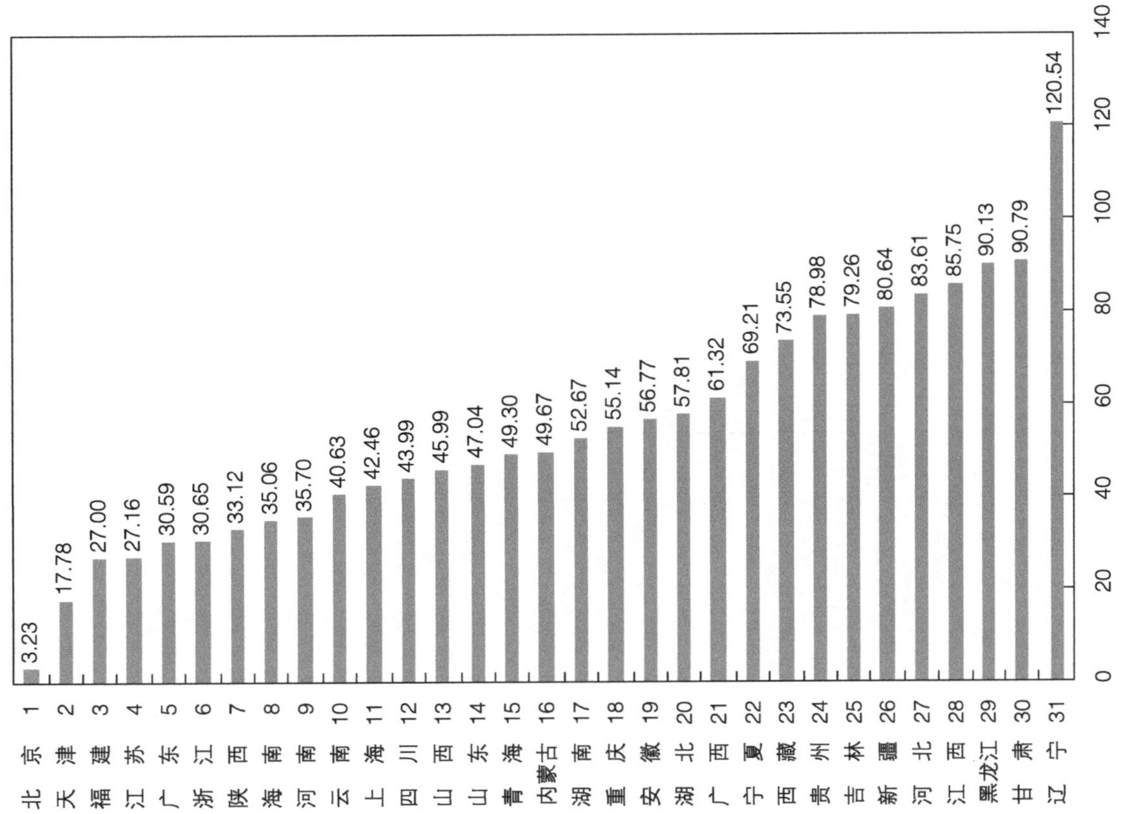

图B-134　55302 每亿元GDP废水中主要污染物排放量（吨/亿元）

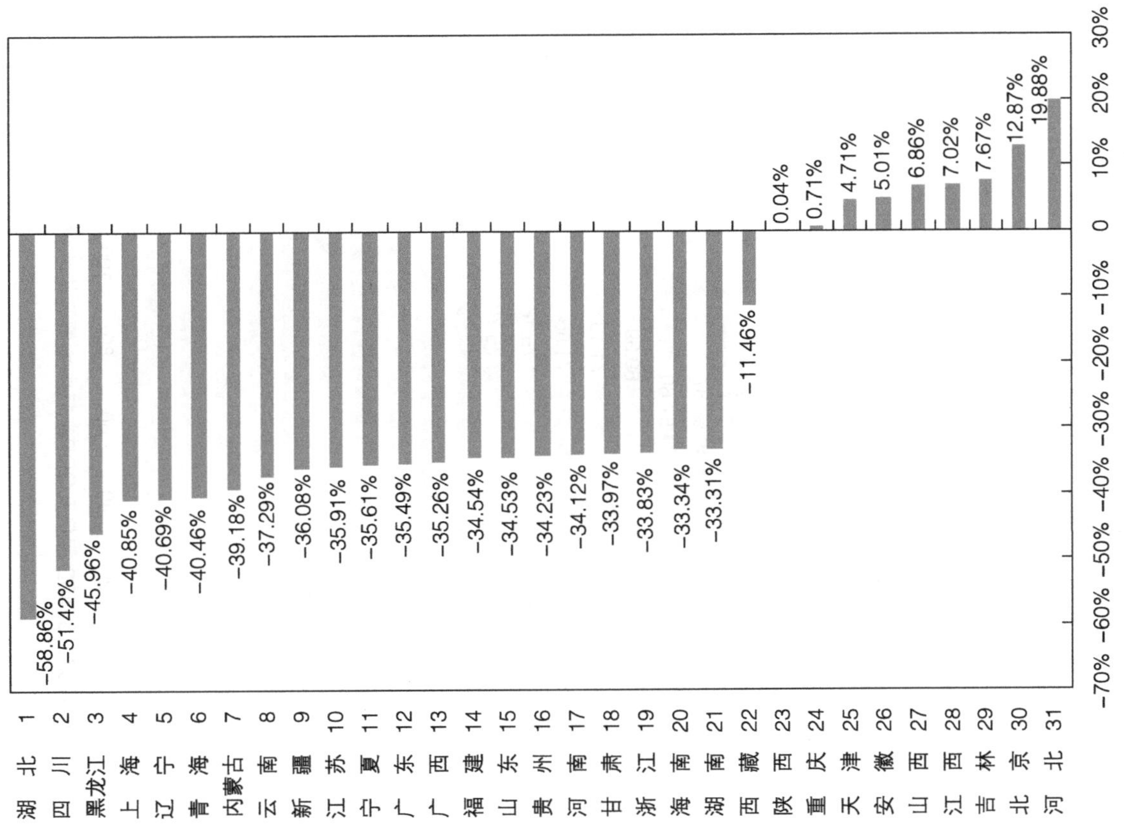

图B-135　55303 废水中主要污染物排放量增长率

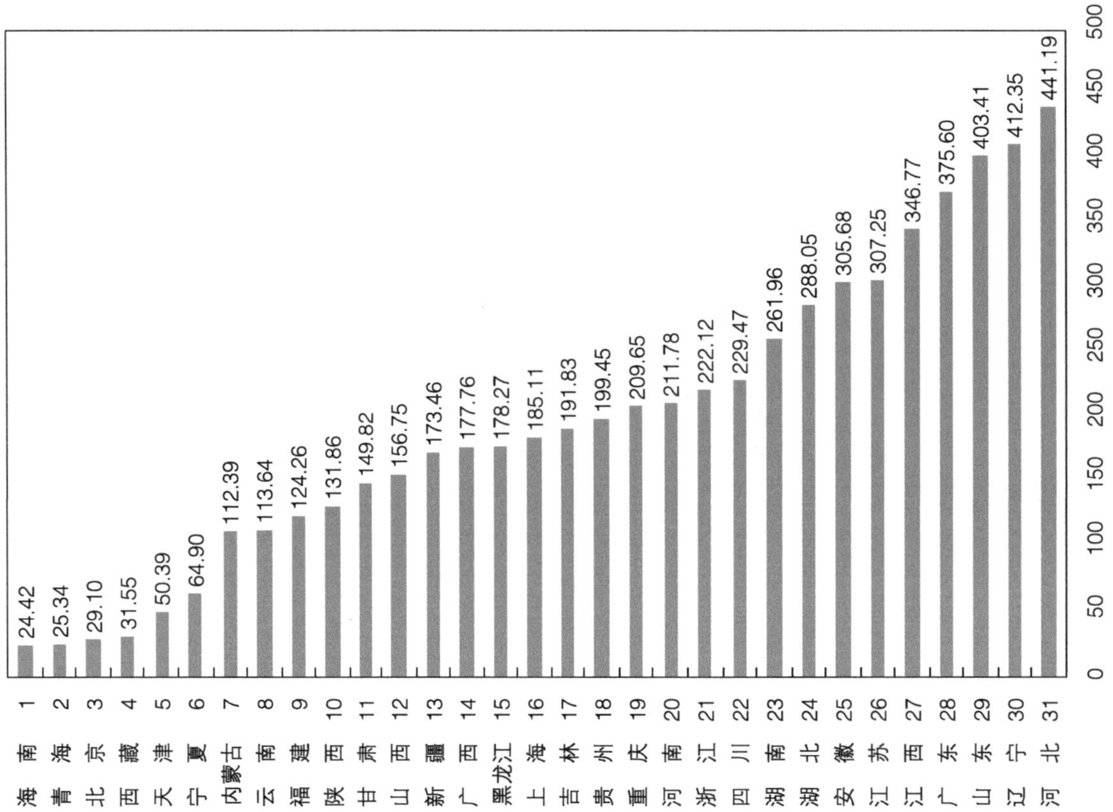

图B-136　55401 废气中主要污染物排放量（万吨）

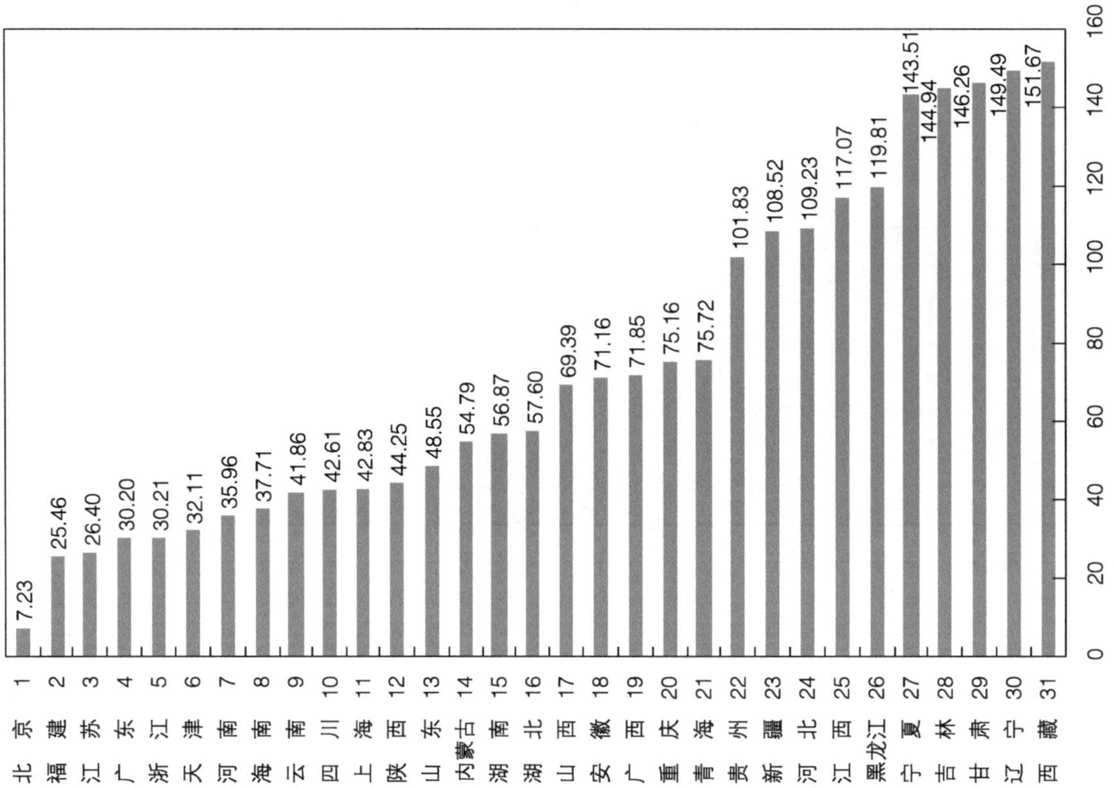

图B-137　55402 每亿元GDP废气中主要污染物排放量（吨/亿元）

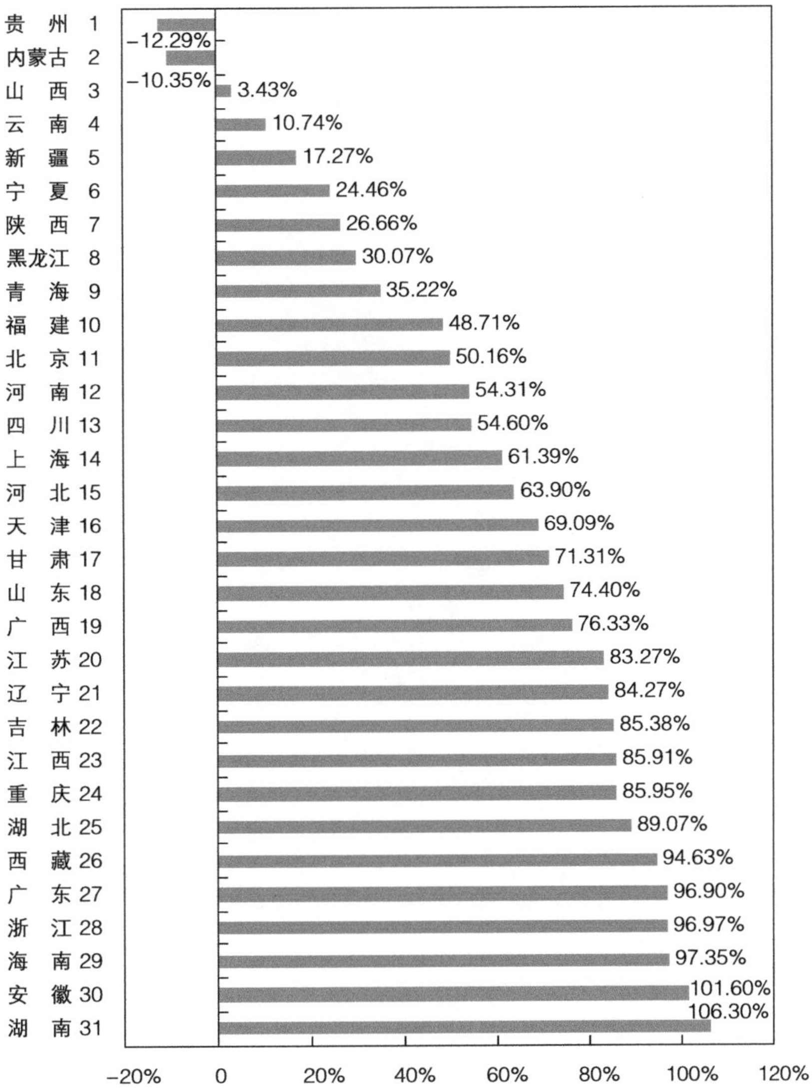

图B−138 55403 废气中主要污染物排放量增长率